丛书主编｜张树华　赖海榕

陈云　张静　主编

《国外社会科学》精粹

· 生态与环境卷
（1978-2018）

中国社会科学出版社

图书在版编目（CIP）数据

《国外社会科学》精粹：1978－2018. 生态与环境卷／陈云，张静主编 .
—北京：中国社会科学出版社，2020. 2
ISBN 978－7－5203－6073－9

Ⅰ.①国… Ⅱ.①陈…②张… Ⅲ.①社会科学—研究—国外—文集
Ⅳ.①C11－53

中国版本图书馆 CIP 数据核字（2020）第 034527 号

出 版 人	赵剑英	
责任编辑	喻 苗	
责任校对	胡新芳	
责任印制	王 超	

出　　版	中国社会科学出版社	
社　　址	北京鼓楼西大街甲 158 号	
邮　　编	100720	
网　　址	http://www.csspw.cn	
发 行 部	010－84083685	
门 市 部	010－84029450	
经　　销	新华书店及其他书店	

印　　刷	北京明恒达印务有限公司	
装　　订	廊坊市广阳区广增装订厂	
版　　次	2020 年 2 月第 1 版	
印　　次	2020 年 2 月第 1 次印刷	

开　　本	710×1000　1/16	
印　　张	28	
字　　数	459 千字	
定　　价	159.00 元	

引领新时代哲学社会科学的创新和发展

李培林[*]

中国特色社会主义进入新时代，我国改革开放度过了 40 个春秋，《国外社会科学》也迎来创刊 40 岁的生日。面对国际形势和世界经济政治格局的深刻变化，《国外社会科学》也需要认真总结 40 年来的办刊经验，在新形势下为加快构建中国特色哲学社会科学，加强中国特色新型智库建设，发展面向现代化、面向世界、面向未来的中国特色哲学社会科学做出新的贡献。作为这个刊物的编委会主任，我谈一点体会。

一 40 个春秋的基本经验

《国外社会科学》创刊于 1978 年改革开放初期，那时我国的哲学社会科学还比较封闭，国内多数学者的外文水平较低，获得国外信息的渠道有限。在这种情况下，《国外社会科学》的主旨就是介绍国外哲学社会科学最新的学术理论、学术议题、学科进展、研究方法和发展趋势等。反映的信息非常强调一个"新"字，即新理论、新思潮、新流派、新方法、新成果等。这适应了当时我国哲学社会科学发展之急需，受到学界极大的欢迎，甚至一时"洛阳纸贵"。创刊 40 年来，可以说《国外社会科学》不忘本来、借鉴外来、面向未来，在推动我国哲学社会

---

[*] 中国社会科学院原副院长、《国外社会科学》编委会主任。

科学发展繁荣方面取得了学界公认的骄人成绩，也积累了一些基本的办刊经验。

1. 坚持马克思主义的立场、观点、方法。随着时代的发展，国外哲学社会科学各种新的资料和信息爆炸式的扩展，各种学术流派、学术思潮、学术议题层出不穷，各类学术成果数量呈几何式增长，其中也鱼龙混杂、泥沙俱下、真伪难辨，甚至有的是在学术旗号下进行意识形态侵蚀和维护霸权。正是由于坚持马克思主义的立场、观点、方法，《国外社会科学》始终能够坚持正确的政治方向和学术导向，结合我国国情和发展需要，引领我国国际学术前沿信息的传播和借鉴。

2. 紧密联系我国发展的重大理论和现实问题。《国外社会科学》始终紧扣时代发展的脉搏，在介绍和借鉴国外学术成果的过程中，紧密联系聚焦我国发展的重大理论和现实问题，为推进中国特色社会主义发展和哲学社会科学繁荣服务。比如在建立确立中国特色社会主义市场经济体制的理论基础过程中，《国外社会科学》刊发了相关的系列文章，包括《不平等的市场经济》《走向可调节的市场经济之路》《向市场经济过渡的远期与近期后果》《世界市场经济的发展趋势》《苏联市场经济发展前景》《法国学者认为应把市场经济和资本主义区分开来》等，受到国内理论界的普遍关注。近年来《国外社会科学》围绕21世纪马克思主义、新型城镇化、依法治国、收入分配、老龄化等重大议题问题，组织了一些关于国外相关研究的专题文章，这些文章对我们思考这些重大问题，具有重要的启发作用，产生了广泛的影响。

3. 把握国际学术发展的前沿问题和发展趋势。40年来，《国外社会科学》刊发了13000多篇文章，内容涵盖经济、政治、文化、社会、生态各个发展领域，广泛介绍和评析哲学社会科学各学科的前沿问题和发展趋势，让国内学者通过这个窗口，可以准确把握世界学术发展潮流，全面了解学术发展最新成果，及时洞察学科发展最新动向。

40年辛勤耕耘，40年春华秋实，40年砥砺前行。《国外社会科学》的成绩得到了国内学术界的公认，多年来一直位居人文社会科学核心期刊、全国中文核心期刊、中文社会科学引文索引来源期刊的前列，也是国家社科基金首批重点资助期刊。与此同时，在新的起点上，《国外社会科学》的未来发展也面临一些新的挑战。

二　国际新格局下面临的挑战

当今世界正处于大发展大变革大调整时期，世界多极化、经济全球化、社会信息化、文化多样化深入发展，全球治理体系和国际秩序变革加速推进。和平和发展仍是时代主题，打造人类命运共同体，弘扬共商共建共享的全球治理理念，促进国际经济秩序朝着平等公正、合作共赢的方向发展，共同应对全球性挑战，日益成为人类社会追求的共同目标。但是，世界经济增长仍然乏力，国际贸易保护主义抬头；全球治理体系深刻变革，大国博弈日趋激烈，冷战后形成的单极体系的结构平衡正在打破；地区冲突热点此起彼伏，占领运动、恐怖袭击、生态危机、网络攻击、难民潮、核扩展等传统安全与非传统安全威胁复杂交织。在这种国际新形势下，我国对国际社会科学介绍、借鉴、评析、吸收、融入也面临一些新的挑战。

一是如何在国际社会科学研究不断细分的情况下把握发展大势。随着现实的发展，一些传统的学科发生嬗变，一些新兴的学科则异军突起，社会科学的研究日益专门化，研究领域细分的趋势非常明显，"宏大叙事"的研究往往会被贴上"非科学"的标签，"小圈子学问"盛行。在这种情况下，如何在纷杂多样的学科进展中把握发展大势，并把这些规律性的大势介绍给国内学界，是需要认真面对的。

二是如何在引进国外社会科学优秀成果过程中坚定文化自信。我国已经走过了改革开放初期在社会科学领域大量地、单向地引进的阶段，国内学者在国际上发文量大幅度地增长，"中国研究"成为了热门话题。在这种情况下，怎样在借鉴外来的同时不忘本来、面向未来，怎样在引进中形成学术对话，怎样参与构建社会科学的国际话语体系，都是我们要认真思考的。

三是如何在海量国外社会科学信息中突出重点。互联网的迅速普及、信息存储能力无限增强，使学术信息的总量爆炸式扩展。在这种情况下，怎样筛选有效、有益、有用的学术信息，如何抓住重点，怎样突出重点，突出什么样的重点，都成为需要面对的关键选择。

类似的挑战还有许多，要把《国外社会科学》的办刊质量推上一个新的台阶，就要认真研究这些挑战的应对举措。

三　面向未来的办刊选择

习近平总书记在哲学社会科学工作座谈会上的讲话中指出，"国外哲学社会科学的资源，包括世界所有国家哲学社会科学取得的积极成果，这可以成为中国特色哲学社会科学的有益滋养"。他同时强调，"对人类创造的有益的理论观点和学术成果，我们应该吸收借鉴，但不能把一种理论观点和学术成果当成'唯一准则'，不能企图用一种模式来改造整个世界，否则就容易滑入机械论的泥坑"。这些论述，应当成为《国外社会科学》办刊的基本遵循。

要认真总结 40 年来办刊的基本经验，坚持这些基本经验，在未来的发展中发扬优势，积极应对新挑战，再创新的辉煌。要特别注意加强对以下几个方面的关注。

一是聚焦国际社会科学重大议题、前沿问题和我国现代化建设的重大问题。要筛选出一批国际社会科学的重大议题，有系统有步骤的讨论；要跟踪重要学科的学术前沿问题，把握这些前沿问题的新进展；要结合我国现代化建设的重大问题，主动设定学术议题；要加强对国际智库成果的关注，组织有深度的评析文章。刊物不能被动地跟着热点走，要通过揭示学术发展的规律性趋势起到引领作用。

二是把"引进来"和"走出去"紧密结合起来。正如习近平总书记所说，"当代中国的伟大社会变革，不是简单延续我国历史文化的母版，不是简单套用马克思主义经典作家设想的模板，不是其他国家社会主义实践的再版，也不是国外现代化发展的翻版"。在引进国外社会科学成果的过程中，要结合我国发展的需要，在比较、对照、评析、批判基础上吸收和升华，形成真正的学术对话，形成有国际影响力的学术议题，为中国学术的走出去建设一个重要平台和窗口。

三是注重探索网络时代的办刊规律。随着互联网技术在学术出版领域的应用和发展，学术期刊的编辑和出版业态发生了深刻变化，学术成果的电子版、数字化和通过新媒体快速传播已经成为未来的发展趋势，传统的纸质学术期刊的发行量不断下滑。要顺应信息化时代的这种变化，积极探索新的传播方式，特别是注重研究如何利用新媒体扩大学术成果的知晓度和影响力，提高引领学术发展和服务学术发展的能力。

历史表明，社会大变革的时代，一定是哲学社会科学大发展的时代。《国外社会科学》要在认真总结过去40年办刊经验的基础上，把握发展大势，发挥独有优势，找准定位，办出特色，在新时代续写刊物新辉煌，为实现中华民族伟大复兴的中国梦贡献力量。

以国际学术交流促进人类文明互鉴
（代总序）

张树华[*]

2019 年是新中国成立 70 周年。70 年风雨彩虹，70 年春播秋种。

欣逢盛世，看九州方圆，普天同庆；揽四海苍穹，共襄盛举。

40 年前，伴随着中国改革开放的脚步，《国外社会科学》顺利创刊了。在科学的春天里，当时的中国社会科学院情报研究所在短短两年的时间里先后创办了《国外社会科学》《国外社会科学著作提要》《国外社会科学快报》《国外社会科学论文索引》等刊物，加上原有的《国外社会科学动态》，一共形成了 5 种信息情报系列刊物。这些刊物相互补充，又各具特色，在当时的学术界产生了良好的影响。

创刊初期，《国外社会科学》特别关注和介绍了当时国际上一些前沿学科或研究方向，如未来学、科学学、生态学、情报学、社会心理学、交叉和跨学科研究、全球化问题、控制论、国外中国学研究等新兴学科和专业，推动了我国相关学科的创建，填补了一些学术领域的空白，并促进了相关研究的深入和专业领域的拓展。

1978 年至 2018 年，《国外社会科学》杂志走过了 40 个春秋。40 年间，《国外社会科学》杂志共出版 330 期，发表文章 1 万余篇，数千万字。作为中文社会科学引文索引来源期刊、全国中文核心期刊、中国人文社会科学核心期刊、国家社科基金首批资助期刊，《国外社会科学》在

---

* 张树华，中国社会科学院政治学研究所所长、研究员。

坚持正确的办刊方向和学术导向的基础上，积极借鉴和吸收世界上有益的学术成果，为推动中国哲学社会科学学科创新和学科发展做出了应有的贡献。

40年砥砺奋进，40年春华秋实。伴随着改革开放和中国特色社会主义的伟大实践，《国外社会科学》参与并见证了中国哲学社会科学事业的繁荣与发展。可以说，在国内外专家学者的支持和浇灌下，在一代又一代编辑人员的辛勤努力下，《国外社会科学》这一大家共有的园地里花团锦簇、硕果累累。

立足中国，打开世界。

2016年5月17日，习近平总书记在全国哲学社会科学工作座谈会上的讲话中指出："国外哲学社会科学的资源，包括世界所有国家哲学社会科学取得的积极成果，可以成为中国特色哲学社会科学的有益滋养。"40年来，我们始终坚持自己的办刊理念，秉持中国立场，拓展国际视野，洞察全球语境，贴近学术界的关心与思考，跟踪国外学术和理论动态，积极吸收或借鉴先进、适用的人类文明的优秀成果。知己知彼，洋为中用。

打开心灵之窗，世界会进来。打开学术之窗，智慧会进来。

2017年5月14日，习近平总书记在首届"一带一路"国际合作高峰论坛开幕式上的演讲中指出，我们"要以文明交流超越文明隔阂、文明互鉴超越文明冲突、文明共存超越文明优越，推动各国相互理解、相互尊重、相互信任"。这一论述深刻地阐释了人类文明繁荣进步的真谛，勾画了构建人类命运共同体的宏伟蓝图。

我们相信，伴随着信息化、全球化和人工智能技术的发展，孤立主义、种族主义、排外思潮等雾霭终将散去，人类文明多元化和国际关系民主化的步伐定将加快。各国文化将变得更加丰富多元，人类文明花园定会绽放得五彩缤纷、多姿多彩。

在迎接新中国70周年华诞之际，我们精选40年来不同学科和领域的优秀论文，汲取精华，分类结集。我们希望通过编辑出版这套"《国外社会科学》精粹（1978—2018）"丛书，回望国际学术发展历程，把握国际理论创新脉搏，梳理全球学术热点和态势，推动国内外学术沟通和对话，拓宽海内外学术交流的平台和渠道。这是 40 年来《国外社会科学》广大作者、译者、读者和编者齐心合力、携手并进的答卷，未来我们愿与学界同仁一起砥砺前行，为将《国外社会科学》杂志构筑为连接国内外学术界的桥梁和窗口而共同努力。

谨为序。

于 2019 年 3 月 4 日

第十三届全国政协第二次会议上

目　　录

生态学与防止生物危害问题[*]

[苏] B. E. 索科洛夫^{**}、B. Д. 伊利乔夫^{***}　　王兴权译

显而易见，人们在其经济活动伊始就会发现，他们周围的生物在毁坏他们的产品和天然原料。随着被开采的原料和产品数量的增长，生物危害所造成的损失亦日趋扩大。及至 20 世纪中叶每年损失总额已达数百亿美元。因而防止这类生物危害自然成了亟待解决的问题。

今天，防止生物危害已成为全球性的科学实践问题。参与解决这一问题的有材料学家和维护人员，有各种不同专业的化学家和生物学家、动物学家、植物学家、微生物学家以及起首要作用的生态学家。本文所述正是这一问题的生态学方面。

当代的破坏者

20 世纪 50 年代初专家们评估生物危害造成的经济损失约占工业产值的 2%。但到 70 年代这一数字已上升到 5%。

生物破坏建筑物、技术装备、制品、材料和原料所造成的损失总额系由多方因素构成。如因腐蚀，致使人类每年生产的金属所受损失已达 12%，而其中 20% 的损失是由铁细菌、硫细菌、硝化细菌和硫酸盐还原

---

　*　摘自苏《自然》杂志 1988 年第 6 期。

　**　B. E. 索科洛夫，苏联科学院谢维尔佐夫动物进化形态学和生态学研究所所长、苏联科学院生物学部院士秘书、《自然》杂志编委会委员。

　***　B. Д. 伊利乔夫，生物学博士、苏联科学院生物危害问题学术委员会主席。

细菌等微生物造成的。美国地下管道因受生物危害每年所遭损失约为 20 亿美元。石油设施 77% 的腐蚀是由细菌引起。混凝土与钢铁结构的毁坏是由硫细菌造成的，这类细菌曾是造成基辅地铁施工期间发生事故的原因所在。岩层中含有大量黄铁矿和铁的低氧化物，刺激硫细菌的繁殖，同时形成酸性的微生物培养基。这就强化了隧道装璜的螺栓和弓板的腐蚀过程。

新型建材的出现对于摆脱生物危害问题仍然无济于事。如随着塑料的出现，菌类对其危害的程度也相应增大。迄今为止，最重要的建筑材料依然首推木材，然而由于菌类腐蚀所造成的年损耗量，仅就我国而论，就占总值约为 20 亿卢布的 2100 万立方米的木料（为补偿这一损失每年需要砍伐 10 万公顷森林）。

寄生在封闭住宅中的生态独特的菌类群体给书籍以及造型艺术和实用艺术作品造成实质性的损坏，其中包括画架画和巨幅画、纺织品、木制品、皮制品、骨制品、珍珠饰品以及陶器艺术品等。这些菌类主要有曲霉菌属（Aspergillus）、青霉菌属（Penieillium）、分支孢子菌属（Cladosporium）和头孢子菌属（Cephalosporium）。

寄生于石油燃料中的细菌形成黏液和沉积，削弱燃料的技术性能，堵塞滤器和唧筒，致使发动机遭受强烈腐蚀。细菌对润滑油和冷却液具有很强的腐蚀力，这使压延车间的液压系统处于潜发的事故状态。

寄生于光学仪器透镜中的细菌可使光透射度减弱 28%，并将光的散射度扩大 4.2 倍。湿度较大的热带国家中的霉菌，只要依附透镜之上，就足以破坏玻璃体表层。

建筑物和古迹在受藻类、苔藓、地衣以及其他有花植物的危害。如莫斯科河岸的花岗岩护堤上杂草丛生，灌木滋长。程度如此严重，以致每年不得不花费大笔资金进行清除。撒马尔罕、布哈拉、希瓦等地许多历史文物周围长满枸杞、臭椿、山柑、骆驼刺等植物。其根深深扎入砖石砌体的缝隙之中，破坏地基和覆面材料，同样也破坏城市的柏油路面和水泥板块。

布满海船船底的软体动物、螅形动物和水草不仅降低航行速度，同时也增加油耗。利用海水的工厂和热电厂，由于输水管道的附生物丛生而深受其害。1967 年英国在这方面的损失已不少于 100 万英镑。海洋木盆和凿石生物在破坏水底木石桩、航标、流送的木材和防波堤。这大大增加了海岸业务管理的经费。

随着水库、水力发电站和原子能发电站的建立，随着工业供水网的发展，淡水附生物也具有重大作用。寄生在引水建筑物和抽水机组冷却系统水筦上的双壳软体动物对动力设施、冶金工业以及国民经济其他领域构成严重障碍。

仅据上述不完全列举足以说明，对生物危害造成的损失（这里我们尚未涉及虫、鸟和啮齿动物造成损失的程度）必须予以积极研究并防止有害生物的破坏。

生态工艺学概念

为研制有关生物危害问题的理论基础并协调为数不少从事防止生物危害的科学生产机关和生产机关的业务，1967 年秋召开了苏联科学院生物危害问题学术委员会。本应总结实践经验，在统一认识的理论基础上统一工作方法，但当时尚不具备这样的条件。

在这种形势下重要的是首先必须制定有关生物危害的一般概念，将生物危害视为与人们活动有关的生物圈现象。然而就此也未能达成一致意见。一些人把生物危害看作是工艺流程的后果，因而认为解决问题的关键在于开发具有防止生物危害性能的新型材料。另一些人相反，认为这纯属生物学问题，所以防止生物危害的唯一手段就是消灭有害物种。最佳解决方案产生于这两种观点的接合处：形成这样一种生态工艺学概念，它将生物危害看作是水中、陆地、空中生态要素和人造工艺要素的动态的相互关系的结果。人的生产活动创造了新型材料和制品、建筑物和建筑群、运输工具。其结果就将各种动物、植物和微生物从其原生息地排挤出去。生物对这种侵入的反应各有不同：在一些情况下它们要争夺、要进攻，而在另一些情况下则利用养料来源或隐匿处以求保护自己。生物同新客体重新建立起来的这种相互关系的后果也不尽相同：有些后果可以危害材料，损害其物理性能。这种情况我们称之为生物对客体的生物危害，而且应该寻求防止这类现象出现的手段。

载体与对象

同生物危害做斗争的主要困难之一在于，生物危害的载体同被生物危害的对象活动领域极为广泛，它们在时空方面不断将新材料引入同生物的相互关系之中。

细菌、菌类、地衣、藻类、高级植物、单细胞动物、腔肠动物、软体虫、苔藓虫、软体动物、棘皮动物、节肢动物、鱼类、鸟类和哺乳动物中均含有生物危害的载体。它们可以破坏任何材料和制品。

几乎任何生物群体都能造成危害，而且几乎任何材料都可以成为它们的进攻对象。生物危害可以由这样一种物种引起，即它不久前还算不上危害物种。与此同时受其进攻的对象也可能是崭新的，看来似乎是完全可以不受损害的材料。

有趣的是，在具有生物危害的生物目类中并非任何一科生物都有其代表的为害生物。在每一科具有生物危害的生物中并非各属均有危害。而在每一物种中——也不是所有种群均可为害。同样，并非所有属于可受危害的各类材料都会同样受到生物的实际危害。如以可能造成飞机失事，破坏工业和运输设施动力网并损坏古迹和建筑物的鸟类为例，长胫鹤科中的代表者是白鹤；鸥科是红嘴鸥和海鸥；鸠鸽科是原鸽；雁科是绿头鸭；雕科是鹰；雀科是灰鸦、大嘴鸦和寒鸦。有些鸟类对高速飞机的危害只限于一定季节、一定地区和一定条件。但直升飞机和农用飞机则不会遇到这种情况。而另一些鸟类只是破坏那些与它们生态利害有关（如可借以筑巢）的遗迹、建筑物和输电线路等。

由此可见，生物作用于客体时必然具备同时发生的生态要素。否则，生物只能是潜在的危害载体，而材料只是潜在的受害对象。然而目前关于潜在的载体和潜在的对象的性质问题尚未完全揭示清楚。

防止手段

迄今为止，在防止生物危害系统中占首要地位的依然是化学手段，即杀生物剂。这首先是因为它具有高效和使用方法多样：可掺进防护材料成分中或涂其表面，可用于空中喷洒或溶于水等。

目前广泛应用大宗杀虫剂。同时还在继续探索与研制符合时代要求——既具高效又无毒性的新型化学制剂。此外，杀生物剂应当是价格低廉并对被防护材料具有足够惰性。

但是，考虑到当今的生态环境，杀生物剂并不能被认为是与生物危害做斗争的理想手段。不仅如此，大量使用杀生物剂，有时也完全不能允许。因为它可能杀死稀有物种。何况许多杀生物剂对人来说具有程度不同的毒害。如美国对危害鸟类施用 60 余种杀生物剂，其中多数对哺乳动物和人均有危害。

今天已有的防止生物危害的手段可分三类：（1）致命手段，如杀生物剂；（2）在生物直接接近客体时恶化其生理状态的手段；（3）有助于影响生物危害载体行为的生态学手段。假如对微生物基本上需要使用杀生物剂，那么对高级动物来说，较有前景的手段是采取温和的驱赶方式。控制生物行为的生态学手段的优越性在一些鸟类中已经十分明显地体现出来。可向鸟类发出警报信号的拟声技术装置今已用于驱赶飞鸟，保护飞机，使其动力系统免受飞鸟危害。毫无疑问，控制鸟类行为的个体生态学手段的建立是防止生物危害的最重要的方面之一。

生物破坏者——星球的护理员

清除充满星球表面的垃圾是重要的生态学任务之一。苏联的 5000 座城市不断扩大城郊垃圾场。工农业和生活废料的利用就成了在公共事业、工程技术和工艺规程这三方面的接合处形成的一个新部门所关注的目标。生物破坏者对解决这一问题能够给予很大帮助。如微生物可以摧毁废弃的聚合物；而细菌可以加工农业生产废料和各种不同生活废料。特别引人注目的是生物对海洋中石油的破坏力。目前为清除海面污油不惜利用昂贵的去污剂和特制的收集污油的专用船。但收效不大。可是在靠近阿拉斯加的北极沿岸水域并未采取上述措施，结果在 5—25 度气温条件下污油自消自灭 75%。R. 特拉克斯勒的研究表明，借助细菌可以消除不甚严重的石油污染。

具有重大意义的不只是清除垃圾的这一实践方面。将微生物的生物危害行为作为工艺规程的自然类似现象而加以研究的可能性同样重要。因为不论生物破坏，还是生物危害在多数情况下都是发生在自然界内部并不受人们干预的自然过程的后天变异。在从被水冲刷的岸边倒下的树木附生物和海船船底的附生物，以及被蛾子毁坏的死兽毛皮之间可以进行有益的类比。这有助于在研究生态现象的基础上制定新工艺规程。这种生态工艺学的类比方法规定，将生物破坏和生物危害作为新的更完善的工艺规程的现实范例而加以利用。

系统监控

人所感兴趣的是他创造的材料不受危害，他用过的废料可被生物利用。因此，材料应具有不受生物危害的生态"免疫性"。同时，对防止生物危害问题，如不依据目的在于防止环境污染的生态学和工艺学纲领，无论在理论方面还是在实践方面都无法解决。

迄今为止，防止生物危害的基本战略往往是着眼于取得局部的眼前利益：即在哪里发现有生物危害，就在哪里进行防卫。然而今天这种方法已不再令人满意。取而代之的是防止生物危害的综合性纲领，其中包括一系列基本原则：第一，定期检验与预测生物危害情势，并开发新型材料作为防止生物危害的现实手段；第二，查清自然生物群落和人工饲养的生物群落中生物间的相互作用，以及生物危害载体同环境的相互关系；第三，在全国范围以及个别地区对各经济部门以及整个国民经济进行有关生物危害行为和防止危害的生态统计学评定。

综合性战略规定，在生物圈监测的总的系统中应包括保护性预防措施。从一般生态学角度看，这有赖于将生物危害看作是伴随人们生产活动不可避免出现的全球性问题的新观点。这种观点认为，生物危害是生物圈对给它带来的新的条件的反应。人们创造的材料介入自然生物群落，构成其组成部分，被纳入发生在生物圈中的自然过程之列。

我们在将生物作为生物危害载体来加以研究时应注意到，自然生物群落中的这些生物有其自身的天然对象，但它们均受自然本身的"保护"。在自然条件下的生物及其侵害客体的相互关系可以提示防止生物危害的新方法。

利用生物，我们可以清除星球上破旧的和过时的材料和制品。然而今天，我们利用化学手段防止生物危害，同时却污染了环境。生物对有用物质的危害以及生物对废旧材料的破坏过程，是在同一环境中发生的。因而我们的任务是要防止其中一部分的生物危害，而使另一部分的生物破坏服务于人。换句话说，解决这一问题的最终目的应是，在现有的跟踪、预防和控制生物危害过程并将这些过程作为无废料生产中的生物破坏要素而加以利用的基础上，建立起生态工艺学的监测系统。

（选自《国外社会科学》1989 年第 1 期）

人与自然的共同进化问题[*]

[苏] P. C. 卡尔宾斯卡娅 亦 舟译

"共同进化"这一概念强调生物界和社会在最大范围内的相互渗透、相互交织和相互补充，这无疑是个很有用的概念。它把研究者的思想引向探讨许多尚未解决的问题。关于生物进化和文化进化的相互作用的观念，已由 B. И. 维尔纳茨基在他的生物圈及智力圈（由理性支配的生物圈）学说中，成功地加以发展。共同进化思想正被用在进化论生物学家和生态学家的许多现代著作中，被用在"社会－自然界"相互关系问题研究中，也被用于制定生物圈发展的计算机控制模式中。在具体的科学层次上，首先出现了怎样揭示共同进化的基本方面的问题，以什么方式表述它们的相互联系和这种联系的机制问题。这里可能有各种不同的论断，因为问题是很复杂的，缺乏研究的。然而不能不看到，对这些论断的性质起一定作用的，是研究者所采取的世界观立场，是他的社会发展观，而不仅仅是有机体进化的规律。西方的自然科学家在谈到紧迫的而且富有潜在含义的问题时，大多只探讨与进化过程的自然生物要素有关的一个方面。如美国的动物学家 R. 亚历山大提出了一种以达尔文主义广泛用于社会生活各个不同方面为基础的观念。① 他认为，"利益"是有机体进化和文化进化所共有的一种概念，完全能说明它们之间的相互关系，并且试图为法律、道德、良知寻求遗传进化的基础。

---

* 译自苏《哲学问题》1988 年第 7 期。

① ［美］R. D. 亚历山大：《达尔文主义和人类事务》，纽约，1979 年。

在英国动物行为学家 R. 多金斯的学说中，有机体进化的"主体"和动力是"利己基因"，而它在文化中的对应体是同样利己的、按群体遗传学规律起作用的文化"量子"。① 对于这样一种考察方法，甚至连生物学家也坚决反对。如著名的美国遗传学家 G. 斯坦特早就把有关分子遗传层次上的利己主义或利他主义的论断叫作"先验的孟德尔学说"，把多金斯的学说叫作"对社会生物学的死神之吻"。在与社会生物学继续论战的同时，② 斯坦特也对社会生物学家们将分子遗传学的知识用于解释道德性这一最重要的文化现象的方式表示坚决反对。与此同时，他承认有关伦理学的生物基础的争论，对于生物学的现代哲学观，具有极其重要的意义，这就证明，把共同进化问题看作讨论人的本性的生物学家的关键哲学立场之一的估价是有道理的。

最享有盛名的是社会生物学的代表人物所创立的基因文化共同进化观念。美国学者、物理学家 Ch. 拉姆斯登和昆虫学家 E. 威尔逊的著作《基因、理智和文化》继续分析这种观念，引用这两位作者较近期的著作《普罗米修士之火》（1983）和威尔逊所著《生物亲和本能》（1984）这两本书是顺理成章的。这些著作提出了一些有关人类社会发生的新材料，以及在研究人的一系列行为反映的遗传禀性时所获得的有趣的事实（如婴儿味觉感受、颜色视觉基础的共性、面部表情情绪反应的相似处，等等）。这些著作更加全面和坦率地表明了社会生物学的哲学观点，把人的问题看作共同进化观念的中心问题，按照人道主义精神阐述了共同进化的目的取向，并与现时代最重要的任务（保护地球上的生命，维持人类的生存）联系起来。这些思想在 E. 威尔逊的《生物亲和本能》③ 一书中表达得特别鲜明。

---

① 详见 ［苏］Г. Ф. 豪泽、Р. С. 卡尔宾斯卡娅：《是利己主义还是利他主义》，载苏《哲学问题》1978 年第 8 期。

② ［美］G. 斯坦特：《玻璃球对策：评 R. 亚历山大〈生物科学的结构〉一书》，《生物学和哲学》1986 年第 1、2 卷。

③ 参见 ［美］E. 威尔逊：《生物亲和本能》，坎布里奇，哈佛大学出版社 1984 年版。

共同进化和生命的最高价值

　　威尔逊的《生物亲和本能》一书的高度人道主义精神在于热忱地捍卫具有多种表现形式的生命，号召尽一切可能维护和繁荣人类。威尔逊把消灭人的生命的战争，威胁着人类的核危险，都看作反自然的，反人性的私利的产物。全书渗透着这样一种思想，即在现时代，学者们想建立一种确认生命的最高价值的生命科学观，这一愿望是很重要的。物理化学进化生物学、遗传学、遗传工程等的各种成就被提到首位，而整体性的目的取向是促进对地球上的生命的保护。在《生物亲和本能》一书中，威尔逊是一位自然科学家，他不仅懂得生命研究的全部复杂性，而且像人们说的那样"完完全全"感觉到这种复杂性。

　　威尔逊是怎样理解生物亲和本能及其存在的原因所在的呢？该书全部内容都是为了证明一个主要的论点，那就是：人们并没有根据许多后果彻底认识人属于生物界这一从属关系。当威尔逊谈到文明和自然的相互作用时，他引用了花园中的机器这一形象比喻。没有机器不能把花园培植好，不能把它弄得井然有序。然而"机器"不是花园所固有的，它能制造灾难，破坏花园的天然和谐。现时代人与生活环境的冲突状况大多与人们对生物界的丰富多样不解和无知有关，与出于无知而未利用生物界给人提供的富饶资源有关。威尔逊写道，不久前人们认为，地球上的物种有300万至1000万，现在物种的确定数为3000万。

　　然而随着对其他有机体认识的发展，也为人们认识生命的价值以及自我认识开辟了新的可能。威尔逊认为，生物亲和本能把我们和其他生物联系得如此紧密，以致它不仅能够说明我们对自然界的兴趣，而且能说明人的精神发展能力。威尔逊写道："我以为我们加入其他生命形式的行列的愿望在某种程度上是一种内在的愿望，这种愿望被叫作生物亲和本能是当之无愧的。这一假设不是正式科学含义上的严格假设，因为这个对象没有按照假说、假设和实验的科学方式经过足够的研究，而科学的研究或许会把我们引上一条特定的道路。然而生物亲和本能在日常生活中表现得如此明显而且广泛普及，因而值得给予认真的注意。"

因此，所谓人的生物亲和本能属性，也就是一种天生的崇敬生命的倾向，被假定为能在有机物进化和文化进化之间"搭桥"的新的认识客体。众所周知，这一概念在 A. 施韦策的学说中是个中心概念，而在这里获得一种纯生物进化论的解释。对于生命的崇敬不是像在施韦策的著作中那样是人的自我意识增长、自我完善过程和在培养乐天世界观方面终生艰苦努力的结果。按照威尔逊的观点，生物亲和本能是某种先天的、通过遗传渠道代代相传的人的属性。威尔逊还做了补充说明：诚然，生物亲和本能只是爱自然和尊重一切生命表现形式这类重要道德要素的前提，然而，正是这种生物亲和本能属性构成生态思维、保护自然活动以及人道主义精神的深厚基础。正如威尔逊所说："为了看到这样一种动因的根源，即为什么，在什么情况下和出于什么原因我们珍惜和保护生命，考虑一种新的，更加强有力的道德基础的时刻来到了。"威尔逊正是把人的生物亲和本性看作这种动因的根源。这种生物亲和特征有着古老的家族史，并与利他主义、相互利他主义、群体选择紧密相联。据社会生物学家所见，生物亲和特征是有机物世界进化的最重要的因素。人有了这种"可靠的"生物进化基础，对同类和对自然界就不能也不应冷酷和残忍了。他注定会把"保护伦理"看作基本的道德基础。威尔逊写道："保护我们同类和我们为后代预先准备的基因，这是人能达到的最高道德的表现。"

不能不赞同威尔逊的下述观点，即大自然不只是环境，不只是某种住着人的"空虚的"空间。大自然是生命，它并不把人排挤出去，而是把人哺养长大。甚至在现代都市文化文明中，人与大自然的"血缘关系"不仅在生态危机中显露出来，而且也表现在某些自古铭记的禁忌和容许体系之中。人身上的合乎人性的东西，有历史形成的也有个人形成的，无论怎样都不能脱离同大自然的接触。把自己同活的生物隔离起来，缺乏对它们的同情，缺乏从总体上珍惜生命的兴趣，便不能让共同感受、共同参与、相互合作和相互理解的能力得到发展。换言之，如果一个人自觉或不自觉地放弃他同有生命的大自然的统一，不承认他对大自然的从属关系（不仅是就发生起源而言，而且是就存在的含义本身而言），那么他就不能展现和实现他的类本质。

然而，以对整个生物界同情为基础的处世态度，难以想象是在生物遗传方面编好程序的，因为它是在与道德意识发展不可分割的联系中形成的。人类行为的生物进化前提很可能是在许多动物共同体所特有的"社会生活"形式的进化中被发现。然而，不能把同自觉的立场、行为有联系的真正的人的道德性归结为这种前提。[①]

作为共同进行研究的前提和
结果的人的观念

社会生物学家经常强调必须把生物学知识用于解决心智、意识、意志自由和文化多样性等问题。他们写道："我们给自己提出这样的问题：这些现象对社会生物学来说是不是不可逾越的障碍？我们以为，把自然界分成一些彼此孤立的领域是不太可能的。毋庸置疑，把对思维和文化的研究同进化论结合起来，这是一次最伟大的知识挑战。"[②]

是的，在把自己的共同进化观高度评价为挑战之后，作者接着便承认社会生物学正着手一种"危险行业"。说到危险的程度时指出了以下几点：第一，出现了被指责为重复社会达尔文主义的危险。反对社会生物学的言论已是一个范例，表明什么样的反应等待着那些试图跨越生物科学和社会科学间的中间地带的人们。第二，在克服人的研究中的传统观念方面存在着困难。现代社会科学和行为科学的奠基人，特别是社会学家 E. 涂尔干、人类学家 F. 博伊斯、精神分析学家 S. 弗洛伊德，以及行为主义心理学家 J. 沃森，都在很大程度上把自己的研究对象同生物学隔离开。而向生物学靠近的任何尝试，都被看作生物遗传决定论。第三，作者承认，建立一种有关遗传和文化相互作用的可信的观念实质上是件很不轻松的任务。

社会生物学家的最后评语谈到他们的自我批评精神。他们不止一次地说他们的观念是假说，是解决问题的最初方案，仅仅可以促进科学探

---

① 参见 И. Т. 弗罗洛夫：《人的前景》，莫斯科，1983 年；И. Т. 弗罗洛夫、Б. Г. 尤金：《科学的伦理学：问题和争论》，莫斯科，1986 年。

② ［美］Ch. 拉姆斯登、E. O. 威尔逊：《普罗米修斯之火》，哈佛大学出版社 1983 年版，第 46 页。

索。确实，"工作假设"这一用语无疑比那个经常被人重复的"理论"一词更加合适。然而问题不在用词。作者的愿望虽是阐明"共同进化"，但他们更加倾向于承认自然因素和生物因素在人的心智进化中的主导作用。关于劳动的作用和食物的采集和分配方式的作用的某些评论被纳入生物进化研究。这里没有指出可能出现的矛盾。比方说，他们多次强调，从事劳动、运用语言、创造抽象概念、学习和保留长期记忆等能力，是人所独有的特征。怎么能让这些素质脱离社会生活仅仅在大脑里"着陆"呢？怎么能在现实人类历史以外和脱离人类历史来分析这些素质的进化呢？人类历史也出现在威尔逊对心智进化所做的描述之中，不过只是作为外部环境和生活条件而提出的。人在改造这些条件方面的积极活动似乎被摆在次要地位。这一点在社会生物学家力图创建关于人的新科学时亦表现得特别明显。

　　《普罗米修斯之火》的结尾一章也就叫作"在通向有关人的新科学的道路上"。对于基因和文化的关系的讨论是遵循这样一个论点进行的，那就是：文化决定论看来和遗传决定论一样缺乏吸引力。按照社会生物学家的观点，特别值得怀疑的是文化在人的心智进化中起主导作用这样一种看法。《普罗米修斯之火》的作者写道："通常人们说，一切只能从历史的角度来认识，这里指的是几个世纪内所发生的文化变化。应该更准确地说，一切都应从有机物进化的角度来看。这种进化支配着时间跨度为几十万年的、互相紧密联系的文化变化和遗传变化过程。"

　　这就是说，研究人的历史方法应该被生物进化方法所取代。社会生物学家正是把这一条看作"有关人的新科学"的本意。这里正好回忆起G. 斯宾塞的话："……我们应该这样看：人是进化的产物，社会是进化的产物，道德也是进化的产物。"① 社会生物学家所要实现的，正是这些绝无新意的观点。然而其结果只能是人的问题和社会问题生物学化。生物进化方法变成为"新的有关人的科学"的主要方法论原则，还有夸大人的生活活动的遗传基础的作用作为补充。后面这一点充分暴露在"后成法则"这一概念中。

---

① ［英］G. 斯宾塞：《基本原理》（俄文版），英国图书资料局，1987 年，第 330—331 页。

　　威尔逊和拉姆斯登把"后成法则"概念看作基因文化共同进化中的主要概念。问题在于，这一概念的使命是揭示由基因到文化和由文化到基因的相互过渡机制。这仿佛是过渡的底层，在远古时代形成，随心智进化而进化，而且，在自己运转的过程中成为心智进化的主因。社会生物学家坚持认为基因和文化间有经常的过渡，正像他们所说的，是为了方便才以后成法则的形式提出各种各样的发展调节法则。"后成"（epigenesis）是个生物学术语，用来表示基因和环境间全部相互作用的总和。后成法则是疏导心智发展和基因文化关系发展的调节法则。它不是基因本身，而是由基因决定的，受外在文化环境、教育、学习影响的个人发展途径。简言之，这是基因和文化相互作用的场所。

　　社会生物学家在说明心智、伦理发展甚至人的本性的完善方面，把希望寄托在后成法则上（知道这些法则，便将学会支配自己和社会的发展）。然而，严肃的研究者靠这些建立在任意假设基础上的假说简直无所作为。在讨论后成法则时采用数学模式怎么也不能消除它们在实质内容方面的问题。内容的不确定性是显而易见的。为了确信这一点，只要读读威尔逊和罗斯发表在《哲学问题》上的文章也就够了。这篇文章陈述了有关后成法则和区分第一性法则和第二性法则的设想。值得注意的是，俄文版中这种区分与英文版并不一致，那里提出了另一些区分标准，具体材料也由一组法则挪到另一组法则中。看来这是微不足道的细节，但证明了他们所提出的理论体系的思辨性。

　　不能不看到后成法则是某种想要避免被指责为遗传决定论形而上学的花招。威尔逊在谈到《基因，心智，文化》一书时强调指出，在基因文化共同进化的观念体系中，人不是遗传决定的机器人，因为注意到选择自由和意识自由。然而，如果选择时再次强调后成法则规定的限制和禁忌，那是怎样的"意志自由"呢？为什么连一点实际材料也没有，哪怕是表明文化对遗传程序的反作用的一个实例呢？后成法则的"作用"的单向性是由下述情况决定的，那就是把选择、生存、适应看作影响文化发展的主要因素。在基因文化共同进化的概念体系中，文化没有自己的语言，没有那种能够据以建立一种表明文化如何"转化"为基因的假说的文化定义。

　　当威尔逊和拉姆斯登对现有的多种文化定义给予特别的注意并讨论

"文化单位"这一概念时，文明表现的各种形态都被归结为个人的语义记忆。作者引用了认识心理学在记忆单元分类方面的材料，对他早先作为文化单位提出"文化基因"概念做了某种精确说明。在早先的著作中文化基因表述得极其含糊，被说成是某种文化特征（行为方式、长久存在的思维结构、科学或宗教观念等）。在讨论语义记忆问题的论述中，文化基因则相当于某种"网络节点"（包括设计模型、模式图等在内的语义记忆层次）。文化成为运用许多文化基因进行认知活动的结果，而文化基因是以网络节点为基础的。于是文化的进化归根结蒂取决于生理过程，因为一切与文化基因和网络节点相关的事情都受"建立在人的头脑中的"后成法则的支配。

　　然而，按照这样一种理解，文化失去了光辉鲜明的特征，失去了它在不同时期和不同民族中多种多样的表现形式。人的生活活动众多方面中与认识活动有关的一个方面被绝对化，成为唯一的方面。而对这个方面的原因说明则依靠生物学知识来完成。威尔逊认为，认知心理学将会证明，人的心智毫不含糊地以通过后成法则发挥作用的生物属性为基础，因而最终取决于基因。这样提出问题，就再也不需要后成法则的"伴侣"（即文化），不需要文化的影响了，而共同进化说也就变成了遗传进化说。然而这种变化并不符合社会生物学家的研究志趣，于是形成了主要矛盾，它是社会生物学全部内在矛盾的主要矛盾。

　　威尔逊在采用进化论方法处理后成法则时做出了摆脱这些矛盾的一种尝试。我们以为这一迹象是极其重要的，因为它触及人的问题中一个有争议的题目，这个题目是：在人所创建的文明条件下，他的生物进化是否已经停止？威尔逊认为：脑的精神物质甚至会继续发展很长的历史时期，与一种许多人都持有（至少是很普遍）的观点是相悖的，这种观点认为，脑的生物进化早在10000年以前就已停止，而且从那时起人的变化就仅仅在于文化进化。威尔逊甚至提出一种脑进化的"千年法则"，即经过30—40代，完全可能发生人的生物素质的某种变化。显然，现在距离这些"法则"还很远，但关于人的自然生物基质继续进化的思想看来是有效的。

　　В. И. 维尔纳茨基早就写道，在人的文明发展长期过程影响下，脑可能发生结构功能变化。在苏联生物学家和人类学家的著作中，这一思想得到越来越多的论证。许多作者把这一真正的共同进化过程叫作人的生物社会进化过程。如 B. Π. 卡兹纳切耶夫采用了这一术语，揭示了人类生态学的内容，把它看作研究人类生活活动的自然—生物方面和社会方面相互作用的辩证扩展过程的新的科学流派。这种相互作用受到全部社会因素的某种作用的向量制约，因此已经不是一种静态构成。

人的生活活动的社会因素主导作用不可能仅仅涉及他的个性，或者仅仅触动生理形态特征，而且不会局限于一代人。可以设想，在世代交替中，这种反映在自然—生物基层上的生物因素和社会因素的相互作用也在进行。它的哪些方面会被触动是很难说的。很可能不是表明人是生物物类的那些特征，而是表明人是生物社会体的那些特征。人的机体的各个不同系统的运转、相互校正、调节的一些"人性化的"方面，今天已经成为人类遗传学、人类生态学和人类行为学的专家们的研究对象。所有这些学派不得不制定自己的、与一般生物学方法论不一致的、具体的方法论，因为把生物学相应领域里的知识直截了当地用到人身上的直接外推是不可能的。

共同进化问题在理解人的属性和决定人类命运方面，确实是个关键性的问题。必须有进行这项研究的真正科学的、在方法论上可信的基础。在社会生物学的范围内，这样的方法论尚未制定出来。M. 罗斯作为现代哲学提出的达尔文主义说未必能成为这样的方法论。他所提出的自然主义哲学观在没有严格依据的情况下就把达尔文主义变成一种"进化认识论"乃至"进化伦理学"。但愿社会生物学家不要轻信并把"进化认识论"当作自己进行研究的哲学基础接受过来。需知那样就意味着，在谈论有机体和文化间的共同进化时，在确定问题的范围和解决方法方面，用生物学完全取代哲学。

这里我们认真仔细地谈谈自然—文化共同进化研究中哲学的作用问题。由于人的问题、人的本性观、人在世界中的地位占据中心位置，哲学的这一作用怎样估计也不会过高。当 H. H. 莫伊谢耶夫论述共同进化研究的综合性和新的自组织观念的重要参与时，着重指出必须在自然科学家、数学家、经济学家、社会学家、心理学家、哲学家乃至诗人共同努力的基础上，做出最广泛的概括。莫伊谢耶夫写道，没有这样的概括，要全面地理解人，理解他与自然界的关系的戏剧性是不可能的。没有这样的概括，甚至谈不上自然和社会相互作用的某种现实主义的具体策略。①

换言之，共同进化的观念只能建立在人的观念的基础之上。探讨共同进化问题的人性的、人道主义含义处于首位并决定了这项研究的目的。在研究生物圈时，不能脱离人的活动的目的性，脱离人的创造能力。生物圈本来不仅包含自然现实，而且也包含社会现实。仅仅是在自然科学的基础上，或者仅仅在系统方法、信息方法、热动力学方法这些一般科学方法的基础上，都不能理解有目的活动的内容和作用。假如自组织规律一旦阐明，就会大大地推进对于由混乱到秩序的过渡、由一个结构层次到另一结构层次的过渡所做的说明。但发展的方向性还不是目的性。生物圈的进化则是过程的自然方向性和人的生活活动目的性的统一，因此，哲学不能只是一齐向共同进化问题进军的科学队伍和知识领域中的"普通一兵"。这些科学中没有哪一门科学把人作为专门的对象来全面研究他的生活阅历和他与自然界的关系。哲学的世界观内容规定了共同进化研究的目的，尽管这些或那些学者也有可能并不彻底地意识到自己的人道主义意向的来源。

这并不意味着承认哲学知识的主导作用就够了。承认这一点只是行程的开端，而且对哲学来说也是如此。实际参与对人类生存至关紧要的观念的研究这一史无前例的角色落在哲学身上。它对扮演这一角色是否有所准备？这个问题应该首先成为哲学领域内的专业人员的议题。哲学能够对于"人—自然—社会"这个系统的研究做出重大贡献，不仅通过它对多种科学相互作用的方法论手段的校正作用做出贡献，而且通过它参与这种相互作用目的的人道主义内容的形成及其世界观基础的形成做出贡献，而后者是主要的。

相互作用问题本身的新意在于，它把具体科学知识和哲学知识的相互联系提到一个更高的水平，在建立它们之间更有内容的接触方面提出新的任务。哲学中也出现了新问题：有关世界观现象的理解对于人的属性的解释的依赖性问题；有关人的生活（包括精神生活）活动中生态—

① ［苏］H. H. 莫伊谢耶夫：《理性的策略》，《知识就是力量》1986 年第 3 期，第 32 页。

生物圈因素作用的探索问题，从全球进化论角度来研究发展的新方法问题。主要的问题是，怎样把人的观念看作对共同进化所进行的哲学思考的真正中心、前提和结果。

（选自《国外社会科学》1989 年第 4 期）

布朗谈地球生态面临危机*

［美］L. R. 布朗**　汪国宾译

问：全球生态系统问题已显得非常突出。在近几年出现的环境问题中，哪些是最值得关注的？

答：全球性气候变化的趋势最令人焦虑。气候变化是由于全世界矿物燃料的消耗不断增长，和因人口增长而过度砍伐森林等所致。一般人将会看到这些行径表现在经济方面的后果，即粮食价格上涨。因此，归根到底我们可以说，问题的实质是粮食，而其根源则在于气候、能源及人口政策。这些问题错综复杂，其起因和结果将在20世纪90年代成为我们越来越严重的问题。

问：据你所说，似乎粮食上的安全感将取代军事上的安全感而成为政府的当务之急。

答：的确如此。看一看目前的形势。当前世界谷物储存量可能正处在第二次世界大战以来的最低水平。世界现有谷物储备量（相当于新谷入仓数）估计只能维持54天的消耗量。这是值得注意的关键性的粮食指标。

几种因素促使粮食产量日渐下降，其中包括土地资源和水资源越来越匮乏。世界上有待于耕作的好地所剩不多。而世界四大主要产粮国

* 摘自美《挑战》杂志1989年3/4月号。
** L. R. 布朗，"世界监护协会"主席，《1989年世界状况》总监，环境杂志《世界监护》编辑。本文是记者对他的采访。——译者

（美国、中国、苏联和印度）水源供给的压力正在加剧。城镇与乡村都在争夺淡水，并开始转化成为一个重大的政治问题。

此外，美国、中国及苏联实际的种植面积近年来也在大幅度地减少。

问：上述情况系三国同时发生，还是集中在某一国家？

答：三国都有。在美国，根据《资源保护区监护条例》，我们正在将11％的粮田闲置起来，使之成为草地或林地，其中包括目前还在播种，但已经严重退化的4亿公顷土地。

苏联自1978年以来，已丧失13％的粮田。他们并没有系统的退耕计划，只是一味耕种着直到不再值得耕种为止。

问：这是一种干旱造成的偶然情况呢，还是一种持续的下降趋势？

答：是下降趋势。1978年以来，苏联耕地面积几乎每年都下降。现在，如果他们在过去十几年中，确实因水土流失而丧失了13％的粮田，那么你就得承认另外还有数目巨大的土地正在被侵蚀，但只是还没有达到不值得耕种的地步。

在中国，农田的丧失（过去10年中大约是7％）并非由于侵蚀，而是由于非农用部门过高征用。据世界银行的统计：1980年以来，中国工业年增长率约为12.5％。这意味着每年确有成千上万家工厂拔地而起。中国11亿人口大部分集中在东南沿海1000英里的地带。工厂必须建造在人口聚居区，而人口聚居区则恰恰又是农业区。工厂、仓库及通衢大道占用的土地绝大部分都是肥沃良田。

近几十年来，中国最为匮乏的其中就有住房。因此，当收入有了增加，每个人及其兄弟不是想增添一两间房间，就是想新建一座住宅。加之人们都散居在四周是良田的农村，新建的房屋大都蚕食了耕地。因此中国丧失耕地速度如此之快，靠提高现有耕地产量的办法已很难弥补其损失了。这就是中国准备今年进口2000万吨粮食的理由之一，从而使之位居日本及苏联之后，成为世界第三大粮食进口国。

问：你提到的水资源的短缺情况是怎样的？

答：以美国为例，1978年以来，灌溉面积已减少了7％，这多半是由地下水位下降引起的结果。农产品价格疲软及灌溉成本增加。尤其是燃料涨价，也都有影响。但美国农业部最近报道：全美有四分之一灌溉粮田，因抽取地下水使水位每年至少下降半英尺。某些地区，每年下降多达 4 英尺。

在苏联，大片灌溉农田集中在亚洲各加盟共和国的咸海四周。咸海位于哈萨克与乌兹别克两个加盟共和国的边境线上，有阿姆河和锡尔河两条河流注入。1960 年进行大规模灌溉之前，咸海估计储有 100 亿吨盐。可是引用注入咸海的两条河水用于灌溉时，注入咸海的流量少于蒸发量，咸海面积开始收缩。结果，曾是渔港之一的穆伊纳克现在离海岸已有 30 英里。

咸海已失去 60% 的水量和 40% 的面积，而且这个过程还在继续。由于大部分海床现已干涸并覆盖上盐层，大风刮起的盐暴正像沙漠里的沙暴一样。结果，沙盐混合的风暴现在以每年每公顷半吨的分量淀积在利用注入咸海的河水灌溉的土地上。这就开始影响了耕地。更为严重的是，这个地区的气候也受到影响，随着霜降线的南移，棉花产区大约至少减少了五十多万公顷。

问：苏联政府对此采取了何种措施？

答：这是一个非常棘手的问题，要么缩减灌溉（压缩灌溉用水）挽救咸海，要么放弃咸海。同时因盐分过重，咸海里几乎所有的鱼类现都已死亡，原先在那儿的 26 种鱼类只剩下 3 种了。他们不得不关闭鱼类加工厂。他们还得接受另一个现实：无论夏季还是冬季，气候都将变得更为严酷，从而使该地区更加不宜发展农业。

中国北部供水已面临严重不足，城市用水和工业用水都来自农业用水。结果，中国灌溉面积和美国一样，正在不断萎缩。事实上，两国灌溉面积的顶峰时期在 1978 年，以后一直下降。中国下降 2%，美国为 7%。我列举占世界粮食产量一半的世界三大产粮国的土地资源和水资源所承受的压力，旨在说明影响产粮国家的资源压力的情况。

问：但是难道农业生产力的提高没有抵消这些压力吗？

答：要快速提高土地生产力是个日益困难的问题。这在日本最为显著。自 1970 年以来，日本稻米的产量增加不多，尽管日本农民得到的稻米补助金额等于世界市场水平的 4 倍。即使是天文数字那样的价格（只有日本人能承担）也无助于改善日本农业。今日亚洲农民种植具有最高产量的水稻品种，这在 1966 年即 23 年前就引进了。没有人能再进一步提高。故许多亚洲国家水稻产量的提高相当缓慢。

问：在生产水平没有提高及农业生产力发展缓慢的情况下，为何政府决策者不给予更大的关注？

答：许多地区的农业决策者如世界银行，是十分关注的。当亚洲的形势与非洲的危机结合在一起，如何生产足够的粮食以满足世界年平均增加 8600 万人口的需求，看来已变得越来越困难了。

表土层的损失也反映了粮食和人口增长之间的脆弱平衡。世界农田表土层的流失每年约 240 亿吨，远远超过大自然再生的土层。这种损失相当于澳大利亚麦田表土层的总和，并不是个无足轻重的数字。

此外，气候的变化很可能在 20 世纪 90 年代及以后，成为环境和经济方面的重要问题。我们刚才讨论的世界粮食生产低落的势头，加上 1988 年北美旱灾，使世界粮食储存从 1987 年 101 天的世界消费量，降到 1989 年的 54 天。这就是世界粮食价格为何还要高于去年一半的原因。

问：如果 1989 年我们再遭受一次旱灾，那就意味着无粮可出了吗？

答：如果 1989 年再来一次像 1988 年那样由于旱灾而歉收的情景，就会引起人们的惊慌。那么数十年以来成为世界主要产粮区的北美，也可能第一次没有粮食可供给世界人民。这势将导致一场 100 个左右从美国进口粮食的国家之间，为从阿根廷、澳大利亚、法国等国进口有限的粮食而疯狂争夺。结果我们将会看到，价格以前所未有的速度上升。当世界粮价成倍上升，1972—1973 年的情形就不值一提了。没有人知道究竟会涨多少，也许 3 倍或甚至 4 倍。这样的涨法必将严重冲击世界经济。相比之下，70 年代那样的石油价格上涨也不算太过分了。

问：你们认为这是地球变暖趋势的一部分吗？

答：我曾以世界形势随地球平均气温上升发生变化的例子来阐述对美国农业有何影响。但现在对气候平均气温变化又有这样一种说法：到 2030 年或 2050 年时，大气二氧化碳含量是现在的 2 倍时，地球平均气温将增高 3—8 华氏度。但那些平均值掩盖了一些真正令人注目的变化。赤道地区的气温不会大幅度上升。气温上升大都是在南北半球的高纬度地带，即谷物生长地区。同时，也掩盖了另一个事实，即大陆气温上升要比海洋快得多。当你把这两点凑在一起时，你就能看到，这种气温的上升也许可能使北美和苏联的农业区，有望丰收。这就是说，随着气候的

变化以及它对世界粮食供应的影响，我们会把目光转移到不令人注目的
领土上来。正因如此，需要重新考虑这些问题，以便重新建立地球和大
气之间的碳平衡，从而尽可能地控制全球性变暖的趋势。

问：这是一项伟大的使命，它将涉及哪些方面？

答：这意味着要搬走矿物燃料，要控制人口增长，同时也要着手进
行植树造林，作为未来希望的寄托。

问：这是确实的。

答：我们要走一段很长的路。我知道世界上只有两个国家的政府已
开始甚至探讨设计气候波动的能源政策，那就是挪威和加拿大。两国外
长在1988年仲夏的一次会谈中，敦促各国政府着手考虑减少使用矿物燃
料，延缓地球变暖。可怕的是，我们如不尽早行动，环境恶化必将导致
政治不稳定，社会崩溃，同时这些因素又会互相作用。各国政府将迅速
转而关注短暂的危机，如与气候变化紧密联系的粮食短缺和物价上涨，
因而很少有时间和精力致力于解决长远问题。

问：那不正像70年代石油危机时期发生的那样吗？短缺和涨价问题
使注意力从长远考虑转到了石油和能源问题上。

答：这种迹象使我不得不相信，我们仅仅在几年内而不是几十年，
就导致某些环境因素逆转的事态发展太快了，我们看到随着气候的变化，
臭氧耗尽，森林毁坏，土壤受侵蚀并加快了全世界植被和动物种类的灭
绝。我还看到，在本世纪75年的时间内，几乎所有国家的经济都高速发
展的势头不再会继续了。

问：一二十年前我们不是还在赞扬印度的"绿色革命"吗？

答：绿色革命赢得了时间，阻止人口的激增。但那几乎等于是浪费
时间。中国和印度都进行了绿色革命。中国把时间拿来控制人口的增加，
而印度没有。结果，印度每年增加1500万人口，并使资源问题迅速严重
起来。在印度因没有足够的植被做饲料，大批牲畜将饿死。

问：印度人口还在继续高速增长吗？

答：印度人口年增长率已从2.8%左右降到2.2%，而中国则是
1.2%，那是相当大的一个差距。对比之下，孟加拉国和巴基斯坦人口年
增长率都为3%左右。肯尼亚的人口增长率甚至为4%。不可能更快了！
人们或许没有认识到，如世界人口年增长率为3%，那么一个世纪内就能

翻 20 倍，人类将无栖身之地。

问：中国是怎样减慢人口增长的？

答：他们先预测哪儿人口将会激增。然后制定某些相当简易的人口统计设想。他们考虑到国家的前途，如果每对夫妇生两个孩子，按此构想的模式发展，人口将会增长几亿。总有一天，会在现有人口上再增加一个印度，接下来中国就要考虑农田、淡水和资源的供求，考虑就业机会和社会设施的需求。他们认识到，即使每对夫妇只生两个孩子，也会导致未来居住条件更加恶化，更加贫穷和营养不良，还会丧失为下一代奋斗而取得的一切成就。因此，他们做出艰难的政治决策，防止这种可怕的未来出现。要避免出现这种情况，唯一的办法是提倡一对夫妇只生一个孩子。

中国有别于其他第三世界国家之处，并不是中国比其他国家有着迫切的困难，而是中国有勇气预测和反馈所面临的一切。

问：他们的植树造林的计划怎么样？

答：他们当然已经同毁坏森林进行斗争。但即使正在实施世界上最可观的植树造林计划，他们的森林面积也还在减少。中国的日益富裕提高了对住房的需求，从而引起木材的紧张。他们计划全国造林覆盖面从 1970 年的 12.7%，到本世纪末至少提高到 20%。目前看来，似乎森林覆盖面到本世纪末很难保持 12.7%。要是不马上采取行动，就连一个可观的植树造林计划都将被人口高涨所冲垮。

问：这使我想起托马斯·马尔萨斯在《人口论》里指出的人口将如何影响粮食供应并带来悲惨后果。

答：马尔萨斯是正确的。人口增长有时还受制于饥荒。有人还要我们相信，粮食短缺和饥荒已成历史，其实并非如此。在亚洲和非洲还是出现了饥荒。实际上，马尔萨斯的名著发表不到半个世纪，爱尔兰在其出名的马铃薯灾荒中就丧失了三分之一人口。

在另一种意义上他也是错误的，因我们已在世界粮食产量上取得了惹人注目的提高。例如，1950 年到 1980 年，世界粮食产量提高了 2.6 倍。在以往一代人左右的时间里，我们从来没有看到过如此巨大的增长。不幸的是，我们也许再不会有如此壮观的丰收了。

问：你为何这么说？

答：可以看一看农业科技的变化。过去一代时间里，四项主要科技的每一项都导致世界粮食产量飞跃：一是杂交谷物；二是大量应用化肥，从 1950 年 1400 万吨到 1984 年的 1.3 亿吨；1980 年世界灌溉面积近乎是 1950 年的 3 倍；以及近年来发展中国家迅速推广高产矮果和水稻。现在我们才知道，这些科技在有些国家中，多半是毫无控制地任其自然发展。如在美国，假使 1989 年我们加倍使用化肥，我并不认为对粮食产量的提高会有多大好处。因为在化肥应用上，已到达临界点了。的确，美国目前在化肥应用方面已比 6 年前减少了。

在 50 年代，如果你在中西部地区给玉米增施一吨化肥，那么每公顷就可增收 15 吨至 20 吨玉米。但今天却并不如此。

灌溉是另一个例子。只是没有更多扩大灌溉的机会，而且大多地区开发费用都相当昂贵。易投资的灌溉地都已经开发。因此我们估计灌溉面积不会再有很大增加。

总之，世界耕地面积在 90 年代里不可能有很大增加，就跟 80 年代差不多。

问：提高各种新作物产量的情况如何？

答：目前还没有什么新的种植技术能超出通过种植杂交谷物和从 1950 年以来化肥增加 9 倍，所开发的潜在产量的水平。当然各地情况不尽相同。阿根廷对农产品增收出口税，这有碍于现代科技应用的输入和大量使用一批相当有益的农业设备。印度谷物产量还不到日本的一半，而中国的产量现在大约是日本的五分之四，不过我还不清楚，苏联随着经济改革的开展，在提高农业产量方面是否会取得令人注目的成就。

苏联不像美国，它没有玉米地带，这是因为我们有良好的适于玉米生长的土壤、水、温度等条件从而取得了高产。苏联之所以没有玉米地带，是严酷的气候和奇缺的水资源等不利条件所致。但我并不期望中国会取得戏剧性的效益。中国有大量的水资源，大片农田都得到灌溉。中国灌溉面积占世界首位，其次是印度，美国第三。

问：前几年把人口增密看作解决粮食和其他经济问题某种不可避免的人类创造性源泉的那种乐观主义学派不论其影响如何，我总是把它看作是无足轻重的，为何这种学派在 80 年代初又会赢得这样高的声望呢？

答：是啊，要是他们是正确的话，生活就简单得多了，我们就不必为急剧的人口增长、饥荒、气候变化而担忧了。在 70 年代末 80 年代初之际，当世界粮食生产已供过于求时，反马尔萨斯的乐观主义者赢得了一些信誉。同时也是在 70 年代末 80 年代初，剩余粮食存积起来了，农产品价格也开始下跌，不过也产生了一个"粮食泛滥的世界"的真正问题。人们并没有认识到，这些剩余粮食原来是超额使用土地和水资源的结果。

要分析这个问题，可追溯到 60 年代末 70 年代初，当时谷物价格暴涨，苏联 1973 年收购的小麦价格比 1972 年涨了 2 倍，以后几年基本没变。在此期间，大平原大片处女地被开垦出来，向农民提供巨额灌溉投资，超越自然循环地抽引地下水进行灌溉，消耗了水源。同样在许多国家中，也以超负荷的速度消耗资源来生产粮食。

问：那么美国农业是畸形发展吗？

答：美国的经历证明了我的观点。目前严重被侵蚀的 4000 万公顷农田还在减缩——占总农田面积的 11%，同时因灌溉已超负荷，灌溉面积也在缩减。目前仅靠降低地下水位对四分之一耕地进行灌溉。如果继续对准备退缩的 11% 农田仍然沿用超负荷水资源灌溉进行粮食生产，收获也许会超过 5000 万吨或大约相当于美国年产量 3 亿吨的六分之一。不过要是在 70 年代末或 80 年代初从世界总产量中减少 5000 万吨，那就没有剩余，也就没有诸如此类的情况了。

问：世界其他地区也有这种情况吗？

答：要是我们有资料对世界其他国家做同样的分析，那么足以承担的世界粮食生产水平将远远低于目前世界的需求。世界其他地区的粮食产量大多也是难以承担的，因为它依靠的是超负荷地使用土地资源和水资源。这就说明了为什么生态学家数十年来一直在为世界农业发展状况担忧。如果从表面来看经济指数，70 年代末和 80 年代初，世界农业看来前景很好。但如果看一下隐藏在内部的基本环境因素例如水位降低和水土流失，你就会意识到，今天世界粮食产量相当大一部分是超越自然平衡的。要是照此发展下去，那么，就会呈现一幅完全不同的景象。

（选自《国外社会科学》1990 年第 4 期）

生态危机与经济发展[*]

［南］ D. 扎尔科维奇　文　兵译

近几十年来科学和技术在某些领域得到了飞速发展，这极大地提高了人类的生产能力。仅仅在美国，20 世纪 60 年代中期就加工了大约 40 亿吨植物、动物和矿物原料，但其中大约 55%（约 23 亿吨）又作为废物重新被抛回了大自然。人类活动对自然环境的影响日趋强烈，由此导致许多严重的生态与社会问题，该问题早已存在，但却未引起重视。

另一方面，人类在地质学、海洋学、气象学等科学方面的知识明显落后。这些都是评价人类生产活动对环境影响程度的十分重要的领域。人类对其介入自然过程可能造成的直接与长远的后果缺乏认识，这种状况严重威胁着现代文明。

环境污染是自人类存在以来就出现了的老问题。技术的飞速发展、自发的经济增长、人口的迅速增加以及过去追求最大限度利润造成的污染，把世界引向生态危机灾难的边缘：

——由化学物质和其他废弃物造成的水污染是最大的危险，据估计，今天全球每年排放的废水量已达 440 万立方米，受污染的是这个数量的 15 倍，超过现有水资源的三分之一；

——大气层日益成为大型废气贮箱，有毒气体和微粒正以越来越快的速度充满大气层。转变成废弃物垃圾箱的城市不断增多。原子弹试验已经构成对这一代及未来几代人健康的现实威胁。

---

* 摘自南斯拉夫《观点》杂志 1989 年第 8（4）期。

因此，对自然环境状况的分析，特别是作为诸因素相互影响综合体的生态系统的平衡问题的重要性日益突出。生产力发展所达到的新水平，从根本上改变了人们对其应对自然承担义务的认识以及对社会生产系统界限的认识。

自然再也不能与因技术文明对地球造成的污染孤立地作战了。生产要担负起新的任务：再现清洁的自然环境。由于越来越多的自然因素成了基础设施要素，对自然在社会生产体系中的地位的认识正在发生变化。

生产中的自然因素可分为三类。第一类是阳光和热能。这类财富的数量与生产的规模和性质无关，因而不把它纳入分析范围之内。第二类是地球内核中的资源。它们的利用要求一定的劳动费用和计算合理的开采费用。第三类是地球生态资源：水、空气、土地、植物和动物世界。正是这方面有采取措施加以保护的必要。生态资源正在成为广泛的首先是经济学探讨的对象。

一方面，社会要尽可能地珍惜自己的劳动，广泛利用生态资源的潜力。另一方面，它今天就必须考虑到拿出一定的劳动经费保护现有的资源，保证经济今后的正常运转。从这种意义上讲，自然现在也作为经济范畴成了国民财富要素之一，也可定义为再生资源，它包括：（1）再生财富（物质和劳务），（2）累积的知识，（3）自然环境的保护。

现代科技革命为物理、化学和生物过程转变为管理客体开辟了可能性。上述过程不仅复杂，而且在很大程度上也是不确定的。现代科技革命不仅决定着管理自然进程的可能性，而且也决定了进行上述管理的必要性。用马克思的话来说，自然是人类的无机体，因为它是人类生存和从事生产活动的条件。人类只有在与自然互相影响和互相作用的过程中才能使自己的体力和精神得到发展，人本身也是自然的一部分。

人类社会的未来在很大程度上仍将取决于人类社会在未来的阶段如何对待自然。对自然进程的管理目前已经成了决定人类前途的条件。

千百年来，人类对自然的影响都是无足轻重的。生产的特征在于无偿地使用自然财富。这是粗放占有自然阶段。然而，在20世纪50年的时间里，生产已达到了这样的水平：人类对自然的作用已经可以同我们星球上自然力的影响程度相提并论了。据某些科学家估计，按目前的人口增长率和粗放经济增长率再发展50年，生活环境将开始毁灭，某些地区将出现全面饥荒和工业崩溃，几乎所有地区人的寿命都会灾难性地缩短。如若按目前的方式利用自然资源，那么，地球维持人类社会继续生存下去的实际能力就会受到严重威胁，伴随都市化的飞速发展亦将会造成极其困难的社会问题和人口过度稠密所形成的心理负担。

显而易见，粗放型生产发展再也不能继续下去了。自然再也不能为了维持人类无忧无虑的生活而进行自我再生产了。人类社会必须关心这一日益严重的问题。由于人口膨胀和某些科技领域的成就造成现代经济活动影响自然环境的消极后果往往与这种经济活动规模有联系。深入分析这些消极后果的原因，表明它不仅与人类介入自然生态环境的程度有关，而且也与现代生产范围内生态系统和人工生物经济系统的物质循环运动的性质差别有关。生态系统内的物质循环在很大程度上是封闭的。在现代生态系统中人实际消费的只是一小部分自然物质，绝大部分又以废弃物的形式回到大自然，而这些被扔弃的物质构成了对生态环境的威胁。

除了人口及其需求迅速增加以外，现代技术也是造成生态危机的主要原因之一。现代技术使人日益脱离自然，给自然造成无法弥补的损失。由于生产往往具有社会性，因而人与自然之间架设起来的现代技术桥梁突出的不是个人对环境的关系，而是这种或那种社会机制与环境的关系。自然资源是生产资料的消极部分，技术是决定自然环境改造的强度与性质的积极成分。技术的性质与人及其所在的社会关系的发展有密切的联系。因此，现代人类正处于人类社会童年时代末期，其未来的前途取决于人类的理性将在多大程度上战胜人类社会的野蛮性。

人类要进入自己发展的新时期，不仅需要新的科学知识，而且也要求新的社会思维方式。保障生产领域的再生产过程和保障生活水平的高标准，要求保持清洁的自然环境，这需要向中和生产废物和消费垃圾的技术转变。

今天科学家和工程师已经知道既能创造出经济财富又不污染自然环境的方法。这就是无水无空气技术循环法，以及少水少空气技术循环法。封闭水和空气系统也属此列。此外，收集废物并加以有效的利用，或用化学中和法加以处理，或长期封闭。

封闭技术的最大优越性在于它的经济效益，今天，污染空气、水和土地的各类生产的经济效益之所以高，在于它们不计算由于不利用副产品造成的环境污染的经济损失。这笔损失是巨大的。按照美国经济学家们的估计，在美国，空气污染每年造成的损失达135亿美元。据估计，今后几年为清除水污染可能支出260亿—290亿美元。换句话说，自然环境污染在一系列部门造成了越来越大的损失。而这些费用和损失并未计算在污染自然环境的企业的成本之中。这也是迄今为止维护生态环境的技术发展缓慢的主要原因之一。

只有在以人为中心和自然不成为残酷掠夺对象的社会中，生态环境的清洁才能得到切实保护。在疯狂追求利润的私人垄断制条件下，对人与自然环境不会给予很多的关心。美国过去曾拥有9亿英亩耕地，而目前的数量还不足4000万。

如果今天能广泛实行征收自然环境污染税，也许能鼓励企业从国民经济角度去考虑问题，寻找实现生产最大效益的途径。

自然（生态）过程与人类在现代条件下的经济活动已不再是互相分离的系统。这两个系统正在变为一个统一的相互依存的系统：生产自然环境可称之为生态经济系统。对社会生产的管理变成了管理生态经济系统的极其复杂的科学问题。

生态经济学是建立在社会科学与自然科学研究成果基础上的一门新兴科学，它有自己独立的对象——研究经济发展、技术水平与自然环境质量的相互联系。生态经济系统分析是现时代最重要的任务之一。从研究作为独立体系的社会生产向分析生产与社会环境的相互联系的转变，要求经济科学改变对以下问题的认识，这些问题是关于社会生产的界限，关于经济发展目标，关于国民财富与国民收入的内容，关于对长期计划提出的要求，关于经济制度应该解决的任务，关于评价经济活动效益的标准等。

封闭性生产系统由这样两个子系统构成：利用自然环境的要素，即把自然产品转换成经济财富和重新利用自然环境的要素，也就是说将废弃物转变为进行新的生产循环的原料并使被破坏了的生态平衡得以建立。向新的封闭系统的转变是现阶段经济发展最重要的任务之一。

人与自然的合理关系在于使人类的当前需要和未来需要正确地结合起来。不应忽视现在的利益，也不应因此而牺牲未来的需要。现实需要与未来需要的合理结合要求除了计算过去和现在的劳动费用外，还要打算今后可能支付的劳动费用。经济活动还要考虑用以消除生产和消费某些产品而造成的环境污染所必须支出的费用。这要求在理解最重要经济概念时来一个较大的转变。

（选自《国外社会科学》1991 年第 4 期）

马克思主义与后现代性中的深层生态学：从经济人到生态人[*]

[美] 郑和烈（音译）　　梁光严摘译

人类看来要比我们所预期的速度更快地接近历史的终结，因为随着现代性的进展，他们对自己的地球住所的音律变动越来越难以辨别生态危机是悄悄到来的、通常看不见的，但又是巨大而十分深刻的。它如此深刻，以致于克服它就像"用我们的手指修补破了的蜘蛛网"（维特根斯坦语）。海德格尔在《思维是什么?》中主张"包容思维"。他指出，由于思维本身是由重大事变引起的，因此我们时代最发人深省的是我们没有思维。就我们对重大生态问题的思考而言，这一评判当然是正确的。1972 年罗马俱乐部的报告《增长的极限》号召进行"思想上的哥白尼式革命"和确立一种全新的生命哲学，以保证加速工业化气候下人类有恒久的未来。但人们对此反应迟缓。1987 年世界环境与发展委员会的报告《我们共同的未来》是一份人类生态战略蓝图，它提议开展"一个世界"的合作，强调分裂导致毁灭，团结才能生存，表明人类认识有了飞跃。但这份报告还没有激进到足以能拯救地球和保证人类有恒久的未来，它仍强调被定义为"人类在不损害和牺牲后代经济需要的条件下满足和保证当前需要的能力"的"可持续发展"思想。它仍用"经济人"（homo oeconomicus）的习惯语言来表述，从而无法克服和扭转我们的经济心态

* 摘自澳大利亚《第十一条论纲》杂志 1991 年第 28 期。

和执迷不悟。因此，要克服生态危机，首要的是克服经济人，即无论个人或集体，都必须对把自然作为外在的"它"来思维和行事的习惯做法进行彻底的根本变革。

1973 年，挪威哲学家 A. 纳耶斯发起了作为一种全面、整体性的学术探索的生态哲学和深层生态学研究。纳耶斯的深层生态学探索了具体学科泛滥成灾背景下的关于将人和自然统一的思想，并探索了生态学与无所不包的哲学之间的内在联系。E. 科哈克则在《余烬与星球》一书中有力地深化了现象学的生态哲学。他提出关于自然的道德现象是关于生命世界的现象学的一部分，赞颂地球虔诚心（geopiety）和这个美好的地球上的存在和物在（而不只是人类）之间和平共处的神圣性。地球虔诚心克服了黑格尔（他的辩证法将历史作为对自然的否定来颂扬）以来的历史主义恐怖。科哈克要传递的主要信息是："要恢复我们人性的道德定义，我们就必须首先恢复自然的道德意义"，这是"一场心灵和思想革命"。

作为经济人的现代人已化为一体的技术工具理性，违背和侵害了自然的道德意义。我们已被联结到技术网络中，成了它的人质。我们的时代是技术已经总体化、单向度化、规范化，因而是平庸的时代。我们的困境在于以下事实：人之所以成为人是由于这样的事实——从最基本的工具意义上他/她是技术性的。而人类生存之所以处于危险之中，正是由于他/她自己的制作品已经过度丰富。现在，人类已经到了历史的关键接合部，在这里技术有了摧毁他/她自己和整个地球的潜力，他/她已有可能成为他/她自己的创造的受害者。

经济人是现代的产物，他决不是"地球至上论"和深层生态学的朋友。毋宁说，他与自然的道德意义是对立的。他受工业和效用合理性的支配。作为经济人的现代人被驱使去生产、制作、消费越来越多的东西。工作人（homo faber）的勤奋道德与技术形态文明的道德是一致的。

经济人是古典自由主义和马克思主义的共同特征。马克思是毫无瑕疵的、无法超越的人道主义者。但对人的尊重不等于对自然的尊重。恰恰由于他的以人类为中心的人道主义，马克思最终没有能克服人从自然的异化，即他的社会本体论未能将自然包括进来作为整体的要素。马克思不关怀自然的自然性，而专注于自然的效用问题，认为技术是人类处理自然的方式，生产是通过人类维持其生物生命的手段来改变自然。马克思强调，人类劳动对自然的改造，是对人作为有意识的类存在的确证。因此，他首先关注的是关于作为生产者的工作人、工人或制作者的思想。对马克思来说，废除造成人类苦难和异化的私有财产，是将一群男人和女人从另一群男人和女人（资本家）的剥削和统治中解放出来，并最后结束人对人的剥削（不是结束人对自然的剥削）。

M. 梅洛－庞蒂认为，马克思主义者很少注意自然本体论问题和自然与存在的相关性问题，这可以追溯到马克思本人，马克思的哲学预先假定了一个相当客观主义的自然概念。梅洛－庞蒂表述了他的自然本体论。他将永恒躯体"本体化"为"肉"，认为肉像空气、水、土等一样，是存在的"内容"。既然躯体和自然都属于同样的肉，那么二者之间就应有相互性和还原性。虔诚，就体现了无条件的相互性，这是一种给予和获得的循环。人有责任和义务回报并照顾好作为他/她的自然养育者的"大地母亲"。

对马克思主义来说，劳动是一种身体运动，它是"有目的的动作"，因而体现了人的真正人性。换言之，劳动在马克思的人道主义中居中心地位。它成了作为经济人的人的本质。卢卡奇不仅详细论述了马克思的"社会存在本体论"，而且论述了作为社会本体论的必要条件的劳动。但他在劳动概念基础上对社会本体论的建构，重复了马克思在调和人与自然方面的无所作为：他未能克服作为经济人的人的概念。

关于生态虔诚心（ecopiety）的思想，是试图以"生态人"（homo ecologicus）代替经济人的基础上重新确立未来的新道德。的确，关于生态虔诚心的思想是否定性的：经济人的终结就是生态人的开端。马克思主义在生态上远不是否定性的，因为尽管它富有人类虔诚心（homopiety）（人与人之间伦理上的相互性），但却很少有地球虔诚心（将地球作为"你"，而不是作为"它"）。就确立未来的伦理观是由经济人到生态人而言，这种伦理观必须是后马克思主义的和后自由主义的。由于马克思主义是一种现代性社会本体论，因此我们要确立的伦理观必须是后现代的。后现代性标志着现代性的解构，它破坏和超越现代性。换言之，现代性的终结和后现代性的开始是后马克思主义式的，因为马克思主义是西方现代性主流思想整体的组成部分。西方现代性将"启蒙"理性转变为人类（只是人类）在利用自然基础上取得的没有终极的进步。我们现在需要的是将自然作为一个社会范畴包括进来的新的社会本体论范型。

（选自《国外社会科学》1991 年第 8 期）

全球性机构与生态危机[*]

［美］J. 哈里斯　梁光严摘译

全球性生态危机的各个方面

　　20 世纪后期迅速激化的环境问题有一个共同的特点：越来越具有全球性。以往人类经济活动的生态影响总的来说是有限的和地方性的，但如今世界农业和工业生产规模已如此庞大，以致整个全球生态体系都受到了影响，而且有时是以无法预见、不可逆转的方式发生的。

　　尽管公众和专家们日益意识到这种现实，但目前几乎还没有旨在对生态问题做出反应的全球机构。现有组织如联合国环境规划署规模上很有限，而且没有任何强制执行的权力。拥有某些财政权力的国际组织如国际货币基金组织和世界银行等，直到最近仍在支持那些加速环境恶化的项目和政策。

　　70 年代在国家范围内出现的环保意识，导致了国家环保机构的建立。这些机构主要是用来应付具体的地方性问题，其职责范围过于狭窄，在全球范围内，联合国环境规划署的作用也很有限。进入 90 年代以后，环境机构现行的修修补补的做法显然不足以应付环境问题的全球化。加强现有机构的权力，尽管在某些方面会有帮助，但并不能解决根本问题，而且有可能加剧这些机构与那些旨在促进经济发展的机构之间的冲突。显然，我们需要根据新的现实（一个生态上的可持续性是未来经济发展

＊ 摘自英《世界发展》杂志 1991 年第 1 期。

的决定因素的世界）对全球性机构进行重建。

现存国际机构的过时

在国际机构的现存结构显得老化的时代，重建全球机构显得更有必要了。现存全球性机构大多数可以追溯到第二次世界大战末期，它们的起因及其宪章上规定的权限均是特定政治经济力量的产物，体现了当时对世界政治结构和经济发展的某种设想，建立在这些机构基础上的国际秩序在 20 世纪 50、60 年代取得了巨大成功，但到了 70、80 年代，对于经济发展中出现的许多紧张关系，这些机构日益难以应付。它们影响世界各种事变的能力不断降低。显然，当前的国际机构无法为世界发展提供稳定的基础。

一种恢复活力的凯恩斯主义设想

从国际货币基金组织、世界银行和关贸总协定的起源来看，它们受到凯恩斯思想的深刻影响。它们的建立，正是为了完成下述凯恩斯主义的任务：促进世界经济扩张。不过，当前世界经济机构的失败并非凯恩斯主义设想的失败。毋宁说，这些机构在完成它们原来计划承担的任务方面取得了巨大成功。然而，今天的政治经济力量均衡和所需解决的实质性问题已经发生变化。1944 年最紧迫的问题是被战争破坏国家的重建和维持政治经济稳定，以造成世界经济扩大的气候，而当今世界面临的问题，却起因于战后的经济扩张，起因于未能将欠发达国家包括到世界增长中来，起因于战后世界的设计师们所未预见到的环境问题。现在我们需要的是一种全球凯恩斯主义，它更多地关注欠发达国家的问题，并对经济活动的生态基础做出分析。全球性危机要求充分运用凯恩斯式的政策手段。

生态学、熵和经济理论

现有经济理论还缺少环境方面的分析。即使有，也主要是给环境破坏确定货币价值，以分析其成本和效益。尽管70年代以来经济学家们注意到应将"外部"成本（环境破坏）内在化，但他们仍未考虑到经济发展的全球性效应，而只是集中注意那些可以列为成本—效益分析当中的要素的、可衡量的环境影响。这种标准的经济分析法认为可以通过征收污染税和采取相关的市场调整措施来解决环境问题，这显然未抓住问题的实质。

不过，也有少数经济学家做出了卓越的分析。杰奥斯库－罗根（Nicholas Georgescu-Roegen）和达利（Herman E. Daly）等人将经济系统置于地球生物系统和地球物理系统的背景之下，认为经济活动服从于熵定律。熵是不可获得性能量的衡量指标。可用资源的熵度低，而废品的熵度高。根据熵理论，从可获得资源的意义上说，现代经济生产要不可逆转地减少我们的财富。我们可以通过从生物系统和地球物理系统中吸取低熵，并还它们以高熵，从而在一定时期里维持经济增长。但如果这一进程达到某一点，便会使这些系统出现紧张状态，并出现不稳定性。而经济系统的价格体系和刺激因素并不能及时反映这种紧张状态和不稳定性。因此，为了避免经济发展的灾难性结局，必须有管理经济增长的机构。

全球发展的新机构

适应21世纪的全球机构，必须能完成两方面的职能：第一，传统的凯恩斯主义职能：创造就业机会、收入再分配和稳定经济等；第二，新的职能：资源保护、废物管理、环境保护和制订保持生态稳定性的计划。可以将这些机构大致列举如下：（1）一个以目前的国际货币基金组织为基础，但拥有更大清偿能力的机构。（2）一个按世界银行的思路建立的国际开发机构，它的能力已大大加强，并专注于生态上可持续的项目和恢复被破坏的环境。（3）一个全球公共工作机构，它将直接为发展中国家的公共卫生、教育、扫盲、废物管理和回收、人口控制、环境保护和恢复等项目提供资金，并在其中发挥作用。（4）一个全球性的、有权进行环境监测的全球环境保护机构。（5）一个负责建立和管理世界公园的全球资源管理机构。（6）一个促进和推广保护生态的工农业技术的国际技术转让机构。（7）一个处理贸易问题的国际贸易组织。（8）一个比联合国拥有更广泛权力的国际维持和平机构。

政治和经济可行性

上述一系列国际机构的建立，需要市场资本主义大国——美国、日本和欧共体国家之间达成一致。然而，目前美、日、欧的狭隘、短期利益与建立全球机构的计划是对立的。因为新机构的资金大部分要由这些国家提供。美国必须在某种程度上让出其战略支配权，赞同一个更多元的结构。日本也必须打破其狭隘态度，参与世界事务。欧洲必须克服其内部事务高于一切的状况，发挥世界性作用。而所有这些国家都必须在贸易方面做出重大让步，尤其是要向发展中国家开放市场。这些狭隘的想法致使到目前为止还没有任何国家认真地倡议建立新的全球制度结构。但是，进一步的耽搁会使人们付出很大的经济和环境代价。人们对这种现实的认识的不断加强，会使政治气候发生变化，从而造成新的突破。工业化国家的政治领袖们也许乐意做出必要的冒险，以应付生态危机并为 21 世纪的世界经济打下坚实的基础。

（选自《国外社会科学》1991 年第 11 期）

生态学与马克思主义[*]

［美］P. 拉斯金、S. 伯诺夫　刘庸安译

在环境保护论和发展论的历史分野中，一般左派特别是马克思主义者通常站在发展论者一边。尽管马克思主义者和主流理论家在绝大多数问题上有着根本分歧，但他们在只注重经济和社会发展而忽略环境条件和结果方面却经常是一致的。

实际上，"红色"观点和"绿色"观点都是不全面的。一方面，马克思主义对人类干预自然持一种过于温和的看法。在这种看法中，环境实际上被认为是无限的和有弹性的，而且人类技术上的创新会为发展而克服表面上的环境限制。同时，环境问题和环境的强制力也没有被纳入马克思主义关于积累、资本主义危机、全球经济和不发达的理论中。

另一方面，环境保护主义缺少马克思主义深刻的哲学和历史基础。它忽略了国家范围和国际范围内的经济控制和政治权力的关系以及它们对经济发展和环境变化的意义。它过于抽象地看待自然，不去联系在其中所发生的社会过程。最后，它在关注环境保护时忽略了阶级和社会经济条件。

持续发展思想的实质是，在历史的这一时刻，经济发展和环境保护的分离是错误的。持续发展是指，经济发展要求管理好环境，反之，管理好环境要求经济发展。把这两个过程联系在一起不仅被认为是一个很好的想法，而且被认为是达到二者目标的客观需要。这种思想认为，生

---

* 摘自美《对马克思主义的再思考》1991 年春季号。

态问题是一个涉及实现公正的问题，在这个问题中，贫困、不发达、剥夺某些政治权利既是环境恶化的原因也是它的结果。

因此，"红色"与"绿色"之间以往的对立也许是不必要的，实际上，每一方都需要另一方来实现自己的目标。我的政治实践需要一种理论框架，他将能够把对阶级、发展、权利剥夺的关心与正在出现的对环境承受力的关心结合起来。

一

马克思把社会的各个方面——社会关系、文化、制度、技术和意识形态理解成一个动态系统内的互为条件的过程。物质环境提供了某一社会在其中运行的重要的基本条件。

但对马克思来说，阶级的划分是最主要的，它可以解开这个貌似复杂的社会整体的死结，以便揭示它内在的替代规律和历史，指导政治行动。

从生态学的角度对马克思主义提出的批评认为，关于现代资本主义的动力、现代资本主义危机的性质和现代资本主义转变的社会力量的马克思主义理论是有严重缺陷的。尤其是，马克思主义强调生产方式内部的冲突——生产关系和生产力的矛盾、社会各阶级之间的矛盾。生态学强调人类这个整体和自然环境之间的冲突。很简单，争论涉及应该把哪种冲突看成是最根本的：是阶级与阶级的冲突还是人类与自然的冲突？

比较宽厚的"绿色批评"承认，在19世纪资本主义条件下，马克思有充足的理由把阶级冲突看成是最基本的冲突。依今天的标准来看，当时环境对于不受限制的工业发展的反应是微不足道的。人们在那时有理由把地球看成是上演人类戏剧的舞台，是自然资源永不枯竭的源泉，是无止境地容忍浪费和污染的载体。但在今天，这种假设再也不能成立了。地区生态和全球公地正在受到在富国和穷国同样难以承受的发展的破坏。

绿色运动信奉一种特殊的政治哲学。它的一个极端是改良主义的环境主义，另一个极端是"深层生态主义"。前者的目标是减少工业社会的掠夺行为和在没有提供一种根本的可供替代的社会公约的情况下的消费。后者采取一种极端看法，认为构成这个星球生态病的病源是人类，并寻求一个生态与极少数人和谐相处的梦幻世界。

也许从向马克思主义挑战的美国生态运动中出现的最有意义的框架已被称作社会生态主义。社会生态学在激烈批判资本主义，寻求一个公平的、民主的和有较多合作的社会目标以及评价环境问题的社会根源方面与马克思主义有很多共同之处。这些共同点有助于加深分歧。

对于社会生态主义者来说，自然系统的不断恶化，加上可能出现的不可逆转的和灾难性的结果，要求有一种新的危机理论和一种新的可供替代社会的模式。

马克思的理论认为，资本主义积累的动力将为其自身的灭亡创造条件。尽管资本主义积累是物质发展的一种有力手段，但它将为其进一步发展制造障碍，将经历越来越严重的经济危机。在一种无情的贫困化过程的驱使和强制性的工厂劳动的影响下，不断扩大的无产者队伍将被锻造成一个追求自己利益的社会阶级，并将实现一些普遍的目标。因为无产阶级是一个由正确理论指导的独特的政治组织，它将推翻资本主义制度，建立一个社会主义社会。

绿色批评认为，马克思的这些预言不是根据历史而得出的。最重要的是，绿色批评同作为转变资本主义的动力的工人阶级分道扬镳了。工人阶级已经分裂成一个由具有不同的而且常常是对立利益的白领、粉红领和蓝领工人组成的复杂的混合体；工人运动已经变成一种多元经济社会内部的一个利益集团，它接受资本主义的生产关系，而且无产阶级的绝对贫困化也没有出现。依这种观点来看，坚持对无产阶级抱有天真想法的马克思主义者是感触不到资本主义的基本危机以及它们所展现的政治可能性的空想家。马克思是一位客观的社会分析家，如果他在今天来写这些理论，那么生态问题对他来说肯定是重要的，他的理论也会反映出这一点。

社会生态主义者还向在本世纪经常与马克思主义等同起来的那种新社会的集中计划工业模式提出挑战。"现实社会主义"的政治经济历史证明，当它在环境方面的记录暗淡无光的时候，它远没有实现自己的那些轻率的诺言。对生态主义者来说，后资本主义社会必须在一种全新的技术文化的基础上加以重建。资本主义的技术、工作组织、社会的空间设计等都必须在一种与新形式的政治社会关系相协调的适度的生态基础上加以重建。

根据绿色政治的看法，马克思主义在承认集中的工业化和生产更多的物质产品上与资本主义是一致的。但简单的算术法表明，这是站不住脚的。例如，假设世界人均消费水平姑且只增加到今天美国水平的一半，而且目前的人口趋势继续下去，那么在以后的50年中，对物质和资源的需求将增加2倍。这种扩大再生产的水平从生态上说是不能承受的。

生态政治学试图重新规定进步概念的定义。社会生态主义者提出了一种新的发展模式。这一模式涉及一些小规模的、多样性的和有效的技术和过程；一种强调人类价值、合作和生态原则的可供替代的幸福观，并对群体社会、消费主义和浪费采取否定态度。它倾向于一种包括（至少在工业化社会）低水平的物质消费和多种手工业生产形式的"小就是多"的哲学。无政府主义的生态运动还把面对面的民主和非集中化作为一种补充的但是必不可少的尺度。

除了生态学对马克思主义的批评所提出的一些基本问题以外，它是不确定的。它的各种不同看法在一个主要的但不是积极的问题上是一致的。马克思主义在理解和处理基本环境问题方面一直是有缺陷的。但这种缺陷可以归咎于马克思从事活动的19世纪的条件、他那个时代理论上和政治上的争论所要求强调的问题以及当时为资本主义和社会主义运动所提供的主要条件。马克思主义的理论和实践在生态方面的不足不是其内在的缺陷。

此外，社会生态学，即使在其理论比较严密的变化中，也有明显的漏洞。它机械地认为，它在"现实社会主义"中所看到的缺陷是马克思主义理论的必然结果。在这种社会主义中，需要对制约和扭曲社会主义发展的历史条件做深层的了解。不过，它的确提出了一种关于经济发展对环境承受力的关系和经济危机对环境危机的关系的正确理论。

社会生态学在对技术决定论持怀疑态度的同时，往往低估作为持续发展所必需的正确的科学管理环境的积极的潜在作用。它很少注意到阶级以及在环境恶化的因果过程中如何反映阶级利益的问题。与此相关的是，它没有同其他根据这些连接点争取实现公正的运动建立联系。最后，在对作为变革力量的工人阶级进行不断批评的同时，它实际上提出了自己关于如何发生变革和何种力量将促进这种变革的理论。

二

从马克思恩格斯的全部著作中可以发现，他们提到过环境和人类生态的作用，而且他们思想的某些方面也反映了生态概念。但是，马克思没有系统地在他的理论观点中提出环境和生态方面的内容。马克思没有明确地对待生态可以归结为两个主要因素：他所看到的有限的工业发展和环境混乱的程度；他那个时代理论上和政治上争论的特征。

马克思受到了包括现代科学、启蒙运动、自由人文主义、民主和德国哲学等伟大的欧洲思想传统的影响。这种伟大传统的中心是人类进步的思想——一种雄心勃勃的、无约束的和无限制的思想。总之，他也具有启蒙主义的气质、想象力和乐观情绪。他把这些思想融入一种人类通过自身的历史自然形成的物质理论之中。启蒙思想将通过具体的和物质的过程得以实现。马克思特别受到他那个时代正在兴旺发达的自然科学的鼓舞和影响。留给马克思主义的遗产是，主宰自我的信念和对自然限制进步和发展的怀疑。

马克思主义理论也是针对一些资本主义经济制度的主要理论家们提出来的。尽管马克思和绝大多数政治经济学家在一些基本问题上是对立的，但在理论上，人类生态对于双方来说都是不重要的。人类戏剧的两出戏是在同一个有能力向社会无限地提供资源并诱发社会去浪费的环境舞台上上演的。在这些共同的前提下，当代资本主义社会和社会主义社会都有类似的不尽如人意的记录。

马克思对托马斯·马尔萨斯的批判这一事实在这里特别有说服力。马尔萨斯认为人口过剩和食品不足是一种必然趋势。马尔萨斯——这位认为生态对增长有内在限制力的现代理论家的先驱——对人类条件的描述看到了一种正在发生的不可避免的悲剧。马克思认为，这种悲观主义在政治上是反动的，在经济上是不正确的。相反，他把经济发展的限制归咎于资本主义积累本身。马克思关于资本主义危机的理论是（资本主义）内部的矛盾，而不是人类和自然之间的矛盾。在19世纪条件下，马克思了解到了马尔萨斯没有了解的东西。人类社会的组织和技术的发展能够迅速改变历史的发展和限制。马克思对生态悲观主义提出了批评，同样，马克思也接受了它的对立面——人类有无限的能力去从自然中提取财富的生态乐观主义。

在19世纪的现实环境中，马克思忽视环境因素的重要性是有理由的。鉴于他那个时代的条件，马克思关于自然限制而不是社会限制的批评理论有合理的历史和物质基础。这次争论——强调内部社会关系，而不强调自然因素——是以后马克思主义者和环境保护主义者之间的争论的历史先例，也是由历史表现出来的作为马克思主义理论中的一个方面的生态学的弱点。随后而来的社会主义运动更是低估了在马克思对资本主义具体分析中所固有的那种对环境关心的程度。在直接政治利益的压力下，它们所失去的正是在他对一种后工业社会的幻想中是重要的那份马克思关于生态自然主义的遗产。

三

这一节的目的是提出在对马克思主义的生态内容的系统批评中必须提到的几个重要问题。

辩证唯物主义。辩证唯物主义是经常用于支撑马克思主义系统的本体论和认识论。前者是我们在这里主要关心的问题。

辩证唯物主义似乎特别适于作为当代生态思想的"持续发展"理论的哲学基础。它包括范围广阔的各种概念：整体性、相互依存、冲突、危机、转换和展现。一些基本概念——新的质量特征的展现、作为动态的和半稳定状态的整体的系统观点——与一般现代科学特别是与生态学的新发现是一致的。

历史唯物主义。在马克思主义理论中，人类历史是一个辩证统一的过程。人类对自然的物质关系对马克思主义观点来说是基本的。社会转变被认为是自然历史转变的一个过程。但是，历史唯物主义关于生态方面的内容是含糊不清的。在这里，人类和自然历史交互形成的思想仍然是相当抽象和不明确的。

马克思和恩格斯认识到了当一些生产方式做完了它们在历史上可能做到的一切时人类社会所面临的生态灾难。在泛泛地论证那些制度特别是资本主义能够破坏自然的生产能力时，马克思没有详尽阐明限制和威胁某一生产方式的深层的生态变化的理论意义。实际上，马克思提出，由于资本主义和现代科学的出现，环境的限制是有条件的和暂时的。

这很能说明问题。生产方式不仅必须被看成是理想的制度，而且还必须被看成是受环境条件和环境限制深刻影响的历史上特殊的社会构成。这包含着一种比在传统的马克思主义中所发现的更为复杂、更具有细微差别的历史理论。比如，一种正在扩展的生产方式和地区环境承受能力之间的矛盾也许同生产力和生产关系之间的内部矛盾同样重要。在没有由生产手段的发展与生产关系之间的矛盾所促发的重大阶级冲突的情况下，社会可以依生态"矛盾"而消失或被转变。

在较高水平的理论抽象上，马克思强调人类社会和自然世界的相互关系。这对于当代把生态思想和社会思想结合在一起的做法仍然有一种潜在的参考价值。然而，马克思和他的追随者们却没有充分提出生态对人类历史的影响。在历史理论中，必须在较大程度上优先考虑特定的自然环境在形成生产方式的特征和生产方式的发展过程中的作用。

对资本主义的批判。马克思对资本主义的批判是他的理论工作的顶点。他探讨了资本主义的基本"运动规律"、生产的动力、价值源泉、阶级冲突的特点、矛盾与危机。在很大程度上说，他把资本主义发展过程理解为内部的积累过程和内部各阶级之间的相互作用。

当自然为生产提供物质条件时，马克思的 19 世纪的模式作为一种有效的估算方法，认为：自然是无限的，经济活动引起的环境恶化不会有力地反作用于这种活动；技术发明能够解决环境问题；在资本主义发展中环境对于增长的限制不是一个因素。这些假设现在已不再是自证而明了。

马克思主义所理解的资本主义的基本概念需要根据环境问题加以更新。

在（马克思的）劳动价格理论中，自然没有提供固有的价格。但有些例外对于这种讨论是重要的。马克思主义经济学承认，稀有而珍贵的金属可以获得市场价格，而与开采和运输它们的劳动几乎没有关系。不过，随着环境系统的恶化，较多的自然资源变得稀少了。资本主义市场的交换价值也会更进一步脱离被劳动理论认为是先期资源消耗的过程。在目前对环境进行大规模经济侵入阶段，严格的劳动理论的用处可能会消失。价格理论必须予以扩充，既要考虑生产过程投入方面的资源消耗，又要考虑到输出方面的污染。而且必须分析未来外在费用和利润的增长趋势，而不仅仅是直接费用。

马克思是根据价值——它的积累、它在资本主义和劳动之间的分配等——来评价资本主义及其危机的。但是从物质过程和产品规模来看，最值得直接分析的是生态问题。

另外，矛盾的观点是马克思主义的基本观点，也是生态危机理论的主要观点。无论在什么地方，私人生产者和消费者的合理行为都可能会提出社会费用问题，即治理污水、放射物和废物污染社会"公地"的费用。矿物自然资源的开发对于直接利润或消费常常也是合理的，但对在一种持续的基础上保护它们却是不合理的。不过，在资本主义条件下，这将破坏支撑发展的条件。

同样，马克思主义关于个人合理性和全球不合理性之间矛盾的观点需要加以延伸，以包括资本主义生态危机理论。一方面环境限制和费用的影响，另一方面一般经济因素（利率、资本—产值率、劳动生产力等）都需要予以发展。比如，对利润下降率来说，明显的环境恶化的实质是什么？

历史的动力。马克思得出结论认为，无产者是从资本主义向社会主义转变的历史动力。对马克思来说，促成这一发现的力量在于，无产者由于本身的贫困化和它在资本主义内部结构中的作用不得不变成一个革命阶级。但是在资本主义危机范围内，今天已有越来越重要的生态问题，变革的动力不能再简单地确定为原来的工业无产者或它后来的表现形式——"新工人阶级"。实际上，随着这种危机的不断加剧，人口越来越多的部分不满的根源不是他们在经济制度中的地位，而是他们在一个不断恶化的地区和全球环境中的位置。

这里根本的问题是，公平的经济发展目标和环境保护是不是相互依赖的。这是构成持续发展思想的一个基本观点。虽然这一思想的政治含义仍然是不确切的，然而它是实现经济意识和生态意识相统一的一块重要界碑。

如果生态危机不能在资本主义制度中找到自身的解决办法，那么变革就要求有红色和绿色的社会力量。这将是穷人、工人阶级和发展中国家的各种力量同日益认识到资本主义发展和环境恶化之间关系的环境主义者相结合的一种政治运动的客观基础。

四

马克思主义和环境保护运动之间存在着许多对立的根源。从历史上说，马克思强调人类通过转换生产方式——他认为，生产方式是所有外在束缚的根源——战胜任何所谓自然束缚的能力。

尽管如此，马克思的总的理论框架仍然包含着很多生态观点。在一种结构水平上，它对受总的调节原则所支配的包括形成某一社会的各种因素——经济的、政治的、意识形态的、技术的、文化的——相互依赖采取一种综合的、整体的方法。它强调由于自然环境相互作用所提供的自然与社会之间的社会和物质转变的物质基础。最后，它关于生产方式是经历了产生、成熟、灭亡和演替等各历史阶段的完整系统的思想提出了一些有关生态的观点。

就环境主义而言，它倾向于强调人类共同的悲惨处境，而没有把环境问题看成是从特定的社会经济组织形式中衍生出来的问题。它的号召往往只是道德伦理方面的号召，没有正确的理论和历史分析做基础，没有对资本主义提出批判，没有对社会和科学的积极作用做出足够的分析，没有对于一个社会如何向与生态承受力相一致的方向转变提出一种可以看得到的确实可靠的前景，也没有提出一种政治转变理论。

是否可以把马克思主义与生态学、社会主义目标和保护地球协调起来？一种基本构想是把早期马克思即写《资本论》时的马克思同本世纪西方马克思主义中的一些思潮与近些年生气勃勃的社会和知识分子运动联系在一起。这一构想是对处于支配地位的政治的、经济的、文化的以及社会生活中人与人之间的服从关系和把知识生活降低到一种失去价值地位的批判。

由另一种力量支配人类和由人类支配自然，都源于共同的知识和政治根源及社会实践。虽然它们的形式是多种多样的，并依特定的条件和历史环境而不同，但难以对付、预料和控制的人类和自然的退化已经成为后文艺复兴社会、社会理论和技术实践的标志。忽视由社会、自然和个人结为一体的自然将使人类和自然易处于从属地位，并遭到毁灭。

人类对自然的干预不应再以以下假想为前提，即自然是无限富足的，它可以随便受摆弄，可以接受生产和消费所带来的废弃物。基于这种认识，不受限制地发展生产力的思想应该转变成通过民主手段向平等和富裕的目标和谐发展的思想。

马克思最深刻的洞察力之一是，实现人道主义的伦理目标需要一种足够的物质基础。他把人类解放同作为社会主义前提条件的生产力的自由发展联系在一起。在马克思的各种思想中，这种基于19世纪条件的联系是一个派生的结论。今天，他最感兴趣的人类解放及其物质基础要求有一种生态上的持续性。剔除它的传统和19世纪的假想，马克思主义能够为探讨一种新的持续发展的理论模式提供一个内容丰富的框架。

（选自《国外社会科学》1992年第1期）

地球能生产足够粮食来供应迅速增长的全球人口吗？[*]

[美] E. 林登　草　纯摘译

1798 年托马斯·马尔萨斯提出关于人类生产粮食的能力将落后于人类的生育能力的理论，但是他低估了绿色革命可能带来的技术奇迹，低估了农民们为赢利而对种植作物所产生的刺激作用。1943 年印度由于饥荒而饿死 150 万人，但到 1977 年印度却成了粮食出口国。

但自 20 世纪 80 年代中期以来，绿色革命的势头减缓，在亚洲地区，20 年来科学家们已无法使大米大幅度增产。绿色革命带来的隐蔽代价开始显露出来，曾经生产全球 35% 粮食的浇灌土地，总产量开始下降。原因之一是，浇灌的水蒸发后，其盐分留在土壤内造成土地退化。将来对农业还可能产生一些尚未查明的全球性的不利影响，如大气层内臭氧的丧失以及温室效应等。

对粮食供应的长期和短期威胁又重新向我们提出了一个古老而又令人恐惧的问题：这个地球向每年增加 9100 万人口的人类提供足够的粮食，还能维持多久？

许多农业专家正认真看待这一问题，原因之一是，粮食的遗传多样化正在丧失，这使得粮食供应愈来愈不稳定和不可靠。由于农民们用同样方法种植同样作物，受病害和干旱危害的可能性要比种植多种作物大

---

* 摘自美《时代》杂志 1991 年 8 月 19 日号。

得多。田纳西州的阿尔伯特参议员确信，多样化的丧失是对世界农业的最大威胁。他说："我们可能看到许多作物品种的消失，因为大家都醉心于种植高产作物，当地品种正在失传，某一天可能会以枯萎病的形式出现大灾难，那时人们将束手无策。"

粮食品种混杂使用可以使破坏和灾害减少到最低程度，但目前世界上的基本作物愈来愈具有遗传因素，因为大多数高产小麦和谷物的种苗是从若干古老的品种中培育出来的，尽管这些基因茁壮强盛，但由于来自古老的品种，必然带来一种潜在的易被侵害的弱点，一旦遭到病虫袭击可使大片庄稼枯萎。

解决这个问题的行之有效的一个办法是要从广泛来源中获取遗传物质，阻止病菌和害虫突破多种防御，以免农作物受害。生物技术的发展使科学家们已经能够辨别出不同的基因，因而也能预测到某些种苗可以抗拒病害或干旱的可贵特性。对多种品类进行杂交可以创造出最好的特性。

育种科学家虽然依靠传统的杂交方式，但他们现在正在试验真正的遗传工程。他们希望能取出某个品种中的若干基因，而代以新的基因。研究人员期望能分离出某些有能力对付由于人类对地球和大气层肆虐而引起的紫外线辐射、干旱、盐化地等变化的基因。

防止农业品种消失的主要办法是建立搜集和保持作物品种的种植。一些国际机构出资在全球建立了8个种堤，保存了25种主要粮食作物的不计其数的品种。这些国际中心事实上已成为各国种子收集的后盾。

当然谁也不会说，这些种堤就可以完全防止多样化品种的消失。虽然收集到了水稻、小麦、玉米等主要作物的许多品种，但在收集蔬菜和不很出名的谷类方面所花的精力就很有限。

另一个保持多样化品种的办法是鼓励农民们保存尽可能多的传统品种，但是由于在全球范围内人们从农村涌入城市，这使得农民们越来越趋向于种植单一的而且易于搬运的作物。这种糟糕的情况正变得愈益不可收拾。到2000年，拥有100万以上人口的城市将达到400个，相当于全球人口的1/6。这些百万以上人口城市的兴起，对执行鼓励农业的政策是极大妨碍。许多第三世界国家政府意识到，往往是城市居民而不是农民会起来推翻他们，因此他们故意压低粮价以安抚城市人口。在埃及，农民发现用得到政府物价补贴的面包比用自己生产出来的粮食去饲养家畜还要便宜。这种荒唐的事实还改变不了，因为过去埃及政府曾想提高面包价格，结果却引起了骚乱。

著名的粮食专家 L. 布朗指出：世界人口正在接近地球能够供应的极限，非洲和南美的人均粮食产量已经在下降。埃塞俄比亚遭受了悲惨的饥荒，部分原因是这个国家的人口增长已超出了土地的生产能力。但是世界银行的分析家持不同看法，认为埃塞俄比亚的农业失败应归咎于门吉斯图政权的错误政策，因为政府对粮食的收购价太低，无法刺激生产。

国际粮食政策研究所所长吉斯特·法兰德认为，布朗所说的极限实际上是一种障碍。他说："确实，追加化肥已无法再增加产量，庄稼也愈来愈容易受到侵袭，耕地和水源也愈来愈少。但我们还没有达到极限。断言灾难必然到来是站不住脚的。"《1991 年全球粮食进步》的作者丹尼斯·艾弗利认为，现在限制粮食生产发展的因素不是土地而是财力投资。仅美国和阿根廷闲置着的和未充分使用的土地如果得到开发，就可再供应 14 亿人口的粮食。

但是几乎没有专家能够否认，随着人口的迅速增加，对粮食供应的威胁将愈趋严重。如果允许作物王国中的不可替代的多样化逐渐消失，人类必将丧失同粮食威胁做斗争的武器。

（选自《国外社会科学》1992 年第 2 期）

生态环境的人道主义问题*

［俄］ M. 季塔连科　　阎舒焕译

　　人类总是把对美好未来的希望同科技进步联系起来，全球不同国家的科技进步水平又决定着国家的社会经济发展程度。最近 10 年，当全球许多地区（西欧、北美、亚太地区国家）在社会生产各个部门飞速发展新兴科学和全新工艺时，这种趋势更是得到很大发展，这样，不论是实行市场经济的国家，还是实行计划经济的国家，在如何对待大自然方面，增强了技术统治的观点。人类文明发展观点（人的共同体观点）继续占主导地位，这种观点是以实现技术进步、努力克服人类活动依赖大自然的"自发势力"、确立人对大自然的统治为基础。就社会思想和生活方式而言，发展和完善人自身的精神道德原则、人的传统的伦理价值渐退居次要地位。物质优先于精神和伦理观念，不惜一切代价其中包括破坏大自然来得到某种最大限度的舒适观念正成为人们习以为常的观念。人类文明越来越向着技术统治大自然和"开放"方向倾斜。可以断定，无节制的"开放思想"助长技术统治和消费主义，这样又加速破坏环境。

　　现今，在全球生态环境不断恶化令人十分担忧情况下，人们一致行动征服大自然的趋势日益明显。变"敌视哲学"，为"依附哲学"，这就是全人类最崇高的生存利益的最大要求，它迫使一切社会系统和社会团体进行全球性的协同行动。

　　亚洲和亚太地区的生态环境尤其令人关注，在该地区许多国家加速

* 译自俄《远东问题》1991 年第 6 期。

经济发展情况下，由于人类活动所造成对大自然的压力达到了危险的境地。80 年代亚太地区形成的区域分工系统、逐步成熟的区域经济合作机制、一些国家经济发展的高速度，经常需要协作来合理使用该区域的自然资源以及保护环境。新的政治思维要求全面考虑地区性的经济关系和生态关系，要求从辩证统一和相互联系的角度分析研究这些关系。因此，苏联提出的在亚太地区建立全人类价值新标准的思想，就包含着一个基本问题，即确保生态过程不断运行有可靠的预测性以及人类社会同大自然的相互关系保持最佳化（这是人类社会稳定的社会经济发展基础）的问题。

与生态学有关的一切科学都得到了发展，并依靠大自然满足了人的越来越新的需求。生态学则是提出了限制这些需求问题的第一门科学。这种情况尤其需要在亚太地区落实，在那里经济发展鼓励任何一种消耗、鼓励越来越多的资源消耗，其中包括完全不需要的和有害的物质消耗。然而，21 世纪"太平洋共同体"模式很少同每个人的需求有关，也不符合全人类的需求。生态学是一门科学，是一种生活方式，也是一条行为准则，这就是典范，它洁白无瑕，完美无缺。

80 年代由于集约型的经济联系以及从传统观念上被认为是世界性的和创造性的一些人的活动方式，使得亚太地区的环境状况继续恶化，这一无可争辩的事实引起人们越来越多的担忧。许多科学家和政治家关于亚太地区在 21 世纪将成为先进工艺生产和国际贸易中心的预测，可能实现不了，因为亚洲许多国家和地区（中国、苏联、蒙古、东盟国家、中国台湾）环境破坏的危险性相当严重，以至有可能动摇该地区丰富的自然资源基础。

亚太地区最大的国家苏联和中国的情况就是该地区生态环境破坏的一个范例。它们对该地区生态安全系统形成的布局起到很大影响。生态问题的尖锐化使得有必要来发展和加强两国这一领域更加密切的合作。

中国专家指出，由于人类过度活动，不考虑对环境的影响，致使中国保持着大自然自我再生的若干地区的许多生物系统的平衡度遭到破坏。中国目前的人口，已超出现有的经济能力。理想的数字，应不超过 8 亿—9.5 亿，而不是 11.4 亿（1990 年底统计）。据学者和中国科学院统计，从土地资源角度看，人口不应超过 10 亿；就淡水的保障程度而言，不应超过 4.5 亿；就生态学讲，人口应为 7 亿—10 亿；就动力资源讲，不应超过 11.5 亿；就粮食产量讲，不应超过 11.6 亿。

据统计机关资料，因核物质投放大气层和江河湖海、固体物质和垃圾的聚集，1985—1988 年每年造成的损失分别为 79.8 亿元、382.5 亿元和 102.7 亿元，不合理地使用自然资源而造成的损失达 204.2 亿元，生态遭到破坏带来的损失达 860 亿元。全部费用（1988 年估计）为 1630 亿元，占中国国民生产总值的 12%。与此同时，1988 年环保费用为 422 亿元。这样，80 年代，中国生态环境的负担达到可怕的程度，并造成巨大的经济损失和社会灾难。气候条件也正在发生变化。例如，中国生态学家认为，1991 年春季中国史无前例的洪水，就是由于"降雨带"突然向北移动了 300 公里（通常这个时候降雨现象是发生在中国的南方），其结果经济损失达 400 亿元。一些科学家还把这种情况归罪于海湾战争后引起的全球生态的变化、科威特油井大火以及全球的温室效应和火山活动。

苏联也有许多类似情况，在忽视自然规律、忽视存在精神道德本质，抱着技术统治和狭隘的部门主义态度发展国家的生产力，必然造成社会与大自然之间的矛盾。苏联科学家认为，因大自然的破坏和人们健康状况的恶化造成的经济损失每年高达 450 亿—500 亿卢布，而国家用于环保的费用每年为 100 亿—120 亿卢布。苏联 3/4 的领土（人口 7000 万）位于亚洲和太平洋沿岸，因此，对是否具有稳定的社会经济发展条件深为关注。

所以，亚太地区新的区域生态关系的建立确保环境的完整面貌、环境的合理使用、再生以及提高环境质量，以有利于该地区所有国家稳定而安全的发展，为每个人的生活创造良好条件。

苏联和国外科学家认为有必要制定使亚太地区生态环境健康化的行之有效的措施的看法基本一致。据联合国资料，全世界每一秒钟用于军事目的费用就高达 200 万美元。这种持续不断的每年要消耗掉 9000 多亿美元以及大量的物质、智力和自然资源，进而为污染的发展创造条件的军备竞赛，近来又使国与国之间的关系变得复杂化。今后对不可再生自然资源的分配和使用将孕育"生态对抗"的危险性。

正是在此基础上，发达国家与被迫使用工业化前社会和工业化社会的落后工业工艺的发展中国家之间的经济和生态不协调现象日益加剧。

最近几年，向许多国家境内输入企业自身生产的有害废弃物的趋势在扩大。但是，由于地球大自然是统一的，因此，个别地区生态不安宁必然要影响其他地区。从这方面讲，日本自然保护活动的经验值得引起特别的重视，它拨出大量资金（达30亿美元）用于实现恢复东盟一些国家热带森林计划。与此同时，在转让和采用珍惜自然新工艺方面，日本是能够给许多国家以无可估量的帮助，这将为东盟的进一步经济发展创造良好的生态气候。

我们认为，科学家的职责是帮助亚太地区各国舆论界认识无控制地发展亚太共同体工业生产的后果。西伯利亚一些地区、库兹巴斯和中亚过度的生产负荷、为灌溉而丧失理智地使用注入咸海的各条河流的河水导致了这个独一无二的海的死亡，乌兹别克斯坦一些地区变成了沼泽地，而另外一些地区变成荒漠。从保持贝加尔湖的清洁角度出发，该湖区正从事着无理智的（且不说是犯罪）经济活动。

这一切就提出一项任务，即在工业生产集约化和向爱惜资源工艺过渡基础上确保对合理允许的工业生产规模进行全国的监督。最近20年日本积累的经验证实，这项任务是切实可行的。例如，据专家资料，日本生产1美元的国民生产总值所消耗的能量最少。1988年，日本的能量消耗为9.7百万焦耳。同年，英国17.2百万焦耳、美国19.3百万焦耳、西德11.8百万焦耳、苏联32.3百万焦耳。苏联为达到苏联科学院和苏联最高苏维埃所要求的水平，在制订合理的自然利用和自然保护计划方面也正在做许多努力。

在亚太地区区域生态安全系统形成情况下，应当考虑亚洲多数民族关于人与大自然相互作用的这种重要而丰富的传统经验，考虑儒家、佛教和道教中尤为明显表现出的人与大自然统一与协调的一套一般哲学、美学和宗教观点。各民族同破坏大自然做斗争的共同办法，是难以找到的，而且也根本不现实。"有一点恐怕不会产生怀疑，保持了数千年之久的、仍然充满活力的、与统一的世界科学汇成一体的儒家的智慧和道德，对世界科学思维进程产生深刻影响，因为一些比西欧文明更具有深邃的科学传统的新人士就是以这条途径参与世界科学思维进程。这首先就是要理解与哲学概念相近的一些基本的科学概念。"

农民占亚洲人口的绝大多数，他们对世界和大自然（看作是繁衍生息和传宗接代的手段）形成了他们的一套完整的理解方法。因此可以说，80 年代末，中国、印度、越南、韩国、中国台湾、泰国在农业方面的成就是同东方社会的特点、社会组织等级制及人们的意识传统紧密联系的。对东方农民和手工业者来讲，民主和对大自然的热爱，首先就是指他们拥有一块土地的自由、无拘无束支配劳动产品的权利、有选择各种经营管理方式的可能性。在亚洲自然资源减少情况下，这一切表明这是一条特殊的经济道路。

我认为，亚太地区的生态安全可以以承认并贯彻实施下列基本原则为基础：

——为发展和保障公民的需求和利益，本地区的每个国家有权使用环境和自然资源；

——任何一个国家的生态安宁不能依靠别国，不考虑他们的利益来得到保障；

——矢志不渝地实施裁军措施，尤其是销毁大规模杀伤武器，包括各种核装器、真空装器、中子武器等，不仅是人类生存的一个条件，而且也是可靠保障生态安全和保护生态环境的根源；

——每个国家都要全面估量它境内从事经济活动所造成的生态后果，而且该经济活动要受到本地区其他有关国家和国际组织的制约；

——不允许从事生态后果不可预测的各种经济活动及其他活动；

——应当确保对环境和珍惜自然的先进工艺问题的科技信息进行自由的和畅通无阻的国际交换；

——本地区国家在消除和防止紧急生态环境污染应当给予相互帮助；

——本地区所有国家，从初等学校到高等学校都要坚持不懈地、有系统地进行生态教育、人口教育以及普及合理使用自然知识等方面的工作。

依我看，只有在亚太地区所有国家、国际组织、社会团体以及科学工作者联合努力的基础上才能解决这些问题。同国际安全问题一道，确保维护全球性的大自然应当成为联合国和安理会活动的最重要的工作之一。

当然，确保建立生态安全系统要求采取大规模措施，同时要依据已积累的联合国大会赞同的文件（如《全世界大自然宪章》、环境和发展国际委员会报告《我们共同的未来》《到 2000 年及 2000 年以后生态前景》）所载明的国际经验。

推动实施联合国环保计划或亚太区域环保计划，是十分重要的。联合国可作为协调者，协调各国环保的全部活动。为保障生态安全，尤其是不太发达国家的生态安全，建立专项基金能起到巨大作用，该基金的财政资源可以是各国和各组织的自愿捐款以及通过裁军措施对节省下来的军费资金进行提成。

该地区的科学机构可以为研究亚太若干地区给人造成特大的威胁的一些重要的生态问题做出它们的贡献，这些问题有：臭氧层的变化、世界海洋的污染、大气层物理性能的变化、土壤退化、沙漠化、造林绿化、植物群和动物群的绝灭、酸雨、废物利用、危险废弃物的无害化处理与埋葬、遗传效应、宇宙空间垃圾化、无危险生态工艺推广等等。

苏联出现了一些极其危险的生态危机迹象（切尔诺贝利核事故、咸海、拉多加湖、库兹巴斯煤矿），因而正不同程度地受到它们的影响。苏联应积极参加扩大国际合作，实施环保及自然资源合理使用的区域战略。

人类只是在大陆边缘，尤其是在海岸带从事了起到最大限度效果的一些活动。正是这些活动随着合理安排使用，必定成为苏联远东地区和中国经济发展的基础。苏联远东地区的经济成就很大程度取决于苏联参加国际经济分工和保障亚太地区国际安全情况。

苏联科学院远东研究所建议国际科学机构人士在以下几个方面探讨协调合作的可能性。

（1）为联合国环境保护与发展世界会议（1992 年）准备有关亚太地区生态环境的科学信息材料。同时，希望作为一个主要问题，对确保亚太地区生态过程的进一步发展的可靠的预测性问题着手研究，对人类社会与大自然相互关系的最佳化提出建议（希望看作是该地区稳定的社会经济发展的基础）。

（2）制定该地区稳定的、无危险的生态发展构想。

（3）利用宇宙工具，生态学、民族学和文化研究调查队材料，推动切实实施环境状况区域监测器系统构想。有必要制定和实施对生态观察方法加以完善、统一和协调一致的若干措施以及实现生态规章和数据标准化。

　　我研究所欢迎亚太地区的科学文化殿堂（大学和科学研究所）在人类文明这一摇篮中为维护和平、保护文化和大自然事业中发展科学家、教育学家、在校青年之间的合作而做出良好努力。

（选自《国外社会科学》1992 年第 12 期）

人类生态学的研究与发展

何培忠[*]

何培忠[*]

一 人类社会与自然环境的和谐与统一
——人类生态学的尝试

文化人类学是社会科学中最年轻的一门科学。作为一门独立的学科，它的发展迄今不过百年左右的历史。文化人类学这一名称见著于世，是在 1901 年。而人类生态学则更为年轻，它是在人们对人类生态环境越来越关注的背景下逐渐形成的。在文化人类学的研究中生态环境是其重要的研究内容，文化人类学对生态环境的研究，最初是想解释某种地理区域特征的文化相似性。在研究中人们发现，生态环境对人类社会的影响极大，其中最著名的理论是美国学者朱利安·斯图尔德提出的"文化生态学"理论。

在早期的人类学研究方法中，对生存区和文化的研究并未单独进行，而是相互交叠在一起。斯图尔德把自己的注意力集中在文化进化与环境的适应之间的关系上。"文化生态学"理论分析的是文化与环境之间存在的动态的富有创造力的关系。斯图尔德认为，相似的环境可以产生相似的文化，生产方式直接影响着社会、经济组织的发展。古代凡出现过复杂国家机器的国家，如秘鲁、埃及、中国等，基本上都是在近似的自然环境下发展起来的。斯图尔德反对把人类文化作为一个整体看待，他不

---

* 何培忠，1952 年生，中国社会科学院文献信息中心。

同意怀特的"普遍进化论"现点，也反对泰勒的"单线进化"的"三阶段"进化论。他认为，每一种文化都有其特殊性，从特殊性上可以找到人类文化的共同点，从共同点上又可以分析出人类文化发展的规律。斯图尔德提出的观点被称为"复线进化论"理论。他认为，技术是历史所衍生，环境的关键部分是资源，通过文化认识资源，通过技术获取资源。① 斯图尔德虽然把技术看作文化中的一个因素，但他同时认为技术不能脱离环境，即使是不同的自然环境中的文化也可以产生相类似的技术，但技术水平会有一定差异，同时生活模式和社会文化制度发展水平也会有所不同。

莫兰认为，斯图尔德主要是根据人类谋生的主要手段，把人类分为狩猎民、采集民、畜牧民、农民等。对于这种研究方法，他冠以功能主义之名。根据生产方式，把"自然·人"的关系看作是"在环境、生产及资源中运用技术"的三种连带关系。

60 年代以后，文化生态发展迅速，许多研究都集中在"狩猎·采集民"或"产业革命前的农民"方面，而且，从人类实行的主要生产方式出发分析人类的观点成了主流。此外，对现代人及其生活的研究也在加强，并形成许多研究方法及观点。

文化生态学的"自然·人"，正如莫兰解释的那样，意味着"自然·技术·人"三者的复合，以这三者为基础，形成了人类文化。斯图尔德的巨大贡献是，他敏锐地指出了生态环境与社会系统间相互交换、相互影响的直接性，以及技术在此过程中的重要作用，指出了生态是社会进化变迁的重要因素。近年来一些研究人员从语言的角度，提出"自然·语言·人"是文化形成的三大要素，并从这一角度探讨人类生态学的问题。

此外，民族植物学、民族动物学以及民族生态学等也在探讨人及其环境的生态学复合问题。日本的民族生态学认为，人类对自然有直接的反应，同时，通过文化，对"修饰后的自然"也会有所反应。不仅如此，人们谈论的主张、文字的东西都会对人产生强大的影响，即个别的经验通过语言也会对世界产生一定影响。因此，应当从调查人类的行动入手，

———————————

① 参见［美］罗伯特·F. 墨菲：《文化与社会人类学引论》，商务印书馆 1991 年版，第151 页。

探讨人与自然生态的关系，用民俗分类法探讨人类行动形成的根源，从民俗与自然科学的不同分类上探讨人类的生态环境。这一研究动向在学术界引起一定重视。

在英国的社会人类学中，出现了以"自然·人"的结构为基础，检验文化（特别是社会组织）如何制约环境的流派。

埃文斯－普里查德关于努亚族的研究就是一个典型的例子。埃文斯－普里查德在他的著作中，以生活在牛中的人们为题。把人与牛视为一个复合体，并从"人·语言·牛"和"人·技术·牛"两方面解释这一复合体，接着列出了气候、土壤、植物、水、害虫、野生物等小标题，分析努亚民族不得不经营以牧牛为主的混合经济，以及他们的生活方式，对社会关系的制约等。埃文斯把"自然·技术·人"的复合与"自然·语言·人"的复合巧妙地交织在一起、解释社会组织，使文化生态学和民族生态学的方法有机地结合在了一起。

人类生态学最终要分析的是人类在环境中的适应问题。如果从"自然·人"的模式出发，即探讨大自然的各种因素对人的制约与影响以及人对其影响的反应，最后的结论要归结为人类怎样适应自然，在这个模式中，如抽出"社会组织·人"的部分，研究的重点则放在社会因素对人的影响上；如果采用"自然·社会组织·人"的模式，重点则是分析自然与社会组织对人的影响以及人的反应；同样，如果采用"自然·技术·社会组织·语言·人"的模式，其着眼点仍是人与环境、生态的关系。总之，人类生态学的研究，是要综合掌握人在其文化上的适应及在生物上的适应，即人类社会与自然环境如何和谐与统一的问题。

二　能量的摄取方式与生态系统的平衡

任何生物的生存和繁衍都要有足够的食物能源保证。植物的生存靠把太阳的光和热以及土壤、水分中的营养，合成食物能源，动物的生存靠植物及其他动物提供足够的食品，不同的生物之间以相互提供食物而又相互制约的形式所构成的关系，叫食物链。这种关系若能保持平衡，该生态系统就能保持下去。若是由于某种原因失去平衡，该生态系统就会遭到破坏，并危及该生态系统的所有生物，造成严重后果。

　　人类是地球的主人，也是生态系统的主体。人类的生存与繁衍同样靠足够的食物来保证。"民以食为天"，在人类历史发展的长河中，人类花费最大精力的活动，就是获取食物的活动。人类在其生存环境中，以各种方式获取生活资料，并因此而创造出了不同的社会文明。分析人类摄取食物能源的方式，即可以看出生态的平衡对于人类的生存具有何等重要的意义。

　　人类产生之初，处在自然生态系统之中，对生态系统的影响尚不明显。当时，摄取食物能源的手段是狩猎与采集，即从动物或植物身上直接摄取维持生命的食物。对狩猎采集经济中人们摄取能量的分析，最有代表意义的是20世纪60年代理查德·李对非洲南部喀拉哈利沙漠中的民族布须曼人的研究。

　　理查德·李对布须曼人生产方式的研究，采用的是投入产出方法。首先，他计算了布须曼人的劳动日，以此作为投入量，然后计算由他们的劳动而支撑的人口所消耗的热量，以此作为产出量，并用这两个标准分析投入与产出是否保持着平衡。

　　理查德·李发现，布须曼人的成年男子每隔三四天狩猎一次，他们的群体消耗的热量大约60%来自妇女的采集，妇女一天的采集可供应全家五天的食物，理查德·李计算了布须曼人靠采集狩猎获得的食物所含的蛋白质数量，并根据男人、女人、老人及孩子所需的能量，计算了布须曼人活动所需的蛋白质，认为布须曼人保持着合理的生态方式，他们的人口低于他们所开发的资源。过去，人们认为在采集狩猎经济下生存的人生活比较艰辛，但通过对布须曼人的研究表明，由于他们合理地利用资源，他们的生活还是相当悠闲的。布须曼人的成年人每天只工作6小时，每周工作2.5天，这要比现代社会中生活的工人、农民的劳动强度低得多。布须曼人生活悠闲的诀窍在于他们同周围环境保持了很好的平衡。他们生活的地区自然环境恶劣，水资源短缺。布须曼人最大限度地利用了周围环境中的植物和动物，以维持对食物的需求，但他们对植物和动物的利用程度又完全控制在不破坏生态平衡的范围内。如果布须曼人增加劳动强度，使植物和猎物减少到难以复原的程度，那么，他们摄取能量的方式就破坏了生态平衡，不仅不能提高生活水平，反而会危及他们的生存，使生活变得艰辛。

　　狩猎采集经济在人类历史上长期存在过。据理查德·李的计算，迄今为止，地球上曾生存过 80 亿人口，而其中的 90% 都生存在狩猎采集经济之中，农业经济的出现不过 1 万年，而工业经济的出现不过百年左右。这就是说，在迄今为止的人类历史长河中，采集狩猎捕鱼是人类使用最长的摄取能源手段，这种手段之所以长期保持，自然是因为人类文明还没有进入高级阶段，但这种手段未破坏生态平衡，使人类顺利繁衍生存。

后来，地球气候的变化对自然界的生态环境形成巨大冲击，热带雨林减少，森林大片消失，使以植物为食物的大型动物纷纷灭绝，人类无法靠狩猎采集维持生计，于是，农耕经济开始出现，人类对生态环境的影响也开始逐渐加大，人工生态系统，即人类生态系统逐渐形成。

1968 年，美国人类学家罗伊·拉帕波特对新几内亚中部的策姆巴加人采用的原始的、刀耕火种式农业的食物摄取系统进行了研究。根据他的计算，策姆巴加人采用的游耕生产方式，即刀耕火种式的农业经济所产出的热量是布须曼人的 10 倍。显然，这种摄取能源的生产方式比狩猎采集经济先进，人类通过对环境的影响——放火烧山，大面积制造草木灰——使土地生产出更多的粮食，但同时，对自然环境的破坏也是显著的。拉帕波特指出，森林的再生能力限制着这种经济的发展。一般来说，森林的再生需要 15 至 20 年的时间，如果人类对环境的影响超出了自然的承受力，土地无法生产出足够的粮食，这种经济就无法维持下去。为了弥补蛋白质的不足，拉帕波特发现，策姆巴加人还从事养猪，但养猪所需的农业食品与人所需的食品相差无几，因此，当他们感到养猪力不从心时，就会杀一批吃掉，这样既补充了人对蛋白质的需求，又保持了生态的平衡。

从理查德·李和罗伊·拉帕波特的研究成果看，无论是采集狩猎经济还是刀耕火种式的农业经济，由于人们摄取食物能源时注意了生态平衡，因此，生活在这两种经济中的人们并不像现代人想象的那样艰辛，他们向大自然投入的劳力适当，大自然也以优厚的礼遇回报人类。此后，更先进的灌溉式农业出现了，为了向大自然索取更多的食物，人类加大了对自然环境的影响，用自己的力量重新安排农作物的生态系统，在干旱的地方挖井开渠，对农作物进行灌溉，这种努力，的确使人类的食物能源丰富起来、人类因此得到迅速发展。统计资料表明，灌溉式农业的产量一般是非灌溉式农业的 1 至 3 倍。人类对环境的干预表面上获得了成功，但却隐藏着极大的隐患，因为灌溉很可能引起矿物质在土壤中的沉积或盐分的增加，使土质退化。墨西哥瓦哈卡山谷的农民曾利用井水灌溉法使产量一时大增，但随之而来的是地下水大减，为了保证充足的灌溉，农民不得不挖更深的井，结果地下水进一步减少，最终该地区的农业陷入困境，再也维持不下去了。这一教训表明，人类对环境的干预，必须保持适当的度。

在工业化时代，人类用其掌握的技术对环境施加了极大的影响。人们施用化肥，促使农作物提高产量，喷洒药物，消灭害虫和杂草。有一种观点认为，工业化时代人类在摄取食物方面所花的精力已大大减少，如美国人从事农业生产的人口不足3%，一个农民生产的粮食可以为50个人提供足够的食品。但事实并非如此，工业化时代的农民的所有活动，同各行各业的工作都息息相关，即所有工人的活动，都在间接地支持着农业生产，为农业生产创造着条件。因此，工业化时代对食物摄取所投入的劳动力是很难估计的，而工业化时代人类对环境竭泽而渔式的掠夺使生态环境受到的污染和破坏，也达到了难以估量的程度。大量使用化肥已造成了土地板结，土质退化；化学工业流出的废水倾泻到江河湖海之中，污染了水质，使鱼类中毒，食用了有毒的鱼后毒素又转移到人身上；工业废气使地球变暖，海水水面升高，大片陆地被海水吞没；臭氧层变薄，出现巨大空洞，使人类受到有害的辐射……工业化在人类历史上不过百年历史，但对人类家园的破坏是极为严重的。早在100年前，恩格斯就在《劳动在从猿到人转变过程中的作用》中指出："我们不要过分陶醉于我们对自然界的胜利，对于每一次这样的胜利，自然界都报复了我们。每一次胜利，在第一步都确实取得了我们预期的结果，但是在第二步和第三步却有了完全不同的、出乎预料的影响，常常把第一个结果又取消了。美索不达米亚、希腊、小亚细亚以及其他各地的居民，为了想得到耕地，把森林都砍完了，但是他们想不到，这些地方今天竟因此成为荒芜不毛之地，因为他们使这些地方失去了森林，也失去了积聚和贮存水分的中心。阿尔卑斯山的意大利人，砍光了在北坡被十分细心地保护的松林，他们没有预料到，这样一来，他们区域里的高山牧畜业的基础给摧毁了；他们没有料想到，他们这样做，竟使山泉在一年中的大部分时间内枯竭了，而在雨季又使更加凶猛的洪水倾泻到平原上。在欧洲传播栽种马铃薯的人，并不知道他们也把瘰疬症和多粉的块根一起传播过来了。因此我们必须时时记住：我们统治自然界，决不象征服者统治异民族一样，决不象站在自然界以外的人一样，——相反地，我们连我们的肉、血和头脑都是属于自然界，存在于自然界的；我们对自然界的整个统治，是在于我们比其他一切动物强，能够认识和正确运用自然规律。"[①]　恩格斯的警告对于人类生态学的研究有着十分重要的现实意义。

人类迄今发展的历史证明，人类无论采用何种摄取食物能源的方式，都要注意到生态的平衡，如果只顾眼前利益，肆意加大环境的负担，必然会造成难以挽回的损失，甚至危及人类的生存。人类的生命之舟正面临种种危机，这是百年来工业发展所带来的沉痛教训，解决人类面临的生态危机，是全体人类的共同愿望，也是人类生态学探讨的重要课题。

三　人类生态学探讨的重大课题

保护人类共同的家园，保护地球的生态环境，目前已在世界各国达成共识。1992 年 6 月 3 日，联合国环境与发展大会在巴西里约热内卢召开，180 多个国家和地区、60 多个国际组织的代表集聚一堂，100 多个国家元首或政府首脑在大会上发言，154 个国家签署了《气候变化公约》，148 个国家签署了《保护生物多样性公约》。这次大会标志着人类对其生态环境的重视达到了一个新的高度。

人类生态学探讨的重大课题有许多，除上述的食物能量的摄取问题外，还有人口的压力问题、技术的合理使用问题、资源的开发问题、消费的结构问题以及文化的适应问题等。这些问题不仅相互有着密切的关系，也是目前人类面临的重大课题。

在人口问题上，人类生态学家格外注意人口动态的变化，因为无论该变化是短期还是长期的，都含有人类受生态环境影响的因素存在。受自然环境影响的因素有传染病、饥馑等，受社会、文化方面影响的因素有人口移动、战争、婚姻观的变化等。无论何种原因，人口在一个时期内发生巨变，都会打破该地区的人类生态平衡。

---

① 《马克思恩格斯选集》第 3 卷，人民出版社 1972 年版，第 517—518 页。

　　某一地区人口的增减，是由出生和死亡、迁进和迁出决定的。出生超过死亡叫自然增长，迁入超过迁出叫社会增长。在人口出现自然增长的地区，首先出现的是年轻的依赖人口的增多。为了满足依赖人口的需求，该地区的生活单位必须扩大生产能力，增加劳动力，这时，不仅要动员成年男子，还要动员妇女和快成年的少年参加劳动。在劳动力增加时，若仅限于对原有能源的利用，就不会满足新增加人口的需求，无益于生活水平的提高，于是，人们又努力开发可以利用的能源、新的生产技术，而新的职业和新的生产方式也在这种努力中产生。

　　在消费方面，由于人口的增多也会出现变化，某些以前不曾利用的消费品开始得到广泛利用，开发新的消费品和接受新消费品的范围在逐渐扩大，面对人口的增长，在生产和消费两方面都会出现新的变化。

　　但人口不可能无限地增长下去。因为生态环境中能量的最高限度规定了该生态环境中的人口最高限度，如果超过了最高人口容量，生态系统必然会遭到不可逆转的损害。到1993年5月为止，世界人口已达到55亿，到2000年世界人口将达到81亿，也就是说，到2000年，地球将承受自有人类以来数万年人口数量总和的巨大压力。这将是一个严重的局面。

　　依赖人口在某一地区的迅速增加，不仅会造成生态系统破坏，还会出现人口流动。人口出现移动有各种原因，因土地承受力有限，迫使过剩人口外流叫"生态上的推出"（Ecological Push），而土地承受力有较大富裕，将人口吸引进来叫"生态上的引入"（Ecological Pull）。当然，人口的推出和引入在有些场合也不仅仅出自经济原因，有时也有政治原因、宗教原因或就业原因，但不管何种原因，都与人的生态环境密切相关。

　　人类生态学家注意到，为了保持人口数量与生态环境的平衡，人类历史上的许多社会，都有调节人口合理增长的机制，如理查德·李研究的布须曼人在60年代人口不足500人，他们所处的环境为他们提供了足够的食物；拉帕波特研究的策姆巴加人有204人。正是由于他们有合理的人口，不将自己的精力和土地的肥力消耗到最大限度，所以人们生活得比较悠闲，而现代社会人口的迅速膨胀已给生态造成了极大压力，无论是人口的增长，还是经济的发展，都必须遵循生态环境的规律，这就是人类生态学家对全体人类发出的警告。

在资源开发、技术使用等方面为了维持生态系统的平衡，人类生态学家提出了适应理论及生态平衡的准则。

从自然界的发展史上看，生态环境几经变化，每次环境的变化，都是对生物生存的严重考验。上古时代上百万种动物的灭绝，就是因为对改变后的环境无法适应。从人类发展史上看，造成许多社会消亡的原因之一，就是该社会不能适应改变了的客观条件或是采取了错误的适应方法。"适者生存"，无论对生物界还是对人类，都是一条必须遵循的法则，而人类正是由于能日趋完善地适应自然界，才在生态环境中确立了主导的地位。

人类的生存靠劳动创造的财富。劳动创造了人类，劳动创造了文化，而人类通过文化又使自己更适应环境。人类的适应行为不是靠先天的遗传，而主要是靠后天的学习，因而可以说文化是人类适应自然的一种手段。由于自然环境的改变和人口的压力，人类先是放弃了采集狩猎文化，接着又放弃了游耕生产方式而改为灌溉式农业，以及工业化时代各种新的能源的开发，都是人类对所处环境的适应。

人类对所处环境的适应包括对资源的适应，对资源波动性的适应以及对周围其他人类集团的适应等。生物学上的"莱毕格氏最小法则"（Liebig's Law of the Mininum）指出，生物的成长受到任何一项必要因素之最小利用价值的限制，而不是受到所有必要因素的平均状况的限制，这就是说，人类的生存与发展，靠的是最起码的生活条件，而不是平均的生活条件。人类生态环境的特点是，人类可以利用自己掌握的技术，在短时期内向大自然索取极高的报酬，但对技术的使用如果欠妥，破坏了生态平衡，最终人类将受到惩罚，像 DDT 对生态环境的破坏，就是一个典型的例子：1960 年，世界卫生组织认为 DDT 是最好的除蚊剂，在加里曼丹的村庄中大量喷洒，目的在于消灭疟疾。没想到，DDT 在杀死蚊子的同时也杀死了蟑螂，蜥蜴吃了蟑螂后 DDT 又转移到蜥蜴上，而猫吃了中毒后的蜥蜴开始大量死亡，结果使老鼠以及虱子、跳蚤大量繁殖。不仅如此，DDT 毒死了鸟类后，使毛虫剧增，毛虫蛀咬林木，使当地村子的房屋大量倒塌。DDT 的教训告诫人类，在使用技术时，必须注意到生态的平衡和长远的影响。

在工业化时代里，人们最初过分相信了技术的能力，认为现代化的技术可以创造极大财富，可以使大自然供养极大量的人口。但事实教育了人类，技术的效能与人口的密度并不如此简单。人类的发展表明，人口密度增加时，技术的效能往往已处在衰退之中，技术效能的衰退，又往往是由于人类违背了生态环境的规律、采取了错误的适应方法造成的。人类可以改造自然，但前提必须是尊重自然，人类可以运用技术创造人类生态环境，但人类生态环境也必须存在于自然生态环境之中，符合自然生态的规律。现在，世界各国对保护生态环境已有了共识，这是人类生态学研究的巨大成果，同时也为这门学科的发展提供了广阔的前景。

（选自《国外社会科学》1994 年第 2 期）

环境与发展：对可持续发展的
一种标准评估*

[印度] G. 帕拉伊尔　姜晓辉摘译

可持续发展问题在迅速增加的发展文献中，是增长最快的题目。我们先看看它是如何被定义和概念化的。

非殖民化以后，大规模发展经济被说成是医治第三世界贫困和被剥夺状态的途径。第三世界国家开始进行工业化和现代化的建设，是通过援助机构和多国公司转让技术和引进资本进行的。但不久，西方国家的环境污染和损害环境的"不健康"经济所带来的世界生态环境的恶化也成为关注的主要问题。双边和多边的西方援助机构所制定的发展规划，并没有减少相关国家的贫困和被剥夺的境地；相反，在很多情况下使之更为恶化。尽管有关持续发展的经济学理论多种多样，不少是以"可持续性"的概念大谈自然界发展的限度；而从一些分析家的论述中不难看出，他们关心的不是第三世界国家以及本国贫困线以下的大众，而是如何保持和增进他们自己的优越生活。目前西方和第三世界的发展机构以及工商界比较一致地认为，可持续发展和国民生产总值的增长是并肩前进的，环境与发展不可偏废。

西方以及第三世界的分析家和政府官员都抱怨第三世界中的"人口爆炸"影响了环境与发展。某些分析家说，它吃掉了经济增长，破坏了

* 摘自印度《哲学与社会行为》1996 年第 22 卷第 2 期。

环境"资本"。而有的学者认为，无论怎么解释，世界的生态危机都不是由第三世界的贫困和人口增长引起的。对第三世界来说，治理贫困是首要的任务，要解决生态危机先要战胜经济危机。贫困危机和环境恶化是相关的，起因在于经济政策中固有的经济观念。

在当代经济学中占主导地位的新古典经济学把环境问题看作某种外在之物。但是，当代经济学理论基本上把污染因素内在化于成本功能之中了。它通过财政方式表达出来，例如像科塞法则（Coase' Theorem）和成本—收益分析技术。经济学和财会与审计方法还没有对经济发展理论构成大的障碍。工业化国家搞的并由世界银行和联合国推动的发展经济学，是把根基放在价格理论的前提下的，而价格理论又是建立在想当然的价值中立的市场原则、私有产权、资本积累以及作为刺激经济行为的财富和收益不平等之上的。由于驱动价格体系的结构不平等，自然界和主要商品生产者总是处于匮乏之中。那种企图通过笼络和私有化，把人民大众带进市场体系的交换关系中，推崇自然和自然资源商品化的当代经济学，将只会恶化这种形势。它们的原则从根本上说是与可持续发展背道而驰的。

现在的可持续发展命题是建立在这么一种结论之上：能够把全球环境问题和贫困问题，看作技术问题，进而使其得到缓解并最终加以解决。实际操作并非如此。单纯推动经济增长而缺少占主导地位的分配公正，是与健康的环境和没有被剥削公民的自由社会大相径庭的。如果保护环境和推动经济公正走如下这么一条路，那么当代经济学理论的核心信条需要大幅度地改变，这条路便是需要发展一种后资本主义的，但不必是后市场的消费理论，它与可持续发展的论说相一致。这种后资本主义的消费理论应该阐述个人和社会的需要，充分了解环境的限度和可能性，还应该阐述生产结构，包括技术工具。

在自然资源短缺的压力下，在假定的中值市场范围里，我们要想取代利益分配和发展成本的过时的经济理论，就应该把经济学看成一种社会运动。在人们毫不迟疑地接受作为自然范畴的"短缺"时，作为一种不可避免的世界经济秩序的产物——不平等，已强加给人们。我们还没有这么一种经济学，它能提取精华，用于从人类社会关系和生态体系的现实中观察价值的自由。为了使经济学成为与实际相关的，我们必须注意权力和政策问题的研究。作为社会运动的经济学的任务，一定要讲出基于阶级、种族和性别的有关剥削问题的政治经济学。平等主义和社会公正必须是这类经济学关心的中心问题。此外，它应该研究环境和发展的本质问题，不是人类与自然之间而是人类自己之间的问题。环境问题不能与社会现实和现存的社会现实和现存的社会关系分离开来。

可持续发展必须在经济增长之前关注经济公正问题。这一点可以通过完成重新分配的发展政策来实现，这些发展政策必须强调土地改革，基本的保健措施，适当的最低工资，妇女的平等参与等。新的经济学应该对用于发展问题研究的现行经济学基础进行重新构架，否则可持续发展将成为另一种空洞的辞藻。如果发展方向出现错误，将只会恶化世界上的贫穷和生态危机。

（选自《国外社会科学》1996 年第 5 期）

人和自然[*]

——关于生态哲学的思考

[美] R. 费兰特　陈蓉霞摘译

问题的提出

数年前，洛杉矶当局曾决定沿着一条主要街道的中央放置900棵塑料树。这一工程后来被放弃了，因为它会影响到自然树的生长。然而，由这一工程所引出的问题依然存在，因为它影响到我们对自然的看法。

支持塑料树的论点极为简单。塑料树耐各种恶劣环境，无须水和空气，价钱便宜。出于同样的理由，足球场甚至也铺上了塑料草坪。我们不禁要问：反对的理由是什么？

一种反对理由认为，塑料树不如自然树美丽。这确实有道理。如果美学成为唯一的评判标准，那么当塑料树做得甚至比自然树更美丽时，显然我们就该接受塑料树。另一种反对理由仅仅因为塑料树不自然，习惯上和感情上无法接受。然而由于塑料树在某些特点上的优势，当它逐渐风行起来之后，我们的下一代也许会认同塑料树，并从感情上接受它们，由此引出了一个必须在理性上加以论证的根本性问题：这就是为什么我们宁可要自然的而不是人工的？

---

* 本文为作者1996年5月在华东师范大学哲学系的讲演。

机器和有机体

归根究底，如果人生活在一个完全人工的环境中，那么这样的人本质上就是一部机器。可见反对塑料树的根本理由就是人是一个有机体而不是一部机器。

机器的构造由数学的语言来描述，它的结构可以任意拆卸，缺乏同整体、同功能休戚与共的关系。有机体则不同，它的结构只有同功能紧密相连时才有意义。这就意味着它的部分无法同作为整体的个体相分离。同样关键的是，有机体也不能与自然环境相分离。

人具有身体和灵魂两个部分。在笛卡儿看来，身体就是机器，而灵魂的存在则赋予人以理性。所以，人不仅仅是机器就在于它有灵魂。今天我们能够设计出程序使电脑也能参加象棋对弈，然而设计出一个机器人使它能参加足球比赛，这显然要困难得多。所以我要着重提出的是，人不仅仅是一个机器因为它有灵魂，正如笛卡儿所认为的，而且还因为他有一个身体。

但是人所拥有的身体正在日益同它所属的世界疏远，这个世界正在逐渐地被高速公路、摩天大楼、加油站和塑料树所占领。所有这些东西都是几何或机械原理的物质化。现代技术的发展导致环境的几何化、机械化，它们本质上都是无机的。

自然界和道德理论

从功利性的观点出发，塑料树的存在可以得到强有力的辩护。但是，若从更基本的问题出发：自然对人意味着什么？什么是人？我们就能做出决定性的反对理由。

我们从讨论这一问题开始：道德考虑能应用于自然界吗？"共同体"（Community）作为伦理学的基础是一个古老的概念。共同体的重要性很容易在部落伦理中体现出来。责任仅限于同部落的成员中，外来者几乎没有任何权利。伦理学的进步也许正体现为道德范畴的应用范围的扩大：从部落到国家中的某些成员，进而到国家中的所有成员。妇女在本世纪初的大多数国家中获得与男子同样的政治权利就是一例。因此，伦理学的进步也可看作是平等程度的增加。

什么是平等概念的基础？回答这个问题前我们必须先关注伦理学的另外一个基本前提：人拥有理性的语言。这使得人不仅能表达观点而且还能进行争辩。动物也许在某种程度上可表达其意愿，但绝不可能进行争辩。仅仅只有当一个存在物能进行争辩时，它才能决定它的行动。仅仅只有当它能做出决定时，它才有道德可言。因此动物就谈不上道德。动物的行为出自天性，所以它们的行动在道德上无所谓对错。争辩就是一种对话。在对话中，参与双方在原则上必须平等。奴隶主和奴隶在地位上不平等就决定了他们不可能存在这样的对话关系。

德国哲学家 K. 阿尔以及 J. 哈贝马斯就是在这一道德理论上构筑他们的主要观点的。据此，道德范畴的有效性仅限于拥有理性语言的人类当中。自然界，例如动物，没有道德，因此人对自然就没有道德责任。

虽然阿尔和哈贝马斯拒绝将自然界归入道德的范畴之中，但是，作为道德前提的共同体理论却可用来作为这种归入的基础。作为理性的存在物，我们是社会共同体的一个部分；作为身体的存在物，我们又隶属于更大的共同体——自然界。在这个共同体中，平等性不再具有首要的重要性。

在自然界中，物种之间的关系不可能具有平等性，因为生物界本身就是一个具有等级次序的结构。仅仅只有人类才是一种理性的存在，具有道德的责任感。人有权利所以他也有道德责任。德裔美国哲学家汉斯·约纳斯（Hans Jonas）通过引入责任范畴作为他的道德理论的基础，从而将道德范围扩展到所有生物亦即自然界当中。

（选自《国外社会科学》1997 年第 2 期）

环境资源问题的经济学思考[*]

［英］P. 达斯古柏塔　何勇田[**]译

环境是人类活动的资源基础。无论生产、消费或交换，所有的商品和服务归根到底都是由自然提供的，任何一种产品都是在源于自然的另一种产品、劳动时间、技能和自然资源的基础上产生的。甚至连劳动力本身也是自然的产物，他们由维持生命的自然资源所创造，需要消耗营养物质、要喝水、要呼吸空气等。因此，自然资源通过直接或间接的途径为人类所用，人类的所有活动最终都依赖于自然资源。

一　环境资源的价值问题

（一）生态经济学的疏忽

发达国家和发展中国家在经济发展中都忽视了环境问题。经济学家认为环境资源基础是一个无限大的可以随意调整的资本库，并据此向政治决策人提出宏观经济政策，不断鼓励普通老百姓提高消费水平，似乎物质产品的增长可以是无限的。关于长期生产和消费的宏观经济模型很少提及环境资源，可见其隐含的假定为自然资源是不稀缺的，而且在将来也不会稀缺。关于世界总收入和农业生产的统计，过去根本未提及环

---

　　* 本文根据剑桥大学达斯古柏塔教授在英国科学院所做的凯恩斯演讲报告《环境经济学》（"The Economics of the Environment"）摘译。

　　** 译者单位：中国社会科学院世界经济与政治研究所。

境资源基础。它没有告诉我们，农业产量的增加是不是通过掠夺土壤肥力实现的。因此，国际组织在统计社会福利时只利用了反映现在生活质量的一些指标，如人均 GNP、预期寿命、婴儿死亡率等。但这些指标忽略了生态学家关于人口持续增长、物质产品增加和环境状况之间相互联系、相互制约的担忧，存在严重的缺陷。

（二）环境资源的价值计量

生态经济学认为在分权的经济环境中，价格通常不能反映商品和服务的社会稀缺性。因此，项目的私人盈利水平不能作为衡量社会价值的一个充分指标。那么，怎样确定选择公共政策的标准呢？近年来的一个做法是估算影子价格，并以影子利润为基础选择政策。估计影子价格是一个复杂的问题，现在已有关于灌溉用水、渔业、木材和农业土壤的标准估算方法，这些方法也可用于估算过度放牧所造成的损失。但这些方法只能使我们估计资源的直接使用价值，影子价格可能会远远超过这些，因为，可能还有许多额外价值体现在资源中，如生物资源的内在价值。当我们明明知道资源具有内在价值，但在估算影子价格时却只考虑使用价值，自然就会导致对影子价格的误估了。

环境资源还具有另一类价值，即由资源未来使用价值的不确定性和使用的不可恢复性所形成的未来选择价值。热带雨林生物的遗传物质是一个典型的例子。不确定性和不可恢复性的共存使保护生物资源库具有一种额外价值——增加社会未来选择的价值。未来选择的价值在于，随着时间的推移，关于资源的使用价值的信息会越来越多。因此，一种资源的影子价格至少应包括其使用价值和选择价值两者之和。

（三）国民生产净值（NNP）

在理想状况下，制度应使市场价格和影子价格相吻合。但在实践中，情况并非如此。私人机构是根据市场价格而不是影子价格来选择其行为方式的。这里主要讨论公共机构的情况。选择政策的正确标准应是影子盈利水平，它与社会福利的变化密切相关，因此，我们应估计国民生产净值的变化，即国民生产总值经国家总资本库（包括环境资源库）校正后的价值。这建立在一个众所周知的现代经济学理论基础上。该理论认为，假如满足一定水平的技术限制，对任何观念的社会福利，对任何一套技术、交易和生态限制因子，都存在一个可以用于建立商品和服务影子价格的反映社会福利的线性指数。社会福利指数的意义在于：小的政策变化（包括小的投资项目），都将反映出社会福利的增加或减少。该指数即人们通常所指的绿色 NNP，其计算公式为：

NNP = 消耗 + 实物资本的净投资价值 + 人力资本的净变化价值 + 自然资本的净变化价值 – 环境损害的价值

目前对 NNP 的估算被扭曲了，因为环境资源的消耗没有在 GNP 中体现出来。使用扭曲的价格体系，环境资源的价格通常是零，因而认为对环境资源的消耗也是零。反过来，这也意味着对破坏环境项目的收益的估计高于其社会利润，导致公共和私有部门的许多有问题的工程上马。价格扭曲的情况随项目和国家的不同而有所变化。当环境资源定价过低，就缺乏促进节省技术发展的必要激励机制。

建立绿色 NNP 的原则假定，生态过程不表现阈值效应。当阈值效应很重要时，完全分权的经济就会出现问题，许多自然资源的影子价格将通过数量控制来增加。这是一种保证经济活动规模不致超过主要生态系统承受能力的方法。促进国民生产总值增长的经济自由化和其他政策不能代替环境政策，相反，应进行更严格的政策改革。尤其重要的是，要提高资源用户赖以决策的信号质量。它们包括一系列的价格及与资源存量有关的直接信息。环境损害，包括生态系统和谐性的丧失，经常是突然出现并且是不可恢复的。突然变化很难通过决策者所掌握的信息加以预测。此外，产生的信号难以观察，或容易误解，或不是社会刺激结构的一部分。这是由于对生态系统动态参数变化（如阈值、缓冲能力和协调性的损失）的无知所造成的，制度障碍（如缺乏明确的财产权界定）也是其原因之一。

经济增长不是改善环境质量的万灵药，甚至不是主要的途径。问题并不在于经济增长本身，而在于增长的内容（即投入产出的结构），这是由人类活动的经济机制所决定的。这些方法不仅有助于提高各收入水平的环境资源配置的效率，而且将保证生态系统内经济活动的持续性。保护生态系统，维持人类生存的能力，对富国和穷国同样重要。

二　经济增长、贸易与环境的关系

（一）经济增长与环境

既然经济学家忽视环境，国家经济政策忽视环境问题就不足为奇了。有趣的是，近来一些发现证明经济增长对环境可能是有利的。对许多污染物存在一个人均收入和环境质量的经验关系：当人均收入增加，环境质量就会恶化，而当经过某一点后，环境质量开始改善，呈一钟形曲线。经济学家这样解释这个结果：贫穷国家的人们不可能将舒适性置于很重要的位置（如置于物质财富之上）。因此，在经济发展的早期，污染的增加被看作是环境资源问题的经济学思考经济增长的一个可接受的副效应。但当一个国家达到足够高的生活水准时，人们就会更关心舒适性，这就会促进环境立法，以及为保护环境建立新的机构。但这种经验关系只反映了少数污染物的情况，因而对这一结果必须慎重对待。这些发现确实证明经济增长与环境质量改善有关，但它并不意味着经济增长总会导致总体环境质量的提高，也不意味着经济增长的环境后果就可以完全忽略，更不意味着地球上的资源可以维持无限的经济增长。相反，如果造成资源不可恢复的破坏，经济本身也会陷于危险之中。在解释钟形曲线时，应注意以下四种情况：（1）曲线反映的是局地性的引起短期损失的污染物，不是所有废弃物的累积情况，也不是指具有长期效应的扩散性污染物的情况，如 CO_2，其排放随收入增加而增加。（2）钟形曲线反映的是污染物排放的情况，而不指一般资源存量的情况。当资源存量的反馈效应显著时，上述关系更难以成立。（3）钟形曲线没有反映排放削减时对整个系统的影响。例如，一个国家某种污染物的减少可能与另一种污染物的增加有关，也可能是由于将污染物向别国转移引起的。（4）大多数情况下，伴随着经济增长的污染排放减少是由于地区的制度改革引起的，如环境立法、减少环境影响的市场激励机制。但这种改革常常忽略国家或代际影响，环境负担是由穷人、后代或别的国家来承担的。经济增长造成的环境影响是很复杂的。钟形曲线只不过是一种虚幻的东西。

解决环境退化的出路在于制度改革，促使资源使用者考虑其行为的社会成本。钟形曲线在一些情况下会出现，但没有证据表明它会在所有情形下都会出现；在避免增长造成的不可恢复性影响下也不会出现。

（二）贸易与环境

目前，环境问题开始影响到国际经济政策，但即使在关贸总协定（GATT）和北美自由贸易区（NAFTA）内，环境问题仍只是一个次要的问题。人们常常想当然地以为国际贸易的自由化对环境是有利的。因而，促进贸易自由化的改革很少考虑环境影响，他们假定这些环境影响会自行消除，或环境影响可以分开来考虑，可以单独进行处理。既然这样，我想一定会有不少人开始认为贸易自由化是环境恶化的预兆了。这个观点同样也是错误的。它没有认识到环境问题的多样性；它没有区分世界贸易增长在数量和组成上的效应对世界商品和服务生产的影响；它没有区分增长是否与污染转移和减少国内生产失效有关；它也没有指明增长是不是由于取消政府扭曲形成的。世界贸易的增长是与国际市场上劳动力、资金和资源成本等因素导致的生产单元的再分配相联系的。由于污染是地区性的，并涉及一个国家的主权问题，向贫穷国家转移污染行业的自由贸易是不会实现的。降低一个国家的环境标准以应付低环境标准国家的挑战，这与低工资国家进行贸易最终将降低高工资国家的工资水平情况没有什么不同。但设计一种税收补贴方法以补偿高标准造成的额外负担，同时保留贸易带来的一些净收益是可能的。

1991年，世界银行首席经济学家在一份受到广泛关注的备忘录中称，至少有两个理由表明应鼓励穷国和富国之间的污染物贸易，其一，穷国（如非洲撒哈拉南部地区）比西方国家遭受的工业污染少；其二，因为贫穷，他们对环境质量的边际价值估算更低。这个备忘录受到国际舆论的猛烈批评，它等于在说"让穷人吞下污染的苦果"。有两个原因说明我们为什么必须警惕这种论调：（1）它建立在这样一种隐含的观点上，即没有会形成显著阈值效应的环境污染。如果阈值是重要的，那么将污染进行等距离的地理分布是没有什么意义的。在城市中，家庭和工业废弃物一般堆存于垃圾场，这是社会对存在环境阈值的反应。将这个观点推进一步，假定贫穷国家目前未受到工业废弃物的污染，如果贫穷国家的环境得到保护和改善，而富裕国家选择一定的地点作为全球工业废弃物的堆放场地，那么全球的福利状况就会得到很大的改善。（2）这个论调没有说明贫穷国家内和贫穷国家之间的情况也是不一样的。在穷国内，也有穷人和富人。通常，这些国家的富人不会受到穷人不得不忍受的环境危害，此外，富人还享有政治优势，并且这些国家没有自由的新闻，没有公开辩论。因此，如果鼓励污染物贸易，穷国的穷人将不得不忍受环境健康损害（工业污染物的危害通常是地区性的），而穷国的富人将得到污染物贸易的好处（个人收益）。

三　环境退化的原因之一——市场失效

（一）市场失效

早期的生态经济文献认为，市场失效是产生环境问题的内在原因，因而，外部性问题在环境经济学中得到了广泛的研究。

市场是指为有关各方提供机会进行协商，使行动对彼此有利的一种机制。从这一角度看市场有许多意义，值得注意的两点是：（1）如果某人参加谈判，他必须了解他谈判的权力有多大，对手的谈判权力有多大，即必须了解什么是他自己和对手能进行谈判的。（2）为了理解他们的谈判，他们必须掌握对他们真正有利的信息。市场的运作是与财产权的结构（即谁控制什么，谁拥有什么）、人们拥有和获得信息的结构密切相关的（如有关哪些生态过程影响我们的生活）。

许多经济学家认为环境资源市场是不存在的，原因之一是因为谈判费用太高，即阻止市场正常运作的交易成本太高。例如，大地理尺度的经济活动的生态影响（如上游几百英里外的森林砍伐），大时间跨度的情况就是如此（如二氧化碳对未来的气候影响，我们的后代不可能与我们进行讨价还价）。对大气和深海资源，由于地理位置的特性使私有财产权的建立难以实现，因而市场不可能存在；而对生物多样性等没有明确财产权界定的资源，市场也不存在，即使存在也难以正常运作。

当然，溢出效应也可能是正效应。例如，如果你发现海边渔场的捕获量的减少是由于城市污水的污染造成的，若渔民从你那里免费得到了一信息，渔民就可以从这一"正的"外部性中获益，而你却从你的发现中获益很少。你可能认为可以让渔民为你的信息付费，从中赢利。但这时你又会遇到另一个问题，除非你告诉渔民你所了解的，否则他们怎么知道你的信息的价值；但一旦你告诉了他们，还有什么机制能激励他们为你付费呢？因此，你获得有关渔业减产信息的个人动力并没有包括让渔民了解这一信息的情况。因此，市场中对这些信息的供给和需求都是不足的，这就要求公共机构收集和发布这种一般信息。

其他有关获取生态知识的更深层次的障碍也存在，它与社会理解其当前面临的环境挑战有关。当前商品和服务的市场价格没有反映其社会稀缺性，即没有反映其影子价格。许多环境资源的市场价格实际上是零，尽管其供给有限，影子价格为正。一般说来，自由经济不能很好地反映环境资源的稀缺性。外部性不会造成市场扭曲，它只是市场扭曲的一种形式。

改进办法之一是用规章制度对资源用户进行规范，如限制污染物排放和实行捕鱼限额制度。另外是实行税收制，即通常的庇古税。环境税如果征收适当，就可以消除市场扭曲，而且可以减少政府以前征收的一些不合理的税种（如收入税），可见，庇古税是可以产生复利的。

（二）市场失效中影响的单向性

在单向性影响中，市场失效是很普遍的。例如，上游的森林砍伐对下游可能造成损失。从财产权的分配来看，在许多贫穷国家，一般法律都认可污染者的权利，而不涉及那些被污染者。当伐木商取得上游森林的特许权后，他没有任何义务补偿下游的农民。如果下游的农民想减少洪水灾害增加的风险，他们就不得不补偿上游的伐木商，以使其减缓毁林的速度。这件事看起来很奇怪，但如果存在污染环境资源问题的经济学思考者权利的话，情况就是这样。如果财产权在被污染者手中，那么情形就不一样了。伐木商就必须为毁林所造成的损害对农民进行补偿。但即使法律是这样制定的，仍然存在执行的问题。当造成损失的原因在几百英里之外，当政府将伐木许可权授予公共土地，当受害者是数以千计的一无所有的农民时，赔偿问题并不总会提出来。当伐木的个人成本低于社会成本时，将会导致森林过度砍伐。

当环境资源的市场价格低于其影子价格时，将会导致以资源为基础的商品在市场上定价过低。最终产品离资源越近，定价过低的问题就会越严重。即对资源增加的附加值越低，最终产品定价过低的幅度就越大。这反过来又意味着，如果某国出口初级产品，他们就对出口产品进行了无形的补贴，甚至可能是大幅度的补贴。这种补贴并不是通过公众的税收支付的，而是由社会的最底层成员支付的，如小土地所有者、佃农、林区居民、渔民等。人们不会讨论这种补贴，这种补贴不会引起公众的注意，但它确确实实存在。我们应该估算贫穷国家的这种补贴，但目前我们没有进行。适当的政策是对每单位的伐木进行征税，即庇古税。当处于最佳水平时，它等于伐木量每增加一边际数量时对下游所造成的损失。在世界上一些地方，社区领导、非政府组织和新闻界开始为受污染者呼吁。环境保护与市民的政治自由有密切关系，这些自由不仅对他们自己是重要的，而且有助于实现共同目标。

（三）市场失效：相互影响和公共资源问题

当影响是相互的时候，情况就很不一样了。每一方的行为都将影响到所有的人。这种相互作用是草场、森林、渔业、大气、地下水、水库、湖泊、海洋等公共财产资源的典型特征。对这些公共财产，对它们进行私有财产权的界定存在许多困难（如空气这种可移动的资源），或者即使财产权可界定，也难以实施管理（如山区的森林资源）。与公共商品不同，消耗公共财产资源是竞争性的，一方可能以牺牲另一方的消费为代价来增加其消费。

从远古时期开始，地方森林、草原、池塘、小溪等通常都是公共财产。在贫穷国家，这些是生存的基本需要。河流可能很长，但它并不流经每一块土地，如果能关闭"水龙头"，上游农民在任何时候都比下游农民具有优势。排他性的私人地域性将使非拥有者在谈判桌前任由拥有者摆布。因而，社会一般不会冒险对这种资源实施私有财产权。除非在某一水平上采取共同行动，使用这种资源的个人成本将低于社会成本，最终导致公共财产被过度掠夺。这就是戈登在其极具开拓性的一篇文章中的观点。生物学家 G. 哈丁（Garrett Hardin）对戈登的分析进行了阐述：假定一个牧场对所有人都是开放的，可以预料，每一个牧人都想在公共牧场上放养尽可能多的牲畜。作为一个理性的人，每个牧人都会追求最大收益。自觉或不自觉地，他会问："在我的牧群中增加一只动物对我有什么好处呢？"明智的牧人就会在其牧群中增加一只，再增加一只……这是利用公共资源的每一个牧人的理性决策。然而悲剧就在于此。在一个有限的世界中，每一个牧人都在无限地增加其牧群，因而毁灭是注定的。在一个社会中，自由地使用公共资源以追求个人的最大利益，结局便是共同毁灭。这个寓言为"囚犯的困境"提供了一个极好的例证。但这值得信赖吗？

答案取决于公共资源的地理分布。哈丁的寓言适用于大气、外海和城市污染等资源，但对地区性的公共财产资源，如池塘、小溪、地区森林、草场等易形成误导。博弈论告诉我们，原则上，地方公共资源使用者能进行有效管理，因而不需要外部的管理机构充当调解角色。有许多证据证实了这一推断：地方社区成员经常相互合作，以保护公共资源不被过度利用。

洪水、核泄漏等灾难性事件的发生常常能激起公众对环境问题的关注。大坝和灌溉系统等大型项目很容易引起公众的注意，因为单一因素导致的大规模的环境影响容易识别。与此相反，由于过分利用公共资源导致的环境影响，只要不到阈值或发生灾难，环境影响就不易察觉到。公共资源有大量的使用者，每个人都只对别人造成很小的危害，而且一般要经过一段时间后才能表现出来，但加起来数量是很可观的。有证据表明，贫穷国家的环境退化大部分是由于制度失效及各种有害因素的累积效应形成的，而由大型公共项目造成的影响相对较小。

四　环境退化的原因之二——制度失效与贫穷

（一）制度失效

有一些环境问题是由于政府失效造成的。如巴西对所有农业收入免征农业税，同时，将伐木视为土地占有权的证据，这对富人购买森林并大肆砍伐形成很大的激励作用。宾斯万格认为巴西政府对私人部门的补贴很大，减少森林破坏不仅对巴西有利，也有利于世界其他地区。目前的普遍看法认为，巴西作为一个国家，减少森林砍伐率，其自身损失很大。如果确实如此，世界上的其他地区应该向巴西提供补贴，以补偿其减少砍伐所造成的损失。但这一观点是否正确仍值得商榷。

此外，家庭等微观机制失效也是环境问题产生的原因。在贫穷社区，男人通常占据政治主导地位，因此，用于环境再生的公共投资主要反映男人的偏好，而不是女人的。例如在植树造林时，女人赞成种植薪柴而男人主张种植经济林，因为一般是女人和儿童收集薪柴，男人控制现金收入。这说明了为什么即使薪柴林不断减少，而常常种植的仍是经济林的缘故。政局不稳（包括内战等极端情况）是环境退化的直接原因之一。

政局不稳会导致财产权的不确定，人们不愿对环境的保护和改善进行投资，因为这种投资的回报率太低。迪肯对 120 个国家的研究发现，政局不稳与森林破坏之间呈正相关关系。

（二）贫穷

环境退化，包括土壤侵蚀、森林减少和水资源枯竭等，是贫穷国家和地区贫困加剧的原因之一。但另一方面，贫困本身也会造成环境退化。其原因在于，一些环境资源（如河流、池塘）是正常情况下生存的必需条件，另一些环境资源（如林产品）则是发生剧烈经济困难时期重要的收入补充来源。这种相互影响可能导致贫穷、环境退化和土壤肥力以协同方式相互影响。撒哈拉南部地区的情况就是如此。尽管国家经济的 GNP 在增长，但环境资源的侵蚀将使一些人变成赤贫。

制度失效和贫穷这两个环境退化的原因是相互联系的。人们同受跨地区、跨国界乃至全球性的温室效应和酸雨的危害。对一个贫穷的村落而言，人们不得不考虑薪柴和水资源等问题。环境问题对不同的人是以不同的方式出现的。一些人认为环境问题是由于人口增长造成的，另外一些人则认为是由于错误的经济增长方式造成的，也有一些人认为贫穷是环境问题的根源。这些看法都部分正确，因为，环境问题不是由单一原因造成的，而是由许多因素在共同发挥作用。工业废弃物的增加与经济活动的增加密切相关，在工业化国家，污染控制和治理的速度远远跟不上污染物产生的速度。饮用水的大规模供应、工业化国家人民免于空气和水传播疾病都得益于 200 年来这些国家国民收入的增加。此外，随着经济增长，室内环境也得到了改善。西方环境学家常常忽视经济增长与环境质量之间的正联系，这正反映了人们太容易忽视环境资源问题的多样性。

五　公共资源管理

（一）地区公共资源管理

一般地讲，地区公共资源不是开放性资源，它不是社会中所有人都能使用的。多数情况下，只有那些拥有历史权利的人才能使用，如亲缘关系、社会成员等。警惕对地区公共资源的理想化的公有制分配方式是重要的。在农村社区中，不平等现象普遍存在。公共资源的良好管理不仅需要地区参与，更需要明智的政府介入。通常，在公共资源占显著地位的地方，收入不平等现象较少。

对乡村公共资源和林地的私有化，我们在欢呼经济效率提高的同时，也要注意到其灾难性的影响，因为它可能剥夺一个阶层人民的"经济国籍"。除非将资源私有化的一部分合理租金用于补贴那些传统用户，否则他们就会更加贫穷。如果对隐藏的各种经济和生态作用不敏感，不采取长期观点，不对农村地区最贫穷人口给予充分的考虑，那么，这种资源分配机制就会带来灾难性的后果。在经济发展过程中，环境保护与穷人的福利，尤其是最贫穷人们的福利有密切联系。

（二）全球公共资源管理

与地区公共资源不同，全球公共资源是开放性的，这使哈丁的寓言更容易发生。不存在回避全球环境问题的选择，这增加了解决政治经济中全球公共资源问题的紧迫性。

实施跨国界公共资源国际协议的机制包括三个方面：第一种机制是将协议转变成为合同形式，并建立一权威机构来执行协议。权威机构可以是国家政府，也可以不是。第二种机制是通过社区生活、教育、模范人物事迹、奖励、惩罚等，培养人们遵守协议的习惯，将社会规范内在化。将遵守协议、报恩、讨厌违反社会规范的人等社会规范内在化，使人们对违反社会规范感到羞耻，从而使社会规范得到维护。第三种机制是，当人们在相似的环境中经常见面，即使人们之间并不相互信任，即使没有高一级的权威机构执行协议，协议仍然会得到遵守。我认为，有关环境问题的国际协议有希望通过后两种方式来实现，尤其是第二种，它对于有效管理跨国界公共资源希望最大。

（选自《国外社会科学》1997 年第 3 期）

可持续发展问题经济学研究的
理论创新

潘家华[*]

20 世纪 80 年代末 90 年代初，作者在剑桥大学进行环境经济学博士论文研究时，有幸认识了帕瑟·达斯古柏塔（Partha S. Dasgupta）教授，了解到他在资源、环境、贫困等重大可持续发展问题的理论经济学研究方面造诣颇深。当时即知达斯在获得博士学位数年后就应聘为伦敦经济学院副教授[①]，36 岁晋升为经济学教授，1985 年受聘出任剑桥大学经济学教授，荣任英国科学院院士，美国艺术与科学院外籍荣誉院士，瑞典皇家科学院外籍院士，其学术地位如日中天。1993 年回国后，欣闻达斯荣获剑桥大学拉姆齐经济学教授专席[②]；近又悉达斯教授当选为 1999 年度欧洲经济学会会长，英国 1998—2001 届皇家经济学会会长。

达斯家族系孟加拉血统，后移居印度。1942 年达斯出生于印度，先后在印度德里大学和英国剑桥大学学习物理和数学，继而转攻经济学，师从米尔利斯[③]，并于 1968 年获得剑桥大学哲学博士学位。30 年来，共发表论文 132 篇、专著 12 部，其中许多已成为经典论著。他长期担任《经济学》《经济研究评论》《发展经济学杂志》等著名经济学刊物的编

　* 潘家华，中国社科院世界经济与政治研究所研究员。

　① 这一职称为 Reader，介于教授与讲师之间。但它具有极大的荣誉性质，其数量往往比教授（在英国，传统上一个系只设一个教授席位，现在略多些，但数额仍十分有限）还少。

　② Ramsey Profess or of Economics。在英国，带席位的教授都具有极高的学术荣誉。

　③ James Mirless，1996 年诺贝尔经济学奖得主。

委、副主编，并在许多国际机构和欧美学术机构中兼职。自1985年以来，先后10多次应邀做荣誉性讲座，如经济统计学会的瓦尔拉斯—包莱讲座、英国科学院的凯恩斯讲座。纵观其经济学学术贡献，可以发现两大特点：一是经济优化理论的拓展与创新，这一点可能得益于其物理与数学基础；二是所关注和探讨的问题多涉及当前可持续发展的一些重大问题，如人口、资源、环境、贫困、体制等。达斯教授称自己为经济理论学人（economic theoriest），① 他对可持续发展的一些重大问题的经济学理论贡献，不仅为理论经济学界所认可，而且在可持续发展的决策实践方面也有着相当的学术影响。

资源经济学

60年代末70年代初，罗马俱乐部米多斯等人采用美国麻省理工学院弗雷斯特的世界动力学模型，预测世界末日，强调增长的极限。随后的石油危机，更使人们对自然资源的长期供给忧心忡忡。然而，经济学家认为上述模型和分析缺乏经济学理性。对于自然资源的供给，有两个经济学理论命题：最优利用和可持续利用。达斯对这一问题产生了极大的兴趣，开展了理论经济学探索。在分析中，他先考察不可更新资源的最优枯竭路径和资本积累问题。其结果表明，资源开采的最优路径，应该是资源价格的净价值在各个时段保持不变，或者说资源价格的增长率与市场利率相等。其实践含义在于，可枯竭资源作为一种有限的自然资产，可以将它开采转化为货币资本而获取资本的市场利率，也可以让它在地下以市场利率的速度而自然增值。满足这一条件的资源开采，便是自然资源利用的最优开采路径。这一独立完成的结论，与30年代数理经济学家霍特林的分析异曲同工，在经济学中被称为霍特林法则。关于第二个命题，达斯的数学分析认为，实现资源的可持续利用或可持续消费，取决于生产中不变资本与资源流量之间的替代弹性值。所谓弹性值，在此为一比例关系，指不变资本替代资源流量或消耗量的比率。如果固定资

---

① A. Heertje（ed.），*The Makers of Modern Economics*，Harvester Wheatsheaf，1993，pp. 1 – 46.

产或不变资本增加1%，所替代的资源流量大于1%，则资源可持续利用，否则将至枯竭。面对枯竭这一可能，我们应该怎么办？当时，经济学对技术进步与创新十分看重，但技术进步又有着不确定性。在这样一种情况下，达斯为简化分析，假定技术创新总是难于成功。此时，可枯竭资源利用便成为一个确定性问题；社会所应该选择的最佳策略应该是：从一种可枯竭资源过渡到持久性资源。不可更新资源总是要枯竭的，但可更新资源如果利用保护得当，是可以永续利用的。自然衡量资源如太阳能，则不会因利用而减少。因此，完全有可能通过市场与技术进步，逐步减少对枯竭性资源的依赖。这样，即使人类耗尽了某一种不可再生资源，也可由可再生资源加以替代，对经济与消费不会产生大的影响。现在，这一观点已被经济学界广为接受，但在当时却不尽然。在罗伯特·索洛[1]写信对此予以首肯之后，达斯才感到如释重负。达斯十年磨一剑，他与希尔在可枯竭资源经济学领域的研究成果被纳入"剑桥经济学手册"丛书，于1979年由剑桥大学出版社出版，已为经济学界公认为这一领域的经典之作。[2]

对于共享资源，达斯应用数学模型，将其利用表述为一个涉及 N 个用户的对称性博弈问题。这就意味着，对所涉及的资源利用，并不存在自由进入的问题，因为共享资源为个体有限并且数额确定的集体所拥有。如果所涉及资源的地理区域相对说来较小，那么，博弈的契约关系将约束每一个用户，违约者也将容易发现并被制裁。因而对于此类共享资源问题，免费搭乘（free rider）的外部性损失将是非常有限的。这一论点与科斯有关产权协商的规范性分析结果是一致的。当前有关国际共享资源的条约与协议，实质上也是一种多国参与的博弈契约。

达斯在可枯竭资源利用的数学经济分析中，还拓展了技术进步和科学研究的经济分析。在现实世界中，许多资源的生产成本低，但自然供给量有限；而有些则资源存量相对无限，但生产成本太高。例如能源，石油生产成本低廉，但储量有限；太阳能取之不尽，但能量转化的成本高

---

① Robert Solow，美国麻省理工学院经济学教授，诺贝尔经济学奖得主。

② P. Dasgupta and G. Heal, *Economic Theory and Exhaustible Resources*, Cambridge University Press, 1979.

昂。这就存在着促成从可枯竭资源向可持久资源过渡而投资于科学技术的优化问题。在竞争性市场条件下，厂商不仅要找到其产品位置，还要投资竞争其研究与开发（R&D）空间。由于有专利保护的制度构架，厂商也知道，研究与开发投资最后只能有一家获胜。达斯的分析表明，假定研究与开发风险是相互独立的，自由进入会导致过多的厂商从事研究与开发，结果使得社会总体在研究与开发方面的花费过量。

科学不同于技术。从其最终产品上看，前者为抽象的认识，后者为具体的产物。但在市场格局下，科学与技术知识均被当作一种经济商品，通过专利、奖赏等给予市场回报。在达斯看来，科学与技术知识的最终产品，既是耐用品又是有用品，但其生产与供给却受到不确定性和非对称信息的制约，因为投资（政府、公司、赞助者）难于观测到研究人员的勤奋与技能。因此，达斯认为，科学与技术的经济学问题，构成当代资源配置理论的重要内容，对于资源利用与可持续发展有着十分重要的政策含义。目前，达斯正与美国斯坦福大学的戴维一起，将上述分析集成为一部科学经济专著。

环境、人口与贫困

70 年代末，达斯应联合国贸易与发展大会和环境规划署之邀，就环境污染的社会成本与收益问题进行研究。环境污染作为一个生产与消费过程中的副产品，同样可以在抽象的一般均衡模型中加以分析。然而，当达斯将其分析结果于 1981 年在土耳其的伊斯坦布尔介绍给联合国环境规划署和发展中国家的政府代表时，得到的反应出乎意料：第三世界国家只是对经济发展感兴趣，认为富裕国家才担心环境污染，穷国的问题仍在于贫困。这一经历使达斯认识到，发展中国家的环境问题必须与贫困和人口联系起来研究。这就使得其有关环境污染的研究偏离于常规的外部性理论，而偏重于贫困与人口的经济理论分析。

60、70 年代的绿色革命，使谷物与肉类产量均有大幅度增加，而南亚及亚马孙地区农村贫困人口的人均蛋白质摄入量却下降了。达斯认为，劳动力的营养与劳动生产力的生物学联系影响劳动力市场的运作。如果一个人的营养摄取与消耗处于平衡状态，其 70% 的养分耗于生存维系，构成劳动力基本生存的固定成本；余下的 30% 能量才是用于工作和交际的。如果一个劳动者能够在自有资产上获取这 70% 的生存维系费用，那么，他在劳动力市场竞争中就会处于优势。在此，劳动力也不是一种资产——它只是潜在的，只有在受到雇用时，才转化为劳动资产。这就表明，自然资产的初始分配影响就业，非自愿性失业与营养不良密切相关。有鉴于此，在贫穷国家进行平均主义资源分配，有助于经济产出总量的增加。而这一结论在发达国家并不成立，因为富裕国家的均衡工资率较高，基本生存费用已通过社会福利体系得到了保障。

关于营养不良与非自愿性失业的理论，使得达斯进一步认识到，贫困、营养不良、文盲和疾病相互关联，它们又与高生育率、环境退化、缺乏基础设施、生产组织和信息联系在一起。因而，达斯在分析中，将营养状况作为一般均衡体系的一个状态变量，来考察它对劳动者福利及其决策的影响；在以后有关生育率与贫困的研究中，又加入环境资源产权和农业生产组织等制度因素，进一步阐明基本生存费用的保障是解脱贫困的基础。

制度经济学分析

达斯关于可枯竭资源的市场配置讨论，基本上都是实证性的纯经济理论分析。在环境、贫困与人口的分析中，包括许多规范性的经济学讨论。实际上，许多现实经济问题，均受到制度的制约。因而，达斯对一些公共经济学问题，十分注重制度经济学分析。

公共投资的经济论证，源于 30 年代实用性的成本收益分析。新古典经济学家将优化分析引入投资评估，将经济效率作为公共投资的唯一目标和决策标准。达斯与发展经济学家 A. 森等人合作撰写的公共投资评估方法①，首次明确提出了项目选择的多目标特征，并在分析中给各种社会目标赋予明确权重，用于公共投资项目的决策。达斯认为，公共投资项目评估应是政策改革的一种手段，可以通过商品与服务的影子价格来估

---

① P. Dasgupta, S. Marglin and A. Sen, *Guidelines for Project Evaluation*, New York, United Nations, 1972.

算控制变量的边际变化对社会福利的可能影响，从而建议政策改革的方向和措施。这一方法，目前已被全世界广为接受并采纳，但在 70 年代初，则是对常规经济学范式的挑战，在当时得到了牛津剑桥经济学同人的敌视性反应。

公平是制度经济学的一个永恒主题。1972 年，英国哲学家罗尔斯发表了《正义论》，引起了经济学家的极大兴趣与关注。达斯根据罗尔斯的"无知面纱"（veil of ignorance）假说，对可持续发展概念的重要内涵——代际均等问题，进行了模拟。达斯认为，在代际分析中，"潜在人"（potential）的概念没有"实际人"（actual）和"未来人"（future）的概念明确。因为在现实世界中，我们皆"实际人"，我们难于建立一种道义准则，公正地对待我们的孩子和潜在的孩子。因而，对每一代人说来，所关心的是自己这一代人生活水平及下一代人人口数量及其生活水平。这一处置，使得均衡人口和最优储蓄的分析更为简洁实用。达斯发现，罗尔斯的公平契约理论的优化解为纳什均衡，即各代人的行为为给定的情况下，各代人的最优决策为保持其当前策略不变。

效用与权益属于抽象的哲学概念，而生活质量的测定则是非常具体的经济学问题。达斯于 80 年代末在美国斯坦福大学任哲学和经济学教授期间，将哲学概念与经济学度量结合起来，拓展制度经济学分析。一般说来，我们对福利的把握难于具体。有如医生研究疾病是为了认识健康一样，达斯将其研究重点投向贫穷。通过对当今世界上的极端贫穷国家的制度体系解剖，来理解贫穷的经济学问题。世界银行的年度发展报告有一套完整的社会经济指标，但缺乏制度体系方面的参数。那么，与贫穷国家的社会经济状况相对应的，是何种经济体制与社会规范？通常的观点认为，食品优先于自由，认为社会经济与民众的政治权益之间有一种取舍关系。然而，70 年代最贫穷国家的社会经济指标表明，民众政治权益得到较好改善的穷国，其人口的期望寿命、婴儿存活率及人均国民收入均较政治上极权压抑的穷国进步更大。达斯认为，相关并非表明有一种因果关系，但现实证据也应有说服力。达斯从考察社会经济因素入手，来论证体制规范，得到的结论认为，民众的政治权益对于穷人来说，并非是一种奢侈品；民众政治权益的改善，有助于消除贫困，防止环境恶化。[1]

政策含义

　　作为一名经济学家，达斯所关注、分析的始终是经济收益与效率，因为它们是资源利用与人类福利的中介。这一分析途径有助于我们在资源利用与保护的实践中，防止机械强调自然资源实物存量的变化，注重市场的效用，利用价格机制，以最小的代价实现资源的可持续利用。人们往往对自然资源，尤其是可枯竭资源的开发利用与耗减忧心忡忡，即使是一些经济学家，如资源绝对稀缺论的鼓吹者、古典经济学家马尔萨斯，60 年代以来"宇宙飞船经济学"的提出者、美国学者包尔丁，以及"稳态经济"观持有者戴利，均十分担心资源的物理极限。达斯的资源替代分析，有助于政策的制定与决策者在实践中通过固定资产（如设备和新技术）的投资和替代资源的开发，来减少对不可再生资源的依赖和遏制自然资源的退化。可见，达斯关于资源经济学的分析，有两点政策含义是十分明确的。第一，自然资源的利用必须有净收益，而且这一净收益不能用于直接的社会消费。第二，这一净收益只能用于生产投资，而且是替代资源开发的投资。如果替代弹性大于或等于 1，上述政策的运作结果，必然可以保证可持续消费的实现，使社会福利水平不致降低。

　　如果说，资源替代政策对发达和发展中国家均适用的话，那么，达斯有关环境与贫困分析的政策含义与发展中国家的关系则更为直接些。第一，资源、环境、人口、营养状况、贫困等因子是相互联系的，因而所需要的政策，也不宜是单一的，而应是多目标的，需要一箭多雕或一矢多的，从不同方面协调解决发展中国家的环境问题。70 年代初以来的实践表明，发展中国家不可能也没有像发达国家那样，就环境谈环境。第二，发展中国家必须要有人口控制。这是因为，在缺乏社会保障的情况下，孩子既可以作为生产者商品（劳动力收益），也是保险性商品（养儿防老）。而在发达国家则无此必要。第三，采用补贴政策，扶持贫困人

---

　　[1]　The Allocation of Hunger, Walras-Bowley Lecture, Econometrics Society, P. Dasgupta, 1989.

口。发展中国家贫困人口面广，需要采用各种开发项目，帮助脱贫。这就要求，不能采用简单的配给方式，而应与开发投资项目相结合，使贫困人口在项目实施过程中通过劳动力投入来获取实物的现金酬劳。

达斯有关制度分析的政策含义也十分明确。发达国家的多数学者有关环境资源的公平分析，强调代际均等。达斯对印度次大陆的其他发展中国家的考察使他认识到，代内社会成员的平等更有实践意义。因此，达斯赞同发展中国家的土地改革，使耕者有其田。发展中国家的贫困、营养不良与环境退化，在相当程度上与人们对现有环境资源占有的不平等有关。鼓励公众参与、保障民众应有的权益，也是一个重大的政策命题。公民的政治权益并非发达国家的专利，这种权益在发展中国家的实现，对于消除贫困和环境改善均十分重要。

达斯在《当代著名经济学家》① 一书中写道，是资源、贫困、环境、人口及知识等问题使之成为一名理论经济学家。他在这些方面对经济学和可持续发展的理论贡献，对包括中国在内的发展中国家的经济增长与环境保护，有着重大的理论指导意义。对于我国在经济转型与经济扩张中实现可持续发展，无疑有着重大的实践意义。达斯在 1996 年 12 月写给作者的一封信中明确表示，人口—环境—贫困—营养，一直是其经济理论探索的轴心，并且还要将这一探索继续下去。

（选自《国外社会科学》1997 年第 3 期）

---

① Arnold Heertje（ed.）, *The Makers of Modern Economists*, Harvester Wheatsheaf, 1993, pp. 1 –46.

生态女权主义哲学中的彻底的
非二元论[*]

[美] C. 斯普瑞特奈克　张妮妮[**]译

在大多数的生态女权主义著作、文章和讲演中，显现出时下熟悉的拒斥二元论的态度，它们认为女性、自然、身体、情感、关联性、受容性以及私人领域等概念在西方社会中贬值了，以二元论世界观看来，它们只是依附于"更高的"相对物（男性、文化、心灵、理性、自主、攻击性、公共领域）而存在。因此，将注意力集中在女权主义对二元论的这种态度上可能是正确的。虽然生态女权主义哲学提出了种种对"实在"相互联系和相互依赖的不同理解，但还远没有到达彻底的非二元论的地步，甚至倾向于把它当作名声不好的东西扔掉。所以我现在要提一提它。

非二元论的最低要求是承认这样一个观点：人与其他实在物从本性上讲是自主的实体，他们以某种与他物相互依赖的关系而存在。彻底的非二元论走得更远，他们断言存在是统一的整体，是形式、运动、空间和时间微妙一体的格式塔。本文的目的是促进生态女权主义的彻底的非二元论态度。

首先，我要谈谈有关这个讨论的背景，谈谈许多生态女权主义哲学家拒不承认存在是统一的整体，而现代世界观和后现代解构世界观也都

＊　本文选自［美］Karen J. Warren 编《生态女权主义：妇女，文化，自然》，印第安纳大学出版社 1997 年版。

＊＊　张妮妮，北京外国语大学社科部。

不承认这一点。在第二部分，我将对关于存在的统一整体性的经验认识提出一个现象学评价。最后部分，我要讨论我所谓"生态后现代主义"的本体论含义，这与生态女权主义哲学、彻底的非二元论以及我在本文开头提出的那些关切都有关系。

一 对几种相关理论的考察

有一个生态女权主义哲学家（我很欣赏她的著作）读了我这篇文章较早的一个版本后给我写来一封友好但却叫人害怕的信，信中充满了大写的短语，还有好些内容加了着重号。她苦口婆心地向我解释，如果我在讨论对二元论态度时不再提起存在的统一整体性，我将受到正宗生态女权主义哲学家的接纳！天哪，我不能那样做，我要保持我们的经验真实感。这件事真切反映了现时对可接受的哲学选择的限制。

将彻底的非二元论纳入哲学中令人尊敬的一族，主要有三个障碍：第一，现代西方文化中科学和客观主义对不可量化之物和较物质更微妙之物的全面抛弃。第二，解构性的后现代主义对当代知识分子（尤其在学院里）思想的紧抓不放。第三，女权主义对基于家长制理解下的非二元论的怀疑。

（一）现代西方哲学的偏见

现代西方传统的文化遗产明显使大多数当代哲学家对有机论和非二元论取贬抑态度，把它们看作尚且幼稚的、原本攀附于已经败下阵来的浪漫主义的东西，它们已经为各种各样的分析的方向所代替。解构性的后现代主义宣称要与西方传统决裂，他们一直对非二元论深恶痛绝，并把它当作"奇谈怪论"一抛了之。哲学解构主义思潮拥护一种新理性主义，后者仅在下述意义上受到了人们的注意，即它把对"普遍物"的关注转为对局部的、特殊的背景的关注，启蒙时代理性主义的其他许多偏见未受触动。

非二元论的第二个文化对手来自现代西方个人主义的登台。按照这个趋势，个人与周围世界的根本性及保护性分离（极端的非连续性）是至关重要的。因此，存在的统一整体性要是得到承认的话，个人就有被消灭的危险。这种对非二元论的反对（即捍卫个人与周围世界对立的西方二元论核心）经常由十分强烈的情感色彩表达出来。显然，非二元论被误认为了一元论。我和其他一些人把二元论理解为关系的动态系统。其中所有特殊的现象都同时既是独立的部分，又是不可分割的整体。部分并非出自整体，反过来也一样。一方组成了另一方。非二元论者经常援引"网"来做比喻，但对我来说，这个比喻似乎缺少动态的意思，不能传达整体和差异、非二元性与特殊性之间的过渡。

（二）解构性的现代主义的态度

这种思潮强调知识的社会构成因素，他们断言知识（话语）的概念传统是为服务于某一文化或亚文化中的控制力量而建立起来的。如果解构的计划仅仅包含了向概念的统治模式进行挑战的话，女权主义还能反对什么呢？事实上，女权主义者和其他积极分子的这类分析著作比解构性的后现代主义要出现得更早，当然，这类著作的增多是喜人的进步。

我最关心的还是随解构性的后现代主义的世界观而来的意识形态信仰。解构主义者（也称后"结构主义者"）注意到概念是社会性的产物，接着，他们做了一个飞跃，断定人类经验里只有社会性构成因素。他们认为，人类的每一个观念都是在社会上某个时间和地点发生的，但这不包括差异性、特殊性和固有的自主性这类观念。解构主义相信，"唯有差异，别无其他"的观念是唯一的中性岛，人们从这里来对社会构成进行全方位的审视。

按这种思潮说来，有悖于纯粹差异和自主性的东西（像承认存在的统一整体性之类）是最令人讨厌的念头。差异性观念被当作了显而易见的真理，而内在连续性的观念则被当作"一个虚构的实体"抛在了一边。将"根本的实在"这种分量的概念加在差异性和特殊性上，肯定不是中性的立场，它是意识形态的选择。人类社会、地球、宇宙"唯有差异，别无其他"，这种认识的根据何在？他们对宇宙和人类事务中可能存在的内在统一性的先验否定势必把一大片尚未暴露的观念领域推给对手，就像我在讨论中要说到的那样。然而，多数生态女权主义哲学家赞同解构性的后现代主义的假设，但他（她）们远没有到达极端的"孤独牛仔性格"。

解构主义者广为流传的那个主张（即一切关系皆为政治性的，它由权力关系构成）改变了人们的思考方式，生态女权主义哲学家正是依靠这种方式才可以去注意存在的统一整体性。解构主义者正确指出，唯心地建构统一体和有机体常常在历史上造成对人的政治压抑。他们从这类事例中推导出（完全分离的存在的）协同是可以接受的概念，而统一却不可以。① 我感到，这种政治哲学的广度于所有对宇宙的本体论理解来说是非常有限的。它的基础是解构主义所谓一切关系本来就是权力的载体，或者说是政治的，难道人与人之间的其他形形色色的细小关系也是吗？

对于受这种思潮影响的生态女权主义哲学家来说，当代物理学探索的宇宙过程就像"一个可疑的形而上学神圣"结构一样是不可信的。而源于生态学领域的某些观察（即强调"有机体分离的、非相互关联的自主体及层系分类"的重要性）却被当作生态理论的"有见识的"说法得到了接受。它们无论较后现代物理学还是全部生态学观察都具有高得多的价值，因为人们相信反全体的观念能保护自己，以免走入有机论的错误假设中去。②

（三）女权主义的关怀

生态女权主义哲学家同样发现了人与自然完全同一（如各类男性哲学家提出的那样）是有问题的，理由就在性政治学中。比如，如果自我扩张的意义能设定男性自我向宇宙的扩张（"smos，C'estmoo"），③ 那么自我扩张的深生态学意义（或者称"生态学自我"）在很大程度上就没有吸引力了。我个人并没有从阿恩·奈斯所造的"生态学自我"术语里读出这些意思，不过，一些深刻的男性生态学家却提出了对其关注的理由。有关女权主义对生态学自我的观念的批评是建立在"自我"的社会化于男性和女性是完全不同的这样的认识基础上的。既然在现代西方家长制

---

① 参见［美］克里斯廷·J. 科莫：《生态女权主义问题的解决》，《环境科学伦理学》杂志 1992 年冬季号第 14 卷，第 358—359 页。

② 参见［美］卡伦·J. 瓦伦、吉姆·切尼：《生态系统的生态学和形而上学的生态学：个案研究》，《环境伦理学》1993 年夏季第二号第 15 卷，第 99—116 页。

③ 参见［澳］瓦尔·普拉姆伍德：《自然，自我和性：女权主义，环境哲学和理性主义的批判》，《Hypatia：女权主义哲学杂志》1991 年春季第一号第 6 卷，第 13—15 页。

的文化中男人的社会地位高于自然，而妇女的地位则因其被视为自然的一部分而受到轻视，所以，两性决不能循同一条道路去到达生态学时代自我的丰富内涵。①

女权主义的第二个关怀在于，西方妇女的传统社会化内容是培养自我同一性的某种不甚严密、松懈的定义范围，以便于让自己顺应周围其他人的需要。因此，男性生态哲学家对自我的武断界定以及对自我扩张的理想化处理唤起了人们去关注女性受压榨的意识。

二 对彻底非二元论的经验认识

要是非二元论概念仅限于自主的实体间的"相互依赖""相互关联"的意思，那么，在多数当代哲学家圈子里，特别在生态哲学家当中，就会对存在的统一整体性认识给以冷淡的接受，这多少让人感到一丝暖意。这种对二元论观点的态度在很多生态女权主义哲学家看来是可以接受的，他们反对任何更强烈、更激进的非二元论。我相信，引起人们对彻底非二元论的注意需要理直气壮地重新审视现时占统治地位的认识论的概念，因为我的证据大部分都藏在那些目前受到轻视、靠边站的认识论理论之中。

人们在各种各样的情形中已经感受到宇宙和统一体中固有的、连续的系统性，它是与各种特殊性、主体性相随而生而非取而代之的。生态哲学要是知道人的感知是多价的，各种类型的知觉都可能发生，其中许多还是不可言说的话，它将大大丰富自己的内容。还有，承认知觉的等级也是必要的。非连续性在一种知觉水平层面上似乎明显不过，而在另一种水平层面却隐蔽不见。

（一）女性身体的寓言

如今要在生态女权主义哲学圈子内讨论基于女性体格特征的体验，人们必须首先回答解构主义者的下述责难："妇女"完全是一种社会构

---

① 参见［美］马丁·基尔：《生态女权主义和深生态学：对同一与差异的反思》，载《重新编排世界：生态女权主义的出现》，美国旧金山西拉图书俱乐部，1990年，第129—132页。

成，妇女的任何经验都是"总体化的"，都是对个人的压迫。我觉得问题不在于妇女身上这种普遍本质的结构，而是以下事实，即所有特殊文化背景下的女性都随月亮盈亏的节奏定期来经，她们能够生育子女，也能够替婴儿将食物转化为奶，是否对我们体验生命的方式有所影响。解构主义在这个问题上将门砰然关闭，他们把性看作值得注意的社会构成，它是由沉默的身体衍生出来的，正如文化常常被理解为从沉默的自然中构成出来的一样，但我感到生态女权主义为此应该探索一下。

妇女身心的性爱过程常常引起某种意识状态，它们表达和提醒着存在的统一整体性，被誉为是存在统一整体性的"身体寓言"。许多妇女在性高潮过后体验到一种平静的和扩散的心境，它自由飘浮，无边无际。确实，似乎阴蒂存在的目的只是性快感，而这种体验能够在性高潮或稍后阶段扩张人的意识。妇女行经第一天，有时会体验到一种其身体空间边缘飘软不定的感觉。在妊娠和分娩的日子里，我与非我的分界变得模糊不清，令人难以捉摸。在哺育期，怀里摇着自己的骨肉，妇女又一次体验到了梦一般界限不定的感觉。所有这些多多少少让人坠入了对非二元论的体验之中，它告诉人们虽然分离和分立的界限在生活中十分重要，但并不是绝对的。相反，对世界的另一种体验同样是真实的，即使它们在正统的现代西方文化中几乎得不到承认也是一样。

（二）感知自然的统一

第二种体验非二元论的模式是通过沉入自然环境发生的，比如人们在荒野旅行时能遭遇到深深的寂静，这时，二元论感知自我与自然分离的习惯渐渐丧失，内与外的固定界限似乎变得模糊不清，有时让位给了与环境融为一体的活生生的感觉。人们在海边、在大湖边或在后花园里也经常可以体验到种种类似现象，只是程度较轻而已。

（三）幼儿的神奇、统一的世界

第三种体验非二元论的模式发生在幼儿中，许多幼儿通常感受过神奇的事情，他们认为这与自己的世界或世界中的某个东西，如一棵树、一个动物都有联系。虽然幼儿的感官结论大多会遭到西方文化中社会化势力的压制和否定，但许许多多的成年人至少还应记得这样的印象：某种界限模糊不清的存在模式以及生动鲜明的统一世界的知觉。

（四）突然的、不期而遇的非二元论感觉

体验存在的统一整体性知识也能发生在一些不期而遇的时刻，它与特殊的安排或活动没有必然联系。人们回顾起这种体验的时候，经常说自己的意识突然被一种浓厚的存在统一整体性感觉抓住了。牛津大学的一位生物学家70年代制订了一个研究计划，其中他和他的研究班子收集了四千多例这类体验，并把它们加以分类。有一个体验统一性的典型例子是这样的，某人正走在伦敦的一条街上，他"突然为一种异常兴奋的感觉抓住了，……所有东西都活了起来，时间凝固在了一点上"[1]。这种与存在统一整体性的真情遭遇可能是特别的，但却不是超自然的。它们更确切地倒可以标上"极自然"的标签，是朝向与世界同在的宇宙本性的一次旅行。

（五）土著人的统一的世界观

大多数未开化民族的文化都有一个共同的感受：地球是活的，人与它不可分离。传统的土著人一般把存在的大家庭理解成是由无限巨神的种种显现构成的。随着生态女权主义越来越多地了解土著文化，许多人体验到了土著人的全体观念，于是他们发现西方强调绝对非连续性的认识理论是十分佞妄的。

（六）沉思及类似的做法

在东西方许多文化中，意念实践的传统一代又一代传承下来，其中保存了一些有效的技巧，人们以此能体验非二元性。这类实践有各种各样的形式，如佛教的沉思默想、印度教的瑜伽功、波斯神教的舞蹈、基督教的沉思训练。五花八门的特殊技巧有很多，但如此众多不同的文化体中都出现了有机统一的感受，这个事实表明了在社会构成之外的其他

---

① ［英］阿利斯特·哈迪：《男人的精神本性》，牛津大学出版社1979年版，第1页。

什么东西的存在。①

（七）当代科学中的全体感

西方文化中的机械论和客观论态度并没有向有关整体性世界观的值得考虑的科学证据屈服。许多科学家逐渐认识到，我们可以只把实在的意义定为包含全体，当然我自己也在其中。以宇宙论观点看，原来以为我们周围的世界是分立的东西的集合体，这些东西相互不发生联系，除非有一股局部的力量使然。这样的概念在已经转变为以为一切相互作用都是统一根本的"宇宙活动"②的表现。就是说，宇宙不只是一样东西，而且还是一种存在模式，它从原初为一个火球的时候就是连续性展开的。每一个存在都有其特殊的存在模式（由其直接背景中的事件和关系揭示）和其宇宙的存在模式（由其宇宙论的事件和关系揭示），换句话说，有其微观模式和宏观模式。因此，过去二十年的一些物理学实验（像确立非局部因果关系的贝尔定理的实验）证明了将亚原子粒子和事件看作完全由其所处的局部环境决定的想法是行不通的，发生在宇宙其他地方的事情也直接地、同时地和内在地包含在其中。仅仅把目光集中在存在的微观模式上，从局部看是有效的，但却限制了人的理解力。③

现代科学的主要变化在于从把自然看作"一个机器"（笛卡儿、牛顿、培根就是这样做的），转变为不仅要去认识自然界的主体性，而且要去大量认识大系统或大团体的自我组织和自我管理的复杂能力。"心灵"的观念不再严格局限于有机体个人。比如，自我管理的"决定"显然就

---

① 大量的结构主义的观点可参见［美］史蒂文·卡茨编：《神秘主义与哲学的分析》，牛津大学出版社1978年版。反驳的观点可参见［美］罗伯特·K. C. 福斯曼编：《纯粹意识问题：神秘主义与哲学》，牛津大学出版社1990年版。

② 参见［美］艾里奇·詹茨：《自我组织的宇宙：进化公式中科学与人的含义》，纽约柏格蒙出版社1980年版；［英］大卫·波姆：《整体与隐序》，伦敦劳特利奇与基根·保罗出版社1980年版；［美］约翰·布里格、E. 大卫·皮特：《骚动的镜子》，纽约哈伯与罗出版社1989年版。

③ 同上。另参见［美］E. 大卫·皮特：《爱因斯坦的月亮：贝尔定理和量子实在的奇怪的问题》，芝加哥当代书社1990年版。

一直是由叫作盖娅（我们的行星之家）① 这样一个巨大的生物神经机械系统做出的。

以上所列各种观察非二元论的情形，其中心在于承认存在的统一整体性，而这种整体性似乎把各种分离的事物结合在了一起。既然西方科学的那些最新发现把注意力集中在各种各样非二元论的事例上，那么西方哲学就可能会重新考虑一些事情，这已经极大地使对该现象的讨论非法化了。生态女权主义哲学以其对存在的关系方面的特殊兴趣（女权主义和生态学也关注这些），可能当然地成为非二元论含义和意义的发展地带。

三 生态后现代主义的本体论含义

我在其他地方提出过一种后现代主义，它越过现代性的失败假设寻求新的转变，并将注意力集中在概念的社会构成因素上，不过，它并不进而坚持人类经验中只有差异和社会构成因素。② 我所谓的生态（生态学的/宇宙论的）后现代主义既承认人类经验中社会构成因素的巨大作用，也承认我们的构成因素中微生物学、生态学、宇宙论以及量子过程的精细作用，当代西方社会对这一点的了解极为有限。解构性的后现代主义断言，生命中只有专断的社会构成，它毫无理由可言。它们做此断言时，就是继续加强了由文艺复兴人文主义、科学进化和启蒙运动开始的弱化人的概念的进程。现代性的这些奠基运动勾勒了人类的故事，但这个故事却与地球共同体之更大的展开的故事是分离的。解构性的后现代主义甚至进一步萎缩了人类的故事，他们坚持认为，其中只有一件事，那就是权力剧和语言游戏。我们除了揭示现代世界观"元叙述"中固有的动态力量以外，还应去打破那个与自然分离的自我同一的现代社会的概念，并将它与一个更充实、更丰富的人的观念联结起来。

---

① ［英］詹姆斯·洛夫劳克：《盖娅：地球生命新说》，牛津大学出版社1979年版；《盖娅的时代：我们生活的地球的传记》，纽约诺顿出版社1988年版。

② ［美］查伦·斯普瑞特奈克：《优雅状态：后现代时代意义的发现》，旧金山哈伯科林斯出版社1991年版。

　　生态后现代主义认为，社会构成和人类的其他努力确实有一个基础。人类不是纯粹自主的概念，专横地存在于自然的顶端。然而甚至生态后现代主义在讨论"基础"或"自主"时，也显露出我们词汇的贫乏。生态后现代主义的中心词汇"基础"并不是指一个基本的量子领域，其中人的所有体格特征皆由这里派生出来。另外，物质/能量振动的领域不是与其在量子水平上每秒几兆地产生和消失的表现相分离存在的。"量子肥皂"不是一个基地或一个源泉，而是物质/能量活动的一部分。人的能量及主体性的基础在于过程的重复之中，比如，一个人遗传所得的行为习性；一个人的认识机能（包括神经突触相互作用处神经细胞组群和路径的持续重新塑造）；身体体验对隐喻的影响（大多数概念性思想由此形成）；风景、天气及人们身体方面的其他动态对想象力和心情的影响；身心的自我调节动态；每日显露的强弱电磁场状态等。

　　如果人类经验的这些方面都得到承认，那么，人们只要通过关系动态网的意义具体表现出来就可以精确地谈论个人的"自主性"了，而这个网对存在的某一特定时刻来说是构成了的。我们需要新的话语，或者至少要有某种手段能把陈旧的自主性的"孤独的牛仔"意义与伴以主体间性及存在间性的统一的生态学/宇宙论意义区别开来。客观主义、机械主义以及西方哲学传统对大量核心概念的虚妄构建，抑制了深刻的关系感的发展，而这种关系感能注意到十分精微的动态背景。

　　生态后现代主义为生态女权主义哲学提供了一个可以接受彻底的非二元论的概念体系。这种态度是对早先解构主义、女权主义及现代观点提出的反对意见的应答。首先，生态后现代主义向解构主义所谓人类经验中的一切关系对（理想化的）自主性来说都是压抑的认识提出了挑战，宇宙论、生态学、生物学及历史学造成的个人身上及个人周围的各种社会关系已引起深奥的主体性或内在精神的展开。

　　对于解构主义的以下反对意见，即任何普遍的参照物框架都仅仅是"代替主义的普遍化"和"全体化"，生态后现代主义回答道，普遍的或宇宙论的格式塔并不销毁一个原子、一个细胞、一个有机体或一个生态系统的格式塔。任何特殊层面的观测点都永远产生局部的认识，同时都将嵌入更大的背景之中。

　　关于女权主义关心的"生态学自我"（被男性生态哲学家解释成了男

性自我的扩张），就某种角度说，人们不能拒绝考虑那种计划，但自我的
增大在生态后现代主义对宇宙中惊人的多样性和深刻的差异性的评价中
显示出了它的不当。女权主义担忧，对妇女自我界限的松散定义在历史
上受到了鼓励，因为这便于人们利用女性为己服务。与此相关，他们还
担忧现代的个人构成会因承认彻底的非二元论而消灭殆尽。对于这两种
忧虑，生态后现代主义的多元化价值观念给予回答：宇宙中每一个显示
出来的主体性都是真实可爱的，而它们在广大体系中的广泛参与也一样
是真实可爱的。

　　在选取对二元论态度时，生态女权主义哲学对生态后现代主义及其
彻底二元论的最有说服力的理由或许是，在承认人类存在的复杂过程的
基础时需要谦恭的品质和殷勤的诺言保证。当然，人类对于无数动态关
系模式的了解无疑总是不完全的。但长久以来受到二元论思想灌输的绝
对论和还原主义的感知习惯常常像鬼魂一样萦绕在我们周围，干扰着当
代人去超越家长制的、权威的和雇用的社会，去向新的可能性做出努力。
生态女权主义对二元论的批评不仅需要多元论评价的加强，而且还需要
一个对存在统一整体性的考虑的加入。一个建立在动态基础上，建立在
得到承认的部分知识基础上，同时建立在对具体化的和嵌入整体的存在
的复杂性的敬畏基础上的本体论，对深刻的社会转变是有贡献的。

（选自《国外社会科学》1997 年第 6 期）

防止发生全球生态灾难的条件[*]

［俄］C. 佩尔武申　杨伟民摘译

当代生态状况

（1）居住环境的污染、毒化，大气层氧气的稀少、臭氧的释放、某些地区的荒漠化等。（2）可享用资源、传统载体和原料来源的迅速枯竭。（3）急剧的、事实上未加控制的人口增长。

人类只能生活在地球上，我们应该为这样的生活得以延续和改善而准备好一切。尽管对如何达到保持生态平衡目标的问题，答案还需寻找，但有一点是明确的：我们必须通过抵制轻率的社会商业化过程去寻找解决办法。这种社会为了某个人的蝇头小利，可以牺牲当今和未来一代人的生活利益。

环境保护问题学术研究小结

第一个从事自然保护问题研究的人是奇瑟斯，20 世纪下半叶，当生态状况在亿万人日常生活中开始变坏时，这类研究大大兴盛起来。到了 70 年代，在罗马俱乐部的倡议下，有关方面的学术报告已经完成并通过了讨论。

＊ 摘自俄《俄罗斯经济》杂志 1996 年第 2 期。

罗马俱乐部第一次会议的主要内容可归结为：暂时阻止技术进步、物质资料生产和人口数量增长（所谓零增长理论）的必要性。我们在这方面尽管缺少系统的理论基础，还是付诸一定的措施。正是借助于这些措施，我们才得以稍稍减缓自然环境被毁坏的速度，但并未彻底制止。

最近的学术研究针对生态状况的稳定化模式来展开。看来，这一思想本身是积极的，但它只能在未知的稳定性机制得以保障的条件下才能"兑现"。遗憾的是，不用说在社会、经济实践中未见兑现，就连学术理论的框架暂时也未构建起来。然而，我们在克服理论研究方法论缺点的基础上，为防止生态灾难，提出某些关键性议题的做法是可行的，具体有以下几点：（1）根本改造生产工艺方式，在此基础上向强化型再生产转移并改变消费资料在社会产品总量中所占绝对优势的比重。（2）从根本上改变地区、群体、社会集团间生活资料的分配原则和分配性质。（3）克服人类中心论，即工艺技术的唯意志论。（4）研究文明控制人口数量增长的方法。

根本改造生产工艺方式和调整再生产比例

我们从技术和工艺发展的多年实践中可见，提高劳动生产率，降低劳动强度的路线绝对占有优势。就大自然原始产品的开采、加工而言，意味着要在单位时间内尽一切可能，大规模增加开采量。在这方面已经取得辉煌成绩，但也存在着负面效应：生态环境突遭灭顶之灾的恶果更向人类逼近。而所谓的线性技术进步模式，却给人以希望的抉择：人们通过新技术、新工艺来保证社会生活对原始产品的需求量。这一保证，主要不是靠增加自然原始产品的办法，而是靠压缩最终消费品的单位消耗量来实现。为选择后者，资源储备量的多少，特别值得我们来讨论。

改造生产工艺方式和再生产结构的
条件、潜力、途径

再生产结构的改造，原则上如果可行的话，可为解决许多相互关联的迫切问题创造一些前提条件：（1）降低和缩小自然环境被破坏的速度和规模。（2）实质性地提高人民生活水平，依靠的主要不是生产总规模的扩大，而是消费总量生产比重的增加。（3）为控制人口量增加，创造一定的经济条件。

我们已有足够的基础确信，当今已经具备摈弃传统工艺技术方法的先决条件，这些方法其实只是产生于人类发展初期，一些手段上的更新而已。目前这种飞跃已经被不真实地误以为是对未来的梦想。这种飞跃现在已经开始，我们有时都没有察觉。干扰降低燃料、原料和其他物资基本损耗率的主要原因在于工艺技术政策的缺陷。该政策实质上是建立在依靠技术、工艺，增加每个人在生产中所完成产量的基础上。为此，精减员工、节省工资开支等这类早期资本主义的手段今天我们仍可采用。

包括物资资源和生活资料分配、消费合理化在内的节约潜力

全世界的经验表明，生产资源分配的不合理，伴随着同样不合理的生产和个人消费。一些国家的个人消费显然过剩和浪费，而另一些国家却消费资料亏空，人民贫困。无论哪种情况，对人类来说都有害处：如果说财富不够，我们完全可以理解，至于财富过剩，便令人难以捉摸。最近几年，疑团渐渐化解，因为学术研究和日常生活事实都证实了过度消费所产生的严重不良后果；减少消费则能直接或间接地为民造福。

控制人口增长的可行性方法

我们具有一整套科学的、保障的方法，可供大量采用，足以限制人口出生率。然而，我们面临的问题并非科学技术，而是道德风尚问题。人类在运用这些方法时，难以卸下历史遗留的"禁忌"包袱，其中有宗教的、伦理的，常常还有社会政治的禁忌。

历史本身否定了马尔萨斯的研究，证实了人口增长与经济增长、物资保障程度、人们共同的日常文化水准成反比例关系这一唯物主义论点的正确性。预防包括减少由人类活动造成负面影响在内的生态灾难，必须采取的措施应是改进物资资料生产的组织方式。这类生产主要不是依

靠总量增长，而是仰仗生产比重、分配和消费合理化来保证需求的满足。遵循这一原则，提高人民文化水准，即以自觉控制人口增长为必备前提，也是一个决定性条件。自我控制人口增长的做法是减轻自然环境、生物圈负担的主要因素之一。

观点兑现的现实可能和条件

预防全球生态灾难的措施体系与克服巨大困难紧密相连。首先需改变意识。生态问题有国际性特点，要解决，需全球统一行动。要保护好人类摇篮，无疑是全球的历史使命。首先要具备的条件不是当今的社会组织形式，也非当今的管理办法，当务之急是要改变人与人之间、人与自然间的现有关系；要竭尽全力推动和深化世界共同体在经济、政治、领域一体化的进程；逐渐消灭阶级、消除财产拥有的阶层化；完善道德的基本原则。我们不难理解，这一思想的兑现，完全不能指望"市场这只看不见的手"，指望市场的自我调节。相反，克服人类对大自然毁灭性影响的先决条件应是国家的控制力量，除了要在每个国家内，还要在国与国之间制定有计划的准则。

（选自《国外社会科学》1998 年第 3 期）

20 世纪兴起的跨学科研究领域

——文化生态学

黄育馥*

20 世纪是一个发展与破坏、繁荣与贫困共存的世纪。在即将过去的世纪内，人类的许多追求和预言已成为现实。它既目睹了人类登月梦想的实现，也目睹了广岛、长崎于一瞬间化为灰烬。科技进步取得的伟大成就和带来的后果使人类日益感觉到自身的强大和在改造外界环境方面所蕴含的无穷无尽的力量，同时，又使人类逐渐认识到自身脆弱的一面和与外界环境之间密不可分的关系。正是基于这一认识，文化生态学作为人类学和生态学的交叉学科，在 20 世纪逐步形成和发展起来了。

一 文化生态学的早期发展

文化生态学研究某一环境背景中人类的行为和文化，考察人类如何与其周围环境相适应以及环境如何在一定程度上塑造着文化；或者说，人类文化如何在其环境背景中取得发展，而人类的谋生方法又在如何影响着其文化的其他方面。①

---

* 黄育馥，中国社会科学院文献信息中心。

① Daniel G. Bates, Human Adaptiv e Strategies：Ecology, Culture, and Politics, 1/e, 1998, http：//www. abacon. com/books/ab－0205269982. htm.

（一）斯图尔德和早期的文化生态学

最初的文化生态学是作为美国人类学的一个研究领域出现的。美国许多早期重要的人类学家都致力于研究北美的土著民族，他们通过认真思考文化与环境的联系，即所谓的"文化区"，为文化生态学开辟了道路。例如，一批精通欧美哲学传统的人类学家曾对北美印第安人进行了大量研究。这些人类学家深受进化论、功能主义和环境决定论的影响，同时也受到有关"超有机体的"文化特征和文化传播等多种思潮的影响。其中论证文化与环境的关系并对后来的几代人产生过重大影响的人类学家，如 F. 博厄斯和 A. 克罗伯，都采取了一种环境可能主义的立场，认为自然环境提供了一定的可能性或可供选择的机会，由本身的历史和特殊习俗决定的文化可以从中做出选择。这种文化—环境关系的"可能主义"的观点有时被认为是文化决定论（即只有文化决定文化）与环境决定论（即环境决定文化）之间的一种妥协。环境可能主义在许多方面都标志着一个重大改变，即在认识文化及其所处的环境时，转向一种互动和辩证的观点，而不是决定论的观点。

1955 年，美国人类学家、20 世纪中叶著名的新进化论者之一 J. 斯图尔德（1902—1972）发表了他的《文化变迁论》（*Theory of Culture Change*），试图证明不同文化发展的规律并概括文化发展中形成的各种混合文化的类型。它的发表被普遍认为是文化生态学正式诞生的标志。作为克罗伯的学生，斯图尔德曾研究美国西南部土著人群体，并提出应集中研究"文化内核"，即文化中与自然界关系最直接的部分——生存或生产策略。随着时间的推移，文化内核（生存方式）因其所利用的特定或"有效"环境（土壤、气候等）而发展，又反过来促使其他文化特征（社会组织）形成。按照这一"文化内核"的思想，环境和文化之间在形成文化变迁的过程中有着互动作用。这一想法被普遍视为最早为文化生态学奠定了明确的基础。斯图尔德的兴趣并不在于为文化生态学下一个定义，而在于了解文化"变迁"的过程和原因。他从一种"可能主义"的观点出发，试图解释面对历史和环境提供的选择机会，文化如何做出选择。他强调在文化变迁中，生态因素尽管不是唯一的，也是一个重要的决定因素。他认为文化生态学就是要研究环境对文化的影响，认为特殊类型的生态决定了作为文化载体的人的特征。①

斯图尔德采用的研究方法是：（1）用文献记录人类利用环境——即谋生——的技术和方法；（2）观察与利用环境有关的人类行为方式和文化；（3）提出这些行为方式在何种程度上影响文化的其他方面。例如，他指出，在旱区，人们对于降雨形式的极大关注意味着这已成为日常生活的中心内容，并导致形成一种极度突出降雨和水的宗教信仰体系，而这样的信仰体系在一个风调雨顺或实行灌溉的社会中却不大可能出现。②

文化生态学在形成时并没有一套正式的原理、理论或方法论。在整个 50 年代，它不断对以往的文化变迁理论表现出不满，认为这些理论或因其含糊不清而无从验证，或因其过于刻板而无法说明变异。文化生态学提倡的是采用一种生态学的观点来观察人类文化，主张更深入地思考自然环境在文化变迁中的作用，而反对当时盛行的文化决定论的倾向。

到了 60 年代末，第一代受斯图尔德影响的人类学家在短短两年的时间里发表了三部重要的文化生态学著作，即 R. 内廷的《尼日利亚的山地农民》（*The Hill Farmers of Nigeria*）（1968）、R. 拉帕波特的《献给祖先的猪》（*Pigs for the Ancestors*）（1968）和 J. 贝内特的《北方平原居民》（*Northern Plainsmen*）（1969）。由于此时的文化生态学已日臻成熟，这些著作一般都界定了文化生态学的范围，其中最著名的是拉帕波特的《献给祖先的猪》，这部著作被视为文化生态学分析的典范。拉帕波特认为，新几内亚的马林人以一种必不可少的仪式来使社会正常运转：每隔几年，马林人就要举行一次仪式，把在此之前大约 7 年间养肥了的猪屠宰，把猪肉分给部落的每一个成员。拉帕波特说，如果观察一下能源在马林人中间的流动，就会发现这种古怪的仪式其实寓意深刻。这种仪式是在负责养猪的妇女无法饲养那么多猪的情况下举行的。宰猪不仅为部落全体成员提供了他们所缺少的蛋白质，还减少了与邻近部落之间发生战争的可能性（因为男人在打仗前要吃腌猪肉，这会使他们因饥渴而无法长期作战）。不过，拉帕波特并没有详细介绍马林人对此是怎么想的以及他们

---

① Catherine Matquette, Cultural Ecology, 1955, http：//www. indiana. edu/wanthro/eco. htm.

② Daniel G. Bates, Human Adaptive Strategies：Ecology, Culture, and Politics, l/e, 1998, http：//www. abacon. com/books/ab－0205269982. htm.

是否喜欢自己的"适应战略"。

斯图尔德对于早期文化生态学的影响主要可归结为以下四个方面：（1）斯图尔德文化生态学的特点之一是强调过程。于是，一些来自进化生物学的用语（如"适应"）就经常被文化生态学家引用，来描述文化与其环境之间的联系。"适应"的概念反过来又促使对其他生物学概念的借用（如"生态龛"）。（2）在概念和方法论方面，文化生态学一直努力促进自然科学和社会科学在思想和方法上的融合。通过保留文化—环境链的选择性的思想，斯图尔德还将 R. 默顿的中程研究和中程理论引进文化生态学。（3）文化生态学往往集中研究具体的文化，而且经常集中研究某一具体环境中文化的某一具体方面（如生产制度）。在过去几十年内，文化生态学曾注重研究所谓"自动平衡"的背景（在这一背景中人与环境的相互作用或多或少是平衡的），不过，近来也已开始更多地注意那些造成环境恶化和负面的环境后果的群落和背景，尤其是发展中国家的情况。（4）文化生态学研究往往集中于农村环境，城市环境还有待于得到文化生态学家们更多的注意。

（二）对于早期文化生态学的批评

正如学术界内常见的情况一样，对于文化生态学研究也存在着分歧的看法。人们对早期文化生态学的批评大致可归结为以下三个方面：第一，认为早期文化生态学未能充分考虑到人对环境的影响，而这些影响应被视为一个真正相互依存的自然—人类系统的组成部分。人类适应环境，但并非环境的奴隶。其实，适应是指为了生存和更加繁荣而对变化做出反应。这一术语可以指由于对食物的更大需求而发展更好的技术，或随着气候和土壤的变化而不断改变耕作方式。文化生态学应深入研究人种科学知识。一些文化生态学家（如 P. 理查兹和 R. 内廷）感到，生活在不同地区的人们通常都积累了有关本地植物、动物和其他资源的丰富知识，正是这些知识使人们可以很好地适应并生活在可能非常边远落后的环境中。人们对其当地环境的认识程度以及如何在这样的环境中行动，是研究这些小型社会系统的重要方面。于是"生态系"研究变得重要起来，因为它们表明了在特定社会中这些相互关系的形式。例如，当对某一地区进行田野调查时，应该将耕作对土壤质量、植物生长、水资源、病虫害的影响纳入考察范围。把"生态系"作为研究的依据常常是很有帮助的,从这种观点出发,土壤侵蚀和其他环境问题(有些是由于贫困和开发不当造成的)就可以得到解释。

第二种批评是针对文化生态学研究的规模。文化生态学研究通常都是在"小型地区"进行的,因此所取得的结果可能不适用于较大的地区。不过,文化生态学的方法也有其优势,即通过对不同耕作制度的比较,把像人口密度这样的因素与耕作方式、生产强度(为生产食物投入的人力和土地)和为支持这些耕作制度而形成的社会组织形式联系起来了。由于文化生态学相信人类的适应能力,它已经向马尔萨斯有关人口增长和第三世界生活质量的想法提出了挑战。

第三种批评是文化生态学不仅需要研究过去,而且应该研究变迁。长期以来,文化生态学在利用史学的研究成果(如文献、考古学著作或简单的口述历史等资源)来说明过去的状况方面做了不少研究,如对史前的灌溉系统、非洲农村生活在若干个世纪内的变化等。但同样重要的是解释耕作系统如何发展到今天的状况,了解地区和社会的"生态变迁"。

二　20 世纪 90 年代以来文化生态学研究的发展趋势

20 世纪后期世界上最重要的变化之一就是以数字化为前锋的信息技术的进步,而因特网的快速发展则使得技术与媒体的古老联姻进入了一个新时代。正如美国麻省理工学院计算机科学实验室主任 M. 德尔图佐斯所说,信息技术将更深刻地影响我们的生活,并将向人类提出严峻的挑战:穷人将变得更加贫病交加;罪犯、保险公司和雇主们则将侵犯我们的银行账户、医疗档案和人际交往。[1] 由技术的巨大变迁造成的社会和文化后果已经日益引起社会上有识之士的关注。

在信息革命浪潮的巨大冲击下,近年来,文化生态学的研究范围和方向也发生了相应的变化。这些变化主要表现为以下几个方面:

---

[1]　The Cultural Ecology Research Committee, Impact of the Bit Bang & Cultural Ecology, 1999, p. 3.

（一）"媒体环境"的概念在文化生态学中的运用

传统的文化生态学对环境的理解主要指自然环境。而在 20 世纪 90 年代，文化生态学研究中出现了一个新的热点，即对于"媒体环境"的研究。

20 世纪后期微电子技术的发展解决了将全部信息储存在小小的计算机芯片上的问题，带来了被称作数字革命的爆炸性的技术进步。这场革命给人类带来了无法估量的便捷，并将人类从工业文明引向信息文明。文化生态学家们认为，工业文明在给人类带来巨大裨益的同时，也曾造成了严重的环境问题，如污染、温室效应、能源枯竭、臭氧层空洞等。而信息文明对人类生活的影响则将更加深刻，并同样向人类提出了挑战：人们必须学习计算机知识；改变他们的生活或工作方式；还面临着认同危机和现实的丧失。它还会引起严重的社会问题，如冲突、群落的瓦解和不断扩大的贫富差距，而这些又将对社会的统一产生深刻影响。在信息技术革命的巨大影响下，一些文化生态学家提出："如今能源和信息已成为我们可以交换的主要自然资源。它们是正在形成的新经济结构的价值体系中最主要的组成部分。"[1]

信息文明对人类生活的影响主要在于随着以信息通信（媒体）为前锋的数字革命的深入，人类社会的传播日益借助于新的媒体，其中包括个人计算机、因特网和移动通信，从而造成了一个崭新的"媒体环境"，并不断增加了媒体环境在人类日常生活中的重要性。于是，如何调节人类社会（群落）使之适应飞速变化的新媒体环境，或者说，新媒体环境或新出现的信息通信系统如何影响人类文化就成为当代文化生态学研究的一个新热点。鉴于媒体环境很容易受到社会变革的影响，一些文化生态学家认为，可运用生态学分析技术，把文化生态学定义为对媒体环境的变化与文化的互动过程的研究，通过分析新媒体对人类社会的影响，考察信息流动的量变和质变，研究信息技术在某一符号环境中的影响。此类研究的特点在于它们运用了生态学的概念，如"链"（对应于"食物

---

① Information Revolutions—A Call to Arts, 1999, http：//info zone. telluride. co. us/radlab/Info Revs. html.

链"的"信息链")、"演替"、"顶级群落"和"共存"等。文化生态学家们认为，在即将步入新的文明的时候，人类需要明智地利用信息革命，特别是爆炸性的新媒体环境，并创造一种与文明的新发展相适应、可被称为"信息文明"的新文明。这种崭新的信息文明应是一种持久的文明，应有助于保护和保持一种健康的全球环境，以达到社会的稳定。它还应是一种鼓励社会灵活性和多样性的文明，以一种放眼全球的新视角来观察人类社会。

1994 年，在芬兰坦佩雷召开的国际传播研究会年会上，芬兰总统 M. 阿赫蒂萨里在致辞中首次用"文化生态"来表现由于信息传播技术的飞速发展造成的严重问题以及在"信息有产者"与"信息无产者"之间不断扩大的差距。他认为，新的信息社会是否能促进其成员之间的更大平等，或者，是否会加深那些有时被称作"上等"或"下等"公民的人们之间的差距，这是一个带有根本性的问题。以教育为例，如果所有的学校——不管是城市的、郊区的，还是乡村的——都可以利用数据库、多媒体百科全书，并与最优秀的教师进行网上讨论，这当然会大大促进平等。但是，只要这些条件只能被一小部分贵族学校享有，它们与其他学校之间的鸿沟就只会扩大。至于新技术在国际上是否将被主要用于扩展国际信息流动的"单行线"，或者是否有可能改善这种状况，现在下结论还为时过早。他引用 P. 肯尼迪在《为 21 世纪做准备》一书中的观点，认为现在与 200 年前的欧洲不同，人口的力量与技术的力量不那么容易彼此抵消，因为如今的人口爆炸是在一定地区内出现的，而今天技术的飞速发展可能对生活在贫困的南方的人们不会有太多直接的帮助。他担心，正在到来的电信革命对于发展中国家来说，很可能激化数十亿"信息无产者"对"信息有产者"的不满。他说："政治家们现在呼吁全球关注可被称作'文化生态'的问题。我们共有的未来不仅取决于自然环境，还取决于文化和信息环境。""对于传播问题采用一种生态学的观点是非常有益的，因为它能帮助我们在看问题时超越狭隘的国家或特殊利益的观点。"①

---

① Martti Ahtisaari, President of the Republic of Finland, on the Occasion of the 25 th Annual Conference of the International Institute of Communications in Tampere, on September 6, 1994, http://www. tpk. fi/puheet－1994/p9404－IIE. html.

（二）文化生态学研究领域的扩展

文化生态学认为，人类在技术上的突破将根本改变现有的技术体系，带来一种可引向更美好生活的新文明。新文明将传达一种可有效利用它所产生的资源的崭新的思维方式和行动模式。它还会通过引进技术、制度、思想倾向和行动模式来尽量减少新文明的消极影响。围绕着媒体环境与人类社会的关系，当代文化生态学提出了以下几个基本观点。

1. 承认媒体环境是一个人为的环境

媒体环境是一个人为的环境，只有通过人类社会发展和运用媒体技术才能形成。媒体环境在一定程度上可以得到控制。国家、地区和群落可按其需要以不同方式和手段对新媒体环境进行控制。

2. 承认人类社会的灵活性

人类社会可以以多种灵活的行动模式来适应环境。适应模式通常因社会群落（如地区、国家等）而异，而新媒体的扩散过程也随国家不同而有所不同。例如，电缆电视在美国十分流行并得到普遍接受，而在日本，BS卫星电视的普及程度远远超过了电缆电视。在电信领域，因特网在美国十分普遍，而在日本，移动电话比因特网更为普及。

3. 承认文化的多样性

每一群落都有其自己独立的和与其他群落不相容的信仰和价值体系。这是不可避免的，也是一件好事。不过，为使多种文化社会共存，在它们之间必须有一些最起码的共同的价值观。这是有可能做到的。此外，也可以利用这一新的媒体环境来保持文化的多样性。

4. 应调整文化生态学的方向

文化生态学应认真研究工业文明带来的全球环境危机，探索一种可建设一个稳定的社会的文化。因此，文化生态学应研究目前正在发生的事和今后将要发生的事，而不仅仅是已经发生的事。也就是说，要研究如何面对新的信息通信革命。

基于上述前提，90年代以来的文化生态学研究中出现了一些新的研究领域。

1. 数字革命和媒体环境的变化

文化生态学集中研究的一个新的领域是因特网、数字广播和移动电信，探讨这些新媒体正在如何发展以及它们对旧媒体（广播、电信和印刷媒体）的影响。这方面的研究题目有：因特网、数字广播和移动电信在个人、群体、组织和群落之间散播的过程；它们对旧媒体的影响（主要指新旧媒体之间的功能替代、补充和合作关系；旧媒体是否有可能继续发展以及发展的条件）；新媒体环境中，由于普及因特网、数字广播和移动电信而造成的它在"生态顶级"阶段存在的问题的特点；在全球、国家、地区以及组织、家庭和个人等不同层次上研究电视节目和电影内容的变化（包括电视节目质量的变化、互动节目的增加、内容的多样化、数字化节目的增加等）。

2. 数字革命和媒体使用的变化

公司和个人在使用因特网、数字广播和移动电信方面的变化是文化生态学的基本研究领域之一。研究的目的是了解人们如何实际使用上述新媒体；调查用户的特点及其使用新媒体的动机、时间、地点、目的和方式；这些是否会影响对旧媒体的使用；哪些因素影响着对新媒体的使用；调查由于因特网、数字广播和移动电信的普及而带来的通信方面的新发明；由于新型的通信使得互动的、多媒体的、超级链接和虚拟现实成为可能，研究新的媒体使用机制、电子出版、电子商务和由于使用数字媒体而形成的虚拟社会；在个人、家庭、组织、学校和社区等不同层次上对媒体使用进行生态研究，即媒体使用中的功能替代、补充和协作关系，如何因不同目的而使用不同媒体并确保它们的共存，以及使用旧媒体的方式的变化。

3. 数字革命和媒体伦理学的变化

这是当代文化生态学的基本研究领域之一。"媒体伦理学"包括的范围很广，主要涉及以下三个领域：如何消除由于数字革命造成的社会问题；数字革命时代的媒体伦理学和法律；在数字时代，为使人们了解媒体知识应提供什么教育。具体的研究题目主要有：关于数字时代的媒体伦理学的常规研究和理论研究；数字媒体用户的风格；由数字革命引发的新的社会问题（如在信息有产者和信息无产者之间日益加大的信息差距；信息的操纵、数字恐怖主义和网络犯罪及其防范措施等）；有害信息（如暴力和淫秽内容）的传播；数字时代的隐私保护；个人信息的传播及其滥用；数字时代的媒体知识教育；数字革命的社会含义和数字媒体如何影响通信能力。

4. 数字革命及其文化影响

数字革命及其对社会文化的影响是文化生态学研究的核心问题之一。这方面的研究题目有：文化同一性的变化，包括媒体的全球化是否会促进文化的同质化或多样化？数字革命对国家、民族和地区同一性的影响，由数字革命和虚拟现实引起的同一性丧失、新同一性的形成和同一性解体，虚拟社区的出现及其与现实社区的关系等；生活方式的变化，包括数字革命造成的生活方式（如衣、食、住、消费、娱乐和工作）的变化，如时尚的变化、购物方式的变化、交往方式的变化、时间利用的变化、工作方式的变化、消遣或闲暇的变化等；价值观和规范的变化，包括价值体系的变化、规范意识的变化、人的需求和兴趣的变化等；符号环境（即语言、艺术、宗教和构成现实的基本要素）的变化，包括语言的变化（如英语作为因特网上的标准语言的传播、本土语言的变化、通过使用因特网促进语言的多样性、新语言的创造和普及、口语的变化）、对虚拟现实的研究（如现实的剥夺、现实的两极分化、虚拟现实如何削弱了人的感觉、虚拟环境作用的增加及其对人们价值体系的影响等）；艺术、思想和宗教的变化，包括虚拟艺术和宗教的增多、后现代思想的新发展等。

（三）研究方法的调整

文化生态学研究所依据的前提是对新媒体环境的适应过程很可能因社会群落而异，因此，应将研究集中于不同社会群落适应新媒体环境的过程的异同，对拥有不同文化的国家或地区的适应过程进行比较研究。因为新媒体有可能使边缘文化消亡，应研究新媒体环境对于曾被认为是边缘地区或边缘群落的影响。儿童——极易受到新媒体影响的脆弱的社会群体，以及那些过分适应新媒体的人群——媒体狂，也成为当代文化生态学的研究对象。

（四）文化生态学家构成状况的变化

从文化生态学家的学科背景来看，由于早期的文化生态学主要是人类学内部的一个研究领域，因此那时的文化生态学家也大多有着文化人类学家的学术背景，另外也有一些人文地理学家参与此类研究。时至今日，在美国一些大学内，文化生态学教学也仍然主要在人类学系或地理学系作为应用人类学或人文地理学的一个分支学科进行，其讲授的内容仍以斯图尔德的学说以及人类文化与周围自然环境的关系为主，这可以说是文化生态学在美国发展的主流。然而，在对于新媒体环境的研究中，为了从多角度来分析新媒体环境和文化之间的关系，文化生态学提倡由来自世界不同地区的自然科学、社会科学和人文科学等不同学科的专家共同参与，开展合作研究。目前，除人类学家和生态学家外，一些来自工程学、社会学、教育学、信息和传播学、经济学等学科的学者也纷纷加入了文化生态学研究者的行列，呈现出一派多学科合作的景象。

此外，当前文化生态学家的分布改变了多年来以美国学者为核心的状况，逐渐向多元化方向发展。不仅越来越多的欧洲学者加入了研究者的队伍，而且其他地区的学者也积极参与或开展了有关新媒体环境的文化生态学研究。例如，1995 年，在日本放送文化基金的资助下，国际传播研究会举办了关于文化生态学的国际研讨会。此后，在它的每届年会上都要讨论这一问题，并于 1997 年出版了 D. 克里克的《文化生态学：变化中的传播》一书。又如，在日本，在四家与媒体和传播有关的基金会（国际通信基金、电气通信普及财团、多媒体振兴中心和放送文化基金）的支持下，日本学者发起了题为"传播新技术与文化生态学"的国际研究，并已组织了多次国际学术研讨会，从本国本地区乃至整个世界的情况出发，探讨文化生态学的概念、斯图尔德的理论在当今世界的应用、媒体伦理学、文化资本的思想、城市信息环境与文化生态学的关系、儿童成长与媒体生态、媒体的全球化和文化变迁、传播革命的基本性质、传播革命对于人类生活和社会——尤其是文化——的正面和负面影响、新媒体环境对人类社会和文化的影响、多媒体与社会改造、后现代思想与新媒体的关系等。1999 年 9 月在吉隆坡召开的"文化生态学国际讨论会"上，就有来自日本、马来西亚、新加坡、美国、加拿大、墨西哥、英国、澳大利亚等国的学者分别就其本国的研究情况进行交流。

文化生态学是研究人类文化与其所处环境之间关系的一个重要领域。在人类即将迈进信息社会的关键时刻，正确全面地认识由于信息技术的发展而形成的新媒体环境将给人类社会文化带来的正面和负面影响，对于我们继承和发扬民族文化的优良传统，合理汲取外来文化的精华，培养和建设适应新时代要求的新的社会文明，有着十分重要的意义。因此，结合时代的需求，及时了解国外文化生态学研究的理论和方法、现状和趋势，开展和加强中国的文化生态学研究，不仅很有意义，而且很有必要。

（选自《国外社会科学》1999 年第 6 期）

20 世纪生态运动理论：
从浅层走向深层

雷　毅[*]

20 世纪以来科学技术进步和社会生产力的发展，使人与自然的关系发生了根本性的变化，在人口、资源、环境、经济、社会发展等问题上出现了一系列尖锐的矛盾。人口剧增、能源短缺、全球变暖、臭氧层破坏、大气污染、水资源匮乏、森林锐减、土地沙化、水土流失、物种丧失等等生态危机的种种现实，表明人类的不合理活动正在使生态环境退化趋向极限，同时也把人类自身置于危险的生存困境中。在这种背景下，反对环境污染和生态破坏的群众性运动迅速崛起，它高举"保护生态环境，反对输出污染"大旗，把矛头直接指向以牺牲环境为代价聚敛财富的行为，得到西方社会广泛呼应。联合国在资源与环境保护方面的价值导向，为生态运动推波助澜，使之进而发展成为影响深远的全球性社会文化思潮。这种全球性的社会文化思潮对生态运动理论从浅层向深层的发展起着重要的推动作用。

生态运动从 60 年代针对具体破坏环境的行为，到 70 年代在观念和制度层面上的全面反思，其思想主题经历了一种深刻的转换。主题转换的直接原因在于：生态运动 10 年的结果并没有使资源与环境问题得到有效的解决，反而更加恶化了。由于全球性的环境问题发生在科学技术突飞

---

* 雷毅，清华大学人文学院科技与社会研究所。

猛进、人口与经济高速增长的时期，人们便试图从社会性的层面去寻找问题产生的根源。这种探索为深层生态学的发展奠定了基础，深层生态学的许多主张都是从对生态问题产生根源的分析和批判中产生的。

一　浅层生态学与深层生态学

1973 年，挪威哲学家阿伦·奈斯在《哲学探索》杂志上发表了《浅层生态运动和深层、长远的生态运动：一个概要》一文，[①] 对上述两种主张做了区别和分析。他把前者称为浅层生态学和浅层生态运动（shallow ecological movement），与此相应，把后者称为深层生态学（deep ecology）和深层生态运动（deep ecological movement）。

深层生态学与浅层生态学是性质截然不同的两种生态思想。这种本质上有别的观念反映在当代生态运动的具体行动中便有了完全不同的现实主张。[②]

在解决污染问题上，浅层生态学通常的做法是，用技术来净化空气和水，缓和污染程度；或用法律把污染限制在许可范围内；或干脆把污染工业完全输出到发展中国家。与此截然相反，深层生态学从生物圈的角度来评价污染，它关注的是每个物种和生态系统的生存条件，而不是把注意力完全集中于它对人类健康的作用方面。例如，浅层生态学对酸雨的反应是试图通过更多的研究和找到高抗酸性的树种以避免它的危害。深层生态学则把注意力集中在它对整个生态系统的作用上，它首先反对的是应对产生酸雨负责的经济环境和技术，认为最重要的是寻找污染的深层原因，而不仅仅是表面的、短期的效果。它要求对污染问题给予长远的关注；要求发达国家对第三世界国家无力支付治理污染的费用给予援助。它的口号是：输出污染不仅是对人类的犯罪，也是对所有生命的犯罪。

---

① Arne Naess, "The Shallow and the Deep, Long-Range Ecology Movement：A Summary", *Inqury*, Vol. 16, 1973, pp. 95 – 100.

② Arne Naess, "The Deep Ecological Movement：Some Philosophical Aspects, in George Sessions", *Deep Ecology for the 21ˢᵗ Century*, Shambhala, 1995, pp. 64 – 84.

在资源问题上，浅层生态学仅仅为了人，尤其是为了富裕社会的现代人而强调资源问题，它认为，地球资源属于那些有技术开发能力的人；相信资源不会耗尽，因为当它稀缺时，市场的高价格会保护它，通过技术进步会找到替代品。而且，植物、动物以及自然对象作为资源对人类是有价值的。深层生态学则把资源与所有生命的生活习性联系在一起，而不把自然对象当作孤立的资源。这种理解必然会引起对人类生产和消费模式进行评价，于是便会产生这样一类问题：生产和消费究竟增长到何种程度才能促进人类的终极价值？才能在何种程度上满足基本需要？这种基本需要是区域性的还是全球性的？怎样才能使经济、法律和教育体制发生变革以抵消解构性的增长？资源如何使用才能为生活质量服务而不是为消费主义普遍倡导的经济生活标准服务？从深层的观点看，应加强对生态系统的认识，而不是只孤立地考虑生命形式或局部情况。

在人口问题上，浅层生态学把人口过剩看作主要是发展中国家的问题。它甚至呼吁自己的国家为了短视的经济、军事以及其他理由而增加人口，增加人口被认为是对自己有价值，经济上也有利可图。深层生态学认为对地球生命造成巨大压力源于人口爆炸，来自工业社会的这种压力是一个主要因素，减少人口是当代社会必须优先考虑的事。

在文化多样性与适宜技术问题上，浅层生态学把西方的工业化作为发展中国家追求的目标，认为西方的技术与文化的多样性是一致的。深层生态学则认为低估了非工业社会深层文化的差异，这种差异与当代西方标准是完全背离的。深层生态学致力于保护非工业社会的文化，使它尽可能免遭西方工业文化侵蚀，理由是文化的多样性与生物学上生命形式的丰富性和多样性是完全一致的。工业社会需要优先考虑的问题是在普通教育中加入文化人类学的内容。深层生态学主张限制西方技术对非工业化国家的影响，不应当支配发展中国家。工业社会中的政治经济政策应有利于亚文化群（subcultures），区域性的软技术应被允许作为对技术发明与革新的一种基本的文化评价，当高技术具有了文化上的破坏潜力时应当允许对它的自由批判。

在关于自然的伦理问题上，深层生态学坚决反对浅层生态学在观念上对自然景观，如风景区、生态系统、河流及其所有自然存在物所做的划分，这些被划分的碎片被当作个人、组织和国家的财产并用"成本收益分析"之类的方法来计算它的"多种用途"，而资源开采与使用的社会成本和长远的全球生态成本则被忽略，野生自然的保护和管理被看成是为了"子孙后代"。深层生态学认为，地球并不属于人类，因而地球资源也就不应当属于某个国家、组织或个人。人类只是大地的居住者，使用资源以满足基本需要。如果人类的非基本需要与非人类存在的基本需要发生冲突，那么，人类需要就应放在其后。正在发生的生态破坏不可能靠技术来解决，因此，必须坚决反对工业社会流行的骄傲自大观念。

在环境教育问题上，浅层生态学认为，对付环境退化与资源枯竭需要培养更多的"专家"，他们能提供如何把经济增长与保护环境结合起来的建议。如果全球经济增长使地球环境退化，那么我们就要用更强的操纵性技术来"管理这个星球"。科学事业必须优先考虑这类"硬"的科学技术，教育也应当与实现这类目标一致。深层生态学则认为，需要采取明智的生态教育政策，使我们的教育加强对非消费品的关注，尤其应使公众认识到他们的消费已十分充足。它反对用价格来决定物品价值的教育，主张科学重心应从"硬"向"软"转换，这种转换充分考虑到区域文化和全球文化的重要性。在尊重生物系统完整性和健康发展的框架内，把世界保护战略作为优先考虑的教育对象。

浅层生态学的思想基础是人类中心主义的，主张在不削弱人类利益的前提下改善人与自然的关系。它把人类的利益作为出发点和归宿，认为保护资源与环境本质上就是为了人类更好地生存；它把生态危机看成是人类发展过程中难以避免的现象，认为生态危机只能表明人类发展不充分，只要我们不断完善社会建制，改进分配体制，发展科学技术，这类问题最终都能得到解决。因此，它主张在现有经济、社会、技术的框架下通过具体的治理方案来解决环境问题。深层生态学所持的是一种整体主义的环境思想，通常被称为生态中心主义。这种观点把整个生物圈乃至宇宙看成一个生态系统，认为生态系统中的一切事物都是相互联系、相互作用的，人类只是这一系统中的一部分，人类的生存与其他部分的存在状况紧密相连，生态系统的完整性决定着人类的生活质量，因此，人类无权破坏生态系统的完整性。它的信念是：如果自然受到损害，我们也会深受其害。它要求对人与自然关系做批判性的考察，并对人类生活的各个方面都进行根本性的变革。

深层生态学认为，浅层生态学的做法不能从根本上解决环境问题。它把注意力集中在环境退化的症状上而不是原因上，这是典型的头痛医头、脚痛医脚的办法。以技术乐观主义和追求经济效率的方案来解决环境危机所涉及的伦理、社会、政治问题，只不过是以治标代替治本，这些做法不仅不能从根本上解决环境问题，而且本身潜伏着危机。因此根治环境危机的药方也必须针对价值观念、伦理态度和社会结构来进行。与浅层生态学的观点相反，深层生态学把生态危机归结为现代社会的生存危机和文化危机，认为生态危机的根源恰恰在于我们现有的社会机制、人的行为模式和价值观念。因而必须对人的价值观念和现行的社会体制进行根本的改造，把人和社会融于自然，使之成为一个整体，才可能解决生态危机和生存危机。深层生态学首先致力于破除生态哲学和生态运动中的人类中心主义价值观念，试图通过批判人类中心主义树立起生态中心主义的价值观念，并最终建立一种无等级差别的理想的生态社会。

二　深层的含义

深层生态学之所以是"深层的"（deep），就在于它对浅层生态学不愿过问的根本性问题提出质疑并不断向深层追问。浅层生态学在人与自然关系问题上所持的是人类中心主义立场，它必然视人类的利益高于一切。浅层生态运动的出发点和最终依据是人类利益而不是自然界的整体利益。因此，它不必怀疑人们对生态环境所采取的对策的合理性，也就自然不会对它的任何主张进行深层的追问。深层生态学所持的是生态中心主义的立场，它对在人类中心主义框架下所做出的任何决定都保持着警惕。深层生态学反对浅层生态学，"不是因为它是建立在一种清晰明确的哲学和宗教基础上，而是因为它建立在不正确的哲学和宗教基础上。也就是说，它是缺乏深度的，缺乏具有指导意义的哲学和宗教基础"。①深层生态主义者喜欢用"追问"（to seek, be asking or be questioning）这

① Stephen Bodian, Simple in Means, Rich in Ends: A Conversation with Arne Naess, California: Institute for Transcultural Studies, ZenCenter of Los Angeles, Ten Directions, Summer/Fall, 1982.

样的词，在他们看来，只有像"深层的""追问"这类词才能恰当地表达他们的思想和态度。这种深层追问成为区别深层生态学与浅层生态学的标志。正如深层生态学的开创者阿伦·奈斯指出的那样："……形容词'深层的'强调了我们问'为什么……'、'怎样才能……'这类别人不过问的问题。作为科学的生态学，并不考虑何种社会能最好地维持一个特定的生态系统，这是一类价值理论、政治、伦理问题。只要生态学家们狭隘地固守自己的领域，他们就不会过问这类问题。例如，我们为何把经济增长和高消费看得如此重要？通常的回答是指出没有经济增长会产生的经济后果，但是从深层生态学的观点来看，我们对当今社会能否满足诸如爱、安全和接近自然的权利这样一些人类的基本需求提出疑问，在提出疑问的时候，我们也就对我们社会的基本职能提出了质疑。我们寻求一种在整体上对地球上一切生命都有益的社会、教育和宗教，因而我们也在进一步探索我们必须做的工作。我们不限于一种科学方法，我们有义务用文字表达一种总体的观点。"①

因此，严格地说，深层生态学应该被理解为深层追问的生态学（deep questioning ecology），它强调的是"问题的深度"（deepness of question）。奈斯曾明确指出："'深层'的含义就是指追问的深度。"② 深层生态学讨论一切问题都是以这种深层追问的方式为出发点，通过深层追问而达到问题的本质。这种深层追问的生态学就是我们通常意义上的深层生态学，它是由深层生态学的创立者阿伦·奈斯开创的。在奈斯的深层生态学著作中，这种深层的追问处处可见。奈斯相信，通过深层追问的过程最终能够揭示出问题的本质，并由此得到一些基本的原则。他曾以"问题的深度"为题，专门探讨过深层追问的方法。③ 深层追问方法是奈斯构造深层生态学理论最重要的工具，它已成为深层生态学方法论的最重要的组成部分。

① Arne Naess, "Spinoza and Ecology", *Philosophia*, Vol. 7, 1977, pp. 45 – 54.

② Arne Naess, "Deepness of Questions and the Deep Ecology Movement, in George Sessions", *Deep Ecology for the 21ˢᵗ Century*, Shambhala, 1995, pp. 204 – 212.

③ Warwick Fox, "Deep Ecology: A New Philosophy of Our Time?", *The Ecologist*, Vol. 14, No. 5/6, 1984, pp. 194 – 200.

三　深层生态学的世界观

深层生态运动与浅层生态运动虽然都关注环境问题，但无论在自然观、价值观还是在社会观、政治观、经济观和技术观方面都存在着根本分歧。就自然观而言，以人类中心主义为基础的浅层生态学信奉的是占主导地位的机械唯物论的形而上学，它是还原论和人类中心主义的。在这种世界观图景中，宇宙是原子论的、可分的、孤立的、静止的和互不关联的，都可以通过还原的方法来理解。通过还原，人同自然环境分离开来，其他事物同自然界分离开来，整个世界成为由分离的物体构成的集合体。在这种集合体中，只有个体才是真实的，而且，对个体的还原越是基本，就越能接近"真实的实在"。"真实的实在"严格遵循物理学定律，不过只有一个例外，那就是人。人具有"心灵""自由意志""理性""情感"，这些品质使他并不必然地受到物理学定律的控制。近代以来的西方哲学传统一直主张人与自然分离的二元论，并且通过概念上的主体与客体、主体性与客观性、描述与评价把人与自然对立起来。人被视为不同于自然中其他存在的理性存在，因而高于其他存在，一切自然的存在只是服务于人的对象。浅层生态学赞成人与自然分离的传统观点和人类中心主义的主张，它把人与自然的关系理解为形象与底色的关系，衬托人的底色只有把人的形象美化成重要的形象才具有重要意义。它将知识划分为几个相互隔绝的部分，认为伦理学与形而上学是分离的。

深层生态学把当前的生态危机归咎于西方文化传统中对待自然的二元论、还原论和功利主义态度。它拒斥近代哲学主流中的机械唯物论和人类中心主义世界观，而主张一种整体论的观点，这就是斯宾诺莎等人所倡导的"一元论"。它把整个宇宙看成是由一个基本的精神或物质实体（或"要素"）所组成，是由实在构成的"无缝之网"。人和其他生物或自然都是"生物圈网上或内在关系场中的结"，是它的不同表现形式。它认为，把个体看成是脱离各种关系之网的彼此分离的实在，那就打破了实在的连续性。"深层生态学的中心直觉是，在存在的领域中没有严格的本体论划分。换言之，世界根本不是分为各自独立存在的主体与客体，人类世界与非人类世界之间实际上也不存在任何分界线，而所有的整体是由它们的关系组成的。只要我们看到了界线，我们就没有深层生态意识。"① 在本体论方面，深层生态学坚持一切实在基本上是动态的、易变的、整体的、相互关联的和相互依赖的；从长远的观点看，人类必须建立一种对人与自然关系的新的理解，这种理解应当是生态中心主义的，而非人类中心主义的、二元论的。德韦尔和塞申斯说："深层生态学始于统一体而非西方哲学中占支配地位的二元论。"②

深层生态学对"二元论"的"还原论"的批判和坚持"一元论"的"整体论"的主张得到了普遍的认同。巴里·康芒纳对生态危机进行深入分析后得出结论：技术在生态问题上的失败是由于人们无视生物系统的整体性造成的。"这是还原论的过错，还原论认为研究复杂系统的孤立部分的属性可以获得对整个系统的充分理解。还原的方法论是许多现代科学研究的特点，但它对于分析面临着退化的威胁的巨大的自然系统来说，并不是有效的手段。"

在价值观层面，浅层生态学坚持的是一种人类中心主义的价值观。它把人看成是一切价值的来源，非人类的世界只具有外在的工具性价值。因而浅层生态学很自然地把人类的利益作为出发点和归宿，认为保护资源与环境本质上就是为了人类更好地生存。在它们看来，保护环境不是为了环境本身，而是因为环境对于我们有价值，环境一旦离开了人就失去了存在的意义。因此，浅层生态学关注的是人的价值的最大化，认为自然不过是实现人的价值的手段，因而它不需要过问生态环境问题背后的深层根源。奈斯指出，浅层生态学向污染和资源枯竭开战的中心目标，是发达国家公民的健康和富裕。③

与此相反，深层生态学从整体论立场出发，把整个生物圈乃至宇宙看成一个生态系统，认为生态系统中的一切事物都是相互联系、相互作用的，人类只是这一系统中的一部分，人既不在自然之上，也不在自然之外，而在自然之中。人类的生存与其他部分的存在状况紧密相连，生

---

① Bill Devall and George Sessions, *Deep Ecology: Living as if Nature Mattered*, Salt Lake City: Peregrine Smith Books, 1985, p.65.

② Andrew Dobson, Green Political Thought, Unmin Hynan, 1990, p. 74.

③ K. Petra Kelly, Nonviolence Speaks to Power, Center for Global Nonviolence Planning Project, 1992, p. 22.

态系统的完整性决定着人类的生活质量，因此，人类无权破坏生态系统
的完整性。整体论强调每一物种在维护整个生态系统中所起的作用，主
要从这个意义上评价一个物种的价值。因此，深层生态学立论的基本前
提之一就是生态系统中的每一存在物都具有内在价值。这种信念用康芒
纳的"生态学第三定律"来表述就是"自然界最了解自己"（Nature
knows best）。人类对自然系统所做的任何改变都可能影响该系统。因此，
深层生态主义都主张对自然过程做出谦卑的默认：让自然按照自己的节
律"生活"，而不是去破坏它。

四　深层生态学的政治主张

与上述自然观和价值观相适应，在社会观层面，浅层生态运动是一
种改良主义的环境运动。它不加区分地接受一切致力于经济增长的思想
观念，资源管理的目的是更有效地开发利用。它还常常把生态危机的根
源归结为广义的"技术"问题，相信现有的社会制度再加上技术进步足
以解决我们所面临的问题。它认为目前的生态环境危机不过是一个好的
社会出现的某种"偏差"，是科学技术发展不够充分的结果。因此，它对
资源与环境问题的处理方式是技术决定论的：技术的发展不仅能使严重
的资源枯竭的势头得到遏制，而且能使污染降到最低限度。浅层生态学
试图以改良主义的方式来改造"占主导地位的社会范式"，在不变革现代
社会的基本结构，不改变现有的生产模式和消费模式的条件下，依靠现
有的社会机制和技术进步来改变环境现状。因而它们诉诸法律，把希望
建立在立法上，指望通过各种法案使政府改变资源与环境政策，并要求
用减少资源消耗、采用高效能技术、调整价格、项目补偿以及鼓励市场
机制等手段来对付环境危机。

深层生态学把生态危机的根源归结为制度危机和文化危机，因而主
张经济必须被视为生态学的辅助手段，反对对价值进行经济还原。在它
看来，不对社会体制和价值观做根本的变革，技术就不可能从根本上解
决问题。从《增长的极限》中，深层生态学的倡导者归纳出支持他们观
点的三个基本思想：第一，技术解决不能创造一个可持续的社会；第二，
被那些已经实现工业化和正在实现工业化的社会作为目标的快速增长具

有指数性质，它意味着长期累积起来的危险可能突然产生灾难性的效果；第三，增长所引发的问题存在于一种相互作用之中，也就是说，解决一个问题并没有解决其余的问题，甚至也许加重了其余的问题。因此，深层生态学试图以系统整体观和生态中心主义思想为基础来构造全盘改造工业社会的方案，最终目标是实现一种"生态社会"（ecological society）。生态社会是一个真正自由的社会——一个真正建立在生态学原则之上，可以调节人与自然关系的自由社会。

　　深层生态学的社会变革方案集中在个体意识的转变上。它首先需要每个个体改变态度、价值和生活方式，尊重自然，与自然和平共处。它相信，当许多人做到这一点时，社会就会发生改变。

（选自《国外社会科学》1999 年第 6 期）

全球环境运动及其理性考察

叶 平*

在接近本世纪末的短短几十年中，遍及全球的环境运动使环境主义赢得了几十亿人的支持，打破了宗教、民族、政治界限，促使人们重新审视"经济第一"的观点。环境——作为人类生存的根基以及人与自然可持续发展的新概念，已被纳入世界大部分国家发展的公共议程，融入各国立法、政策之中。环境主义使承继了几个世纪的错误的人类生存环境观发生了根本的转变，第一次使人类清醒地面对这样一个最基本的事实：大自然是有限的，人类对生物圈的破坏，最终将威胁人类自身的生存和地球上的一切生命。

全球性的环境保护运动，虽然在二战后才真正开始出现，但是作为这场运动的动力——对环境的破坏展开的理智反省，却可以追溯到以前很长的历史时期。

早在 3700 多年以前，苏摩尔人曾以盛产粮食而闻名于世，然而，他们在肥沃土地上由于灌溉不当而逐渐使其变成盐碱地和涝洼地，从而使他们居住的城市最终变为废墟；① 约 2400 年以前，希腊的埃堤卡山区的居民，由于过度放牧和乱伐森林而导致森林大面积减少，水土流失严重，哲学家柏拉图对此表示了深切的忧虑；早在公元 1 世纪，在罗马的科拉米勒（Columella）和普利尼（Pliny）居住的前辈曾警告说：盲目地开垦

---

* 叶平，哈尔滨工业大学环境与社会研究中心。

① John McCormick, *The Global Environmental Movement*, Belhaven Press, 1993.

荒地会导致土质下降，庄稼减产。尽管贤人智士很早就对环境问题发出警告，但是直到英国工业革命以后，人们才对其严重性有所警觉。其中最引人关注的问题是，以燃煤和木材为原料的蒸汽动力广泛应用，造成城市大气污染，致使众多城市居民受害。1661 年博学家伊夫林（ John Evelyn）气愤地声称，英格兰上空是"地狱般阴暗的天空"，是"地狱的边缘"。他还谴责说，烟气污染使伦敦城"就像火神施展法术的地方"，"不像一个产生理性法规的文明城市"。①

19 世纪，吞食森林的巨兽——闯锯在林区普及，森林急剧缩减，局部生态环境恶化。1876 年恩格斯列举美索不达米亚、希腊、小亚细亚的人和阿尔卑斯山的意大利人滥伐森林遭到大自然"报复"的事实，提醒人们尊重自然辩证法：在改造大自然的同时，不要忘记人与自然的同一和统一。②

19 世纪在美国，一些有识之士开始对当时占统治地位的"森林资源无限论"提出质疑。1801 年，A. 米肖克（Andre Michaux ）和他的儿子在环游了美国森林以后指出："森林的消失令人恐慌"；1849 年美国联邦专利委员会成员也惊呼原木短缺；1864 年，博学家玛什（Geore Perkins Marsh）发表《人与自然》专著，指出人类破坏森林的最主要原因是人类对一切都持有的无所谓态度，要改变现状，必须探索有益于人与自然理解的教育。1866 年关于森林面临耗竭的文字开始出现在给国会的报告中；1876 年国会出资 2 万美元，立项研究森林问题；1877 年，美国内政部官员舒尔茨（Carl Schurz）否定森林资源无限论，提出森林是有限的，应该讨论合理利用的方式。围绕着舒尔茨提出的论题，出现了两种哲学观点的对立。一是保存论，二是保护论。由此，美国的环境保护出现了两个运动：荒野保存者运动（movement of wildness preservationists）和自然资源保护者运动（movement of conservationists）。③

虽然早期的群众性环境保护运动规模较小，但是随着生物学、进化论和地质学对自然生态结构中人与自然依存关系研究的深入，随着人为

---

① 恩格斯：《自然辩证法》，人民出版社 1971 年版，第 158—161 页。

② G. W. Sharp, *Introduction to Forestry*, 4thed, H. Vely and Son's Co. , 1976, pp. 42 – 146.

③ Holmes Rolston Ⅲ, *Philosophy Gone Wild*, Prometheus Books, 1989.

造成的环境恶化危害民众身心健康的事件日渐增多，环境保护运动开始蓬勃发展。英国自然主义者麦考米克（John McCormick）在其《全球环境运动》（1989）一书中，对这段历程做了如下详细记录：

△1863 年，英国通过了世界上第一个比较详细的大气污染法，并且建立了世界上第一个环境监控机构，到 1971 年，世界上只有 12 个国家设立这样的机构，而现在①已达到 1140 多个。

△世界上第一个民间环境保护小组"公共荒野及其小路保存学会"（the Commons Footpaths and Open Spaces Preservation Society）于 1865 年在英国建立。此后建立了许多民间组织。今天世界上这样的小组已达 15 万余个，其中 1/3 是在 1960 年之后建立的。

△1866 年签署了第一个世界环境问题协议，这样的协议至今已有 250 多个，其中的 3/4 是在 1960 年之后签署的。

△1872 年，美国制定了一项新的环境保护方案。到 1980 年几乎所有重要的世界组织都在其政策中考虑了环境问题，这些组织包括世界银行（the World Bank）、欧共体（European Community）、经济合作与发展组织（Organization for Economic Cooperation and Development）。

△人们对环境保护政策所起的作用仍不甚满意，于是绿党应运而生，并向陈旧的规章制度发出挑战。第一个绿党于 1972 年在新西兰成立，1988 年在西方共有 14 个国家建立了绿党，其中 8 个绿党已经参与政事，成为该国议会议员，另外有 11 名绿党成员在欧洲议会中任职，绿党在国家政策制定中表明了自己更为坚定的环境保护立场。

事实上，并非所有的民间环境保护组织都能起到积极作用。有些国家环境保护机构权力不够强大，法律职权弱，许多环境保护法律还存在缺陷或没有受到足够重视。有的绿党起的作用微乎其微。尽管如此，麦考米克认为，我们切不能因此而抹杀全球性轰轰烈烈的环境保护运动。仅在美国，就有 17 万人声称他们参加了环境运动，55% 的人称他们对这一运动持支持态度，在英国有 3 万多人是环境保护组织成员。可以说，环境运动已成为西方历史上规模最大的运动。

---

① 麦考米克在这里所说的"现在"，是指他发表《全球环境运动》时，即截至 1989 年的时候。下同。

麦考米克认为，环境主义思潮起源于 19 世纪，到 20 世纪 70 年代，实质上已构成了与哥白尼革命相称的关于人与自然关系的理性革命。但令人费解的是，在历史上对这场意义深远的环境革命却似乎没有什么记载。这是因为"即使是最敏锐的观察家也没有预料到哲学会有一个向荒野的转向。历史上没有哪一次哲学思潮的转变能比得上最近对人类与生态系地球之关系的严肃反思那么出乎人们的意料"。

美国和西欧的环境保护主义者在过去 10 年中人数猛增，但是大多没能突破一国一地环境保护的局限。正是由于各国环境保护运动彼此脱钩，从而本国学者在描述和评价本国环境运动在全球环境运动中的地位和作用时，必然出现局限，甚至失实。麦考米克纠正了如下一些流传的说法。

（1）有一种说法称环境保护发源于美国，并由美国推广到世界，这是美国人对世界环境运动史的一项伟大贡献。事实上，美国的环境保护运动深受德国森林学的影响，并且环境保护运动早在美国出现以前已在欧洲部分国家甚至在南非、印度这样的国家付诸实践。

（2）有一种倾向认为，国家公园是美国的创举，世界上第一个国家公园是美国的黄石公园（Yellow Stone），这一名称是由乔治·卡特林（George Catlin）在 1830 年正式提出，这的确是历史事实。但是早在这个公园建立 10 年前，英国人沃兹沃思（Wordsworth）就已提出了这样一个美好构想：英国湖（the English Lake District）是英国人民的共同财富，每一个英国人都有权利去享受这里的优美风光。

（3）有人错误地认为一些最近出现的污染是由近期原因形成的。例如酸雨污染就常被认为是 20 世纪 80 年代的产物。而事实上，早在 17 世纪就有人对酸雨污染有所预测，并在 19 世纪 50 年代，在英美一些大工业城市出现过。

（4）另外人们也认为，人口导致环境破坏的观点出现在 19 世纪 60 年代，是马尔萨斯（1766—1834）最先通过对比人口的指数上升与食品供应的等差级数上升的关系而得出这一结论的，而实际上早在马尔萨斯前 150 年，威廉·佩蒂爵士就已提出这种观点。

（5）另外一种观点认为工业发展过快会使环境无法承受，这是在 1972 年出版的《生存蓝图》（*A Blueprint for Survival*）中提出的，而早在此书之前，地理学家彼得·克罗波金（Peter Kropotkin）就在 1899 年提出过相同的观点。

麦考米克认为，像以上的一些错误认识甚至误解，有碍于人们对自然界以及对环境主义的进一步认识，必须站在全球环境运动的高度，客观地展现各国环境运动的理性贡献。麦考米克进而对环境运动共性的问题提出疑问：环境主义反映的是一种现实的生存方式（a way of life），还是某种意识形态（a state of mind）？是一种对社会的态度（an attitude to society），还是一种政治哲学（a political philosophy）？或者是这几方面兼而有之，或是其中的一部分？为什么它有时被称为生态运动（ecology movement），而有时又被称为保护运动（conservation movement）？保护环境（protection）和保存环境（preservation）究竟有什么区别？保护（conservation）和可持续（sustainable）发展有什么不同？什么是可持续发展？它究竟属于生态科学、哲学，还是政治教条（a political doctrine），或者三者兼而有之？麦考米克认为，人们对上述问题的探讨，实质上归结为如何给环境主义下定义的问题。斯克鲁顿（Roger Scruton）曾简要地将环境主义定义为"环境主义是在政治高度爱护环境的运动"。但是，环境保护运动并不像斯克鲁顿所说的那么简单，因为不同的社会存在不同的社会问题，这就要求解决的方式也不相同，相应地，针对各自问题所发起的运动也不尽然。正如争取民权运动同争取种族平等运动密切相连一样，环境主义也同对自然或对人类生存环境的保护与管理的思想息息相关。同是民权运动的方式，既有马丁·路德·金式的非暴力形式，也有像激进的黑豹党为黑人争取权利而采取的暴力革命的形式。因此，即使同为环境保护运动的支持者，但落实到具体领域，也会存在不同的环境观点甚至相反的环境意见。

1970 年的《新联盟》（New Republic）一书曾这样评价美国的环境保护运动：自从有社会运动以来，美国的环境运动已成为一个最大的包罗万象的联盟。其成员既有年轻人，也有老年人；既有左翼，又有右翼种族主义者；既有自由主义者，也有保守主义者；既有人道主义者，也有科学家；有无神论者，同时也有自然神论者。约瑟夫·佩图鲁（Joseph Petullu）在美国环境学研究当中，给三个主要传统学说下了定义：生物群落学：自然界自我生存、自我发展的学问，自然而然的科学；生态学：

一门论述自然界各部分相互依存、共同发展的科学；生态经济学：保护自然，获取自然资源，为人类自身发展服务的科学。

他也列举了在西方环境运动中流行的几种不同观点：自然保存（nature preservation）、人类生态学（human ecology）、反增长的哲学（antigrowth philosophy）及其伦理基础：宗教传统（损害自然就是犯罪）和公共健康伦理学（health and Corporate ethics）。与这两种伦理思想相对应，有两种不同的环境哲学学说：深生态学（deep ecology）和浅生态学（shallow ecology）。前者把人类看作是自然界的一部分；人类的经济发展同自然保护相比其地位是次要的。而后者则同前者含义上有本质不同，认为人类与大自然是彼此独立的，是否对环境进行保护取决于人类自身的兴趣和是否会给人类带来益处。奥里厄丹（O'Riordan）在他的学说中，注意到西方环境运动有两个趋异的思想进化主题：生态中心主义（ecocentric）——信仰自然秩序和自然法则的学说；技术中心主义（technocentric）——信仰人类能够认识和控制自然事件以适合人类目的的理论。

纵观全球的环境保护运动发展水平，各国在指导思想、发展策略及发展目标上呈现多样性，从而导致各国环境保护运动也呈现不同的态势。小到保护兰花，大到保护鲸鱼；从约束人类行为方面的防止水土流失，到理论上对"核冬天"威胁的探讨；从这些环境恶果可能对人及一切生命的影响的评价，到人类不同阶层、不同民族生活方式以及贫富极端差异对环境质量的影响、分析和评价。环境保护组织既有像华盛顿、伦敦、日内瓦等城市约拥有上百万会员，并有能力将环境保护运动纳入政府的总体方针的大型组织机构，也有像在希玛利因（Himalyyan）村自发地组织起来，为自身生存环境条件的改善而斗争的环境保护小组。在环境保护策略上，既有采取不懈地向国会议员游说环境状况及利害的做法，从而促使议员提案反映环境运动的真实性及可行性，使环境保护运动在国家立法中取得一定的地位；也有采取在群众中宣传环境犯罪和滥捕乱猎行为的恶果及与每个人的切身利益的关系的做法，从而激发民众的参与，壮大环境保护运动的规模。在哲学上，既有探讨如何调解环境保护与经济增长之间矛盾的问题；也有反对经济增长，持回归自然的理论态度。甚至有人提出这样的问题：环境问题到底是经济、政治，还是科学发展的产物？或者是三者的混合结果？环境问题最终能否解决？

环境运动无论就哪一方面而言，其直接行动的最终目标都是相同的，都是为了维护人类的生存环境和地球上的生命。环境运动的空前爆发，或称环境革命，其导火线是 1962 年美国生物学家卡逊发表的《寂静的春天》，以及 1970 年 4 月 5 日美国 30 万人走上街头开展的环境保护盛大游行活动。前者揭露滥用化学剂、农药给人类和自然界带来的全球性灾难，呼吁走出人类征服自然的恶性循环；后者则是今天世界"地球日"的由来。

环境革命的标志是 1972 年在里约热内卢召开的全球首脑级环境会议。这次会议是全球环境运动的一场大会师。巴巴拉沃德的《只有一个地球》和罗马俱乐部提交的、米都斯和福雷斯特撰著的《增长的极限》为会议提供了强有力的背景资料。特别是《增长的极限》引发了全球环境问题的大讨论，是这次环境运动大会师最精彩的环境宣言。说其"精彩"有双重含义。一是《增长的极限》力挫工业革命以来不断高涨的经济增长无限论，揭露了"无限的经济增长"是当今全球环境恶化的根源，使世界人民充分认识了人类活动造成的人类生存环境的恶化及其不良后果。二是激发起全球性的环境研究的热潮。使环境运动的实践上升到环境理论的思考。尽管《增长的极限》过于悲观，而且所采用的方法具有很大的局限，但是以其作为环境革命的起始标志，轰动整个人类社会的环境反思则有不可磨灭的作用。在《增长的极限》发表前后，美国华盛顿大学生物学教授康芒纳（Barry Commener）发表了他的力作《封闭的循环》（*The Closing Circle*），提出工业生产生态化的新模式；美国生物学家伽勒特·哈丁（Garret Hardin）发表《公有地的悲剧》（*The Tragedy of the Commons*），生动地指出了"看不见的手"是公有地生态灾难的根源，暗示必须以生态伦理和环境法律约束膨胀的市场经济。在这些具有代表性的环境著作的鼓动下，环境运动达到高潮，环境问题开始引起举世关注。

迄今全球环境大会已经召开了 22 次，环境运动的理论形态——生态哲学、生态伦理学开始成为新世纪人类生活和工作的哲学；环境运动的实践形态——环境保护的国家机构，已经把环境保护作为日常工作制度，并落实在各项社会活动中。可以毫不夸张地说，环境运动作为调节经济、生态和社会矛盾的催化剂，正在悄然地改变人们的生产方式、生活方式和社会发展方式。可以预见，21 世纪是环境运动的世纪。环境运动无论在其规模、频率以及造成的重大社会影响方面，都会显示出不可替代的价值。

（选自《国外社会科学》1999 年第 6 期）

生态人类学的产生和发展

李　霞[*]

　　文化人类学对生态环境的关注和研究导致了一门新的分支学科：生态人类学（ecological anthropology）的产生和发展。生态人类学[①]是指用人类学的理论和方法研究人类、生态环境及文化之间关系的学科。绫部恒雄说："综合性地研究人类生活的人类学，大体上可以分为主要研究社会和文化方面的文化人类学和主要研究社会和生态学方面的生态人类学。"[②] 生态人类学的思想渊源可以追溯到古希腊思想家的环境决定论（environmental determinism）。在其产生和发展的过程中，相继出现了环境可能主义（environmental possibilism）、文化生态学（cultural ecology）、文化唯物主义（cultural materialism）、生态系统途径（ecosystem approach）及民族生态学（ethnoecology）。

一　生态人类学的思想渊源：西方思想史上的环境决定论

　　生态人类学的渊源可以追溯到西方思想史上的环境决定论。环境决

---

　　[*] 李霞，中国人民大学社会学系。

　　[①] Frederick Sargent 在其 1974 年编著的 *Human Ecology*（North-Holland Publishing Company & American Elsevier Publishing Company）一书中谈到：人类生态学（human ecology）并不等同于生态人类学（ecological anthropology）或文化人类学（cultural anthropology），因为人类生态学实际上是对多学科（例如社会学、生物学、人口学等）进行的综合研究。

　　[②] ［日］绫部恒雄：《文化人类学的十五种理论》，周星译，贵州人民出版社 1986 年版，第 145 页。

定论认为环境因素决定（determine）人类的社会特征和文化特征。① 希波克拉底（Hipocrates）的体液理论（humour theory）是最早的环境决定论。体液理论认为人有四种体液：黄胆汁、黑胆汁、痰和血液，分别代表火、土、水和血。四种体液在身体中相对比例的不同造成个体在体格和人格上的差异。而体液的相对比例又取决于气候条件。简而言之，在希波克拉底的体液理论中隐含的环境决定论思想是：气候决定体液的相对比例，进而决定人的体格和人格。

如果说希波克拉底的环境决定论思想还停留在个体的体格和人格层面，柏拉图和亚里士多德的环境决定论思想则已涉及社会和文化层面。他们认为，气候通过决定个人的人格与智力进而决定该社会的政府形式和宗教类型。亚里士多德认为温和的气候产生希腊的民主政府，炎热的气候产生专制政府，寒冷的气候无法产生任何真正的政府形式。到18世纪，孟德斯鸠将柏拉图和亚里士多德的思想运用于宗教研究，得出如下结论：炎热的气候产生消极的宗教，例如印度的佛教；寒冷的气候产生压抑个人自由与活力的宗教。到20世纪中期，仍然有人继续研究气候与宗教的关系，例如地理学家亨廷顿（Ellswo rth Huntington）通过研究也得出与孟德斯鸠相似的观点：由于温和的气候有助于智力思考，所以最高级的宗教形式只在气候温和的地区产生。②

以体液理论为基础的环境决定论在19世纪末和20世纪早期逐渐衰落，但环境决定论仍然贯穿于生态人类学以后的发展过程中。在实质意义上，环境可能主义、文化生态学、文化唯物主义及生态系统途径仍然是不同表现形式的环境决定论。只是在民族生态学提出极端的文化相对论以后，各种形式的环境决定论所赖以存在的基础才受到严重的挑战与颠覆。但是民族生态学对环境决定论的彻底颠覆又造成了另一个人类学难题：极端的文化相对主义危及了人类学的继续存在和发展（下文将做进一步的说明）。所以笔者认为，环境决定论有其自身的缺陷是毋庸置疑的，例如它强调简单的、线性的因果关系，而忽视人、环境与文化之间

---

① Kay Milton, "Ecologies: Anthropology, Culture and the Environment", *International Social Science Journal*, Vol. 49, No. 4, 1997, p. 477.

② E. Huntington, *Main Springs of Civilization*, John Wiley & Sons, New York, 1945.

的相互作用。但是环境决定论有其合理内核：环境确实对人及社会有重要影响，因为目前西方人类学者仍无法圆满解决由于彻底颠覆环境决定论而引起的极端的文化相对主义难题，所以我们在人类学研究中完全否定和抛弃环境决定论，可以说是有些不理智。

二　生态人类学的产生：环境可能主义、文化生态学及文化唯物主义

　　虽然法国的 M. 莫斯对因纽特人的研究①和英国的埃文斯·普理查德对努尔人的研究②属于最早的生态人类学研究，但作为一门学科，生态人类学的产生和发展主要是在美国。历史特殊论学派是人类学产生的大背景，斯图尔德是生态人类学的开创者，哈里斯对生态人类学的产生和发展也做出了独特的贡献。

　　20 世纪二三十年代，博厄斯所开创的历史特殊论学派在文化与环境的关系问题上持环境可能主义立场。环境可能主义在本质上是一种较弱的环境决定论，它认为环境不是积极地模塑人类文化，而只是在文化的发展方向和水平上做一些限制，它只是指令（dictating）事物的可能性。③换而言之，环境不是严格地（string ently）限制文化发展。例如博厄斯认为文化特征和文化模式的起源一般发现于历史传统而非环境之中。但是博厄斯并非完全忽略环境对文化的影响，他认为：环境虽然与文化特征的起源无关，但它限制和修改现存的文化。进而言之，环境可以解释一些文化特征为什么不发生，而不能解释一些文化特征为什么发生。④克鲁伯关于北美玉米种植业分布的研究是采用环境可能主义理论框架的最有名的例子。他通过研究发现：北美玉米种植业的地理分布受到气候的限制，因为玉米种植需要以下气候条件——至少有长达四个月降雨丰

---

　　① 因季节的不同，因纽特人的社会生活分为冬季的社会集中时期和夏季的社会分散时期。并且在不同的时期，他们的宗教形式和道德内容也随之不同。

　　② 努尔人的村落在雨季时分散在一定的地域内，在旱季时则集中在河流附近。他们的非中央集权的政治体制与此有密切关系。

　　③ Donald L. Hardesty, *Ecological Anthropology*, John Wiley & Sons, New York, 1977, p. 5.

　　④ Ibid. , p. 4.

富且无杀伤性霜降的种植季节。另一个有名的例子是史泰宁（Stenning）的研究：采采蝇的存在限制了非洲牛群的分布与迁徙模式。环境可能主义一个重要的概念是文化区（culture area）。它由 O. 梅森（Mason）首次提出：1895 年他在《环境对人类产品或艺术的影响》一文中将美国印第安人居住区划分为 18 个文化区。梅森的工作由威斯勒（Clark Wissler）与克鲁伯所继续。他们都认为在文化和自然之间存在着总体性的相关，并且文化只能被文化而不能被自然所解释。文化区概念实际上可以说是环境决定论和极端传播论进行折中的产物。但是，与环境决定论相比，环境可能主义也不是一个更令人满意的解释性框架，因为它仍然无法解释人们的经济策略与政治策略的细节、人们的信仰与意识形态的内容、人们的婚姻优先（preference）及仪式表演（ritual performance）。

斯图尔德开创的文化生态学（1955）复活了人类学家对环境决定论的热情。他的主要观点是：具体（specific）的环境模塑着特定（particular）的文化特征。他暗示文化特征有两种类型：由环境因素决定的文化特征及其遗留物（remainder）。前者实际上就是文化核（cultural core），它由社会的经济部门组成，与生计活动密切相关；后者又称次级特征或二级特征，它包括社会结构的许多方面及仪式行为。他还提出了文化生态学方法：首先，应该区分出在使用环境资源时运用的技术；其次，应分析在使用技术时采用的行为模式；最后，应该弄清这些行为模式影响其他文化特征的程度。斯图尔德提出以上理论和方法意图在于反对环境决定论。但是，具有讽刺意味的是，这样恰恰支持和加强了环境决定论，因为在实际研究中很难将文化特征做以上区分。例如，他对肖肖尼人的研究得出的就是彻头彻尾的环境决定论观点：文化和自然环境虽然是相互作用的，但自然环境却起着最终的决定作用。

旺达（Vayda）与拉柏波特（Rappaport）指出斯图尔德文化生态学的严重缺陷。首先，斯图尔德的文化生态学方法不能支持他的理论观点。因为，第一，选择程序不能充分地去除假相关的可能性；第二，即使在统计学上显著的相关也并不必然是因果联系；第三，即使显著的相关与因果关系被显示出来，那也并不意味着因果关系是唯一和必然的。其次，文化核只包括技术，而不包括艺术和意识形态，但实际上，后两者也与环境相互作用。再者，在斯图尔德的视野中，环境没有包括其他生物体，例如致病微生物，也不包括其他的人类群体。最后，斯图尔德的文化生态学排除了生物学研究，从而没有研究文化和生物学的相互作用。尽管文化生态学有很多缺点，但是它认识到：环境和文化不是分离的领域，它们相互定义对方；两者处于辩证的相互作用之中。值得一提的是，尽管生态人类学作为术语最早由拉柏波特提出，但实际上斯图尔德是生态人类学的真正开创者，这就是他的文化生态学又常被称为生态人类学的主要原因。

哈里斯文化唯物主义的主要观点是：所有的文化特征（包括技术、居住模型、宗教信仰与仪式）都是人类对自然环境适应的结果。他认为，马克思的"物质生活的生产方式制约着整个社会生活、政治生活和精神生活。不是人们的意识决定人们的社会存在，相反，是人们的社会存在决定人们的意识"①，这一段话是文化唯物主义的核心。但是他认为马克思的表述要修正一下：客位（etic）行为的生产方式和人口再生产方式，通过决定客位行为的家庭经济和政治经济，进而决定作为思想的上层建筑。他说"可以把这一原则称为基础结构决定论的原则"②。哈里斯的文化唯物主义避免了斯图尔德将文化特征划分为文化核和遗留物（即次级特征、二级特征）所引起的理论和方法上的困难。但是，哈里斯还是滑向他曾小心翼翼要避开的环境决定论陷阱：他认为，在与环境有关的物质条件的范围内，所有的文化特征都具有生态意义。哈里斯的最大贡献是系统地提出了对以后整个人类学界产生深远影响的主位（emic）和客位研究方法，前者是指旁观者使用对参与者富有意义的、适合于参与者的概念和分类，后者是指旁观者使用对旁观者富有意义的、适合于旁观者的概念和分类。主位方法的特点是：提高本地人中提供信息者的地位，将他的描述和分析作为最终的判断；客位方法的特点是：提高旁观者的地位，将他在描述和分析中使用的范畴与概念作为最终的判断。他以对印度禁忌吃牛肉的研究为例具体说明以上两种研究方法：从客位方法

---

① 《马克思恩格斯选集》第2卷，人民出版社1995年版，第82页。
② ［美］哈里斯：《文化唯物主义》（中文版），张海洋、王曼萍译，华夏出版社1989年版，第65页。

（人类学家所处的西方文化认知框架）来看，这种禁忌是非理性的，牛肉一直是西方人的主要食物之一；从主位方法（当地人的思维方式）来看，这种禁忌是理性的，因为在印度，牛有其他事物无法替代的用途——提供牛奶、耕地、运输以及可作为燃料、肥料及地面覆盖物的粪便，这样禁吃牛肉实际上是维护着一个社区的存在与发展。主位方法与客位方法使人类学家既考虑到了世界文化的普遍性，又关注到了世界文化的多元性与差异性。

三　生态人类学的发展：生态系统途径及民族生态学

在六七十年代，生态人类学逐渐产生生态系统途径和民族生态学两种研究路径。

生态人类学采用了生物学中的生态系统概念形成了生态系统途径，即在生物圈的某些被划定界限的范围内，全部生命物质与非生命物质通过物质交换结合在一起。也就是说，在物质交换系统中，人类、其他的生命体及非生命物质相互影响、相互作用。生态系统途径的贡献是：第一，它强调人与环境相互影响的观点；第二，在研究方法上，它要求人类学家测量和比较不同食物的饮食价值、不同的耕作方式对土壤肥力的影响、各种类型的人类活动所消耗的能量、家畜的粪便对环境的影响等；第三，它关注人口与环境之间的关系，从而促进一门新的分支学科——人口生态学的产生和发展。但是，由于生态系统途径有浓厚的生物学色彩，这样就难以避免以下缺陷：由于过分关注环境（受达尔文主义支配的生物学强调环境的决定性作用）而倾向于将文化从人类学的研究中排除出去。此外，也避免不了所有受早期生物学影响的理论的共同缺陷：因果循环的目的论色彩。拉柏波特对新几内亚高地策姆巴加人（Tsembaga）的研究是一个有名的例子。在传统上，策姆巴加人的社区经历与其相邻社区之间的和平与敌对不断交替的时期。在敌对期间，发生敌对的社区接受各自盟友社区帮助。敌对结束后，为答谢帮助，杀猪宴请盟友。进入和平时期，猪会迅速增多，以致妇女们难以照料它们，并引起一些后果，例如，猪闯进邻居的花园；猪跑到田野里毁坏庄稼。更重要的是，策姆巴加人采用的是原始的、刀耕火种的农业（通过放火烧山大面积地制造草木灰使土地生产一定的粮食），其有限的粮食产量不足以饲养很多猪。当猪多到与人争夺食物时他们会决定杀掉一些猪，否则在刀耕火种的农业生产方式下增大粮食产量必然以放火烧山毁坏环境为代价。这样，一方面，维护了人、猪和环境这个生态系统的平衡；另一方面，用猪肉举行邀请其他社区参加的感谢仪式和宴会，既巩固了老的盟友关系，又产生了新的盟友关系。拉柏波特指出：在敌对与和平轮流交替的仪式周期（交替点是猪宴）中，环境资源在人和猪之间得到重新分配。值得注意的是，拉柏波特并没有使文化在生态人类学研究中边缘化，他说，产生策姆巴加人仪式周期的原因不仅仅是他们对猪的物质性需要，而且是他们对人和猪、社区和社区、他们和祖先之间等关系的理解。在某种程度上，拉柏波特的研究说明了生态系统途径作为一种研究路径的可行性。

民族生态学是认知人类学的一个亚领域，它以结构语言学为手段去了解当地人对周围环境的感知，从而得到当地人所具有的世界观，并得出如下结论：环境不是一个实在（reality），而是人类感知与解释外部世界的产物，即环境是文化建构的产物。例如，在西方人看来，动物主要是供人类使用的物质资源，而在非西方社会中，动物可能被当地人看作是祖先神灵的化身。按照"环境是文化建构的产物"的逻辑，民族生态学否定所谓的西方科学观和非西方世界观之间存在着本质差别，因为在本体论意义上，他们都是文化建构的产物。于是，西方与非西方，文明与野蛮在逻辑上的类比关系则显得十分荒谬。"一旦知识本身被看成是社会建构的，那么西方科学所理解的生态学与其他任何环境观点一样，都不过是'民族生态学'。"这种见解固然符合人类学家文化平等的情怀，但却产生了人类学至今无法解决的理论难题：极端的文化相对论。此外，民族生态学还面临着方法论难题：由于语言元素（当地人的术语学）与认知过程并不存在完全的一一对应的关系，因而将结构语言学作为研究工具不能不说是有些问题的。

四　20世纪90年代以来的生态人类学

20世纪90年代以来的生态人类学发展有两大趋势：反对极端的文化相对论和在后现代主义的影响下失去自身的同一性（identity）。

极端的文化相对论在倡导所有文化平等的同时，也强调不同文化之间的不可比性和不可翻译性，即不同文化互为分离的实体。这就否定了文化间的交流、沟通和跨文化比较的可能性，但这与当今全球范围内不同文化间存在频繁而广泛的交流与沟通的事实不符合，也与人类学家一直行之有效的研究方法——跨文化比较法相矛盾。甚至可以说，由于人类学的学科宗旨在于理解文化，极端的文化相对论否认某个社区或社会之外的人能理解该社区或社会的文化，从而从根本上动摇了人类学存在和发展的根基。因为极端的文化相对论有此缺陷，以后就不断有一些人类学家对之提出质疑和异议，从而推动了人类学的发展，并使倡导使用人类学知识服务社会的应用人类学获得了理论依据。

后现代主义一直与人类学有不解之缘：斯特劳斯的结构主义人类学导致了波及法国人文社科界的结构主义和解构主义的兴起，之后以解构主义为先锋，萌芽于法国的后现代主义迅速在英美世界成星火燎原之势，并且至今影响力尚存。在此过程中，人类学也对源于自身的后现代主义做出种种回应：相继兴起了民族生态学、实验民族志、反思民族志及女性主义人类学等。民族生态学一方面采用结构语言学研究方法，像后现代主义一样关注话语；另一方面，受到后现代主义反对整个西方传统关于肉体与心灵、行动与思考、女人与男人、自然与文化之间的二元对立的启发，提出"环境是文化建构的产物"的观点。这使得生态人类学能更深入地看待自然、文化与人之间的关系，逐渐形成了多样性的理论观点，而丧失在其早期发展阶段所拥有的大量统一的概念和基本原理。此外，后现代主义主要是一种文本层面的话语，这使得生态人类学逐渐偏重文化研究：从自然看/决定文化的视角（环境决定论）逐渐转变为从文化看/决定自然的视角（民族生态学）。由于主流文化人类学（美国历史特殊论学派）一直坚持文化只能被文化所解释（The culture is only explained by culture.）的信条，所以生态人类学视角的转换在一定程度上可以说是与美国主流人类学合流的标志。在以上两层意义上，凯·米尔顿（Kay Milton）认为生态人类学失去了自身的同一性。笔者认为，这是生态人类学仍然在继续发展的标志之一。

在不远的将来，生态人类学不会再是凯·米尔顿所说的"一种观点"（a point of view），而是一门真正成熟的学科。回顾生态人类学的百年发展，我们有理由相信它的这个美好前景。

（选自《国外社会科学》2000 年第 6 期）

科布的后现代生态经济思想

王治河[*]　　曲跃厚

在当代西方经济领域，越来越多的学者运用后现代的思想方法，对现代占统治地位的经济理论提出了挑战和质疑，并在此基础上提出了许多富有见地的后现代经济理论构想，如"后现代的绿色经济思想""后现代的稳态经济理论""后现代的可持续发展经济理论"等。小约翰·科布（John B. Cobb，Jr.；1925—）的"后现代生态经济理论"便是其中较具代表性的一种理论。

作为在世界范围内颇有影响的后现代思想家，小约翰·科布以"过程思想的主要阐释者"著称于世。其哲学思想、科学思想和神学思想在国内均有人研究和介绍，但对其经济理论人们研究得还很少。科布并没有直接研究经济学中的具体问题，而是把经济学放在更大的视域之中，对它进行后现代的审视。

一　挑战现代经济理论

科布对占统治地位的现代经济理论提出了多层面的挑战。

（1）挑战人性概念。科布认为，个人主义的经济理论模式导致了削弱现存社会关系模式的政策。这种政策未能注意到生活中的人际关系。作为一个过程思想家，科布的基本信念是，人们彼此之间是内在相关的，

---

* 王治河，中国社会科学院文献信息中心。

换言之，他们的关系把他们的身份变成了个人。所以，任何一种把他们当作自给自足的个人的观点都歪曲了现实的状况。毫无疑问，科布的理论是人道主义的，因为他十分关注人的存在，关注贫困和压迫。他一直在促进人的自由、人的权利、人的尊严，同时又拒斥了人类中心主义和作为分裂的与自给自足（self-contained）的实体的个人。他试图把人从现代经济中解放出来，他允许我们挑战自己，但他又不是传统的人道主义者（因为传统的人道主义者坚持人性的概念是实体），而是一个后人道主义者。他鼓励我们面向各种新的可能性。

（2）挑战"经济增长"观念。"经济增长"一直被视为解决我们的环境问题和社会问题的终极答案，但在科布看来，日益增长的全球经济正是我们的许多社会问题和环境问题产生的真正原因。科布同时还提出，拒斥基于经济主义的经济增长并不意味着我们不应寻求经济增长，"而是要表明，我们应该寻求的是那种大写的增长，即经济福利之实际的改善"①。

（3）挑战"自由贸易"观念。科布认为，自由贸易并没有摆脱控制，尽管资本摆脱了政治实体的控制，跨国合作摆脱了民族政府的限制，但全球权力却从政治控制转向了经济控制。科布的解决办法是，从自由贸易逐渐转变为地区自给，这才是各国人民的最高利益。

（4）挑战"全球经济"观念。根据科布的观点，一种互相依赖的全球经济将削弱每一个人的权利（除了少数资本操纵者以外），结果将不只是贫困化，而且对世界上大多数人来说在根本上将是非人化。它将扩大穷人和富人之间的鸿沟，并加速资源的消耗和环境的污染。

（5）挑战"可持续"概念。在科布看来，"可持续"这个词只着眼于人类共同体，因而在根本上仍然是人类中心论的。科布坚持超越人类中心论，并倾向于以一种生物中心论或地理中心论的方式进行思考。具体地说，人类共同体不应只是可持续的，而且还应该允许其他物种以一种健康的方式生活，并使物种野生化（wilderness），因为人的人性只是更为野生的生态共同体的一个部分。

（6）挑战中心化。科布的现实目标是"非中心化"。他所说的可持续

---

① John B. Cobb Jr. , *Sustainability-Economics*, *Ecology and Justice*, Maryknoll：Orbis Books，1992，p. 61.

的社会是一个非中心的社会，因为"地方共同体只有控制其自身的经济，才能成为人类共同体和生态共同体中的一个健康和有效的共同体"①。他认为，后现代经济的一般原则是，权力应该被局限于能够着眼当前问题而采取行动的最小共同体之中。其结论是，地方控制更优于远程控制，因为它更能授权于人。所以，科布的后现代生态经济理论促进了对企业的民主管理，为小企业和个体企业开启了空间，可能有助于一种更健康的经济。

这些挑战揭示了现代经济理论的局限性，即从人类众多的特性中进行抽象，把自私自利当成了人类活动的唯一动机。科布认为，事实上，在人类经济中，其他动机也起着一定的作用。他的后现代生态经济理论克服了现代经济理论的这种局限性，并充满了创造性和启迪性的洞见。他提出了许多新的选择，包括各种新的视角、新的方案和新的概念，如地球主义（earthism）的概念。根据这一概念，地球主义"是一种新的范式，一种不同的在世方式"。他指出，"我的论点是，今天，只有地球主义才能起到作为一个健康的凝聚中心的作用，才足以抵制经济主义，并产生激情和能量"②。

正因如此，他不能容忍现代经济思想继续统治我们的生活。当某些善良的基督徒仍然坚持它的时候，科布对它提出了挑战，并提出了自己的建议和选择。在科布看来，现代经济理论中存在某些明显的错误，如忽视了自然环境的意义，国民生产总值（GNP）无法说明生活的质量，未能对经济"增长"之社会的、心理的和生态的后果给予足够的重视。

和拒斥这种"增长"相关联，科布还揭开了曾被视为万能的"自由贸易"的神秘外衣，指出它扩大了贫富差距，忽视了共同体的价值。他还指出，这种崇尚经济"增长"的宗教一直是以一种关于人性和人的本质的粗俗的个人主义观点为依据的，它把人的存在视为"市场中的个体"（indiv iduals-in-a-market），而后现代经济理论则把人视为"共同体中的人"（person-in-community）。

科布拒斥任何"唯一的选择"，他主张超越不是资本主义就是社会主

---

① John B. Cobb, *Sustaining the Common Good*, Ohio: The Pilgrim Press, 1994, p. 48.

② Ibid. .

义的两难窘境。在科布看来，这两种制度都是对共同体的解构，他的希望是导向一种既不同于资本主义也不同于社会主义的新的经济类型，即后现代生态经济模式。它既是自给自足的民族经济，又是可持续发展的经济。

面对环境危机，科布在《太晚了吗？》一书中超越了乐观主义的自满和悲观主义的绝望这两种类型的回应，提出了第三种选择——"现实主义的希望"。他还超越了占统治地位的新自由主义策略和国家管理策略之间的两难窘境。在科布看来，这两者都是对共同体的破坏，都不能支持家庭农业，都导致了经济权利（它削弱了人和共同体的权利）之高度集中的形式的形成。相反，他提出了第三条道路。根据他的观点，家庭农业是在农业中反对集体和农业综合企业（agribusiness）的第三条道路，工人所有制和对工厂的管理则是反对政府或资本主义所有制和管理的第三条道路，他讲的是一种既满足穷人的需要，同时又促进所有人的可持续生活的经济。这种经济既不同于科学化管理的经济，也不同于新自由主义的市场经济。这就是地球主义对经济主义的挑战，这就是他所寻求的变革。"这种变革既给合作带来了长期的更大的利益，也减少了对自然资源的压力，并减轻了环境污染。"① 显然科布这里所力图达到的是一种双赢的结果。

科布寻求的社会是一个"既是可持续的，又是可生活的社会"②。他提供了一种替代现代西方经济理论的选择，他的后现代经济理论诉诸的是共同体的发展和可持续的发展。在他看来，现代经济理论未能说明共同体和人的关系，其唯一的目标就是日益增长的生产和消费。相反，后现代生态经济理论则回到了这样一种传统的观点，即"经济应该为共同体服务，而且共同体的价值决定了那些被视为发展的东西"③。

二 建构后现代生态经济理论

和占统治地位的现代经济理论相反，后现代生态经济理论是和认识

---

① John B. Cobb, *The Earth ist Challenge to Economism*, Macmilli an Press Ltd. , 1999, p. 40.

② John B. Cobb, *Sutainability-Economics*, *Ecology and Justice*, Maryknoll：Orbis Books, 1992, p. 50.

③ John B. Cobb, *Sustaining the Common Good*, Ohio：The Pilgrim press, 1994, p. 57.

并接受极限的观念密切相关的。其基本特征是：

第一，强调每个人的内在价值。这种价值是通过经验的丰富性来衡量的。正是而且只是在个人中，人们才发现了内在价值，而且任何一种不指向个人经验丰富性的政策都会使人误入歧途。这两种模式尽管都同意个人的内在价值，但在现代经济理论中，重点不是放在其经验的丰富性上，而是放在了对商品和服务的占有与消费上。当然，它能正确地论证说，在很多情况下，占有与消费是和经验的丰富性相关的；但它也必须承认，它们往往并不相关。生活指数的物理质量比人均财富或消费更能反映一个人的状况，但这一尺度仍显粗俗。

现代经济理论的捍卫者可能论证到，既然不能衡量另一个人的经验的丰富性，那么就必须创造一种个人能够自由地进行选择的环境。自由市场就是这种选择最大化的一种手段。但是，这种追求物质对象的个体的模式太抽象了，以致不能适当地指导政策。而且当政策建立在这种模式上的时候，它倾向于鼓励人们强调那些适应它的生活的方面。于是，人们便开始把他们自己当作追求物质私欲的个人，并假定幸福是由这种占有构成的。

现代科学管理之父弗·泰勒（Frederick Taylor）以一种不甚精确的方式表达了现代经济理论的这一特征。在科学管理中，工作被分解为其最小的单位，人被划分为生产者和消费者。科学管理的主要原则是思想和行动的分离，概念和操作的分离。管理者成了心灵，生产者则成了肉体。生产者在劳动中的享受或在创造性活动中的满足让位给了对产品质量的考察和他人的支配。而后现代生态经济理论则坚持认为，作为生产者，人的经验的丰富性与人作为消费者的经验的丰富性是同样重要的；当生产者的享受被忽视的时候，他们并不是真正的生产者。

第二，强调关系性。个人是由其关系构成的，经验的丰富性就是关系的丰富性，并依赖于经验对象的丰富性。这表明，个人存在于共同体之中，并由他们借以存在的共同体构成。和后现代生态经济理论一样，现代经济理论表达了世界不完全是由个人构成的这样一种认识，而且目标也指向了其他层次的社会组织，但两者之间仍存在着某些区别。对现代经济理论来说，目标是由国家设定的，而且最重要的政治单位就是民族国家；经济学家的任务只是在实现这些目标时支持政府。此外，就是寻求一种目标的增长，这种增长通常包括了一种既与其他国家相关、又与被统治的人民的权利相关的增长。后现代生态经济理论尽管没有忽视这些现实，却指向了共同体的其他定义。

给共同体下一个恰当的定义并不是一件简单的事情。科布认为，共同体就是人和其他创造物的群体（他们的生活相互交织，密切相关）。在农业社会中，这些密切的关系通常是以邻里和姻亲的模式为基础的。在工业社会中，阶级分化、共同的经济利益和职业利益、参加志愿社团或共同的理想，创造了许多其他共同体（它们以各种混乱的方式，既富于解构性又富于建构性的方式互相交织在一起）。一些共同体进入了国家，而有的时候，一个民族又成功地把它本身建构成了这样一个共同体。另一些共同体则超越了民族的界限。问题在于，现代经济理论强调的是个人，而政治团体又导致了抽象的思维。当这些抽象成为现实世界的指导政策时，后果常常是灾难性的。

当个人主要地依据其对物品的私欲而思考的时候，当人们认识到这些物品是有限的时候，竞相占有资源特别是稀有资源便成了人类社会面临的一个基本事实。当某些人满足了其自身的需要时，其他人就可能失去其应得的东西。这就是现代占统治地位的经济模式。

相反，后现代生态经济理论则断言，他人的健康恰恰有助于自我的健康。一个儿子在损害他母亲健康的条件下不可能通过获得更多的食物而获益，那些在损害其共同体的利益条件下获得财富的人也不可能有真正的幸福。科布认为，我们是另一个共同体的成员，而且我们的个人幸福和他人的幸福密切相关。后现代生态经济理论的目的在于，通过恰当地利用共同体所必需的东西来增进可持续的健康共同体。这表明，共同体应该以各种允许，并能使其他共同体获益的方式获得其自身的健康。

第三，强调超越。尽管个人是由其和他人的关系构成的，但他们也超越了他们与之相关的其他人。没有一个人完全是关系的产物，每一个人都对关系进行了一种创造性的综合。关系的丰富性和经验的丰富性取决于新的个人的创造性自由。科布的后现代生态经济理论强调的正是超越。根据这种理论，所有个人都超越了与之密切相关的世界。在每一个瞬间，都存在着创造性新质的可能性。

现代经济理论也承认新质（特别是技术创新）的重要性，它也希望技术上的改进能使我们从我们的资源基础那里获得更多的消费品，并用新的资源代替旧的资源。但后现代生态经济理论却以一种不同的方式衡量这种创新，它认为，最好的技术是旨在生产真正必需的商品和使用最少资源的技术，而且这种技术不会损害自然环境和人的共同体。它强调的是克服人之互动的破坏性形式和对环境的滥用，它鼓励的是超越。例如，对现代经济理论来说，发展农业技术是为了增进生产，使利润最大化，但农村共同体的生活质量和土壤的质量却由于大量使用化肥和农药付出了较高的代价。如果根据后现代生态经济理论来发展农业技术的话，那么首先考虑的则是健康的乡村生活以及土壤的保持和更新。

后现代生态经济理论由于强调个人超越或自由的重要性，对政治领域同样具有重要意义。现代经济理论尽管也具有这种观点，但重点却不尽相同。现代经济理论强调的自由是在既有商品中选择的自由，同时包括允许个人自由地选择工作、消费和政治上的统治者。而后现代生态经济理论所说的自由，不仅仅是上述各种选择，它首先是展望新生活的能力。在它看来，一个健康的社会乃是一个鼓励其成员超越既有模式的社会。因为社会不过是通过其成员所构成的关系的共同体，一个健康的社会作为一个整体总是处于不断地超越其自身的过程之中。

第四，强调超越的极限。科学思想和政治计划是通过受到其历史境遇及其利益限制的人来实施的。强调超越的极限与强调其现实性和价值同样重要。有的时候，人们并没有认识到这些极限。有人假定存在着一个超越的领域，例如理性的领域。他们认为，在这个世界上，他们可以在完全撇开其具体境遇的这个领域中运作。他们甚至假定，在政治权力中，人可以基于这种超越的合理性进行计划和统治。他们可能认为，科学事业不受科学家的社会、经济和政治境遇的影响。这种思维方式受到了后现代生态经济理论的严峻挑战。科布认为，科学不是也绝不会在真空中产生。它必然受到其社会关系的影响，是一种映照了它借以产生的社会的反思。根据保罗·弗曼（Paul Forman）的观点，即使是最纯粹的纯科学（如量子物理学），也是对第一次世界大战后德国魏玛文化中的一种敌对的理智境遇的反动的产物。同样，生物学中的革命也可以被理解为对特殊的社会环境的反动。门德尔松（Mendelsohn）在他对19世纪初细胞还原论的起源的分析中就提出了这种观点。而且，达尔文关于进化的革命性观点也有着一种故步自封的维多利亚文化（它深受一种严格的自然神学的影响）的背景。

现代经济理论倾向于在下列两种观点之间进行选择，一方面是一种完全自私的并受其私人欲望统治的个人观，另一方面是关于一种客观的科学和无私的计划的可能性的观点。政治实际上被当作了在这两种观点之间做出的各种承诺。某些事情留给了基于个别公民纯自私的决定而运作的市场，另一些通过政府计划而决定的事情则表达了某些人的无私的超越视界。

后现代生态经济理论既强调超越之普遍的存在，又强调超越的每一个行动都受到它借以产生的具体境遇的制约。人们能够通过认识到他们是受到限制的，并通过对他们自己的观念和心理习惯进行批判而超越其限制，但这种超越又总是十分有限的。因此，后现代生态经济理论有助于表明那些基于现代经济理论的政治和模型何以会有各种困难，有助于承认任何"合理的"诉诸政治经济研究方法的极限，有助于人们认识到没有一种政治经济体制适合于所有人。

第五，强调人类和自然界的其他方面之间的连续性。科布认为，内在价值不只限于人类，构成人类存在的各种关系也不只限于人和人的关系，还包括人与自然环境以及其他创造物之间的关系。现代经济理论把人划分为决策者和他们竞相占有的对象两部分，这种模式已经造成了其辩护者也不想看到的一些后果。他们把所有人都当作了决策者，但现实的社会制度又严格地控制着许多人。例如，大多数文明都是以奴隶制为基础的，妇女也一直被当作男人的占有物，而不是和男人一样享有同等的权利。这种模式对待人尚且如此，更何况对待非人的自然了。而在后现代生态经济理论中，人是地球这个星球上的宾客，即每一个他人及所有其他创造物的宾客。人类的一切都与自然相关，人与自然的这种连续性也包括了人与其他创造物之间的连续性，它们的幸福也有助于人自身的幸福。

第六，强调奋斗目标之可能的共生（symbiosis）。现代经济理论认为，人们的奋斗目标是相互矛盾和竞争的。根据这种理论，要战胜通货膨胀，就必须接受利率、贬值和失业；同样，如果一个共同体要保护环境，它就必须接受不断增长的通货膨胀和失业。这些目标总是以一方受益、一方受损的方式交替实现的，这种交替观乃是现代经济理论的一个根本的方式。而后现代生态经济理论则认为，经济和社会的发展并不是一种非赢即输的游戏。可持续发展不必付出正义的代价，充分就业也不必依赖破坏性的增长。环境的质量、资源的利用和通货膨胀的减少并不是矛盾的，它们一开始就以一种负责的方式被考虑到了。后现代生态经济理论诉诸的正是各种奋斗目标之可能的共生。①

为了寻求解决与人类的生存生死攸关的生态危机问题，科布呼吁人们向非西方文化开放，向非西方的生态智慧开放。为此，他给予中国古代道家的生态智慧以极高的评价。但他反对道家的"无为"观念，认为道家的无为思想"使得它在社会层面和政治层面面对他人毁灭生态的行为而束手无策"。

三　科布后现代生态经济理论的困难

首先，科布的后现代生态经济理论忽视了经济全球化之积极的意蕴。显然，作为一个后现代思想家，科布试图挑战或消解跨国公司的霸权。用科布的话来说，我们需要地方或地区经济。后现代生态经济理论支持的是经济民族主义，反对的是经济全球主义。

在我们看来，经济全球化是社会化大生产发展的必然要求，在经济全球化已经成为当今世界一种客观和重要的经济现象的条件下回到小国寡民的民族经济，既不可能也无必要，否定经济全球主义将导致忽视其积极的意义。更何况对第三世界特别是像中国这样的有着漫长封建社会历史的国家来说，经济全球化具有一种反封建的意义，它有助于挑战封闭的、传统的、否认资本主义和市场经济的封建主义，并提供一个新的开放的视域。

其次，科布的后现代生态经济理论并没有对共同体（community）的消极方面给予充分的注意。我们的研究表明，强调共同体将存在一个问题，即必须相应地强调共同体的利益。有的时候，共同体的利益和全球

① Birch Charles, John B. Cobb, *The Liberation of Life: From the Cell to the Community*, Denton, Tex.: Environmental Ethics Books, 1990, pp. 287-291.

利益与长期利益是一致的；但有的时候，它们往往又是矛盾的。我们当然知道，科布对现代经济对共同体的野蛮破坏十分反感，他鼓励我们致力于共同体的价值；但更深入的考察使我们发现，科布的理论中存在着某些困难。例如，他并没有揭示共同体之消极的方面，如共同体对个人的控制。根据后现代生态经济理论的一般原则，权力应该被置于能够依据当前问题而活动的最小共同体中，因为它更能控制人。

现在的问题是，是否有第三条道路——既寻求共同体的价值又尊重个人的价值的道路呢？我们的建议是，是否可以把个人的内在价值和共同体的健康发展联系起来呢？我们想要指出的是，科布的后现代生态经济理论是一个相互联系的整体，其中每一个要素都应该是而且能够是密切相关的。例如，我们可以把个人经验的丰富性整合到改进共同体的健康中去，并把"艺术地生活"整合到个人经验的丰富性中去。

此外，一个"可持续精神发展的概念"是必要的。它坚持肉体与灵魂、感性和理性、审美和价值之间的内在统一与和谐。这样一个概念的提出无疑将有助于科布的后现代生态经济理论的完善。

（选自《国外社会科学》2000 年第 6 期）

人类社会健全发展的持续性

——对于地球环境的认识与人类社会的管理[*]

[日] 藤井隆 乔 亚[**]译

自 20 世纪最后 25 年可以从太空观察地球以来，人类的宇宙观、自然观、世界观和社会观都出现了飞跃式发展，这是人类思想史上的第二次"哥白尼式的大转折"。人类对于地球环境的认识趋向一致：地球是人类和人类社会生存的基本条件，它是不可替代的。维护地球环境的完好无损，必须打破政府、企业、民族和社会的界限，动员地球上的全人类共同参与。当前，产业正向"装配—分解—再装配"的再生利用型的生产结构转变。都市生活也在"与环境共生"的口号下，发动建立"新社会生活系统"的意识变革和再建运动。学术界自然不能置身其外，在"知识整合"的名义下，试图超越人类科学、综合科学和综合政策科学的界限，向"全球系统管理综合行为科学"迈进。由此构成一种宇宙生态学理论。这种宇宙生态学理论以人们熟知的生态社会论为基础，融合了自然循环、对宇宙中的能和物质的生态理解，以及宇宙流（包括对离子流及其他星体重力的利用）等观念。另一方面，"自我"意识及其"认同"

* 藤井隆先生为日本著名经济学家、政策学家，曾任日本经济政策学会会长、社会科学组织国际联合会主席、名古屋大学教授。现任社会科学组织国际联合会名誉主席、名古屋大学名誉教授。本文是他在日本立正大学佛教学部 50 周年（1999）庆祝大会上的演说，承蒙他惠赐本刊发表。中文本据英文稿译，由于篇幅的关系，做了部分删节。——译者

** 乔亚，社会科学文献出版社研究员。

通过信息革命而进入通信时代，同样意味着"与他人关系"意识的自觉时代的来临。建立在功利主义基础上的"权利—义务相结合"的社会秩序，也转向建立在信息基础上的"尊重—责任相结合"的新社会秩序。

全球环境问题所带来的时代基本课题

在人的科学的研究传统中，探讨环境问题并非是件新奇的事情。人类与环境有时处于对立状态，有时处于融合状态，但其历史始终离不开同环境的关系。人类历史上的一切文明和宗教无一不是在这种关系下产生的。那么，今天为什么又一次强调环境问题呢？若不理解其中的原因，一味谈论什么回归古典、回归原始宗教哲学思想的世界，不啻站在历史的原点上否定后来的全部历史发展。这是全部历史研究陷入其中而不能自拔的教条。将现时代同前人的基本问题进行对照，使古典的研究活用于今天的世界，就可以明了一门科学的前后相承的历史。这就是说，通过检验即时的条件将古典的思想和观念现代化并为现实服务，旨在为一门新的科学铺平道路。这门新的科学可以称之为人类生态文化，它将宗教转化为科学。

在西欧近代的历史上，人争取独立性的要求把曾经崇尚与环境同化的人类历史置于主体、环境和资源的三角关系之中。一旦环境被置身于这样的相互关系之中，现代科学就倾向于将这些因素分开来孤立地看待。我们可以说，是关于污染的争论首先打破了人类科学的这种倾向。善意的或者独立的人类活动破坏了环境和资源，甚至危及人类自身。这种认识打破了三角的均衡，从而使人道的立场再度复活。环境与人的权利之间的关系成为一个重要议题。环境对于我们来说不单纯是指大自然，不但是原子弹和污染的受害者如此认为，而且非裔美国人和南美人也这样主张。也可以说这是"原罪"或者佛教所说的"劫"的意识。人们终于认识到环境不仅仅是三角中的一角，而且是三角本身赖以生存的基本条件。

那么，环境问题作为时代的基本课题，其出路何在？笔者试以两种认识为焦点来进行阐释。对于问题的第一种认识如此说："人口的增加和人类社会的发展破坏了地球。"今天的世界人口比上个世纪翻了4番，这无非是传统的马尔萨斯命题的翻版。问题的症结在于第三世界增长的是人口，而发达国家增长的是二氧化碳。在粮食供应平衡问题之外，又出现了由于工业文明的城市化和工业化的同时扩展而造成的"气体的平衡"问题，从而导致世界的物流变成为另一种性质的问题。流动着的空气和水超越国界，造成了全球范围的气候变化。毫无疑问，减少二氧化碳成为一个战略性的标志。对于站在食物链顶端的人类本身的认识，导致了新马尔萨斯理论，亦即整个生态系统，包括植物、动物和微生物在内都有责任加以适应的问题。来源自全球环境问题的时代基本课题，乃是关系到全人类所有人生死存亡的一场战争。警示人们人类生态将会灭绝，而且不仅限于恐龙或者毛象的绝迹。这是一种生存方式、物种的生死存亡问题。我们不禁要问："人类究竟能否同地球继续共存？"

对于问题的另一种认识强调，地球环境问题既然是人类一手造成的，人类就必须设法解决。这是联合国特别是教科文组织在其倡导的《具有人道面貌的全球变革计划》（即所谓 HDP 计划）中所表达的学术观点。

人类把自己创造出来的文明当作被告来检讨，并非是第一次。在饱经战火的 20 世纪，纽伦堡法庭审判纳粹战犯的结论中断言，应该审判的"也许是人类文明本身"。诚然，作为一个具有人道面貌的研究计划，研讨的最终目的是建立在对于造成全球环境问题的人类作为一个物种能否生存这个课题所做的自然科学和现象学的研究成果基础上的。然而，即使撇开人类生存问题不谈，把上述认识当作世界的共识，昭示世人这是一个"被现代遗忘的基本课题"，也绝非易事。即使不去讨论社会科学的本质，以研究人类社会本身为己任的社会科学所面对的人类生活造成的"原罪"或者"劫"的问题，今天变成了物种或者"文明本身"的基本课题。全球环境问题首先是人文科学和社会科学的基本问题，是把人类包括在其中的全球系统的生存问题。文明能否保持作为其生存保障的生态文化，乃是以"文明进化"以及建设新的文明为导向的学术研究的目的。当学术研究旨在发现这种强大的"人类生态文化"之时，它就成为"全球系统管理理论"，或者说是"生态社会理论""社会生态管理理论"。这样的理论可以说是对佛学的"万有佛性"思想的重新检讨。联合国教科文组织主持的、以巴西的马诺斯会议为起点的《生态与发展计划》（EDP 计划）即是其中一例。但是，联合国本身是现代的产物，其视野有所局限，由它来检讨"原罪"，做文明上的反省，难免捉襟见肘。社会科学组织国际联合会（IFSSO）作为国际社会科学理事会（ISSC）内部的一个组织，由各国和各地区的科学院和学术理事会的代表参加，它提出的口号是相互发现具有各自历史和社会的各种文明的"文化智慧"。在一个"相互发现的时代"，最需要的是推动"建设健全的人类社会及其持续发展"的政策。

人道与人类社会存在的条件

人类今天已经到了必须重新检验人道以及人类社会生存条件的时候了。我们可以说，这样的认识已经成为世界的共识。

在社会人文科学获得新的发展的同时，自然科学也在新的认识基础上迅速进步。不论是在社会科学、宗教学抑或哲学领域里，许多重大的基本课题已经从设想变为现实。以实证为基础的思维及其过程模拟实验的进步，促使了这些成果的社会化。这种关于规范和研究变化的讨论正在不断走向全球化。不仅如此，关于作为生命形式的物种的生态研究讨论已经不仅限于地球上的生命形式，而且超越了地球，走向更加普遍的范畴。我们把关于水、空气和全球气候的讨论看作代表某种曼陀罗宇宙观的一个万花筒，引导讨论转向同离子流相关的流动宇宙理论。在资源和能源的领域里，则是转向化学分解、流体力学和对于其他天体重力的利用。这是离子电视的时代。在这个时代，已经不再存在任何样本。日本企画厅在1976年曾宣布，这是"自己思考的时代"。没有边界的网络社会时代不但打开了国界和产业的围墙，而且拆除了学院和文明的藩篱。在不同环境中孕育的各国的历史、社会、文化彼此交流，缔造了相互发现的时代、全球的时代、人类社会的时代。生态社会时代正在倡导一种新的人类文明，即多元价值社会。各种不同价值的交流，正在形成容许价值空间流通或者改变建立在通货之上的经济氛围，使之变得更加流动的那种人类社会的存在基础。当作为物种的人类正在从事由自我意识转向关系意识的新发展之时，宗教的"缘"即关系的世界早已实现，而且达到了相当程度的社会化和普遍化。现在我们面前的时代的基本课题是如何创造和确保以个体的人为起点的人类社会生存条件及其意义，如何创造和确保作为"类"的人的生存条件及其意义。

创造和确保人类社会的存在条件

我们必须再次考虑在什么样的条件下才能达到上述一切。没有人会否定所谓存在，其证明即是一种东西有"生命"，以及其生命"不断延续着"。社会科学特别是经济学研究的对象首先是这种"生活"。一个人只有活着，才能寻求其意义。人作为个人活着，作为家庭活着，作为群体或者社会活着，作为种族活着，作为类活着，作为人类社会活着。生活究竟意味着什么？经济学首先追求的是某种"经济主体"的确立，摆脱贫困，经济上的自足。这就是从私人管理开始达到公共管理的经济独立之路。除此之外，在社会科学、政治学、法学或者管理学术语中，"生活"则意味着摆脱权力或者金钱的控制而获得自由，意味着不受限制的自由，消除对一个人的自由进行控制的自由。这就是确立某种"自主的主体"，或曰"认同性"，也就是某种自由的和民主的独立性。它是人在各种不同的政治文化中追求和形成的共同特性。

有人认为把这两种特性分割开是困难的，但为了进一步了解起见，不妨将它模式化。在人类生态依赖动植物生态的农本主义时代，人类的生态及其赖以生存的生产和消费两个方面，都是同自然进行斗争。它以土地的生产率为中心，环境被置于其视野之外。当时，支撑人类社会秩序的乃是等同于武力的权力。在产业革命之后的资本主义时代，支撑人类社会秩序的主角则是作为从土地生产率转变为资本生产率结果的经济独立性的确立，社会系统的发展动力从武力秩序的动力转变为经济流通的动力。此时，财力即是权力。宗教界忘记了这个动力的大转变，后来虽然也以"殡葬产业"和"宗教商业"的形式跻身其列，但在"金钱支配一切"的浊浪里，这不啻是垂死挣扎，非但不能成为社会的一种能动力量，反而自取灭亡。人们要恢复宗教的原貌，有待于后来的信息革命或者感性革命的到来。

第二次大转变出现于随着信息革命而来的通信社会——知识经济时代降临之后。此时，主观价值形态的价值流通优先于经济流通。"主体性"变成了主观的认同性，传播中的传播者和受众必须是"经济主体性"和"主观主体性"两者集于一身的那种主体性。它是具有某种意志的主体，这就要求确立一种社会观，把每个人视为合法的实体，也就是今天关于社会非营利组织（NPO）讨论中所见到的那种观点。不论一个实体是不是一个公司，在知识经济社会中流通的乃是独一无二的信息，而非大批量生产的产品。传播的价值流通改变了主观价值，导致了需求创造。由于集中零星消费为大量需求，人只要活着，就不会被排除其外。满足需求又导致了供应。实现供需接近，需要创造市场，从而产生经济流通的自律性，这也就是通常所说的"起飞"。人的主观努力达到"起飞"的途径即是发展政策，而这样的机制则是关于"起飞"前发展的发展理论。上述经济流通的自律性乃是一个经济社会系统的推动力，其运行活动形成发展政策，而其运行机制则是关于"起飞"后发展的发展理论。作为个人的"生活"与作为各种关系组成的社会的"生活"两者整合，确立了一个经济社会的发展动力。"起飞前—起飞—起飞后"发展的循环往复，构成人类社会运动中的不断创新机制。

人类社会运行的推动力，即是通过这样的途径形成的，而要达到这样的途径，必须把人的主观努力同经济社会系统的推动力整合得能够保持发展—起飞—增长的持续过程。对于超越个人和作为社会的"生活"的运动机制的认识，得到了进一步的深化，从中我们可以看到"政策学"的诞生。这意味着社会科学提出了一种社会管理或者公共管理方法，使构成社会的所有主体都能做出决策。政策学关系到社会的生存及其自我管理，关系到一切形式的政策主体能否摆脱贫困和强权的压迫。人类社会管理的综合政策学起步于经济学同管理、政治学同法学以各门社会科学的整合。这是人的主体性的复活，环境问题的出现和发展恰恰是以此为基础的。

尽管经济流通是价值交换的经济推动力，但为了生活而进行的资源和能源配置仍然不外乎是对于投资所造成的物流代表的资源和能源流量的配置。资源的最优配置永远是经济学的主要课题。经济流通的结果也是旨在达到商品的最优分配和收入的最优分配。而且，人本身的生存活动所造成的物质流通变得十分巨大，导致了不能被自然的物质流通完全吸收的急剧变化。全球环境的变化已经超出了局部污染的问题，正在破坏着以人类为首的生命体生态系统的生存条件。这就是全球环境问题。要精确把握有关这一事实的信息，我们必须期待自然科学领域的成果。

对于这一发展的首先反应即是主观价值的一个转变，以及创造新的需求，把由于承认和解答上述变化而引起的各种感觉纳入价值流通之中，由此创造了对应的供给。更进一步说，必须改变供求之间的结合，使之不仅能形成新的发展，而且能改变经济流通自律性结构自身。

这就是说，必须向再生型产业结构转换，或者是向像液体流动那样的流体型经济社会系统转换。在这个第三阶段，经济学的第三个重要课题——选址或定点经验理论也发生了重大转变，向着网址和系统空间理论转换。同运输和传播相关的社会资本的配置发展为城市计划、城市布局，并进而发展为环境资产的培育、环境资本布局及经济社会系统的重构。总而言之，我们归根结底必须懂得，一个具有协调价值、有助于经济和物质的大流通的经济社会系统正在建设之中，人类社会发展的动力学必须以对上述模式的管理为中心。大循环理论认为，人类历史乃是从农本主义发展到资本主义，进而再发展到知识社会和感性主义的大循环，是由土地进到资本，由资本进到知识，由知识进到感性的大循环。上述的发展动力学正是在这样的大循环理论所论证的发展周期的基础上前进着。对于我们自己来说，重要的是在我们理解现时代的任务的同时，落后于时代的阶段结构的这种大转变的学术界，在论证中忘记了诸如此类的事情早就在理论史上出现过。只有能够创造明天的科学，而不是遥远的历史，才能说明现时代。这在任何时代都是颠扑不破的真理。

但是，讨论并不仅限于人类社会。在国际社会科学理事会最初的《生态与发展计划》中，提出了包括人类社会的全球系统；在里约热内卢会议之后的马诺斯会议上提出的环境与发展计划中，就很快扩展为全球系统管理计划。环境社会论虽然已经成为时髦用语，但其本质却被遗忘了。以人类生态论以及如何使之同人类经济和社会的理论发展相协调作为起点，我们应该承认所谓生态系统不仅指动物、植物和一般有机物的生物世界，而且也包括地球的自然界、太阳系、银河系等。必须保存多样物种及其生态的共同生存。如果不这样做，就既不可能找到同这些系统共生的途径，也不可能有作为最高生命形式物种的人类生态。在马诺斯会议上，人类生态与植物生态的共生被认为是与热带雨林所代表的森林世界和人类社会共生。如同人类社会有其独特的发展理论一样，森林的植物社会也有其自己的发展理论。只有理解了这一点，我们才能设想建立在一个两界模型基础上的资源平衡和气体平衡。这就是说，将植物的主体性与人类社会的主体性及其社会看作是对等的，从而将生态发展的共生与社会发展的共生看作是生态社会的发展。生态社会空间被置于植物和人类发展空间的系统定位的最高层来进行设计。泛灵论和原始哲学思想将在当代得到实现，而且可以说它们将作为全球系统的管理理念而重新复兴。所谓复兴不是复活，而是创新。今天，创新不仅见诸佛教，而且见诸其他宗教，尽管它们曾经创造了人类生态规范。

保证和创造人类社会发展的条件

如果人和人类社会想要创造和保证其自身生存的条件，就必须思索人将如何生活或者说人将如何继续生活的问题。因此，我们应该追问人类的生活究竟是什么。这自然要涉及从作为个人的生活走向作为类的生活，以及处于生态最高层的人类社会如何生活。由此产生了保证和创造人类社会运行的条件问题。通过建立在人类活动动力基础上的发展以及建立在人所创造的社会系统动力基础上的发展，产生了发展—起飞—增长的连续发展运动，从而保证和创造了人类社会运行的条件。如果要建立人类社会生活持续性的基础，那么生存条件和运行条件确实是两个必要条件。我们常常听到把发展与经济、经济与福利、经济与环境视为彼此冲突和否定的论调，所有这些论调无一不是建立在对过去现象或某些既得利益者的曲解的基础上的。在这个信息革命之后的传播时代，在知识社会中的生存能力的发展，乃是人的启蒙。发展概念引入西方似乎阻力重重的原因之一，在于英语词汇中的"发展、增长、启蒙"三个词之间多少有点难以区别。

音像的感性革命带来了同今天的信息和知识的内容相关的第四个问题。面对感性革命，已经没有人怀疑基于双向交流的智力启蒙（感性革命之后的一个新概念）的重要性。大循环出现了从工业化向追求感性知识转化的趋势。经济流通是通过持续发展再生的，那么，人的活动的源泉又是什么？这就提出了作为充足条件的发展条件问题。可以清楚地看到，有人从"动物本性"中去寻找人类活动的源泉，如牛津大学的增长理论教授吉恩·鲁滨孙；有人则在生物学和生态学的基础上，用更为现代的语言将之归结为宗教伦理（马克斯·韦伯）和人类精神。鲁滨孙教授把人的活动源泉说成是动物本能。韦伯把它归结为新教徒的勤勉，而孔子则强调由虔敬而产生的忠诚。在今天的生态社会发展理论中，上述两个方面都被视为一种人类生态文化。笔者想先把人的活动源泉归结为"人的健全"这个概念，然后再做进一步探讨。这是自古希腊以来所提倡的精神和肉体之间健全和谐发展的现代版，或者可以理解为在健康安泰中谋求一个家庭及其子孙繁衍的人类情感。在古罗马时代，人是作为奴隶活着的，后来又作为纳税的平民或者被雇用的劳动者生活着；而在知识时代和传播社会中，人又恢复了做出自主决定的能力，终于达到了人可以在社会中自由生活的时代。

今天，我们可以确立一条途径，使人依靠自己的努力来生活，亦即作为一个类、一个社会、一个人类社会来生活，上升到同地球共生的层次。这是在其生活的社会中利用启蒙和发展之路，人权论和主体权利理论则是其发端。然而，在另一方面，在土地等同于生产力的时代，生活秩序即是土地和水的秩序（环境不过是它的一个属性），或者说是自然力统治的秩序。在生产力是资本的时代，其秩序乃是金钱权力统治的秩序。而在生产力是知识的时代，出现了关于系统网络统治的争论。可以看到，支撑发展的社会系统的推动力的变化，随着科学技术的进步而加快了其滞后的速率。科学技术促使土地、资本和知识先后成为主角，与此同时，持续发展的速度则在加快。服务开始在经济中发挥广泛作用，经济趋向知识，又进而趋向感性化，趋向更为抽象的资产和作为人力资产的权力。经济变得更加独立于物质的东西。对于人的价值和评估愈益重要，从正统的立场来判断效益和公平的理想管理开始丧失其绝对权威，这就是起飞之后兴起的理念。

在基于人的活动的发展中，除非"人的健全得到保证"，否则智力生产不可能保持，责任和情感也无法确认。在起飞之后，我们必须把诸如效益和公平等科学理性作为系统运行的推动力。人的活动激情从其本原上说并非基于效益或者公平。觅求健全的人的活动激情导致创新，并发展为新的秩序。因此，必须确保科学的规范。在对人进行社会管理的过程中，人类社会的管理、确保人具有科学规范的健全性和发展过程中的增长、人的和谐协调，乃是我们所说的人类社会健全发展持续性的首要发展条件。从地方社会的小经济流通到一个国家的大管理，从联合国的管理到人类社会本身的管理，秩序、进步或者再发展乃是一切既存选择中的重中之重。这引导人们把生物学的或生态学的动机、精神动机抬高为人的活动源泉。由于上述新思维方式在不发达地区被人接受，努力的主观活动应运而生。显而易见，消除歧视和国家或金钱权力衰退的历史源于这样的过渡观点。

人类社会的生物生态侧面和人的精神侧面经历了这种超越泛灵论层面的大循环，生态学发展为一门同地球共生的"人类生态文化科学"。所谓人类生态文化，就是要承认动物、植物以及作为个体或种群的一切生命形态和自然流通本身皆有主观意志。因此，如果不承认它们也具有超越生物学和生态学的生态文化特性，就无从讨论同它们共生，由此产生了以"生态与发展计划"为起点的全球系统管理理论。全球系统管理理论的出发点是，如果人作为食物链顶端的物种要保存各种不同的物种，自然应该按照上述方式来思考。如果从氧气与二氧化碳平衡的观点来考虑，那么如何理解人类社会今天必须面对来自植物界的生存"大宪章"，如何推测其他物种的意志，如何同其他物种沟通等，无一不是这个领域里出现的重要研究课题。今天可以采纳的另一个途径在于鼓励一些公司本着保护工业社会中的森林和河流之目的，用间接生产力方法来建立超越再生产业结构的新地方工业社会。

实现增长的第二个条件乃是作为生态社会发展条件的生态共生。

通过这一途径，包括人类社会在内的全球社会形成一个生态社会系统的全球社会。就处于全球系统管理理论所说的生态社会顶端的人类社会而言，创造和保持上述两个条件是不可或缺的。这就意味着同由于不同的地理和历史条件而形成的以往诸多文化和文明的兴衰相比较，今天的世界必然是一种包容更加多样、更加多层面的历史、社会和环境的文化。正因为如此，社会科学组织国际联合会有理由倡导科学必须为促进一个相互发现的健全人类社会建设和发展的持续性做出努力。与"共同未来"相对应，出现了"交互未来"之说。是什么东西指导着我们在这种不同发展中选择作为进步的某种途径呢？

（选自《国外社会科学》2001 年第 2 期）

20世纪末西方生态现代化思想述评

黄英娜　叶　平[*]

一　生态现代化思想形成的原因

1972年可以说是环境政治浪潮的起点。这一年，罗马俱乐部发表了以《增长的极限》为题的报告；第一次联合国环境大会在瑞典首都斯德哥尔摩召开。从那时起，罗马俱乐部所称谓的"环境问题"开始引起世人的关注。在此后的20多年中，环境政治运动在许多方面发生了相当大的变化。

70年代初，许多西方国家还未将环境问题纳入独立的关注领域。到了70年代末期，情况发生了根本性变化。西方各国纷纷建立起专门处理环境事务的部门机构，如国家环境保护局。这些国家开始尝试用一套法律行为准则去约束人们参与环境事务的行为。在通常情况下，国家环保局和相应的环境事务机构要制定出专门的环境质量标准以及相应的环境政策，这些标准和政策对社会全体成员具有总的约束力。制定环境政策的宗旨在于，通过政策倾斜使各个不同部门达到总的环境质量目标，保证环境质量；或者通过发放污染许可证的方法，管理和监控各种不同的复杂的工业作业。这一时期，西方发达国家的环境政策基本上体现出"对政治的从属作用"这一特征。此时的主流观点认为，污染问题基本上

　＊　黄英娜，北京大学城市环境系博士研究生；叶平，哈尔滨工业大学环境与社会中心主任、教授。

可以通过事后特定的补救措施来解决。因此，当时对待环境问题所采取的典型策略是一种头痛医头、脚痛医脚的"管末控制"（end-of-pipe-control）模式。"应付治疗"是这种策略的特征。

到了 80 年代，"生态现代化"的概念在环境政治领域中出现，并迅速发展成为多元的思想论说，受到许多发达国家政府的欢迎，其原因主要体现在以下 4 个方面。

第一，70 年代末期，以罗马俱乐部提出的"增长极限论"为代表的激进的环境主义被经济衰退锁住了手脚，伴随经济衰退的是持续通货膨胀和大规模失业浪潮，社会未来的经济发展突然失去了保障。激进的环境论说为了维护它的社会可信度，不得不寻找调节经济重建与环境关注的途径，抽象地保护环境已没有出路。

第二，环境运动内部发生了重要改变。环境主义拥护者内部也越来越意识到，激进对抗的做法未必会促进环境运动向前发展。学术界开始寻求以一种实用主义方式解决环境问题的途径。因此，生态现代化概念在环境政治学与环境社会学领域中应运而生。

第三，70 年代实行的对待环境恶化采取"后期补救"措施的策略在实际管理中失败后，政府被迫去寻找新的解决环境问题的策略。生态现代化思想的宗旨，是使技术的生态负作用最小化的同时，使技术的正作用得以最大化发挥，变"后期补救"为积极的预防，确保经济增长与环境保护同步进行，这恰恰满足了政府的需求。

第四，像酸雨和臭氧层减少等其他全球环境问题的出现，也促使生态现代化论说发展起来。酸雨和臭氧空洞问题虽然未被阐述为如核灾难一般可怕，但其影响的广泛性却可以视为环境运动可能产生更深一层社会影响的基础。在这一背景下，生态现代化作为一种替代性环境理论形成并发展起来。

如此看来，生态现代化概念的产生及其思想的形成有其特定的时代背景。这一背景对生态现代化思想的形成和发展起到强大的牵引和承接作用。因此可以说，生态现代化思想与可持续发展观念一样，都是通向未来环境新纪元的必然产物。

二 西方生态现代化思想的理论倾向

阿尔伯特·威尔（Albert Weale）认为，对于生态现代化这一概念，目前尚无像凯恩斯主义之源——《就业、利息、货币通论》那样公认的权威论述，这一思想来自于多种学术观点的综合。[①] 社会学家、环境行为主义者、政治党派和行政管理者都使用了"生态现代化"这一概念，但是他们采用的不是同一方式。有些西方学者将生态现代化作为一种政治规划策略的概念做出明确界定，如乌杜·西蒙尼斯（Udo Simonis）、阿尔伯特·威尔（Albert Weale）和麦克尔·S. 安德森（Mkael S. Andersen）等，这些学者的工作促使生态现代化思想成为西欧环境政治实践的新议程。另外一些西方学者，如哈勃（Huber）、斯巴格伦和摩尔（Spaaigraren and Mol）、韦灵（Wehling）、简尼克（Janicke）、哈杰（Hajer）等，则构造了一种"生态现代化"的社会理论。他们极力主张解决生态危机的必由之路是工业社会转型。这些学者首先对生产和消费领域中处于变革中的社会实践进行分析，而后逐渐在理论上从社会学角度理解生态现代化的内涵。除此之外，还有一些学者从其他的角度对生态现代化概念进行论述，这些出自多角度的概念论述导致人们对生态现代化理论的内涵始终不能准确把握，造成了认识上的误区。因此将生态现代化论说的各派观点加以概括，并进行较为详细的分析，对于理解生态现代化的真正内涵是十分必要的。

（一）简尼克的"预防性"策略论

马丁·简尼克（Martin Janicke）是最早提出生态现代化概念的学者之一，他直接称生态现代化是使"环境问题的解决措施从补救性策略向预防性策略转化的过程"[②]。简尼克在 80 年代末的著作中，试图通过区分补救策略与预防策略来说明生态现代化与非生态现代化的不同之处。他

[①] Albert Weale, *The New Politics of Pollution*, Manchester University Press, 1992, p. 75.

[②] M. Janicke, *Staatsversagen：Die Ohnmacht der Politik in der Industriegesellschaft*, 1986, pp. 26 – 29.

首先将环境政策划分为"补救性"环境政策和"预防性"环境政策两种类型，进而又区分了两种补救策略和两种预防策略。两种补救性策略包括：（1）对环境破坏性产品和生产过程造成的环境损失给予修复或补偿，如对所造成的损失给予财政赔偿；（2）通过对环境破坏性产品与生产过程采取清洁过滤措施来消除污染，如在燃煤发电站内应用流体除硫设备以防止酸雨生成。两种预防性策略包括：（1）生态现代化通过技术创新使生产过程与产品更加适应环境的良性发展，如提高燃烧效率；（2）通过社会结构性变革或经济结构生态化促使引发环境问题的生产过程被新的生产和消费形式所替代。如改革组织结构形式，以使其更加适于拓宽能源利用范围，发展新的公共交通策略以替代私人交通形式。

但是，这一区分仅仅描述出从非生态现代化向生态现代化过渡的一个方面，因此，仅以此来定义生态现代化是远远不够的，因为它过于表面化。从简尼克的论述中我们可以看到，生态现代化的实现在很大程度上依赖于科学技术的改革过程，而并非要改变根本的社会制度，主张通过社会结构性变革促使新的更加有益于环境的生产和消费形式替代原有形式，这样可以避免激烈的社会冲突。

可以看出，简尼克对生态现代化思想内涵的论述过于表面化。虽然如此，但作为这一思想的首倡人之一，简尼克在促使这一思想的形成方面做出了很大贡献。

（二）摩尔的社会变革与生态转型论

亚瑟·摩尔（Ather J. Mol）认为，生态现代化首先是一个处理现代技术制度、市场经济体制和政府干预机制之间关系的概念。这一概念在与环境改革有关的其他社会理论的经常性争论中得以发展和提纯。这里所谓的其他理论包括乌尔里克·贝克（Ulrich Beck）的风险社会理论（Theory of Risk Society）和褒曼（Bauman）与盖尔（Gare）的后现代主义理论。

摩尔试图从环境改革与工业转型两个不同的角度塑造生态现代化的理论模型和实践模型。他认为，生态现代化作为一种社会变革理论具备如下 4 个特点。

第一，在生态现代化理论中，科学技术是实现生态改革的关键因素，而不是造成生态危机与社会混乱的罪魁祸首。

摩尔认为，生态现代化实现的前提是"科学技术发展的轨道要改变方向"。现代化进程目前正面临"反省现代性"（reflexive modernity）的挑战，同时又处于生态危机严酷肆虐的形势之下。实现生态现代化，就是要开发更加先进的环境技术，替代70年代实行的简单的"管末治理"技术。这样，不仅可以使生产过程与产品更加适应环境的良性发展，而且能够促使已不能满足生态需求的大型技术系统精简和压缩其规模。总之，现代科学技术是生态现代化得以实现的有效工具。

第二，生态现代化理论强调经济与市场动力在生态改革中日益增长的重要性，并且重视创新者、企业家和其他经济代理人在生态重建过程中所发挥的社会载体作用。

摩尔指出，生态现代化理论的这一主张先于布伦特兰的可持续发展概念，但二者主旨一致，即反对经济与生态之间势不两立的观点。事实上，经济发展和生态质量是相互依赖的，而不是不可相容的，这一点早在70年代就已澄清。摩尔认为，通过摒除经济增长与资源消耗和废弃物排放之间的必然因果联系，环境改善和经济增长可以同步进行，尽管为达到这一目的，经济增长的性质、含量、速度和地理分布都会发生根本的变化。摩尔还明确指出，现代经济制度和机制在越来越大的程度上能够按照生态理性准则进行改革，政府规定的环境保护行动与资本积累这两个要素之间并非如过去传统观点认为的那样，存在着根本性冲突；相反，通过生态化达到外在环境影响的内在成本化是生态现代化实现的经济机制之一。

第三，生态现代化与其他环境社会理论对政府的看法有所不同。

摩尔指出，生态现代化理论否认"政府在环境改革中发挥中心作用"这一传统观点，批判极端官僚主义政府在生产与消费的重新导向过程中所扮演的角色，但它并不否认政府在环境管理中的不可或缺性。在生态现代化的实现过程中，政府在环境政策决策方面所发挥的作用要发生变化，或者说不得不发生变化。因为环境政策决策的性质需要从"治疗性"和"反应性"向"预防性"和"超前性"转变，从"封闭性"向"广泛参与性"，从"中心化"向"多极化"趋势发展，并且环境政策制定要从依靠国家计划经济向依据实际社会背景进行筹划的方向转化。另外，环境重建的某些任务、责任的规定者和动机的产生来源也从政府转向市场，私有经营者也开始参与环境改革。通过实行环境质量认证和环境稽查，刺激私有经营者在环境行为方面展开竞争，从而创建生态市场（ecological market）。这样，生态现代化就可以使中央政府制定环境政策的任务降到最低限度，改变政府与社会及经济间的相互关系，防止政府成为环境极权主（Environmental Leviathan）的化身。

最后摩尔指出，生态现代化理论中政府与市场的重新定向改变了公众社会运动在生态转型过程中的地位及其所发挥的作用。

70 年代的环境运动所取得的主要成绩是把环境问题推向公众并列入政治议程，并且对技术经济发展的有限理性提出质疑。摩尔认识到，随着环境问题在政府、市场和科学技术发展中的系统化，环境运动的角色慢慢从社会发展之外的批评者转向社会内部，并逐渐涉及生态转型的独立参与者。环境运动中所产生的替代和创新思想通过在消费者群体中的广泛传播，起到了将公众支持或反对意见组织起来的作用，日益成为对现代社会进行生态重建的社会支持力量。这一点正是生态现代化所极力推崇的模式特征之一，也是西方发达国家现行的弱化生态现代化（weak ecological modernization）或技术组合主义生态现代化（techno-corpomtist modernization）所缺乏的要素。

以上是摩尔对生态现代化作为一种社会变革理论所具备的若干特点的总结。此外，他还从工业社会转型的角度，对生态现代化的实践模式进行了剖析，向人们展示了一个西方发达国家生态现代化的现实实践模型。这个模型主要以 80 年代西方发达国家的化学工业为例，对生态现代化所倡导的社会生态重建过程进行了描述。

（三）哈杰的综合性新政策论

哈杰认为，生态现代化是指为加速环境良性发展而对资本主义政治经济结构进行调整的过程。这里可以明显看出，哈杰将环境恶化定义为一种社会结构性问题，这一点表明他是从另一出发点构建生态现代化思想体系的。哈杰认为，只有对资本主义内部不合理的结构进行充分调整，才能达到环境良性发展的目的。但是他认为，可以在现行的基本的政治经济制度下达到这一目的。在哈杰的论述中，生态现代化在很大程度上体现为一种综合了其他社会要素的政治概念。他认为，生态现代化寻求社会各要素之间结构的良性整合。哈杰在他的《环境政治学论说》中对生态现代化的理论内涵进行了总结性的概括。

第一，哈杰认为，生态现代化最主要的内涵体现在政策制定策略的转变上。生态现代化要求将整合主义纳入到政策制定策略的总则当中，因而可以称其为一种综合性的新政策论说。

哈杰分析了这种策略转变的必然性。在 70 年代，传统的司法行政机构主要以"应付治疗"的补救策略为指导来制定环境政策及法律规范。随着跨国界污染的频繁发生，人们开始认识到原有的社会结构存在功能缺陷。以"管末控制"为特征的污染治理模式越来越受到来自社会各界的批评。人们日益要求环境问题从根源上、整体上得到解决。在这里，哈杰强调要认识自然的更大价值，并且坚持预防性原则。

第二，哈杰认为，科学在环境政策制定方面所扮演的角色发生了积极转变，这一点是生态现代化的重要内涵之一。

哈杰指出："过去科学的主要任务是为环境的破坏性后果提供证据，而今却日益成为政策决策过程的中心。其中，生态科学尤其是系统生态学开始发挥越来越重要的作用。科学家承担起决定自然所承载的污染等级的任务，科学的发展趋势也从本体论与认识论开始向整体论的生态自然观方向转移。"[1]

第三，哈杰指出，在微观经济层次上，生态现代化思想包含着商业利润。

哈杰指出，在生态现代化思想中，"环境保护只会增加成本"这一传统意识已让位于"防止污染有回报"这一理念。伴随 70 年代早期能源危机的发生，大量有深远影响的有关环境论说的出版物发行，为这一转变奠定了基础。80 年代中期，整个欧美的管理实践中所采取的政策决策开始向促进"低废"和"无废"技术的开发倾斜，并且引导产生"多价值审核"的观念，即衡量某一企业的成功不仅是以金钱的多少为依据，还要将能量与资源的利用率考虑进去。这样一来，用于研发预防性技术措

---

① Maarten A. Hajor, *The Politics of Environmental Discourise*, *Ecological Modernization and the Policy*, Oxford University Press, 1995, p. 25.

施的投资就取代了用于"管末治理"技术的开发及推广的投资。哈杰指出，生态现代化思想在微观经济层次上对企业形成了一种直接的约束力，即"如果一个企业不能对环境有所贡献，那么它也无资格从中索取"。

第四，哈杰又在宏观经济层次上提出，自然应被定义为一种公共商品或资源，而不是将其视为一种免费商品，可以被任意当作"污水槽"使用。在这一层次上，生态现代化寻求制止商家的经济成本对环境或第三方的外在化，也就是说，要使"外部成本"内在化。外部成本是指商家将污染排放出去，自己不支付治理的费用，从而导致外部的社会为此付出代价。如果政府通过收取排污许可费或要求对污染物进行某种处理等措施使商家为污染付出代价，则是使商家的"外部成本"内在化。

第五，环境政治学中的法规论说特征也发生了改变。其中最显著的特征之一就是举证责任（the burden of proof）发生了转移。生态现代化论说主张，涉嫌的个体污染企业应该承担举证责任，而不是由受污染方或控诉方来承担这个责任。

第六，哈杰提出，生态现代化寻求消除政府与环境运动之间存在的激烈的敌对性争论，从而避免引发根本性的社会冲突。哈杰不主张改变资本主义制度，他认为，生态现代化思想明确拒斥一些批判性社会运动论说中的"反现代"情绪。他认为，生态现代化是基于对现代技术与社会规划有能力解决所存在问题的信任的基础之上的一种政策论说。

从上述哈杰所阐述的生态现代化理论内涵中，我们可以看到，这一生态现代化模式的实现是设定在一种"技术组合主义"政体之下，即由政府、商人、改革派环境主义者和科学家组合而成的多方联合作为国家极权指挥中心，参与政策制定，并且由科学家对政策决策的依据做出权威性说明。哈杰将这种生态现代化定义为"技术—组合主义"生态现代化。

与此相对，哈杰还设想了一种"反省式"生态现代化（reflexive ecological modernization）的理想模式。他指出，反省式生态现代化是一种社会选择的民主进程，它集中于对社会秩序的讨论，并且从社会秩序的角度寻找造成环境污染的原因。反省式生态现代化模式不再以技术依据作为决策参考的权威性内容，而是要积极吸纳社会公众意见来决定采取什么样的行动和进行哪些社会实践。由此看来，反省式生态现代化主张公众参与社会政策决策讨论，并且使这一形式制度化。哈杰认为，如果要达到这一目的，需要一种新的制度安排，哈杰称其为"反省式制度安排"（reflexive institutional arrangement）。哈杰在这里所说的"反省"（reflexive）并不带有反现代特征，而是指在批判的自我意识方面发展资本主义政治经济，这与贝克在"风险社会理论"中构思的"自反性"（reflexive）是不同的。贝克使用的"自反性"术语，代表了一种社会的自我对抗或自我威胁的含义。① 而哈杰所谈到的"反省"实质上是一种理性概念，它是指对实践进行监督和评估，或者在已建立的制度常规中引入不同的意见，如公众意见。这样，我们就可以理解，反省式生态现代化实际上是技术—组合主义生态现代化的更进一步的发展形式。

（四）克里斯托弗的弱化与强化论

克里斯托弗认为，生态现代化的含义有多种解释，其中一种是狭义的、技术统治主义（technocratic）的理解方式。在这种理解方式中，生态现代化要求采用清洁生产技术和预防性环保措施，这样就绝不会在保护环境的同时制约国际经济发展的动力。而且，恰恰可以通过采取这些行之有效的环境措施，帮助工业部门运用先进的技术提高效率和获取利润。② 与此同时，也可以促进国际管理体制的理性化，逐渐增加投资规划的稳定性，并且为国际的市场渗透或控制提供便利条件。克里斯托弗将这种技术统治主义生态现代化定义为弱化的生态现代化，并且详细论述了弱化生态现代化的几个特点。

第一，弱化生态现代化强调用技术手段解决环境问题。

第二，采用技术统治—组合主义政策制定模式，即由科学界、经济界与政界精英相互合作，参与政策制定并垄断决策权。

第三，弱化生态现代化只限于对发达国家的分析，发达国家可以通过实现生态现代化增强其经济优势，而贫穷国家仍处于艰难的经济和环

---

① John Dryzek, *The Politics of the Earth: Environ-mental Discourses*, Oxford University Press, 1997, pp. 144 – 145.

② P. Christoff, *Ecological Modernization*, *Ecologi-cal Modernities. Discourses of the Environment*, edited by Eric Darier, Blackwell Publishers Ltd., Oxford, UK, 1996, pp. 110 – 111.

境条件下，致使贫富差距越来越大。

第四，弱化生态现代化试图为发达国家的政治经济发展模式套上单一封闭的框架。

克里斯托弗指出，把生态现代化作为单纯技术概念的技术统治—组合主义或弱化生态现代化的观点是不足取的，因为它丝毫未考虑到人类与生态系统间的相互作用。随后，克里斯托弗又描述了环境意识形态正在发生的转型，也可以说是生态现代化从弱化走向强化的趋势。他归纳出强化生态现代化下几个特征。

第一，社会机构组成与经济体制在广阔范围内变动，这有益于社会各界对生态的关注并迅速做出反应。

第二，采取开放、民主的政策决策模式，这样可以增加公民参与环境政策制定的机会，也能够增进各界参与者在环境方面进行真正意义上的较高水平的交流。

第三，强化生态现代化，对环境与发展问题给予全球性关注。

第四，对政治—经济—生态发展界定出一个更加广泛而不固定的概念。强化生态现代化并不限定唯一的理论框架，而是为自己提供多种可能的取向。

可以看出，强化生态现代化超越了资本主义社会，将环境关注扩展至全球范围，这是克氏的一个突出贡献。克氏所谓的强化生态现代化与哈杰的"反省式"生态现代化都强调公众参与的重要性。

在这里，克里斯托弗所划分的弱化和强化生态现代化实际上可以分别同哈杰所定义的技术组合主义和反省式生态现代化相对应。可以说，克里斯托弗恰好对哈杰的工作做了必要而有意义的补充，他的论述使哈杰所定义的"技术组合主义"生态现代化和"反省式"生态现代化的含义更加明晰。

以上是西方学术界关于生态现代化思想的几种代表性观点。这些观点之间有的彼此交叉，有的互相补充，总体而言，基本上反映了当代西方生态现代化思想的基本内涵。西方生态现代化思想的实质可以理解为在"反省式现代化"的基础上，对现代工业社会进行生态恢复和生态重建。在这里，"反省式现代化"是指，不仅要对以往的现代化成果进行反省，还要对今后的现代化进程进行监督和控制。在西方学者所倡导的生态现代化由现象到本质的揭示过程中，主要瞄准了如下几个社会要素的变革：

（1）政治：政体从组合主义到技术组合主义，再转变到公众参与决策的开放民主的政治组织形式；

（2）经济：从环境保护增加成本向获得商业利润转变；

（3）法律：举证责任从受污染方转移至污染方；

（4）社会组织结构：由现代性特征向反省现代性特征转变；

（5）科技：从补救性向预防性转变。

这5个社会要素的变革，既是社会结构的变革，也是社会基本生态观念的变革。从20世纪70年代至90年代，在西方爆发的"环境革命"引起了传统自然观、科学观、价值观和伦理观的一系列革命。越来越多的有识之士认识到现代工业社会的传统发展模式与地球生态存在方式之间的矛盾和冲突。生态现代化思想所倡导的，就是要对传统工业社会进行生态恢复和重建。生态现代化论述的主线是，面对生态问题，资本主义政治和经济需要有意识地重新定型，并采取有远见的行动，这样，经济发展和环境保护才能携手并进，互相加强。这一思想已经形成一个基本"硬核"，即从系统生态整合的角度，对生产、消费、资源消耗和污染之间相互关系的复杂途径采取谨慎分析的态度，并最终达到预测和预防生产和消费决策对环境产生不良后果的目的。从生态现代化概念演进的角度讲，就是要把"生态化"的内涵融入"现代化"概念中，再摒弃人们原有的现代化观念中一些不合理的内容，如单纯追求工业化、城市化、增加福利、利用技术工具征服自然等。德国、挪威、瑞典、荷兰等一些西方发达国家近20年来率先进行的一系列积极的改革，为其他国家和地区的社会生态恢复和重建提供了值得借鉴的经验。生态现代化思想作为环境运动中涌现出来的新生事物，在其发展的现阶段（也可以称之为初级阶段），主要要求人们对"现代化"的社会结构进行生态重构，并对生产、消费等经济过程实行生态监控。

三 合理性与局限性分析

生态现代化思想从诞生至今，不过区区20年的历史。在其发展过程中，这一思想一直处在一种开放的体系当中，有关的各方观点呈现出多元化特征，并且它的倡导者们在发展这一论说的过程中努力追求其实践的可操作性，以求达到理论逻辑与实践操作相互协调。但是就西方生态现代化理论的发展现状而言，它们仍处于方兴未艾的状态。

首先，当代西方生态现代化思想包含了几点合理因素：

第一，它完全摒弃了传统现代化观念中片面追求工业化、城市化等不合理内容，明确了生态现代化是超越工业化、走向全面合理化的社会发展过程。生态现代化思想主张对人类的现代化进程实行监控，在吸取其在经济、政治、社会组织、人类观念、生活、交往方面的合理因素的同时，把生态化和系统化概念融入其中，从而达到社会各个领域的良性整合。

第二，西方生态现代化思想拒斥经济与生态之间势不两立的立场，向传统的"环境保护与经济增长在本质上存在内在冲突"的观点提出了挑战。这一思想体系对经济学与环境要素之间的关系进行了重新定义。在新的定义中，维持环境健康发展是长远经济发展的前提条件，生态改革应以经济与市场动力的良性增长为基础要素。此外，这一思想既否定只顾眼前利益、具有十足个人主义倾向的唯经济理论和单一增长论，也反对放弃追求经济增长和反技术论等激进主张。它是人类对于环境问题的认识从"正"走向"反"之后，又走向"合"的阶段产物。

第三，这一思想采用了较为科学的分析问题和解决问题的方法，认识到环境恶化是一种社会结构性问题，指出只有调整好社会政治经济结构才能处理好这个问题。基于对环境恶化原因的科学认识，西方学者提出的解决环境问题的措施具有一定的实用性。

第四，西方生态现代化思想承认现代科学技术在实现生态改革中的关键地位，强调科学技术是实现经济生态化的主要手段。这一思想中所蕴含的"使简单的'管末治理'技术向先进的环境技术转移和以预测和预防环境风险为技术运用的主要目的"等内容具有非常积极的意义。

第五，在这一思想体系中，肯定了政府的宏观调控和社会各界广泛参与的综合效能。它主张尽量消除政府与环境运动之间存在的激烈的敌对性分歧，这一点是生态现代化思想受到西方发达国家政府的欢迎与支持的主要原因之一。

西方生态现代化思想体系相对于过去的环境论说而言，无论从对于环境问题产生根源的认识上，还是从解决生态危机的途径上，都提出了更加合理的见解。然而，80年代诞生于资本主义工业社会背景下的这一西方论说体系，不可避免地带有相当的局限性。

第一，西方学者约翰·德雷泽（John Dryek）就曾指出，当前西方生态现代化论说中所包含的系统概念是不完全的[①]，因为它仍然把自然系统看成人类经济的附属物。自然仍被定义在一种商品或资源和废物处理器等工具地位之上，只承认自然的工具价值，不理会自然的内在价值。并且，政府、商人、环境主义者和科学家相互合作的伙伴关系的基础背景，仍然是将整个自然界置于受人类思想和欲望支配的位置上，并未改变当代人不公正地对待自然，实际上也是不公正地对待后人的局面。这说明，西方生态现代化思想在注重塑造实用主义现实模型的同时，忽略了在伦理价值观念方面的提升，致使这一思想缺乏正确的价值观念作为指导原则，因而未能摆脱极端人类中心主义思想的束缚。

第二，在当前西方生态现代化论说体系中，"生态现代化"这一概念界定的范围过于狭窄，缺乏全球公正性。西方学者提出"生态现代化"的目的，是引导资本主义走向环境开明的新纪元，而面对第三世界国家应选择何种道路，以及应该如何确立其生态现代化方案等问题，则完全持缄默态度。并且，西方发达国家为达到自己的"生态现代化"之目的，对欠发达国家实行转移肮脏工业、输出垃圾、廉价掠夺资源等"生态殖民主义"政策，这严重违背了政治生态伦理规范中最基本的公正原则。这种以他国的生态灾难换取本国的"生态现代化"的操作方式势必会引起全球整体生态环境质量的更加恶化，因此西方倡导的这种资本主义内部的"生态现代化"并不是真正意义上的生态现代化，它不符合生态科学所强调的"整体性"规律。

此外，西方生态现代化论说没有考虑到全球各地区发展的不平衡，对于实施生态现代化的具体措施、评价标准与指标体系，缺乏具体问题具体分析的态度。生态现代化作为一种对社会合理化发展模式的规划，

---

① P. Christoff, *Ecological Modernization*, *Ecological Modernities. Discourses of the Environment*, edited by Eric Darier, Blackwell Publishers Ltd., Oxford, UK, 1996, pp. 110-111.

它的实现需要一个过程。对于拥有不同发展水平的国家，应有不同的概念指标和实施尺度与之相适应。而在西方生态现代化论说中，并没有对此进行专门深入的探讨，不能不说是一个缺陷。

总体来看，萌芽于 80 年代初，发轫于 90 年代的西方生态现代化思想，已经成为西方社会第三次环境浪潮中诞生的一股颇具影响力的思潮。虽然客观上还存在一些不足之处，但它所包含的积极成分足以供我们借鉴，例如，摒弃传统现代化观念中单纯追求工业化、城市化和高福利的不合理因素；追求工业生态化、城市生态化和可持续发展的现代化；对待环境问题采取科学分析的态度，并主张从根源上消除环境恶化，以"预防性"策略代替"补救性"策略；肯定政府的宏观调控和公众参与的重要性，以及科学技术在生态改革中可以发挥的关键作用等。所有这些积极因素正是我国在进行社会主义经济建设中要达到环境与经济协调发展这一目标所应借鉴的要素。

（选自《国外社会科学》2001 年第 4 期）

论经济学和生态学之间的张力

[美] 小约翰·B. 科布　曲跃厚[*]译

一

尽管当今人类面临着许许多多的问题，但我相信，最根本的是必须处理好经济学和生态学之间的张力。这是颇具讽刺意义的，因为这两个语词的本来意义是很难区分的。它们都起源于希腊文 OiKos，其意义是家务（household）。生态学是家务的逻各斯（Logos），经济学则是家务的规则（Nomos）。Logos 可以被译为理性（reason），Nomos 则可以被译为规律（law），但它们的内涵是重叠的。然而，生态学现在的意指和经济学的意指却是很不一致的。

今天，当我们想到生态学的时候，首先想到的是生态圈，主要是指自然环境。当我们想到经济学的时候，我们想到的是人的生产、交换以及消费和服务。如此对待这两个论题，它们便很难相互衔接，这正是问题之所在。我们需要一个健康的自然环境作为我们生活的环境，我们也需要生产、交换、消费和服务。但正是因为我们两者都需要，当我们专注某一方面而忽视另一方面的时候，便可能会有某种灾难。

实际上，至少是在过去的半个世纪，人们的注意力完全集中到了经济学上。人们论证的一直是如何增加生产、交换、消费和服务。某些经

---

* 曲跃厚，天津军事交通学院政治教研室教授，美国加州克莱尔蒙特过程研究中心高级访问学者。

济学家论证到，一种集权的官僚体制可以最有效地计划经济的增长。另一些人则断言，一种摆脱了政府干预的市场将加快经济增长。大多数经济学实际上具有两方面的要素，但事实证明，在总体上给企业以更多的自由更为有效。经济学家之间的这一总体性的争论已经假定了自然资源是无限的。在西方，在新自由义经济学中占统治地位的学派往往十分明确地表明了这一点。它相信，技术进步将解决任何由自然资源短缺造成的问题，增长没有极限。增长得越快，生产、交换和消费就越好。因为市场的扩大加快了经济的增长，理想的状况是一种单一的全球市场。我们无须根据公共政策来讨论环境问题，因为市场将关照它们。例如，随着石油涨价，其他能源（它们现在更值钱了）将成为竞争对手，然后它们将被广泛利用。

那些从生态学角度看世界的人看待事物的方式则完全不同。他们认为，人类正在消费越来越多的世界上总的自然资源。根据某些统计，野生物种正变得更加稀少或者已经消失。许多物种只能通过人的保护才能幸存。石油（它使得如此多的经济增长成为可能）在几十年的时间里将变得稀缺和昂贵。淡水在世界的许多地方已经变得不足。水产业正在衰落。农业生产将不再能够满足需要。空气、水和土壤正在受到污染。气候变暖导致日益频繁的暴风雨和更加变化无常的天气。那些如此看待事物的人极力主张，我们至少应该致力于讨论稀有资源、减少污染以及那些将使我们进入一种后石油经济时代的技术创新。

迄今为止，经济学家是胜利者。尽管所有社会都对生态学家做出了某些让步，但这些让步的前提是不会在经济上付出太大的代价。经济增长是社会的组织原则，教育体系只是为其服务的。我们主要是根据国家在其政策下有了多快的增长来判断一个政府。经济学家在西方更加成功的一个理由是，经济增长带来的利益是眼前的，而它所强加的代价则主要是未来的。生态学家警告说，在未来的 20 年中，我们以石油为基础的农业将不再发挥作用。但正是在现在，对大公司来说（如果不是对大多数农场主来说的话），控制它是很有利，石油便宜了，我们才能继续用以石油为基础的农业取代传统农业。但大多数经济学家鼓励人们相信，新的技术对休闲给予了道德的支持。经济学家的成功和生态学家的软弱的另一个理由是，和大多数人的思维方式一样，经济学家的思维方式是现代的。现代理性已经分化为不同的思维王国。在大学里，我们谈论的是众多的学科，一个学科可能借助于另一个学科，但在根本上，每一个学科又都是独立的。它发展了它所研究的其自身世界的模式以及其自身的研究方法，它并不干涉其他学科的工作，并拒绝外界干涉其自身的工作。在一个学科中所做的工作乃是技术理性。在技术理性的领域中，现代性一直是至高无上的。经济学便是那些最成功的科学之一，它发展了一种人类模式并具备了这种模式（它在自我设定的界限中是卓有成效和令人信服的）的各种方法。它是一项卓越的现代研究，而且和那些在现代大学中所教授的东西交流得很好。这种经济人（homoeconomicus）的模式以及经济学家的工作纯粹是现代的。经济学中所讨论的人是一些自给自足的个人，他们与其他个人的关系乃是市场交易的关系。因此，按照这种经济理论的观点，它并没有考察自然界的严重退化问题。

生态学家研究问题的方法则完全不同。作为关注我们的这个活生生的世界的研究者，他们发现，现代性之分化的和线性的思维并不怎么好。在这种分化的方式中，他们能研究昏迷中的老鼠和实验室中个别动物的行为，他们能解剖兔子并研究它们的组织，但这并没有告诉他们多少发生在自然界的生活方式。在自然界，动物的每一个物种都和其他物种以及构成生态系统的植物相互作用，每一个有机体的行为都深受其永远变化着的环境的影响。当我们开始意识到这一点时，我们也开始认识到了人的环境之退化的历史。我们知道，我们的许多沙漠是由于过度放牧而形成的。古代的城市之所以被废弃是因为灌溉导致土壤的盐碱化，乱砍滥伐使泉水和河流干涸，并引起大规模的腐蚀。我们面临着这样一种现实的可能性，即我们现在的文明在根本上是不可持续的。

因此，经济学家和生态学家之间的争论乃是一种现代主义者和后现代主义者之间的争论。因为我们仍生活在现代，生态学家受到了必须根据现代主义的术语来证明他们有理的限制。他们必须做出特殊的预测，而且事件的过程常常证明他们错了。有一个著名的例子，其中，一位生态学家保罗·埃里利克（Paul Erilick）与一位经济学家朱利安西·蒙（Jilian Simon）就稀有材料的价格是否会在一定时期内上涨的问题打赌。这位经济学家预测它们会下降，并被证明为是正确的。埃里利克把他的预测建立在他的这样一个正确估价上，即人口将增长，需求甚至增长得更快，而且需要有更多的原材料。上述经济学家更深刻地理解了增长的需求如何会刺激增长的生长以及生产者如何会更加竞相销售其产品。和马尔萨斯相反，经济学家一再被历史证明为是正确的，在其预测中，食品生产将比人口繁衍增长得更快。他们对技术和市场的信念似乎已经被反复证明为是正确的。

此外，生态学家还在一个更为根本的层次上确信，经济学家们错了。他们认为，经济学家不去考察历史和现实的细节就规划了过去到无限的未来的各种战略模式。生态学家则确信，这些模式（它们是在人类经济很少与自然界相关的时候制定的）将随着关系的变化而破裂。他们指出了过去在食品生产问题上的各种技术办法的高昂的社会代价和生态代价，如绿色革命以及因石油稀缺而造成的不可持续性。通过基因控制手段的技术办法将在损害他人的情况下解决一些问题，整个系统越来越不稳定了。海水淡化并把它灌入土地的技术办法要消耗如此多的能源，以致其相关性降到了最低程度。因此，必须有一种新的思维方式，即一种把食品生产置于更广泛的生态背景和社会背景之中，并包括了思考这种生产如何才能降低对食品的需求的思维方式。鼓励降低消费，直接削弱了经济学家在无尽的增长中的利益。

二

实际上，在当代的争论中还有重要的第三种声音，这就是谈论公平的声音。我们在上面已经提到，共同体在新自由主义经济思想中是没有价值的。但是，即使我们认为人是只在市场中相关的个体，我们也可以问，市场是如何分配其商品和服务的呢？它分配得公平吗？在现代性之分化了的思想界中，这一问题属于政治理论而非经济理论。但是，既然我们转交给经济秩序以如此之多的权力，我们就需要提出这个问题。答案是，市场的力量在于它促进了增长，而增长如何被分配并不是经济学家们关心的问题。经验的和历史的事实在于，市场对富人比对穷人更有利，并倾向于把财富集中到越来越少的人的手中。结果，经济中的大多数增长都集中到了富人那里。争论的问题是，穷人是否都受益了？增长的某些倡导者们接受了缓慢下沉（the trickle down theory）的理论。他们确信，随着越来越多的增长，某些利益会自动地落到穷人头上。某些人论证到，因市场而引起的长期的不平等会在一定阶段内减少，经济增长将导致平等。

那些持这种乐观主义观点的人提到了西欧的历史。无疑，在工人受到残酷剥削以后的一定时期，情况会发生变化。在 20 世纪 60 年代，欧洲工人享受了工业发展和经济增长的果实。贫富之间的差距明显地缩小了。人们可能会说，公平胜利了。

然而，这并非只是市场的结果。工人组织起来了，并斗争了几十年才在政治决策中有了发言权。立法机关确立了最低工资和福利待遇，税收对重新分配财富起到了作用。当然，没有高水平的国民生产，财富是不可能被用来分配的。但把市场描述成一种公平分配的动因，却并不真实。

市场以其他方式所起的作用可以在最近看到。在 60 年代到 70 年代，美国曾趋向于减少贫困。对许多工人来说，工资增加了，但使市场摆脱政治强制的压力也增加了。随着罗纳德·里根的当选，这些压力成了动力。政府坚定了其减少贫困、支持工人的政策。通过和加拿大及墨西哥之间的自由贸易协定，它扩大了市场。这一切既是由于经济增长造成的，也是由于日益增长的不平等造成的。尽管经济学家对此还有争议，但显而易见的是，市场为穷人做得很少。

的确，我相信，市场使穷人的状况更加恶化。在美国，在过去的 25 年中，工人家庭只能通过延长工作时间来维持其生活标准。人们曾经假定，如果一个拥有一份普通工作的男人就可养活其妻子和孩子，现在的标准则是双份的收入。无疑，父母对孩子的关心减少了，而且具有某些负面的社会后果。当然，家庭可能有了许多以前没有的设施，但很难说生活标准是提高了还是下降了。现在有更多的人从事更长时间的工作，且每小时的收入更少，这是不争的事实。

三

特别是从第二次世界大战以来，世界一直把希望寄托于经济增长上。这种寄托受到了生态学家的思想的挑战。他们在 70 年代就论证到，最重要的目标必须是可持续性，否则当达到增长的极限时，整个人类将被卷入一场由可怕的破坏而导致的灾难之中。一个可持续的社会应该是一个人口不再增长，而且商品以这样一种方式进行分配的社会，即所有的人都能为了一种体面的生活而满足其最低的需要。

显然，这里有一个尖锐的矛盾。那些为了不断的快速增长而制定的政策和那些为了可持续性而制定的政策被视为是完全对立的。联合国于1992年在里约热内卢召开了一次会议。在此次会议上，就产生了这种冲突。乔治·布什领导下的美国政府确信，这次会议并没有离开通过全球化而承诺经济增长的轨道，它通过使用"可持续的"这个语词来修饰"发展"，并把发展主要解释为经济增长。

即使如此，形容词"可持续的"作为对增长的一种修饰还是有某种效果的。例如，世界银行对它所支持的经济发展的形式给予了更多的注意，许多国家的政府对它所包括的内容给予了更多的思考，许多人近来也愿意致力于减少碳污染以延缓全球变暖的过程了。然而，美国政府却对它所承诺的可持续增长提供了很少的而且只是口头上的服务。幸运的是，一些有助于维护美国国内环境质量的商品法规和政策事实上已经发挥了作用。但是，美国仍在致力于以各种方式（实际上导致了生态破坏）减少贸易障碍。甚至在美国国内，公司的说客有时也能成功地削弱我们现在所知道的这种环境保护。利润而非可持续性，乃是一些商人和许多政治领袖的主要关注点。

在里约热内卢附近，有一个非官方的非政府组织会议。某些人致力于关注一些常常是很局部的环境问题，另一些人则代表了工人和农民。某些人关心特殊的种族集团或代表了第四世界群体的利益，另一些人则还在承诺所有人的人权。这些群体发现，撇开其区别，它们在统治全球经济的跨国公司里有一个共同的敌人。这些公司受到了布雷顿森林体系会议机构，即世界银行和国际货币基金组织的支持，而且它们强求全世界的负债国进行结构调整。这种为增长而设计的整个体系有利于大公司和对工人、农民及自然环境的剥夺。人权到处都受到了践踏。

在里约热内卢会议之前，反对公司统治经济全球化的不同声音似乎是彼此相抵触的。农民的利益和工人的利益是不同的，而且两个群体都怀疑中产阶级的环境主义者。只要能调和这些利益，就能确保公司的胜利。但是，在里约热内卢建立了一整套新的联系。从那时起，在面对全球共同体的问题时，才有可能谈论一种非政府组织的观点。而且，这种观点更多地反映了可持续社会的宗旨，而非可持续增长的宗旨。

最近，非政府组织运动发动了反对布雷顿森林体系会议政策的大规模示威活动，许多美国人参加了反对设在西雅图的世界贸易组织（WTO）的示威活动，表明了工会与环境主义者之间的合作。由于第一世界和第三世界的代表对世界贸易组织还有一些异议，示威者成功了，而会议却失败了。后来在华盛顿、魁北克、布拉格和日内瓦的示威则遇到了日益增加的政府压力。它们只取得了有限的成功，但它们迫使世界看到，我们的全球领袖们的政策受到了许多民众的严正拒绝。

我们的领袖们倡导的是占统治地位的经济理论，这种理论认为，市场越大，政府干预得越少，财富创造得就越快。它假定，财富的这种快速增长将有利于所有的人。我是那些支持可持续社会而非可持续增长的人之一。如果所追求的增长真的是可持续的，我也许没有异议，因为这种增长属于一个可持续的社会。真正的可持续的增长是可以在再生资源的极限中实现的。我们不能以超过其再生的速度捕捞一个鱼种，我们也不能砍伐树木比种植树木还快。而且，我们不能降低我们开采的东西的质量。海洋和森林的健康发展应该得到维护。至于不可再生的资源，我们应该尽可能少而慢地使用它们，并随着我们的进步开发各种替代品。

但情况远非如此。那种受占统治地位的政策支持的增长已经不仅在地区，而且在全球范围内灭绝了一定种类的鱼种。它用单种栽培代替了自然森林，并通过腐蚀引起了大量水土流失，这不是可持续的增长。与此同时，它使许多人走出森林并改变了其原住民的习惯。它还迫使农民离开土地，付给劳工很少的生活费，使穷人更加无权了。另一方面，它又建造了巨大的建筑，为世界上约 1/4 的有钱人生产了大量的物品，使他们到全球旅游更加容易，并使其生活更加舒适，甚至奢侈。它还在许多其他人面前承诺，他们能分享这些富裕。它论证说，这是无可选择的。进而，它以另一种方式来看待可持续性。随着某些鱼种被大量捕捞，并成为不可利用的，其他的东西则丰产了。人工渔场代替了野生环境，基因技术也许能增加鱼的尺寸，只要技术能够走在自然滑坡的前面。它假定，渔业丰产是可增长的。如果不行的话，其他食品也会代替鱼。这种可持续增长允许无限制的替代，只要人的营养需求能得到满足。因此，作为经济活动之增长的增长仍然是无限的。

那些关注生态的人则怀疑这种可能性。健康的海洋和适当的土壤的替代物并不像各种形式的金属的替代物那样容易获得，甚至代替石油的另一种形式的能源也比经济学家认识到的要困难得多。此外，用一种人工环境代替自然环境对我们大家来说似乎也是一个巨大的损失。在我看来，经济学和生态学之间的关系乃是我们人类今天面临的最重要的问题。如果经济学家是正确的，那么我们的所有子孙都会有一个繁荣的未来，所有的人（甚至最穷的人）都会得到大量的商品和服务；如果生态学家是正确的，那么继续我们现在的过程就是一张灾难的处方。穷人将首先受到短缺和污染的负面影响，甚至富人也将生活在一个资源枯竭和无人的世界中。

无疑，真理也许就在两者之间的某个地方。但我必须承认，我的判断更接近于生态学家。中国也许能找到一条走出由于经济学和生态学理论与实践碰撞而产生的两难困境之路，甚至中国能引领整个世界。

（选自《国外社会科学》2002 年第 4 期）

可持续发展：定义、原则和政策[*]

[美] 赫曼·戴利 马季方[**]译

引　言

我首先介绍关于可持续性的两个截然不同的观念（基于效用和基于生产能力[①]），并解释我为什么反对前者，赞同后者。其后我将描述一下目前人们对发展概念的理解（全球一体化所带来的 GDP 增长），解释为什么它与可持续性相互矛盾，也与比较优势的前提相互冲突。然后，我全面阐述将生产能力的概念引入到经济学理论中的必要性，指出微观和宏观经济学因忽视了这个概念而引起的不利后果。最后我根据一种更为完备的经济学理论，思考了一些与可持续发展有关的政策含义，这些政策，如生态税改革或生产能力的最高限额和贸易限制，都是基于节约优先的原则，而非效率优先的原则。

一　定义

在"可持续"发展中，究竟什么应该是持续的？一般有以下两种

---

　　* 赫曼·戴利，美国马里兰大学教授，是世界银行环境经济学家，本文系作者于 2000 年 4 月 30 日在世界银行"世界发展月"特别系列讲座上的报告，并授权译者译成中文发表。
　　** 马季方，中国社会科学院文献信息中心副审。
　　① 本文中的"生产能力"的英文 throughput 是作者试图推介的一种新的经济学概念，有别于传统意义上的"生产能力"。——译者

答案。

第一，效用应该是持续的，即未来世代的效用将不会下降，就效用而言，未来至少应该和现在一样富裕或者幸福。效用在此指的是代内成员的人均效用。

第二，物质的生产能力应该是持续的，即从自然而来，经过经济活动又返回自然这样一个熵的物质流不会下降。更确切地说，生态系统保持这些循环的能力是不会衰竭的，自然资本将保持不变。就可得到的生物物理资源以及生态系统所提供的服务而言，未来至少将享有和现在相同的福利。生产能力在此指的是社区在一定时期内的总的生产能力的流量（即人均生产能力与人口的乘积）。

这是可持续性的两个截然不同的概念。在传统经济学中，效用是一个基本概念，尽管肯尼思·伯尔丁和 N. 勒根的大力推介，生产能力仍不是经济学中的基本概念，因而效用概念一直占主导地位就不足为奇了。

尽管如此，我仍采用生产能力的概念而摒弃效用的概念，理由有二：其一，效用是不可计量的；其二，也是更重要的一点，即便效用是可计量的，我们仍不能将它留传未来。效用是一种经验，不是一件物品，我们无法将效用或者是幸福留传给未来世代。我们可以给他们留下物品，在一定程度上也可以给他们留下知识，至于未来世代用这些馈赠得到的是幸福还是不幸，则不在我们的控制之中。对于我来说，将可持续性界定为代际间不会减少的馈赠，而且是一些既不可计量又不可留传的东西，是毫无益处的。在此我必须说明的是，我仍认为效用是经济学理论中不可或缺的概念，我只是认为生产能力这个概念更能够表现可持续性的内涵。

生产能力的方式是用一些在代际间更可计量和更可传递的东西来解释可持续性——用以产生取之自然、用之自然的熵的生产能力。而且，这种生产能力是我们赖以生存和生产的新陈代谢的循环。从物理层面上看，经济是由物质组成的——包括具有人类躯体的人口、牲畜、机器、建筑物和手工艺品。所有这些物质都是物理学家所称谓的"消耗性结构"，是由来自自然界的生产能力所维系的，可以对抗熵的力量。动物想要维系其生命和组织结构，必须以新陈代谢的方式通过消化道来进行。所有的消耗性结构及其总和——人类经济，莫不如此。

经济学家非常青睐经济活动中循环流动的观点，它源于威廉姆·哈维于 1628 年发现的血液循环现象，被重农主义者所发扬光大，在所有的经济学教科书的第一章中不断被复制。对于经济学家而言，消化道远不如循环系统具有启迪性。若是具备循环系统而不具备消化道的动物真的可以生存，它只能是一台永动机，生态学家不相信永动机的存在，而经济学家则似乎更愿意相信。

将生产能力的概念引入到经济学的基本原理中并非是使经济学简化为物理学，但是它确实促使人们认识到物理学定律对经济学的限制。可持续性体现了长久性和代际公正的价值，同时也承认死亡和有限性。可持续发展不是宗教，尽管有人对它顶礼膜拜。由于大部分生产能力都是不可再生资源，因而我们的经济的预期寿命要比宇宙的寿命短得多。就长久性而言，可持续性需要人们更加依赖生产能力中的可再生部分，并且愿意将不可再生部分与未来世代共享。当然，如果生活得不幸福，长寿并非什么幸事，因而我们必须通过提供一个必要的基准条件来给予这个以效用定义的可持续性应有的含义，即我以后将采用的以生产能力定义的可持续性，而不再赘述用效用定义的概念了。

描述了"可持续的"之后，让我们来回顾一下"发展"。发展也许更多地被解释为生产能力的人均更大效用，而增长则被界定为更多的生产能力。但是由于目前的经济学理论缺乏生产能力这一概念，我们一般将发展简单地等同于 GDP 的增长，而 GDP 这个价值指数将生产能力和效用两者的变化结果混为一谈。增长中增值的大部分分给了穷人，或慢慢流向底层，这种期望是人们最经常描述的发展的一个更高条件。然而，任何一项贫富间 GDP 的重新分配的重要政策都会遭到反对，因为这被认为是阻碍 GDP 增长的"阶级福利"。而且，任何将 GDP 从私人物品转为公共物品的改变（所有人都受益，包括穷人）通常会被斥责为政府对市场经济的干预——即便人们深知，市场经济不会产生公共物品。我们被告之，水涨船高，增长所带来的利益最终将惠及穷人。发展的关键仍是总量增长，而目前通行的观点认为，总量增长的关键是全球经济一体化——自由贸易和资本自由流通。出口导向的发展被认为是唯一的选择，人们不再提及进口替代。

"发展即全球增长"这一理论或思想会行得通吗？我表示怀疑，原因有二，其一与环境的可持续性有关，其二与社会公平相关。

（1）超越了生态所能承载的极限会迅速将"经济的增长"变为"非经济的增长"，即成本高于效益的生产能力的增长将使我们更加贫困而非更加富有。宏观经济学并不包罗万象，它只涵盖了整体（即生态系统）的一部分。尽管宏观经济学延伸到了物理学层面（生产能力），但它并没有延伸到无限的虚无。它延伸并侵占到了有限的生态系统，因而产生了因抢占自然资本和服务而获得的机会成本。这些机会成本（消耗、污染、生态系统的服务丧失）可能，而且经常要大于由于生产能力之增长所产生的额外生产收益。对此我们没有绝对的把握，因为我们计算的只是收益，而不是成本。我们的确计算了成本所必需的令人遗憾的防卫性支出，但是它却被计入 GDP，而不是从 GDP 中扣除。

（2）即便增长不需要环境成本，我们所谓的部分贫困和幸福是相对收入的函数而非绝对收入的函数，即不平等分配的社会条件的函数。增长不可能增加所有人的相对收入。只要贫困或幸福是相对收入的一个函数，增长就无力影响它。当增长的利润更多地用来满足（富裕国家的）相对需求而不是满足（贫困国家的）绝对需求时，就必须考虑上述因素。但是，如果反贫困的政策就是全球增长，那么就不能忽视旨在增加富人福利的增长的功效。

难道我是在表明财富与福利无关，我们应当接受贫困？否！财富多当然比财富少要好，问题是增长会增加净财富吗？我们如何知道生产能力的增加，甚或 GDP 的增加不会使不幸大于幸福？不会使我们更加贫困而不是更加富有？当人们在生产能力的产出一端进行污染，在投入一端进行消耗时，不幸便积累起来。在经济学理论中忽视生产能力导致了将消耗和污染当作"意外的"外部成本（如果这些成本能够被认识到）。使生产能力成为经济学理论的一个基本概念会使我们认识到，不幸必然伴随幸福而生，当不断增长的生产能力所产生的不幸大于幸福时，增长就变成非经济的了。由于宏观经济学中缺少生产能力的概念，因而"非经济的增长"的概念在宏观经济学中也不会有什么意义。

富裕国家的增长很有可能是非经济的，而穷国的 GDP 增长主要集中在吃饭、穿衣和住房方面，很可能仍然是经济的。吃饭、穿衣和住房是人类绝对必需的，不是不会带来福利的自动抵消的相对需求。这是千真万确的，虽然有些穷国也十分擅长自欺欺人，将自然资本的损耗（开矿、打井、伐木、捕鱼、开垦）也算作希克斯（Hicksian）① 收入。人们也许合法地提倡限制富裕国家（越来越不经济的）的增长，将资源集中用于贫困国家（尚还经济的）的增长上。

国际货币基金组织、世界贸易组织和世界银行的现行政策完全不是为了减少富国的非经济增长，为穷国的经济增长提供空间。非经济的增长这一概念还不为人们所认可。相反，全球化的前景要求富国加速发展，以便为穷国提供可供出口的市场。人们认为，穷国的唯一选择是向富国出口产品，为达此目标，必须接受能生产迎合富国高品质需求的公司的投资。其结果是，偿还这些外债使得它们的经济更加趋向出口型，也使债权国面临着许多风险，如国际资本流通的不稳定、汇率的波动、无法清偿的债务，以及同世界顶级公司的激烈竞争。

全球的经济都必须围绕着这个政策运转，因为如果富国没有足够的增长速度，它们就无法有足够的资金投向穷国，也无法有多余的收入来购买穷国出口的产品。

宏观经济学家竟然无力察觉"非经济的增长"现象，令人十分奇怪，因为宏观经济学的任务不外乎找到每一宏观活动的最佳限度。所谓最佳，就是超过了某一点，进一步的增长就是非经济的了。微观经济学中最佳化的基本规则是，增长的最大极限是边际成本等于边际效益，这被形象地称为"何时停止"规则——何时停止增长。而宏观经济学却没有"何时停止"规则，GDP 被认为可以永远增长下去。理由是，宏观经济的增长不会侵占任何东西，因而也不会发生任何限制增长的机会成本。相反，微观经济部分会延伸到宏观经济中，与其他微观经济活动争夺资源，因而会产生机会成本。然而，宏观经济被认为是向无限的虚无增长的，永远不会侵占和替代任何具有价值的东西。需要强调的一点是，宏观经济学也是更大的有限的整体（即生态系统）的一部分。相对于承载其的生态系统而言，宏观经济的最佳规模是一个至关重要的问题，而宏观经济

① 英国著名经济学家希克斯把一般均衡理论运用于宏观分析领域，提出了 IS—LM 模型，对现代收入决定理论做出了新的解释。希克斯收入即指由 IS—LM 模型所决定的国民收入。——译者

学对此却一直视而不见。这种对增长规模的成本的无视在很大程度上是忽视生产能力的后果，并导致了生态的不可持续性问题。

二　全球一体化带来的增长：比较优势和绝对优势及相关疑惑

在时下出口导向型增长的思想指导下，穷国最不应当做的事情就是为自己生产任何产品。今天，任何有关进口替代的话题都会遭到被滥用和被曲解了的比较优势的论调的攻击。就其前提而言，比较优势的逻辑是无懈可击的，但不幸的是，其前提之一（如李嘉图所强调的那样）是资本在国家间的不流通。当资本流通时（而且事实确实如此），我们进入了一个绝对优势的世界，这个世界无疑仍存在着由专门化和贸易所带来的全球性利润。然而与比较优势的状况不同，现在不再是每一个国家都肯定能从自由贸易中获益。要走出这个困境，必须大力限制国际资本的流动，从而使比较优势更加安全。另一个出路是，对从绝对优势的贸易中获取的全球利润进行国际再分配。从理论上讲，从绝对优势专门化获取的利润甚至可以比从比较优势状况下获得的利润更丰厚，因为我们可以摆脱对资本家利润最大化的限制，即摆脱资本的国际不流通性。但是绝对优势有政治上的弊端，因为它不再保证自由贸易会使所有国家都受惠。那么国际货币基金组织采用哪种解决方法呢？是由资本的不流动带来的比较优势，还是重新分配利润以补偿损失的绝对优势？两个都不是，它们不愿承认存在着矛盾。它们既推行以比较优势为基础的自由贸易，又鼓励国际资本的自由流通。这是自相矛盾的。

在一个经济一体化的社会中，存在着自由贸易和资本的自由流通，有着越来越自由（或者至少是不加限制）的人口流动，因而很难将穷国的增长与富国的增长截然分开，因为国界在经济上越来越没有意义。只有发展的方式更加以国家为基础，我们才能说，增长会在某些国家继续，而会在另一些国家停止。但是全球化的三巨头——国际货币基金组织、世界贸易组织和世界银行都不这么认为，它们只是一味地推动全球 GDP 的继续增长，非经济增长的概念根本进入不了它们的思维。而且，它们世界主义的指导思想也根本不将国家视为社区和政策的基本单位，尽管它们在其成立宪章中都将国际货币基金组织和世界银行界定为国家联盟。

三　宏观经济学中被忽视的
生产能力：GDP 和增值

如前所述，生产能力和相对于生态系统而言的宏观经济规模这些概念在经济学中尚不为人熟知，因而我们暂且回到我们所熟悉的 GDP 和增值等概念，然后从这条熟悉的路径探究生产能力的概念。经济学家们将GDP 界定为在生产过程中由劳动和资本带来的增值的总额，但是被增加的价值究竟是什么，人们很少关注。在我们探讨这个问题之前，让我们先看看增值本身。

在每一个生产过程中，增值是同时被创造和分配的。因而经济学家认为，不存在单纯根据道德原则进行分配的 GDP "大蛋糕"。正如肯尼思·伯尔丁所形容的那样，不存在大蛋糕，只有许多小的"蛋糕块"，这些"蛋糕块"包含了不同的人和国家的增加值，又由统计学家无意间加总成为一个根本不存在的、作为一个不可分割整体的抽象的"大蛋糕"。如果想要重新分配这个想象中的"大蛋糕"，人们应当企求于那些烘制了较大蛋糕块的人们的慷慨，以分给烘制较小蛋糕块的人们各一杯羹，而不是使用一些招致不满的言论，如人们对想象中的共同遗产的平等参与。

我对上述观点颇为赞同，但是它忽略了一些重要问题。

在我们片面强调增值的时候，我们经济学家忽略了互相关联的范畴（即生产能力）："价值被附加到了哪里"。由劳动和资本所产生的"增值"必须附加到某物上，因而那个某物的质量和数量是十分重要的。一种真实而重要的感觉是，自然界初始的贡献确实是一个"大蛋糕"，是一个先存在的、系统的整体，是我们所有人都可以共享的遗产。它不是我们每个人烘制的蛋糕块的总和，而是种子、土壤、阳光和雨水，孕育了小麦和苹果的生长，使我们得以通过我们的劳动和资本使之转化成蛋糕块。要求平等地获取自然界的馈赠不同于觊觎我们邻居通过他自己的劳动和节俭获得的财产。因此，我们要求将收入重新分配给穷人的着眼点放在自然贡献的价值，即生产能力的初始价值上，以便通过劳动和资本获得更多的价值。

四　微观经济学忽视生产能力：生产函数

但是即便在我们非常容易理解的生产的物理过程中，也存在着缺陷。新古典经济学中的生产函数至少和国民核算中的概念相一致，即 GDP 是通过劳动和资本所产生的增值的总和，因为他们通常将产出仅仅当成两种投入——劳动和资本——的函数。换言之，在生产中由劳动和资本生成的增值没有被附加到任何东西上，甚至包括没有任何价值的中性物质上。但是价值不可能不附加到某物上，它也不可能附加到灰烬、尘埃、锈迹和消散到海洋和大气中的热能上。生产能力的熵值越低，它得到由劳动和资本所附加的价值特征的能力就越强。由于人类活动不能够产生低熵，因而从严格意义上讲，我们完全依赖于自然这个终极的资源，它既是我们赖以生存的，又是我们创造的。任何忽视对生产能力的根本依赖的生产理论都会严重地导致人们误入歧途。

为说明学生们是如何在这个问题上一步步地被误导，我想引用一段我所在的学院中微观经济学理论课上所使用的教科书为例。书中第 146 页，在给学生们介绍生产的概念时，说生产是通过生产函数将投入转化成了产出。投入或要素包括资本（K）、劳动（L）和原料（M）——将原料包括其中是一个非同寻常和大有希望的特征。

即便新古典学派包括了资源，它也只是一个用以阐述问题的 R，用来与 L 和 K 相乘。这样一个增值形式说明，只要 L 和 K 充分增长，R 几乎可以忽略不计。设想一下，假设我们有一个足够大的烤箱，动用了足够的厨师在一个巨大无比的烤盘上奋力搅拌，我们就可以用一磅的糖、蛋和面粉烤制出一个 100 磅的蛋糕！

问题是，生产过程并不是严格按照数学的乘法运算进行的。生产过程与乘法运算毫无相同可言。生产所进行的是一种转化，这个现象如果不借助生产能力的概念是无法弄清的。R 从原料转化为最终产品和废弃物（后者没有在生产函数中被列为产出）。R 是一个流量。K 和 L 是促成转化的动因，是影响投入 R 转化为产出 Q 的存量——但是它们自身却不包含在 Q 中。K 和 L 之间可以相互替代，二者都是转化的动因：R 中的各部分间可以相互替代（如以铝替代铜），这两种物质都在转化中。但是转化的动因与转化中的物质的关系从根本上讲是互补的。效率动机是物质动机的补充而非替代！这种替代仅限于使用较少的多余劳动或资本以减少物质上的浪费——这个差额很小，很快就会用尽。

语言使我们误认为生产过程就是一个增值过程，因为我们习惯性地将产出称为"产品"，将投入称为"要素"。我们将乘数（要素）相乘就可以得到乘积（产品），这种想法太天经地义了！然而，那是数学，不是生产！如果我们接受生产能力这个概念，我们就会提出"转化功能"而非"生产函数"。

五　相互对立的问题：不包含稀缺物质和包含非稀缺物质

经济学家们习惯地认为，相对于经济来说，自然界是无穷尽的，因而是不稀缺的，所以其价格是零。但是自然是稀缺的，随着生产能力的不断增长，它一天天地变得更加稀缺。效率要求自然服务是有价的，即便是苏联的计划经济者都最终认识到了这一点。但是，这个价格应该付给谁？从效率的角度讲，谁得到价格都无所谓，只要使用者付费即可。但是从公平的角度看，谁得到价格却至关重要，因为自然服务变得越来越稀缺。这种支付是一种理想的资金来源，可用来消除贫困和投资公共福利事业。

增值属于导致价值增长的人，但是在通过劳动和资本取得增值以前的初始价值应属于所有人。向自然服务所付的稀缺租金，即自然的增值，应当成为重新分配的重点。租金的概念是超出必需供应价格之上的费用，而从市场效率的角度看，它是公共税收中最合理的部分。

呼吁那些通过劳动和资本而获得大量增值的人们慷慨解囊，使之成为个人的慈善行为要比将之当成公共政策中公平的基础更加合理。对劳动和资本所产生的增值征税当然也是合理的。但是当我们已经尽可能多地为公共收益而收取自然资源税金后，这种做法虽然更加合理，却不是那么必要。

以上推理反映了亨利·乔治的基本观点，他将这个见解从土地推广至所有自然资源中。新古典经济学家把这个简单的见解弄得令人困惑，因为他们拒绝承认自然的生产性贡献，即自然提供了"价值被增加到哪里"的场所。他们辩解道，之所以这样，是因为以往的经济学家们都将自然视为非稀缺物，但是，现在他们开始认识到了自然的稀缺性，并将之归入市场。我们对此感到高兴，并推动其进一步发展。

尽管现有知识适当的配置价格是零，但是创造新知识的成本往往要远远大于零，这当然是知识产权以专利形式进行垄断的正当理由。然而，创造新知识的主要投入是现有的知识，人为地抬高现有知识的价格当然会阻碍前者的发展，这一点需要人们的重新反思。自由贸易全球论者奉行毫无道理的"与贸易有关的知识产权"的老调，近来极力强调产权垄断，我对这种通行的论点表示怀疑。詹姆士·沃森和弗朗西斯·克里克揭示了 DNA 结构之谜，这是 20 世纪最重要的科学发现，但据我所知，他们没有得到任何专利税。然而，那些利用了这项伟大发现的人们却因为垄断了相对而言微不足道的贡献而大发其财，如果没有沃森和克里克提供的免费的知识，他们会一无所成。

尽管这个讲演的主要目的是要将新的稀缺品和真正的竞争性的自然资本和服务纳入到市场范畴，我们却不应当忽视与之相反的问题，即将真正的非竞争性物品从被市场人为划定的范畴中解放出来。

六　可持续发展的原则和政策

我并不是在倡导对土地和资源的全部私有财产进行革命性的剥夺，如果我们可以从一个空白的名单开始，我情愿使土地和矿藏成为公共财产。但是对于许多原来丰富现在却越来越稀缺的自然资源来说，只要考虑到产权，我们仍的确有一个空白的名单。我们必须将那些越来越稀缺、尚没有产权的环境服务纳入到价格体系的约束之下，因为这些是真正的竞争性资源，一个人的使用会把机会成本强加到另外一个人身上。但是从效率角度讲，它只关心是否对资源征收了费用，而不是谁出了这个价钱。我们从新近稀缺的环境公共物品（如大气吸纳量、电磁光谱）中收取的必要费用或者稀缺税应当用于扶贫和提供其他公共服务上。

乔治主义①（Georgist）理念的现代版本是对自然资源和自然服务征税（这些稀缺物品没有被生产函数和 GDP 计算在内）——用这些资金消除贫困和为公共物品提供资金。抑或我们可以简单地用这些租金所得建立一个类似阿拉斯加永久基金的信托基金，用以支付公共开支，阿拉斯加永久基金也许是乔治主义原则现存的最好的制度化体现。当个人投入了人力和物力取得了增值时，对此征税会引起他们的不满；但是对于没有投入的价值征税，即收取自然稀缺租金，却不会引起不满。实际上，没有征收自然稀缺租金，使之成为某些幸运儿本不应获得的收入，这才一直是社会不公和冲突的主要根源。

对自然资源的生产能力征收稀缺租金，并将之用于公众，会受到生态税改革的影响，或者受到因政府对污染或排放额度进行拍卖所形成的数量限额和贸易体系的影响。每个国家都会以不同的形式将生产能力和经济规模限制在生态系统可承受的范围之内，同时提供公共税收。我不想讨论它们的优劣，这与市场上的价格或数量干预有关；我要强调，它们都比现行政策具有优势。现在普遍为人们接受的思想也许可以称为"效率优先"原则，与此相对应的是"节约优先"原则，这体现在上面所提到的两种生产能力限制的机制中。

"效率优先"原则貌似合理，尤其是当它被称为"双赢"战略和形象地比作"摘低处的果子"时。但是"效率优先"的问题也随之产生。提高效率本身会使提高了效率的要素的供应量增加，那种要素的价格就会下降，时下便宜的要素就会找到更多的用途。结果是，尽管效率提高，我们却耗费了比以前更多的资源。规模也继续增长，这种现象有时被称作"杰文斯（Jevons）效用②"。然而，"节约优先"的政策所带来的效率是次要结果；而"效率优先"原则不会导致节约——节约在此毫无必要，"效率优先"也不会带来可供重新分配的稀缺租金。

恐怕有些新古典经济学派的同事们会对我说，节约（或效率）是一

---

① 美国著名经济学家和社会改革家亨利·乔治（Henry George，1839—1897）的理论。——译者

② 杰文斯效用指英国著名经济学家杰文斯（William Stanley Jevons，1835—1882）在其边际效用价值理论中所阐述的以消费心理变动为依据的边际效用递减现象。——译者

个赞同特定价值的概念，特别是当你将之与稀缺租金的再分配联系在一起时。他们会质问我，我凭什么将我个人的偏好强加给民主的市场，云云。我对这种质问的回答是，生态的可持续性和社会公正是基本的客观价值观，不是个人的主观好恶。它们之间有着本质的不同，现在经济学家认识到这一点为时已晚。

七　结论

正如世界银行所宣称的，减少贫困的确是发展的根本目标。但是通过增长并不能达此目标，原因有二。其一，GDP 的增长所带来的环境和社会的成本已经超过它所带来的生产利益。这种非经济的增长使我们变得更加贫困，而不是更加富裕。其二，只要我们生产的物品和服务主要只是满足相对需求而不是绝对需求，即便是真正经济增长也不会增加福利。如果说福利主要是相对收入的一个函数，那么总量的增长实际上是在自我抵消福利。显然，出路在于抑制富国非经济的增长，给穷国至少是暂时的经济发展的机会，但是这种观点被倡导全球增长的全球化思想所排斥。我们有必要推行一系列国家和国际政策，收取适当的资源租金，以限制对生态学而言的宏观经济的规模，并为公共服务提供税收。这些政策必须以一种经济学理论为依据，这就是以生产能力为其最基本概念的理论。这些富有成效的国家政策必须受到保护，不受导致全球化成本外部化和降低标准的竞争的影响。保护高效的国家政策绝不等同于保护低效率的民族工业。

（选自《国外社会科学》2002 年第 6 期）

环境体制和环境保护新模式：
我们所在何处？

李红霞[*]

环境问题日益成为当今世界的焦点问题，学者们从不同角度诠释着自己对解决环境问题的理解。本文在众多关于环境研究的长篇宏著中选取了 3 部做简要介绍，旨在提供最新的环境研究视角。它们是：

P. S. 查塞克，2001 年，《地球谈判：30 年来环境外交之分析》，纽约：联合国大学出版社。[①]

E. L. 迈尔斯，A. 翁德达尔等，2002 年，《环境体制的效用：理论与实证》，剑桥：麻省理工学院出版社。[②]

W. A. 舒特金，2000 年，《可能的图景：21 世纪之环境保护主义和民主》，波士顿：麻省理工学院出版社。[③]

这三部书的共同之处在于，它们都不只是关注野外环境问题，还将环境问题与社会制度联系起来，探讨人们的活动对环境问题的影响。前两部书关注为解决环境问题而形成的条约和政策制度，检测人们为保护

* 李红霞，女，1978 年生，硕士，中国社会科学院文献信息中心研究实习员。

① Pamela S. Chasek, *Earth Negotiations: Analyzing Thirty Years of Environmental Diplomacy*, New York: United Nations University Press, 2001.

② Edward L. Miles, Underdal Arild, et al., *Environmental Regime Effectiveness: Confronting Theory with Evidence*, Cambridge: MIT Press, 2002.

③ William A. Shutkin, *The Land That Could Be: Environmentalism and Democracy in the Twenty-first Century*, Boston: MIT Press, 2000.

环境所进行的努力是否有一定成效；后一部书是描述了一种新兴的环境保护模式。

《地球谈判：30 年来环境外交之分析》

本书集中论述谈判过程本身，试图通过识别谈判过程中的不同阶段来达到 3 个不同的目标："驾驭多边谈判内在的复杂性"；"识别谈判过程中的变数与结果之间的关联"；"确定国际环境协议是如何达成的"。

为了达到上述目标，查塞克希望发展一种谈判模式，可以为研究人员以及实际的谈判双方提供更好的理解，以推进谈判过程，增强效果。谈判过程被分解为不同的阶段，其间穿插着"转折点"。在考察过不同学者设计的阶段性过程分析的实例之后，查塞克选取了一种包含 6 个阶段的模式：问题提出、问题定义、初始立场陈述、起草/建立框架、最后磋商/细节、签署/实施。转折点被定义为"谈判中的关键点，此时或做出某种决定，或达成某种妥协，或同意一定的让步，从而保证谈判可以从一个阶段推进到下一个阶段"。任何事件都有可能成为一个转折点，而且一般作为转折点的事件都会产生积极的效果。你可以构想一种阻碍或干扰谈判进程的事件的发生，然而，作为转折点的事件都可以推动谈判进入下一个阶段。

每一阶段均有其不同的特征。比如，问题提出阶段对事件的不同类型进行区分：是人类引发的污染，是完善中的科学证据，是对生物资源的过度开发，还是经济上的关注。当然，存在许多其他因素影响对一些问题的取舍，比如"经济、文化和信息交流的趋势"，以及当权者的兴趣等。[①] 而本书对这些影响事件取舍的因素缺少深入探究和解释。

和每一阶段相对应，每一个转折点也体现了不同的类型。比如，转折点 1，"从问题提出阶段到问题定义阶段"，可以包括 3 种途径使谈判从阶段一进入到阶段二："政府或几个政府的推动"，"非政府组织的推动"；

---

① Ronald B. Mitchell, International Environmental Politics, *Handbook of International Relations*, edited by W. Carlsnaes, T. Risse & B. Simmons, Thousand Oaks, CA: Sage, 2002, p. 3.

或者"政府间组织的决定"。

阶段和转折点是查塞克书中甄别和描述的重点，他选取了 11 个事例进行具体分析。查塞克为阶段和转折点中包含的每一个元素分派了可以量化的价值，以便能够通过统计学分析比较不同事例的价值。比较的标准是看它们对谈判结果的影响，而谈判结果代表着协议的力量。查塞克写道："我通过建立一个'力量指数'，可以看出协议的性质、效用和稳定性。"然而，实际上，是条约的正文、条款构成了这一指数，价值的重要性通过条款的排序来反映，分量越重就越被安排在那些被认为对环境的改善更加重要的部分。唯一的变数在于有时存在一些体现条约"精髓"的草案或修正案，有时则没有。

力量指数对谈判结果的概念化具有很大的局限性。尽管条约的条文因对体制的原则和规章进行了规定而十分重要，但条文本身并不能为我们带来协议的功效或影响，谈判的目的是为了解决环境问题。罗恩·米切尔（Ron Mitchell）认为，为了评价政策的效用，应完成 3 项任务："找到一个适当的目标；一个适当的衡量运动的标准；一个适当指标，可以显示政策作用在运动中所占的份额。"① 而通过"力量指数"识别效果并没有从事这 3 项任务中的任何一项，这严重削弱了书中关于谈判过程与结果效用之间关系的分析结果。我们为什么就可以得出谈判过程影响体制效用的结论来呢？

对二者关系的分析，有一种有趣的发现，即存在"两种不同的道路或过程"：一是"以联合国为中心的谈判"；二是"以政府为中心的谈判"。引起人们兴趣的是这两种不同的过程对结果力量的影响。不幸的是尚无结论，因为查塞克说"在大多数阶段，转折点与力量指数之间并没有紧密的联系"。因此，最终"也未能提供关于过程与结果之间关系的洞见"。那么我们知道了什么？对查塞克来说，是"任何人都可以走近谈判桌，可以进行任何阶段的判断，了解应该如何做才能推动谈判向纵深进行"。

然而，对一个人为达到既定目标应该了解什么，本书所言甚少。《环

---

① Ron B. Mitchell, International Environmental Politics, *Handbook of International Relations*, edited by W. Carlsnaes, T. Risse & B. Simmons, Thousand Oaks, CA: Sage, 2002, p. 13.

境体制的效用》一书的作者是否提供了更好的蓝图？

《环境体制的效用：理论与实证》

本书的作者希望通过发展和测试一种因果模型来更好地评价体制的效用。在这一模型中，体制的效用通过产出（体制本身的规则和规章）、结果（人们行为的变化）、影响（生物物理环境的变化）来衡量，而不能用一种无合作或无体制的标准，也不能用一种理想化的、令所有人满意的标准。

在本书的前两章，翁德达尔列出了因果模型和采取的方法。和查塞克一样，本书也采取了质的比较分析和统计学分析方法。翁德达尔对可能遇到的困难持谨慎态度，在评价体制的影响时考虑其可行性。不同于查塞克，他接受了米切尔提出的3项任务，并将关注点集中在其中的两项任务上："一个衡量运动的适当标准和一个适当指标，可以显示政策作用在运动中所占的份额。"

体制效用是一个因变量，从三方面进行定义：产出、结果、影响。还有两个自变量：问题严重和问题得到解决的能力，取决于合作的水平。合作水平是一个中间变量，却转而影响体制的效用，合作水平分为6层。问题的性质，无论是良性的还是恶性的，长期以来都被看作是影响合作的可能性和程度的一个重要因素。

翁德达尔通过考察集体行动，认为如果一个问题在政治上难以解决，即成为一种恶性问题，是因为"行动者的利益和倾向已经成型"。这些利益和倾向是什么？他们所接受的行为模式是最大功利性的，"个人的动机被假设为起主导作用"。恶性来源于由外在化、竞争、不对称造成的不协调，是指一种不合拍的价值或利益，以及愈积愈深的怨隙，在问题之外，各个派别争个你死我活。

解决问题的能力则取决于3个因素：制度设置、所涉各派别之间的权力划分，以及进行"政治合作解决"所需的手段和能力。

在体制的形成和效用的分析中，权力一直发挥着核心作用，尽管有时并非起决定性的作用。在本书的模式中，权力被定义为"对重要事件的控制"。所做的假设是"某种具体的解决方案被采纳并成功实施的可能性，决定于它为拥有权力的行动者的利益服务的程度"。权力是掌握在"推动者"手中，还是"中间派"手中，还是"滞后派"的手中，当然会影响基本游戏的内容，影响"作为规章主题的活动体系"。另外，决策、投票和争议，都将作为整体的权力评估的一部分。

本书的模式与其他学者的研究相比，体现了一种理论上的进步。然而，必须重申，这一模式在经过多种努力之后，最后走的是"行为科学的道路"，即理性的行动者模式，其中体制被看作是解决集体行动问题的途径。正如奥兰·扬（Oran Young）和马克·利维（Marc Levy）最近指出的，存在多种道路，每一种都可以是"政府方或其他行动者行为的来源"①。在本书的结论中，翁德达尔似乎也认识到了这种局限。

本书是如何成功地使理论模式经过实证的检验呢？模式是如何谨慎地被应用于所列举的实例当中？本书的结果是散见于各章的，因为每章都用表格的形式总结了主要的发现，但对于一些关键因素的论述并不多：比如权力；再比如，关于一个没有体制的世界是何种模样的讨论，在不止一个实例中被省略掉了，而这种讨论可以作为测量体制效用的标准，是必要的；还有，为什么在论述合作的水平时要分派某种特殊的量化价值，也没有论述清楚。翁德达尔承认"从始至终，对于实例的研究要保持前后的因果链条通畅，无论作者发挥到何种地步"。当然，有必要说明一些对结果有作用的模式外的因素，但是如果不能将这一因果模式中的所有元素加以应用，只会削弱整部书的连贯性。

本书最吸引人的地方是它的结论章，除了总结统计分析的结果外，还对未来的研究内容进行了深有洞见的批判性思考。比如，关于恶性自身不能对预期效用产生影响的发现，会引起重大讨论。"为了理解恶性的全部影响，我们应该关注能否产生制度化合作的问题。"

翁德达尔在总结中强调他的研究表明"体制有用"，的确如此。我们希望本书的发现和观点能够为将来的研究奠定基础。

---

① Oran R. Young & Marc A. Levy, The Effectiveness of International Environmental Regimes, *The Effectiveness of International Environmental Regimes*：*Causal Connections and Behavioral Mechanisms*, edited by O. R. Young, Cambridge：MIT Press, 1999, p. 21.

《可能的图景：21 世纪之环境保护主义和民主》

　　本书对美国环境保护主义领域新兴的一种模式进行了介绍和评述。作者称此模式为"市民环境保护主义"。"市民环境保护主义"试图纠正传统环境保护主义的偏颇之处，认为环境保护主义不应只关注自然的异常层面，如野生环境、濒危物种等，更应关注"保护平常的地方"——人们社会活动的地方——和"促进市民的参与"。舒特金并非对环境保护主义传统上所关心的问题置之不理，而是认为对野生环境的维持和濒危物种的保护，只有通过将环境保护主义推进到一个更民主的对话环境中才能够实现，即要引起大多数市民的更为普遍的关注。

　　书名出自兰斯顿·休斯（Langston Hughes）的一首诗，从中可以看出本书的主题：寻找健康的自然环境与民主的社会组织之间的关联。"可能的图景"是指美国对未来图景的双方面承诺：民主的体制和健康的自然环境。市民环境保护主义正是为了寻求同时实现这两方面的承诺。因此，"实现自由平等的民主社区和提高环境的质量，是同一项事业"，本书便是为了巩固"民主观念和环境保护之间的本质关联"。

　　前 3 章是理论基础。第 1 章讨论了"社会"与"环境"问题的内在关联性；第 2 章通过考察当前"市民素质的衰退"来表现"环境质量"的下降；第 3 章通过与大家所熟悉的环境保护主义的传统形式做比较，提出市民环境保护主义的概念。接下来的章节提供了 4 个具体的研究事例：波士顿市中心的城市农业；奥克兰以公交系统为中心的小区复兴；科罗拉多乡村以保护资源为基础的发展；新泽西可持续性的"巧妙发展"。这 4 个事例涉及不同的社区组织和项目，都是以不同的方式实践市民环境保护主义的方法。

　　尽管不同的事例体现了市民环境保护主义方法的多变性和复杂性，但总的来说，此种方法是为了通过人类社区成功适应其环境的能力来看待环境和社会问题。对市民环境保护主义来说，诸如污染、缺乏生物多样性之类的环境问题、贫困或无家可归之类的社会问题，都可以理解为人类不能成功适应环境的结果。舒特金因此将市民环境保护主义的突出特征定义为"参与式的过程、社区和地区规划、环境教育、工业生态学、环境公正和空间"。其最大优点在于，它使得社会和环境问题可以紧密地结合在一起，因而即便是那些反对传统环境运动的特权阶层，也酝酿着要进行社会改革。

本书的价值在于，作者能够形成一种对环境问题的紧迫感，同时又具备一种对新兴政策可能性的乐观意识。以前，那些对环境问题持乐观态度的著作往往只是一种空洞的宣言，宣扬环境"危机"不过是杞人忧天；而那些看到问题紧迫性的人又持一种哀戚的悲观态度。舒特金巧妙地避开了这两个极端，用一种实用性的乐观主义表达着情势的危急。

舒特金援引威廉·克罗农（William Cronon）的话："人生活在历史中，无法不留下痕迹；问题是，留下何种痕迹呢？"对此问题的理解对于纠正传统环境保护主义的反城市偏见十分重要。

一方面，市民环境保护主义者关注社会空间和社会关系的问题，另一方面，他们有时又使用下述传统的说法："大多数美国人在他们生活或工作的地方，根本没有机会去体验自然"，或者"洛基山脉为周边州府提供了广阔空间，使那里的人们比东部和中西部的居民有更多的机会接近自然，远离拥挤与喧嚣"。如此说来，难道市民环境保护主义者所主张的不是下述观点吗？——在拥挤的城市区域培育生态空间，而非将自然理解为某种只能在遥远的野外才能找寻到的、一般的美国人体验不到的东西？舒特金间或对其进行分析，但十分零散，没有贯穿全书。

或许问题的存在一部分是由于市民环境保护主义这一新模式本身的建构和定义尚未完成，舒特金又身在其中，无法得窥庐山真面目，看不到这一新运动的局限之处。舒特金"在环境保护主义领域已经从事研究 7 年"，尽管这 7 年的研究为其提供了开阔的视角，包括传统环境保护主义的局限、当前美国的环境规章等，但这段传统经历仍然限制着舒特金在社会和环境不可分割问题上的视野。

在本书的结论部分，舒特金提到，实现市民环境保护主义者的远景所面临的最大障碍是"全球资本主义的力量……它在国内以至于全球，继续追求眼前利益，而不顾及社会和环境的代价"，以及国际网络的兴起，"它进一步破坏了人们对空间的体验"。但全球资本主义和国际网络并非单个社区所能控制，没有一个社区（尤其在美国）可以摆脱它们的控制。因此，所研究过的社区运动都不能在全球范围挑战这些力量，只是尝试减少它们在当地的影响。但是，如果市民环境保护主义真是像其所说的那样"为了营造一种民主的社会远景"，如果它真是为了实现"可能的图景"这一承诺，它就应该创建一个更为彻底的全球化远景，不仅在单个社区的层面上发挥作用，而且在组织全球经济的层面发挥作用。

　　当然，这是一种高标准的要求，即便本书无法完成这一任务也无可厚非。通过一系列社区群体的成功事例，本书为环境和社会活动家提供了一幅前景广阔的蓝图。然而，如果能够做出更为普遍的全球化的分析，将不仅有助于了解当前市民环境保护主义所处的位置，还有助于了解其将来发展的方向。尽管这是一部在许多方面大有裨益的书，但它还是没能实现其书名中所做出的承诺。

（选自《国外社会科学》2003 年第 2 期）

"生态危机"：不是问题的问题[*]

[俄] A. H. 帕夫连科　张　晶^{**}摘译

　　自然人以及他们为了自身生存所创造的人为条件之间的不协调问题，在文献中被称为"生态问题"，而由此所造成的局面则被冠以"生态危机"。人们为了解决并消除这种危机，建立了许多国际性组织，出版了数千种期刊，召开会议并起草各种呼吁书和宣言。然而，迄今为止，生态问题不仅没有得到解决，甚至可以说它尚未得到充分的认识。而今天，生态危机的消除与20世纪六七十年代开始认识到它的那一时刻相比，则显得更加"遥远"。

　　我们认为，面对这种形势，哲学的作用不应再局限于编写大量的"拯救自然"的呼吁书，而应对已发现问题的起因与后果进行清醒而诚实的思考。

　　哲学的任务在于提出问题并找到答案，即使提供答案的不是哲学本身。换言之，生态问题并非作为哲学某个应用部分（人们甚至为它起名为"生态哲学"）的问题而被哲学所关注，而更可能是将其作为一个纯理论问题来看待。正是从哲学角度出发，生态问题才受到特别关注，因此它是"人造的和自然的"这一总体问题的一个具体表现。

　　为从理论上解决上述问题，我们提出如下基本任务：（1）必须考察

　　* 文章的主要观点曾于2001年2月28日在俄罗斯科学院主席团的"圆桌会议"上题为"文明社会的生态道德"的报告中提出。原文载于俄罗斯《哲学问题》（Воироы Философии）2002年第7期。

　　** 张晶，女，1957年生，博士，中国科学院计算机语言信息工程研究中心高级工程师。

与分析"生态取向"与"非生态取向"观点对某种道德价值观的依存关系。因为生态问题就其现象而言，是人依据某种价值所做出的一定行为反应的结果；（2）发现这种依存关系才能弄清"危机"的实质——在新的条件下，即在整个人类进化过程中特别是在现代形势下，旧的道德价值对支配人的行为无能为力；（3）揭示这种"危机"的本质，才能弄清现代危机——"生态危机"的特点，也就是说，可以切实地考察现代存在的变化及其现象后果的演变；（4）对存在变化的基本趋向的公正分析将会表明，从纯理论观点出发，可以论及用如下方案解决生态问题，即不是要"环境适应人类"，相反，是要"人类适应环境"。

因此，本文将表明，从纯理论角度出发解决生态问题的方法，不可能是传统上所希冀的使文明回归自然，取而代之的途径是人将其自身引入人造的状态。在人种进化过程中可能迈出的这一步具有充分的本体论根基。

通过伦理学看生态

总之，对当前生态状况的分析可以说明，有必要对伦理因素也加以分析，因为在历史对人类发出新的挑战的条件下，摆脱生态危机的道路本身就要求制定新的行为调节项目。在对生态问题做深刻了解的过程中，我们能发现什么呢？

例如，A. 汤因比认为，当今人类已失去清晰的坐标，"看不见通向未来的道路"，等待他的或是自取灭亡，或是在世界极权制度下的个性消失。Л. 马弗尔德和 П. 古德敏等人曾预言，被技术奴役，丧失精神与道德独立性的人将消亡。Л. 马弗尔德则认为，当今"数百万人的生命处于大灾难的阴影之中"。

是什么东西与道德的起源相联系呢？大多数研究道德的人认为与前人类群体由一种状态向另一种状态的转变有关。由道德前状态向道德状态飞跃时有一个过渡阶段，那么制约着这种飞跃的过渡阶段的特点是什么？大多是与危机的出现有关。例如，依我们看，Ю. 博罗代及其拥护者的解释最为奇特。他认为前人类向直立行走转化的特征是女性机体内部器官形状的根本改变，由此导致性成熟女人生育时死亡率骤然增加，其结果是男人数量剧增，而男人正常的要求却得不到满足，不得不将这些要求和精力升华至理想的境地。这种解释既神奇又动听。但是，在这种情况下，对我们来说主要的不是这种解释是否近乎情理，而是它确认了危机。

我们也认同这样的结论：人（如今则是人类）处在危机状态下会释放出如此强大的内在能量——不一定是性欲的能量，而更可能是一种精神与肉体的能量，这种释放可以导致质的飞跃，就像在完成任何一次发现时所出现的那种情况。危机——凭借这一"纽带"调动全部生命力——在一定意义上是人极为必需的，也只有借助于从前自然界中发生过的危机，人自身才能成为人。人只有作为动物界的异类，或者说是危机的产物，才能作为对一系列危机的总体回应来繁衍自身。人的天才、人与其他高级动物区别之处就在于，这一物种——无论是反射还是心理层面上——都完全不知道将如何应对周围世界的每一次挑战，如何应对前述与周围世界的关系（其中包括道德关系）的危机。他们的应对总是带有不可预见的创造性。正是这种危机情势构成当今人类社会状态的特征。

危机是人类臻于完善的条件

20世纪之前，绝大部分伦理学说可依据的前提是，自然界、自然界的各种系统并未因人的积极活动而发生变化。由此得出结论，作用于非人类世界的活动，在伦理上亦应是中性的。整个传统的欧洲伦理学曾具有人类中心论的色彩。加之伦理绝对命令（康德哲学中的伦理学原则——译者注）只局限于现在，即完全不扩及未来。因此，生态伦理学的出现，就是对已经变化了的世界情势的一个回应。

由于生态伦理学的出现，在"人—人"的道德关系范畴内融入了"人—自然"这一新的系列关系。这是否意味着道德基础的回归？在我们看来并非如此。问题在于道德具有社会自然本质，所以道德的确定性标准不可能仅仅是自然的或只是社会的。因此，生态调节也牢牢地植根于道德之中。

70年代初，人们意识到了对生态伦理学的需求。这种意识成了生态伦理学产生的启动器。人为的环境污染、自然资源的枯竭、20世纪末地球人口数量成指数增长以及其他许多原因，上述过程构成了令人不安的结论的根据：现代人类已处于危机状态，既然这种危机带有明显的生态性质，因此称之为"生态危机"。

可以设想，在地球的整个历史进程中，生物系统积累了大量的遗传信息，足以导致地球现存生物（构成生态群落的动物群与植物群）的自我调节机制的产生。所以，破坏了这种生态系统，人类就破坏了生物的自我控制，就不可避免地导致灾难。

毫无疑问，这个问题的清单还可继续加大。但在这里，我们所关心的不是确认事实本身，也不是对生态问题本身的分析，而是在分析生态问题的过程中有可能被发现的那些本体论原因，因为揭示人的存在及周围世界的存在的变化可以表明道德的变化。但在着手研究生态伦理学本身的状况之前，我们将先论及当今世界的重大本体论特征。

生存的变化

生活在技术文明条件下的现代人的社会存在与自然存在已经发生了重大变化。这表现在以下方面：

（1）现代人的社会存在的特点是交往的节奏和频率大为提高，开始出现超越国界和族界的现实前提条件。人类作为统一体的轮廓从而变得更为清晰可辨。

（2）人的自然（环境）存在也发生了一系列重大变化。这些变化有因人类活动而引起的，也有因宇宙进化所形成的。

a. 因人类活动而引起的变化——环境污染和地球演变过程中气候条件的式微变化——尚带局部性质，未扩展到地球轨道和地球空间的范围之外。

b. 宇宙进化所形成的变化——设想中的地球磁极轴位置的变化、大陆的偏离、地球体积的膨胀及其可能与其他大宇宙体相撞，以及太阳活跃期的波动等——具有客观的、不以人的意志为转移和非局部性质，这些变化也会促使对人的存在进行重大调整。重要的是，人不仅要意识到自身物种的统一，而且要意识到宇宙的统一。人类生活的地球的演变被融入整个宇宙的更加包罗万象的演变之中。

在确认了现代的存在变化的主要观点之后，我们想再提出几个与我们关注的题目有直接关系的问题：在现代条件下，个人利益能否像在实用主义与功利主义的创始人那里所发生过的那样，成为道德的基础与标准？如果不能，那么社会利益能否成为这样的基础？在人类受到威胁的情况下，"利益"是否已是一个过时的术语？或者是否有理由确信，危机条件下人的存活，向大气层释放的废弃物减少，停止核试验，关闭核电站等对人类有益？在这种情况下提出以下问题是合理的：如何理解"有益"？

譬如说还有另外一组问题。道德是严格规定群体内人际关系调解的总和。实际上所有研究道德的人都同意这一总的论点。道德的作用范围——这在不久之前还被视为不言而喻的——仅仅涉及群体内的个人。然而，生态问题却提出了一组崭新的问题。如何理解"自然形成体的价值"？它与人的价值相比是等同抑或有高低之分？这里所谈的其实是本体论的地位，而不仅是人的道德及周围世界的地位。

B. P. 布甘巴－采列拉说："因此，生态伦理学的基本问题是，它的原则是否应该建立在承认自然形成体独立的内在价值，或者，这些价值的确定应与人和人的需要联系起来，在我们看来，这一问题的解决应有利于后者。"

我们从这个论点中看到，在认识人在世界上的地位时采用的是典型的"人类中心论"观点。我们认为，正是这种观点使现代人去关注生态问题。从某种意义上讲，生态危机不仅指能源的危机和环境污染等，生态危机首先是指人与世界、人与自然整个关系体系的危机。

人陷入了两难境地："抑或改变自己（作为某个个人和作为人类共同体的一分子），抑或注定要从地球上消失。"

"人应当改变自己"意味着什么？

H. Г. 佐洛特尼克夫认为，必须恢复对"人—自然"相互关系中美学内容的需求，即将自然中精神的、美学的特殊价值"归还给"自然。但是，道德准则如同美学标准一样并非是先天的，而是在人们的社会活动过程中，在整个物质文明与精神文明发展的背景下形成的。古希腊和古罗马的社会试验组织形式的特点是将生活的各个方面都归结为自然。柏拉图在《国家篇》一书中描写了社会结构的匀称轮廓，并将其比作宇宙结构。为了充实地生存，即履行极为必需的一切功能——繁衍后代、作战、证明定理、去剧院、为神灵建造庙宇等，社会需要丰富的产品，这是任何一种文化的永恒的条件和伴生物。那么，什么是被人的周围整个世界奉若神明并处于各级神仙保佑之下的丰富产品的源泉呢？历史告诉我们，人（在这里我们理解为"作为物种的人"）在自己身上发现了潜能。古希腊和古罗马（前古希腊和古罗马）人，把自身以及自身的体力和脑力变成了丰富产品的源泉。所选择的道路是众所周知的：起初是古代奴隶制，后来是古希腊和古罗马的奴隶制。

古希腊和古罗马时代人与外部世界的关系图如下：

（1）环境……人
（2）环境——目标……人——手段
　　　　　人将自身变为生存的工具（人的奴隶地位）

图1

从我们所探讨的生态问题的观点出发，不得不做出如下结论：古希腊和古罗马文化（古代文化）根本未曾遇到现在所理解的生态问题，就是说，古希腊和古罗马文化从生态角度讲是纯洁的。

抛开晚期古希腊和古罗马的以《圣经》为依托的中世纪，对人与自然之间的关系就会有一种完全不同的理解。犹太基督教传统一方面把人的精神与肉体对立起来，而另一方面，赞许人对一切"生灵"的统治。按照许多生态学家的看法，正是犹太基督教学说，为新欧洲实验—实用主义自然科学的出现准备了条件，这种自然科学的代表人物开始积极地开发并掌握自然界。一方面，犹太教不将大自然奉为神明；另一方面，基督教禁止使用古希腊和古罗马获取丰富产品的源泉——奴隶。从此，人不再是人的奴隶，而是都成了上帝的奴隶。虽然这种直接的从属关系并非总是得到关注，注意力通常集中到另一方面：犹太基督教传统使自然摆脱了泛鬼神主义，使人摆脱了对自然的自发力量的依赖，并以此指明了探索新的丰富产品源泉的途径。因此，人与自然的关系图发生了根本性的改变：

 （1）环境……人

 （2）环境——工具……人——目的

     人将环境改变为生存的工具

      （自然的奴隶地位）

图 2

  这里自然产生一个问题，为什么在基督教统治时期没有出现生态问题？因为基督教对待自然的态度尚处于由古希腊和古罗马时期对自然界的神化到对其统治的过渡阶段。一方面，基督教使人摆脱了由宗教所引起的人对自然的恐惧，并使人有根据地去思考，是上帝把自然交由人来支配；另一方面，基督教并未否定这样的观点，即上帝创造的一切都是完美的。而上帝所确立的自然从属关系理应遏制自然界的改造，东正教的牧师（瓦西里大主教及其他人）把自然看成"神学院"。

  然而，这里应当做一个重要补充。根据西方中世纪的神学理论，自然界万物应当听命于人，而人听命于上帝。按照东方教父的传统，人不仅负有拯救自身和自己的灵魂的使命，而且在拯救自身的同时拯救坍塌的宇宙，以及拯救原罪中所描述的正在毁灭的自然。

  东正教走的是另一条路，一条"神化"之路，即与上帝见面之路。上帝就是存在。因此，源自上帝的存在的力量把存在赋予了这个现存的世界，在存在的万物之中都会出现这种存在。如格里戈里·尼斯基所说："物质中没有的东西，存在中也不可能有。"这意味着，上帝无所不在，上帝以自己的存在照亮世界。

  相反，在替代了中世纪即资本主义关系形成、资产阶级道德产生的时期，人们开始关注这样一些犹太基督教观念，根据这些观念，人与自然的关系的主要表现形式是"占有"和"统治"。这个时期，"对自然的统治"的观念对机器生产与技术进步的发展产生越来越大的作用。正是人的这种独立的、忘我的、改造自然的劳动奠定了新教伦理的基础。因此，控制自然力并使其服从人的需求就成为时代的重托。

  德国浪漫派作家（舍林格等）的"面向大自然"的呼唤并未被听到，

却实际上已被淹没在欧洲文明的工业化海洋之中，这种对待自然的态度一直延续至当代。然而，如上所述，在当代，人们正在重新反思这种对待自然（生存环境）的态度的正确性。当利用外部自然作为生存的工具并将其视为丰富产品的源泉时，人们惊讶地发现，"自然资源"并非取之不尽、用之不竭的。

人造的人

20 世纪的人能提出一个什么样的摆脱困境的方案呢？我们知道，曾经采用过几种尝试（苏联、德国、中国、越南、柬埔寨及其他国家），以便通过回归示意图 1 来达到积累人—自然资源（产品）的目的。

现实历史表明，所有这些尝试在新的（现代的）条件下显得毫无成效，而在积累人—自然资源方面，面对继续加紧完善示意图 2 的社会组织形式，则更显得束手无策。

然而，进入 20 世纪 70 年代，问题变得清晰可见——罗马俱乐部宣言的出现证明了这一点：外部环境的不可逆转的变化直接促使示意图 2 的拥护者们真正地放弃它。他们得出了什么结论？或者说得确切些，在现代条件下欧洲唯理论提出的是一条什么样的出路？

我们认为，图 3 可以展现这种观点的代表人物的论断：

(1) 自然人—自然环境

(2) 自然人—人为环境

图 3

新欧洲唯理论的代表人物发现，现代人的"窒息""中毒""变态""患病"都是由伴随欧洲文明的种种现象、疾病等引起的。现代人的第一反应是改变周围环境，使其回到以下状态：

(1) 自然人—自然环境。但是，除了华丽的生态辞藻外没有任何结果。在这方面极有说服力的例子是：由于某些非洲国家的黄金加工实现了专业化，从而使得"这些金元富国"的废渣和垃圾得以"清除"。换言之，"在一个封闭的生态系统中不存在生态清洁的工艺"，指望建立这样的（自营养系统等）工艺是不现实的。

在这种情形下，新欧洲唯理论得出的总的结论如下：应当改变的不是人为环境并使其回归自然环境状态，相反，应当使人由自然状态进入人为状态。因此，应当向新的生存源泉——人自身的本性来一次冲刺，而图 3 对这一点描绘得淋漓尽致。

（2）人造的人—人为环境。我们再一次强调，生态问题的实质在于，就本性而言的自然人与他所创造的自身存在的人为条件不相协调。但是根据示意图 3 可以看出，实质上人造的人与实质上人为环境之间没有任何矛盾。因此，如果这个示意图是切合实际的，那么在这个示意图完全实现的情况下生态危机将不再成为问题，充其量是个假问题。人将会踏上，而且正在踏上的不仅是自我生存之路，而且是自我设计、自我创造和自我遐想之路。

因此，我们看到，存在的变化正在为人类开拓迄今从未见过，而且也完全无法预测的新视野。原来，存在本身并不禁止去创造人为设计的人。当然这里所谈的是纯理论模式，然而，这种纯理论模式是完全可能实现的。

主要的结论是，现实地和客观地存在着一种解决"生态问题"的办法，这种办法与当代大多数生态学家头脑中占统治地位的解决办法——"使自然摆脱生态灾难"——是相悖的。完全由人设计的人已经不再是亚里士多德所说的"本性意义上的人"，他不再是"生"出来的，而是"设计"出来的。

无可奈何的结论

通过对生态问题的分析，我们认为最为本质的结论有以下几点：

（1）一位现代研究人员，如果他是位诚实的研究者，就不得不承认一个难以置信的结论：古希腊和古罗马农奴制从生态角度看是清洁的，而新欧洲人道主义从生态角度看是污秽的。

（2）新欧洲人付出相当大的努力，去"控制""改造"对他们来说是外部的自然，可是，当他发现自然资源可枯竭时，便致力于设计人自身的本性，换言之，"占有"的客体是人的本性自身。

（3）人的本体论地位的变化，不可避免地导致他的道德和伦理取向的改变。因此，可能出现一大批复杂的问题，如"人造的人"的道德标准是什么？是否需确立实质为人造的人的"人为道德"呢？"人为的道德标准"的调节地位如何？许多问题在今天并不是空谈无意义的。我们现在正亲身经历着人类的过渡状态，有着许多过渡的价值观（不过已是人为的了）。如安乐死是否道德？对于自然人来说这是反常的、荒谬绝伦的，甚至认为是合法的杀人。但对于"人造的人"来说，这不仅是符合道德的，而且是绝对必要的。这就像是多年生长的已提供了几次收成的植物，迟早会自觉地被其他植物所代替。换言之，现代人的存在经历了彻底的变革之后，客观上定将引发道德的必然变革。形成人的新型道德行为的本体论前提直接证明，"道德类型"依赖相应地存在，伦理学依赖本体论。如不能理解在本体论范围内发生的变化，那将是十分短视的。

与此同时，对于人类历史是否按照以上提供的方案向前发展，我们尚无足够的信心。归根结底，在这个逻辑中将不再是两种成分，而是更多：人或者将基本上是人为地回归自然的怀抱，或者将自己改变成人为的状态，或者人与文明一起消失，或者……为确证我们所陈述的观点是应加以探讨的，我们最后举出两个十分严肃的论据：一个是对"人造的人"的出现持"赞同"立场，而另一个则持"反对"立场。

论据1："赞同"。根据假设之一，石油这种自然界产物源于有机体，即它的出现是生命有机体分解的结果。这意味着，要在地壳中形成当代含油层，就必须在古代的数亿年间，有数万亿的生命有机体产生并由生到死再变成石油，其中每种有机体都度过了自己仅有的一生。如果考虑到需要通过石油进行再生产的唯一有生命的东西是人，那么，就会产生可怕的失衡：数亿年甚至数十亿年的自然进化却只是为了确保仅有200年历史的人类文明。问题在于，这样利用生物界的"目的"和"使命"，就要有一个合乎逻辑的结局。如果说为了200年的技术文明付出如此高昂的代价，自然要提出一个问题：为了在未来的自然界总体进化过程中创建更完美的生活方式，人本身不就像是准备好的材料吗？

论据2："反对"。然而，创建人造的（确切地讲是设计的）人尚存在一个重大障碍。问题在于，作为设计者的人已经学会了通过基因合成动物体，尽管目前还不完善（存活率很低等），但有一点却未必值得怀疑，即当前对人造的人的设计工作正在全力进行。然而，在设计人员前进的路上必然会碰到一个致命的问题：人是否拥有他要创建的东西的一切必要的信息呢？只有承认这样的原则，即有条件地称之为"建造者绝对优势的原则"才能做出解释。我们会做出解释。我们设想，人希望建造一个人工智能，只要他依靠对智力自身的认知，就能做到。然而，人本身并未创造出自身的智能，而是从自然界（上帝）那里获得了现成的这种能力。因此，我们认为，自然比人本身曾拥有过并且现在仍然拥有更多的有关人的智能的信息。如果这一假设是正确的，那么按定义称呼的人永远也创造不出来，也不可能创造出等同于自身智能的智能，因为他不可能掌握创建者在支配自身的智能时曾拥有的全部信息。

因此我们看到，生态问题的讨论所提出的问题要比所获得的明确答案多得多。正因为如此，生态问题才引起了哲学的关注。

（选自《国外社会科学》2004 年第 1 期）

环境伦理学的一个基础[*]

[法] 奥古斯丁·贝尔克　俞丽霞摘译

草湖"生态移民"

中国西部的新疆拥有这个星球的大部分胡杨（Populus diversifolia）林：36 万公顷。这种树能经受最恶劣的生态条件，是自然的一个奇迹。它耐盐，可以通过树皮将盐分排出。它耐旱，它的根从约 20 米深的地下汲取水分：但它也经受得住塔里木河夏季高水位期间几个月的洪水。这条内陆河——它像多瑙河一样汹涌，但逐渐消失在罗布沙漠中——的水流是由喀喇昆仑山、帕米尔高原和天山的冰雪在夏天溶化而形成的。水位高也对植物有利，把塔里木河沿岸变成了在沙漠中绵延 2000 公里的生命走廊。这个地区的自然生态以原始胡杨林为特征。叶子变形现象是胡杨与众不同的特性之一，它的学名异叶杨由此而来：一棵树可以长有如此不同的叶子——一些像白杨叶一样宽，另一些比柳树叶还窄——以致初看时你会认为是在看两棵树。胡杨长有巨大的树干：据说它的成长需要 1000 年，消亡需要 1000 年，倒下后它又要历经 1000 年才腐烂。最后但并非最不重要的一点是：无论是活着的时候还是死去以后，胡杨的姿态都给土地留下了独特的印记。例如，当它活着的时候，塔里木河中游可以看到的水风景就让人难以置信，让人想起沙漠之中的路易斯安那溪流：当它死去以后，它那饱经风霜的形态，像骨骼组成的军队似的，矗

* 本文摘自《第欧根尼（中文版）》2006 年第 1 期。

立在沙丘或土脊中，那里移动的河床已让位给了沙漠。因此，胡杨惊人的固沙能力为它赢得了英雄树、"保卫者之树"的别名：它保护绿洲，抵御塔克拉玛干沙漠。

胡杨的生态系对人类的生活和生物多样性两者来说都是如此值得注意、如此有价值，以致1983年在塔里木河的中游成立了自然保护区。这个自然保护区包括轮台和库尔勒自治县（市）的部分地区，占地超过580万亩（3924平方公里）。根据官方文献，设立保护区的决定不仅是为了"积极保护"物种，而且是为了"恢复胡杨林资源"。这个"资源"概念在中国的地位很高。例如，它出现在许多在西方仅表示科学学科的团体名称中，比如说，中国科学院的"地理科学与资源研究所"。当你提及"资源"时，你自然地暗示着"用于人类的资源"以及更具体地"用于经济的资源"。如此一来，一项在保护自然的同时又声称要恢复一种资源的政策中存在着一种根本的模糊不清，因为第一个目标集中于自然本身（例如，保护生物多样性），而第二个目标集中于人类利益。这两个目标之间会存在矛盾，自20世纪60年代以来，对生态事务越来越多的关注产生的许多争论证明了这一点，但似乎中国的环境政策并未从那个角度看待这个问题。这里的中心观点是通过经济和社会的发展来实现对自然的保护，这个观点到处都在得到重复。这一点非同寻常，因为历史表明社会取得进展需要一定程度的繁荣以刺激一项环境政策：因为在某个限度以下重要的是日复一日的生存，生态平衡不在考虑之列。特别是，农民的贫困一直是林业政策的敌人。

这里所说的这个地区的当地人——称为"罗布人"——的生活方式依赖于捕鱼、狩猎和一种具有浓郁乡村性的生存的多元文化。由于沙漠隔绝了他们与外界的联系，他们没有电、自来水或电话，生活在"文化素质较低"的环境中。这种情况似乎与中国中央政府倡导的"西部大开发"不一致。于是通过一种微妙的政治思想手腕，这种情况与来水量减少之间建立起了一种联系。塔里木河上游来水量的减少不仅危及利用该河进行灌溉的机会，还危及胡杨的整个生态系。因此部分受保护的区域变成了不准进入的地区，并且做出了将居民迁出的决定。如此一来，"为了母亲河"，草湖人民——由3420人组成的758个家庭——变成了"生态移民"。政府将他们重新安置在一个新村庄里，这个村庄位于更高处的离轮台镇更近的天山的山麓小丘上。然而，如果三年之内棉花在新土地上生长不好，居民们与当局达成的协议允许他们回到故土。

可量化维度的局限

有趣的是，在行政管理甚至科学词汇中，诸如草湖"生态移民"这样一种运作像公共事业和建筑一样被划归到了工程范畴。因此，在一篇有关塔里木河治理的总结性文章中，我们在"综合治理工程措施"的小标题下发现了下面这个单子：

为了从根本上优化塔里木河流域的生态环境，伴随着干流应急输水工程、生态治理抢救工程的实施，在塔里木河流域还正在实施生态移民工程、堤防建设工程、退耕还林（草）工程、防沙治沙工程、天然林保护工程、水库改扩建工程、灌溉体系建设等工程。

正如我们可以看到的，这个大河流域的综合治理中使用的这一系列技术包括了影响社会本身的许多运作。因此关于用同一种方法——工程师的方法——来衡量与自然科学有联系的现象和与人文科学有联系的现象如何可能的问题出现了，也即工程观念中预设的那种技术控制的联系。从它们的后果来看，这些运作的实际情况使我们认为，就是在生态学层面上，不仅是技术控制而且所涉及的过程表征都远不是完美的。事实上，近来一项研究把康斯坦扎评估方法应用到了"大跃进"时代开垦的塔里木河下游地区，得出了"生态系统服务"在那里被严重低估的结论。由于这个原因，当年进行的开垦带来了未曾预料到的负面效应，这些效应归结起来讲，可以说是以塔里木河的"绿色走廊"绿洲为代价的沙漠扩侵。

更早的案例研究的作者冒险将这些未曾考虑的环境"服务"量化——这在任何情况下都是片面的，估计它们在1986—2000年间每年平均减少150万元。这些数字使我们能够用一种共同语言——以前停留在市场的外部世界中的经济体系的语言——来表述，所以它们是意味深长的。由于这个原因，这类研究在定义和实施规划政策方面可能具有一些重要性，而在实践中财政上的考虑起着主导的甚至压倒性的作用。然而，这类研究依赖于模拟这个事实是不可能隐瞒的，因为涉及的"服务"实际上从未公开出售过。当然这种研究的目的就是为了避免商业核算的衰减效应，这种经济核算正在把当代世界——新疆的绿洲像它的 1/n 比例尺上的一个缩影——拖向对这个星球的资源进行盲目的过度开采，最终毁掉人类生活的生态基础（见下文）。我们确实需要纠正这种盲目性。然而，情况仍然如旧：转换成商业词汇显然限于一个领域——经济——它的相关性立刻被使这种转换成为可能的模拟消除。在这种情况下，上面提到的研究的作者们实际上承认他们只能量化部分生态系统，把那些例如像周围山体的积雪和冰川，甚至沙漠自身提供的"服务"省略了，但这种局限不影响所采用的方法的原则。这的确是一个原则问题。事实上，康斯坦扎方法使环境问题回到一个系统——市场——固有的一个维度，正如历史说明的那样，它导致这个星球的环境的毁灭。质疑这个所指事物的相关性以及寻找一个更为根本的所指事物似乎更合乎逻辑。

使人类回到现实本身

自从 20 世纪 60 年代意识的觉醒，正如我们所知，一个被称为环境伦理学的研究领域得到了发展，现在它是我们的知识图景的一部分。关于这个话题有一些出色的著作；这里我不想追溯它的历史，也不想考察对这个主题表达的一系列立场。在我看来，这些立场处于两个理论极端之间：一个极端认为人类从属于生物圈，另一个极端认为环境问题从属于人类利益。一般来说，第一组观点被称为整体论，第二组被称为人类中心论。而且，虽然环境伦理学的历史包含了许多约束和陈旧的简单化，但是它刚得到一些发展就碰到了一个基本难题：在一种意义上承认人类超越自然，同时又在另一种意义上承认自然包含人类。其实，希望人类行为合乎道德规范，尊重其他物种的利益意味着给予人类一个独立地位，因为我们不能合理地把一种面向我们的互惠责任加在其他物种身上。换句话说，伦理学与生态学的领域依然是根本异质的。

在实践中，这个难题只能在政治领域中通过前面提到的整体论与人类中心论中的任何一种观点的支持者之间的力量关系的相互作用得到解决。但是"解决"依赖于使用各种隐喻或模拟使问题回到一个共同的参照域，以便有意或无意地隐藏上文的难题。

我个人认为，把人与非人置于同等地位之上的建构是没有出路的。实际上，在我看来，正确的方法似乎应是把独一无二的人类状况这个明显的事实作为基础。所以独一性应该被置于真正的宇宙论的视野中；也就是说，不是像上文一样将这种独一性降低到同一层次，而是为我们所能知道的现象的一般秩序（宇宙［kosmos］）设想一个存在论的深度。这又一次意味着我们不应该把一切（人与非人两者）下降到同一尺度，不管最终它是一个人还是一个非人，但是相反，我们应该努力界定不同的事物与人类之间的关系：而且反之亦然，界定人的事物与自然的关系。

如果我们承认生态现象与地球这颗行星有联系，经济现象与地球上的人类生活有联系，那么这方面最简单的尺度是评估瓦克纳格尔与里斯所称的"生态足迹"，换句话说，用表面积单位说明一种特定的生活方式对生态系统的影响。一些相对简单的转换使我们能够为任何自然资源计算面积。例如，估算生产一吨煤所需的石炭纪森林的面积，然后通过把那种代价与目前生物圈的生产能力联系起来，那吨煤的消耗被转换成了平方米。这里没有隐喻，因为我们仍处于同样的存在论秩序之中，即生态系统的秩序。但是我们的生活方式所消耗的资源是非常具体可见的，那就是它超出或没有超出这个星球再生那种资源的能力的程度。因此，在世纪之交的时候人类的消耗似乎超出了那种能力的1/3；换句话说，我们要在长时间内维持我们的生活方式将需要1.3颗地球行星。要保持那种平衡，在人口不变的情况下我们的生态足迹应该大大低于每人2公顷；但现在它正在接近3公顷。最令人不安的方面是这只是全世界的平均值。

运用同样简单的转换，我们可以看到那种生活方式从道德的角度讲也是不可持续的。确实——因为我们只有一个地球——一方面它意味着倘若富人消耗越多，穷人就消耗越少；另一方面它意味着倘若我们超出了资源自我更新的能力，由我们的子孙后代支配的资源资本就会减少。因此，存在着一种双重非正义。

做大地之人

如果说从生态足迹的角度据理力争使强调我们的生活方式不可持续这个事实成为可能——在生态上是有局限的，在道德上是无法辩护的，但这并没有澄清先前所指出的那个难题。它尤其没有解释为什么一种理性的存在——人类——正趋向于以一种越来越不理性的方式生活。我们的宇宙观中一定存在着一个根本的缺口：我们发现使我们的行为与知识理性地（与一个协调的宇宙一致）相一致是不可能的。那个缺口确实是一个现代缺口。事实上，所有传统社会都具有在一个宇宙中整合它们对自然的表征与道德准则的能力。当事物对于我们来说变成了在道德上中立的客体，在存在论上与作为道德主体的我们相区别时，我们现代人从那个时刻开始就丧失了那种能力。正是那个被称为二元论的假设使现代科学成为可能；而且那个二元论带来了海德格尔所指责的世界的失落，或"去世界化"（Entweltlichung）。我个人倾向于说"去宇宙化"；或作为秩序的宇宙的失落，这个秩序联结事物与我们自身的存在，特别是，它联结我们具有的对我们的存在和使存在成为可能的基础的表述：大地或自然。对我们来说，前者与我所称为的现代存在论主题（topos）相关："个别的人：个别的身体"这种特性；后者与外在于那个存在论主题的客体相关。但这种二元性否定了一种环境伦理学的必要条件，因为道德规则只能应用于有自我意识的主体。

然而，虽然上文提及的存在论主题可能会有效，但它只不过是一种心理表述。它是笛卡儿与牛顿的经典的西方现代范式的特征，他们的宇宙观与物理学已经过时一个世纪了。在存在论层面上，海德格尔对那个主题提出了强烈的质疑，举起一个此在（Dasein）来反对它：一个"在此"（being-there），它是"在世界之中存在"（being-in-the-world）、"与物共同存在"（being-with-things）等，总之是一个"外在于自我的存在"（being-outside-oneself［Ausser-sich-sein］），它超越正在讨论之中的那个主题。这些观点颠覆了现代（尤其是笛卡儿式的）存在论，蕴含了一个未被海德格尔自己所预见的后果：它们为伦理学领域扩展到那个"外部"（Ausser）提供了一个理由，现在这个"外部"是我们的存在的一部分，而不再是客观的——或者，我应该说得更准确些，对象的（objectal，与对象相关）世界的一部分。在我看来，这个理由是允许我们超越现代存在论主题对于环境伦理学蕴含的那个难题的基本条件。

然而，海德格尔没有将此在的逻辑贯彻到底。正如和辻哲郎所指出的，它依然受到个体界限的限制：人自身的死亡（换句话说，即现代存在论主题的时间限度）。事实上，海德格尔写道：

死亡作为此在的终结乃是此在最本己的、无所关联的、确知的、而作为其本身则不确定的、超不过的可能性。死亡作为此在的终结存在于这一存在者向其终结的存在之中。

由于这个原因，海德格尔的此在存在论是一个"向死亡存在"（Sein Zum Tode）的存在论，这个见解受到了和辻哲郎根本性的批评。事实上，对他来说人类的存在（ningen sonzai）是一个"向生命存在"（sei e no sonzai）：

历史性构建社会存在。这里也可以看到人类存在的二元性，即有限—无限。随着人们死去，他们之间的关联（aida）发生变化，但即使他们经常地死亡和变化，人们还是活着，并且他们之间的关联继续着。正是在这个经常结束的事实中这种关联经常继续着。从个体角度看是向死亡存在，从社会的角度看是向生命存在。

我们可以看到，对和辻哲郎来说，人是不可分离地由个体维度和社会维度构成的：那种由此到彼的关联——"之间关联"——远远超越了海德格尔的"共在"（Mitsein），后者随个体的死亡而停止。对和辻哲郎来说，死亡没有终止我们的社会部分地存在（而且，我们也许要加上它甚至确认了这种存在）。而且，他详细地说明了这种关联同时也是我们与环境之间的关系的基础，因此后者同把我们与他者联系起来的这种关联一样也是我们存在的一部分。他是第一个这样做的人。因此，人的存在是由个体维度与社会——环境维度之间的关系动力构成的，和辻哲郎将这种关系定义为"人的存在的结构性环节"（ningen sonzai no kozo keiki）。所以，在我看来，和辻哲郎的著作事实上主要与伦理学有关，他不仅开启了从根本上超越现代存在论主题的可能性，而且特别开启了超越它放在建立一种真正的环境伦理学道路上的那个难题的可能性。这个难题产生于以下这个事实：如果一个存在受到笛卡儿式的"我"，甚至海德格尔的此在的个体视界的限制，它就不能从结构上运作一条要求人们考虑个体视界之外的东西的道德准则：环境（或用和辻哲郎的词汇 fudo），它从空间和时间上都超越了现代个体存在论主题。然而，不把这个背景视为外在于我们的存在（以对象环境的形式），而把它视为与我们的主题的特性一样基本地构成我们的存在，我们便得以实现一个去中心化过程，它与那个开创了现代的过程——哥白尼式的革命一样具有决定性。这些去中心化时刻中的第一个时刻是巨大进步的源泉，但同时它将带来一种去宇宙化，正如我们今天所知道的，它在或短或长的时间内只会是致命的，而且它现在已无法持续了。避免那种结果的是第二种去中心化的对抗，这场革命将以向生命存在来取代现代个体的向死亡存在，前者即我们的存在的真正基础：做大地之人。

（选自《国外社会科学》2006 年第 5 期）

现代生态运动中东方传统思想的价值与局限

——龟山纯生论日本佛教生态思想的现代意义

冯　雷[*]

对当代生态环境危机的反思从一开始就是同反省近代文明以及西方文化传统相联系的。人们普遍认为，近代文明是导致生态环境破坏的主要原因，而西方文化传统的固有特点加剧了近代社会人与自然的对立。不仅近代以来的工具理性、机械主义对造成生态环境危机负有责任，而且古希腊以来的人与自然二元对立的哲学传统，乃至基督教中的人类主宰自然的思想都应该对当今的环境危机负责。

同时，对当代生态环境危机的反思还往往与推崇和呼唤过去时代的生活方式与道德理念联系在一起。在近代思想史上，自然主义和浪漫主义的思想传统是根深蒂固的，卢梭就曾在工业社会尚未到来之前感伤地怀念人类的古朴时代。当代环境危机再一次触动了人们的怀古情结。在讨论如何应对当代生态环境危机、构建当代生态伦理观的时候，一些人常常提起中国古代的"天人合一""顺天"等思想，把恢复这些传统思想视为建设当代生态伦理的重要手段。

日本作为曾经以神道教、儒家以及佛教思想为主导的东亚国家，其

* 冯雷，男，1960年生，中央编译局当代马克思主义研究所副研究员。

文化仍然保持着鲜明的东方特色。在对生态危机进行反省时，日本也出现了回归东方文化传统的主张。因此，如何认识古代东方思想在历史上的作用及其在今天的价值，已成为摆在思想家面前的一个严肃的课题。多年以来，日本马克思主义学者龟山纯生教授重视对日本传统思想，尤其是古代佛教思想与当代生态思想关系的研究。他还多次参与了中日环境思想比较的合作研究，对中国和日本在对待传统思想方面的一些相似观点也有所了解。① 龟山教授对东方传统思想在当代生态伦理建设中的意义和局限性的分析值得我们参考和借鉴。

一

龟山认为，在目前关于东方传统思想的讨论中，存在着"把西方思想看作人与自然对立、人统治自然，而把东方思想看作人与自然协调共生的思想，同时强调东方思想优越性"的图解式的观点。他认为这是在反对西方中心主义的同时又落入了东方中心主义的意识形态之中。而且这种图式对东西方思想传统都做了简单化的歪曲。首先，龟山指出："在西方思想中也有把人与自然、宇宙看作一体的传统。例如古希腊哲学的世界观，中世纪的大宇宙、小宇宙（人）相互反映论以及近代的人与自然神秘合一的浪漫主义自然观等。反之，东方思想中也有以荀子为代表的主张人与自然对立、人合理驾驭自然的传统。"其次，是否能够把东方传统思想中的人与自然合一的思想简单地解读为现代意义上的人与自然的关系，这也是一个问题。道家的"自然"不完全是现代的自然（nature），儒家所谓的"天"有形而上学的意义，也不同于现代的自然概念。最后，这种图式强调对东方环境思想传统的泛泛之论，没有进一步探讨为什么这种思想没有成为近代的主流意识。龟山认为，重要的是要研究近代科学技术文明和市场社会的历史必然性和现实，探讨从社会制度上如何克服其弊端，应该在明确了这个主导思想之后，再来思考东方传统

---

① 龟山純生『東洋思想からの人—自然純純理解への寄与の可能性——純教思想を中心に』。尾純周二編『エコフィロソフィーの現在』，大月书店 2001 年版，第 109—111 页。

思想有哪些现实意义和局限性。①

　　龟山认为，传统的自然观和佛教的生命思想"强调的生命平等主义和自然与人类循环的思想，可以被视为打破西方工具自然观困境的线索"，但是"如果我们将在现代看起来具有积极意义的自然融合主义和生命中心主义从历史中分割出来，单独加以评价，不仅会导致沉湎于对传统自然观的充满感情色彩的赞美之中，而且会忽视它们实际上有过的对自然的破坏和对环境的破坏"。因此，龟山认为，重要的是，"我们不仅要从现代眼光的传统自然观中发掘西方思想中所没有的环境构思的观点和内容，而且还必须考察它们的历史局限及其在近代化过程中所起的作用"。②

　　基于这一基本认识，龟山提出，在我们考察东方传统思想的现代意义的时候，应该把区分两个不同方向的问题作为基本的研究方法。第一，东方传统思想对于现代环境问题的理论探讨能够提供哪些具有启发性的新论点？此即着眼于传统思想的参考意义。第二，东方传统思想在建设现代民众的环境意识方面能够发挥什么作用？此即着眼于传统思想的意识形态意义。③

　　龟山实际上提出了研究传统思想的两个视角：第一，把传统思想作为丰富和深化现代环境思想的素材加以甄别和提炼；第二，把传统思想放在思想史中进行批判的分析，揭示它过去和现在的意义。作为对这种研究方法的尝试，龟山对日本佛教思想进行了剖析。

二

　　首先，龟山从意识形态的角度分析了日本佛教思想中的自然观和生命观。

----

　　① 龟山純生『東洋思想からの人—自然純純理解への寄与の可能性——純教思想を中心に』。尾純周二編『エコフィロソフィーの現在』，大月书店 2001 年版，第 111—112 页。

　　② ［日］龟山純生：《日本传统的自然观与环境思想》，载王守华、戚印平编《环境与东亚文明——东方传统环境思想的现代意义》，山西古籍出版社 1999 年版，第 178—179 页。

　　③ 龟山純生『東洋思想からの人—自然純純理解への寄与の可能性——純教思想を中心に』。尾純周二編『エコフィロソフィーの現在』，大月书店 2001 年版，第 113—114 页。

　　一种普遍存在的观点是，应通过恢复和学习传统思想来培养现代环境意识，这样的主张一般是从意识形态的角度宣扬传统思想的。此种观点的代表人物梅原猛认为，日本的佛教思想是贯穿到现代的传统自然观。日本文化的根基是狩猎文化，其特征体现在古神道的两种思想之中，即人与动物、自然的平等共生和生命的相互转化与循环。佛教与这种思想相融合，形成了日本的"传统思想"。日本佛教中包含的神教特征（多元主义、宽容思想）、山川草木皆有佛性（自然—生命中心主义）的观点和空的思想（否定欲望），为解决西方近代危机（战争、环境破坏和精神崩溃）提供了可能性，所以应该成为今天人们的规范。①

　　龟山认为，梅原猛等人对佛教自然观的赞美是片面的。从历史的实际情况来看，佛教自然观具有两面性。一方面，以"山川草木皆有佛性"为象征的人与自然、动植物等生命平等的观念，以及自然崇拜的观念和不杀生的戒律等，可以说作为百姓的常识确实已经成为"传统"了。但是另一方面，传统佛教虽然表面还保留着生命—自然中心主义的教义形式，但是在现实中它们已经空洞化和解体了。

　　具体而言，日本的佛教自然观的反自然性表现在两个方面。其一是佛国土形成说。"根据山川草木悉皆成佛的理论，只要是为了达到形成佛国的目的，自然的开发和生命的杀伤都可以通过自然物本身的修行、往生行、众生济渡的牺牲以及佛的庄严而正当化。""通过对自然神信仰的吸收，佛国土形成说一方面阻止了对自然整体性的破坏，另一方面又通过向不服从天台、真言等寺院的民众宣扬不杀生戒，进而将犯戒之人说成是佛教理论中罪大恶极的佛的敌人，伴随着坠入地狱的恐怖宣传，成功地抑制了民众。"② 如今，"这种理论已经逐渐演变成为'为了人类、国家、社会的发展'等普遍性目的而承认和容忍牺牲自然的理论"③。其二是传统自然观中的"自然主义"思想蜕变为对放纵欲望的肯定。"以本觉

---

　　① 龟山纯生『东洋思想からの人—自然纯纯理解への寄与の可能性——纯教思想を中心に』。尾纯周二编『エコフィロソフィ一の现在』，大月书店 2001 年版，第 115 页。

　　② ［日］龟山纯生：《日本传统的自然观与环境思想》，载王守华、戚印平编《环境与东亚文明——东方传统环境思想的现代意义》，山西古籍出版社 1999 年版，第 180—181 页。

　　③ 龟山纯生『东洋思想からの人—自然纯纯理解への寄与の可能性——纯教思想を中心に』。尾纯周二编『エコフィロソフィ一の现在』，大月书店 2001 年版，第 117 页。

思想为中介、'自然而然'即佛法显现的'自然法'论，率直地肯定现实欲望的婆娑即净土论，以及容忍源于欲望的反社会行为的恶人往生论等等，均广泛地渗透到佛教思想中。这也是一种真意优先于口头、屈服于现实的现实主义，使原则空洞化的不负责任主义的'传统'。"①

龟山认为："现代日本环境思想的主要问题是，它一方面强调自然保护和生命平等的思想，但是同时又矛盾地肯定人类对于环境和自然的干涉和欲望。"② 如果看不到上述日本传统思想的两面性，仅仅看到表面上尊重自然和生命的一面就宣扬恢复日本传统自然观的话，那么环境思想就只能停留在满足情绪的口号的层次，反而掩盖了现实的环境问题。

因此，只有克服这种两重性，传统自然观才能对环境思想和市民养成环保的理念做出贡献。为了达到这个目的，龟山认为需要在两个方面去努力。第一，要把对传统思想的认识和对现实的自然环境破坏的认识联系起来，特别是要辨明它在市场和科技发达的当今社会中的功过。第二，要把解决现代社会的各种问题与努力消除"日本式的不负责任思想"联系在一起。③

三

关于佛教思想对今天环境问题的参考意义，龟山讨论了佛教缘起思想对当代共生思想的参考意义，以及本觉思想对当代自然保护意识的参考意义。④

关于佛教的"缘起"思想，日本著名东方学家、佛教史学家中村元是这样解释的：以与他者的关系为缘而生起，由 A 这个缘而生起 B，在一切现象中，无数的原因（因）和条件（缘）相互关联而成立。龟山认

---

　　① 龟山纯生『东洋思想からの人—自然纯纯理解への寄与の可能性——纯教思想を中心に』。尾纯周二编『エコフィロソフィーの现在』，大月书店 2001 年版，第 117 页。

　　② ［日］龟山纯生：《日本传统的自然观与环境思想》，载王守华、戚印平编《环境与东亚文明——东方传统环境思想的现代意义》，山西古籍出版社 1999 年版，第 183 页。

　　③ 龟山纯生『东洋思想からの人—自然纯纯理解への寄与の可能性——纯教思想を中心に』，尾纯周二编『エコフィロソフィーの现在』，大月书店 2001 年版，第 118、119 页。

　　④ 龟山纯生『共生理念の深化と纯教思想の「参考点としての意纯」』。吉田纯俊ら编『「共生」思想の探求』，青木书店 2002 年版，第 104—115 页。

为，主张"现象的存在史相互依存而发生"的缘起思想，对于当前提倡的人与自然共生的主张是有重要参考意义的。

第一，按照缘起思想，人与自然不是一方依赖另一方，而是彼此相互依存。人依存于自然的同时，自然也依存于人。龟山解释说，这里所说的自然不是"本质"层面的宇宙本体的自然，而是作为"现象存在"的自然，即与作为"身心整体"的人相接触的个别的物质的自然，作为生活层面的直接对象的自然。根据日本佛教学者水野弘元的阐释，二者不仅相互依存，还互为对方的存在条件。根据这个观点，可以认为人的存在也是自然存在的条件，人的存在方式改变自然的存在方式。这个观点将我们的视线引向了现代科学技术文明对具体的、直接的自然的改变。它说明，共生这个概念显示了现代人与自然的固有的关系，正是在科学技术的时代，共生才具有意义。

第二，按照缘起论的因缘思想，事物的生成和存在是直接原因（因）和间接原因（缘）共同作用的结果。根据这种思想，人间的事情是由于人这个内部原因（因）和自然这个外部条件（缘）共同作用的结果。反之，自然界的变化则可以理解为自然内部的原因（因）和人所施加的影响（缘）共同作用的结果。这样，人改变自然，被改变的自然又反过来作为"缘"改变人。龟山认为，这种共生的实例就是现代生物学所揭示的人与自然的"共同进化"现象。

第三，按照缘起论对世界的看法，佛教所谓的"三界"，甚至构成宇宙的根本要素都是有生有灭的，唯一不变的是缘起这种"关系"。据此，在人与自然共生的问题上，我们可以把自然分为三个层次：作为人的活动对象的自然（其他生物和物质世界）；作为联系的基轴的共同体自然（地球生态圈）；作为终极要素的宇宙（自然史过程本身）。可以看出，共生问题所涉及的只是前两个层次的自然。

第四，缘起思想固有的实践特征对共生问题具有启示意义。早期的缘起思想是为了说明生老病死的缘起关系，并且教导人们如何获得解脱。龟山认为，对于当代的共生问题而言，要看到它既是人与自然之间的事实关系，也是以人的生存价值为前提的理念关系。即使赞同非人类中心主义的观点，说到底仍然是要从人的立场反省环境问题的。

关于本觉思想对当代自然保护的参考意义，龟山指出，本觉思想形成于 10—11 世纪，自然观的最大特征是认为"山川草木皆有佛性"。它的基本思想是"梵我一如"所表达的宏观宇宙和微观宇宙相通甚至相同的思想。以身体和自然现象为媒介，这种自然观使心理主义的宏观宇宙和微观宇宙关系论呈现出空间化的特点。

龟山认为，本觉思想的自然观包含以下三个要点。第一，它把自然看作具体的、经验的世界。人与自然的关系不是人类一般与自然一般的关系，而是各个人与各个自然场所、经验空间的关系。也就是说，人处在与现象的自然的共生关系中。第二，它把自然看作与人交往的、反映人自身的自然。具体的自然与人是交互感应的关系，这样的自然与人的价值性存在是不可分的。第三，这种自然与人的交互关系是以人的感性的身体及其交往为媒介的。

日本的传统自然观受本觉思想影响很大，在民间神道的泛神论以及诗歌等文学作品中均有所表现。虽然龟山也意识到了本觉思想中包含的宗教神秘主义成分，但他同时认为，如果剔除这些成分，那么本觉思想所包含的交往的身体、可以交流的自然等思想，对于当代生态思想确实具有启发意义。

结　语

在与前近代的宗教神权和专制制度的激烈交锋中确立起来的近代理性主义，伴随着资本主义在物质生产和科学技术上获得的巨大成功，其自身的威望也达到了顶峰。但是，20 世纪科学技术的新特点，以及发达资本主义国家中复杂的社会矛盾，使理性主义遭到了广泛质疑。20 世纪70 年代以后出现的全球环境危机，促使人们对近代西方开创的生活方式和思想传统进行全面反思。在环境保护运动和生态思想当中，对工具理性主义的批判一直是突出的特点。

相对于 20 世纪西方思想界越来越多地对西方近代文化的质疑和反省，在 20 世纪末的东方，由于掺杂了对民族文化的认同心理而更为激烈地批评现代文明的缺陷。在谈到认识方法、道德传统乃至日常生活方式的时候，"抑西扬东"甚至预言 21 世纪东方文化比西方文化更有优势的观点不绝于耳。尤其是在针对生态思想的讨论中，对近代西方自然观的批评，往往直接与对东方传统思想的赞美联系在一起。

　　对西方思想传统的弊端的批评可以上溯至基督教的自然供人类支配的思想。日本著名学者梅原猛更是把当代生态环境破坏的文化根源追溯到了古希腊城邦时期。[①] 在梅原猛看来，古希腊时期因农耕和畜牧的需要而砍伐森林，消灭了森林之神，在此基础上建立了城市文明，从而发生了人类历史上第一次环境破坏。所以，解决当代环境问题要从第一次环境破坏的源头开始反思，即彻底放弃征服自然的文明方式，与整个自然包括寄居于自然中的神灵共生。具体而言，就是要摒弃西方的、农耕（小麦农业）畜牧的、基督教的自然观，返归东方的、水稻农业的、佛教或神道教的传统。他认为，现代人应该学习古代人的智慧，例如神道教的自然崇拜思想就为今天人类的环境保护提供了榜样。[②]

　　如果把人们对东方传统的无为、节欲、节俭等思想的推崇，看作是对资本主义掠夺性生产——浪费性消费的生产方式和物欲主义文化的排斥反应，那么对东方传统思想的提倡的确具有积极意义。但是在多数情况下，东方传统思想被看作是可以取代西方传统的一种思想，或被直接称作环境保护思想。把东方传统思想简单地解读为生态思想过于草率，而且这样做并不等于构建当代生态伦理，相反它还可能阻碍批判性思想的成长。因此，当我们从环境问题的视角审视传统思想和文化的时候，首要的是不仅要努力去发掘曾经被忽视的古代思想精华，而且还需要进行全面、细致的分析以及与现实的比较。

（选自《国外社会科学》2008 年第 3 期）

---

① 冯雷：《当今日本环境思想简介》，《国外理论动态》2001 年第 2 期。

② 梅原猛『共生と循傑の哲学』，小学傑，1996 年，第 59—61 页。

世界地缘政治经济转型中的
自然资源要素分析

高淑琴[*]

一 转型中的世界地缘政治经济与
自然资源主体辨析

作为人类政治经济活动与地理环境相互作用的产物，地缘政治经济既具有地理环境的相对稳定性，同时还具有社会生产发展及其活动特点所造成的可变性。纵观人类社会的不同历史阶段可以发现：地缘政治经济版图总是具有与时代特征相吻合的内在关联并表现出相应的总体面貌。这个版图与自然地理的分界不一致，有着人类政治经济活动的明显烙印，并受到自然资源要素的影响，在不同的历史时期有不同的规律。

地缘政治经济是在特定时代的生产力条件和空间条件下，由政治经济行为主体通过地理环境的相互作用而产生的各种政治经济关系的有机组合。地缘政治形态的发展是一个历史过程，有其独特的形成、发展、演变进程，是外部地理状态和内部各种要素的有机统一。这就要求我们在分析地缘政治经济形态时，不仅要准确地概括地缘政治经济关系的外部特征，而且必须深入内部解析其内在结构，以便更好地把握地缘政治经济形态的发展规律和地理空间模式特征。

* 高淑琴，女，博士，中国人民大学国际关系学院讲师。

从 20 世纪 90 年代世界新的发展面貌中可以发现一种比较普遍的趋势：国际事务的经济化、大规模消费主义的增长（保护消费者权益）、世界地理经济的发展。各国的学者都在努力从各种角度论述，试图寻找这种普遍现象的历史根源，从而预测未来的发展趋势，其中深入体系内部独辟蹊径进行分析的是美国著名政治经济学家米塞尔·克拉尔。他把自然资源、人口的质量和经济增长带来的野蛮开采原材料、预测中的资源短缺和争夺资源所有权的政治军事行为结合起来进行研究。[1] 地缘政治经济因素会影响到国家对自然资源的获得，这使得从地缘政治经济的视角来研究自然资源安全尤为重要。现代地缘政治经济状况将自然资源与地缘政治经济竞争紧密联系在一起。

自然资源为欧洲强国进行全球性的扩张提供了工具手段和动机，并形成了国家之间的竞争对抗和拒绝战略合作的局面。西方关于地缘政治经济的思想是以战争、贸易和强国的综合体为目标的国际行为的调整组合，这种思想的核心是海外资源贸易和海上资源运输航道。现代地缘政治经济理论研究最重要的进展是马汉的"海权论"和麦金德的"陆权论"。马汉从英美国家利益出发，认为掌握海权的关键在于控制海上交通线，而决定欧洲和美国命运的海上交通线，最重要的有两条：一是从欧洲经苏伊士的航线，二是从美国穿越太平洋的航线。由此出发连接经太平洋和大西洋的最短距离的海上岛屿和海峡，便是美英海军必须控制的海权地区所在。随着科技进步和人类开发资源的发展、铁器的普遍使用，海洋心脏学说被陆地心脏学说所取代。麦金德认为，世界中心所在的欧、亚、非三大洲由于发达的交通已变成一个"世界岛"，世界岛可分 6 个地区，其中最重要的地区是欧亚大陆板块地区。欧亚大陆的接合部的中亚中东地区被称为"轴心地区"或"心脏地区"。西方国家的地缘政治经济理论是以海外资源贸易和资源运输的航道来划分的，因此我们可以认为，自然资源是国际地缘政治经济在空间划分上的物质基础，决定着特定历史时期地缘政治经济活动的总体面貌特征。

从自然资源与国际关系的历史发展来看，自然资源一直处于地缘政

---

① Michael T. Klare, "Resource Wars", *The Changing Landscape of Global Conflict*, New York: Henry Holt, 2001, p. 23.

治利益的中心。在整个人类历史发展时期，保证自然资源供应和足够的运输线路的能力，决定了技术、商业、外交和军事上的变化。主要自然资源生产国和地区成为资源进口国和消费国的政治、外交中心；此外，在不同的历史发展阶段，不同种类的自然资源对生产发展和国际经济起着不同的作用。例如，工业革命以前世界资源竞争的焦点主要是森林、农业资源；工业革命之后主要围绕铁器、金属以及后来的石油展开竞争；第三次科技革命之后某些贵重的稀有金属和无线电原材料成为世界资源竞争的焦点。因此，随着工业革命的深入、世界资源种类和竞争中心的变化，世界地缘政治经济也在不断的变化之中，从自然资源角度考察，有助于更好地理解世界地缘政治经济格局变化的特点和规律。

二　自然资源与世界地缘政治经济格局转型的关系

分析世界地缘政治经济格局中的自然资源要素，首先要考察全球自然资源分布的地理版图和供需版图，这在时间和空间上都有一个概念的划分。所以，笔者认为，对自然资源时间上的划分，以人类历史上的科技革命为线索，因为科技革命是人类认识、开发和利用自然资源的里程碑，既是人类开发利用新自然资源的起点，也是结果。基于对国际地缘政治经济转型的历史划分，笔者把自然资源的时间划分与国际关系体系的转型紧密结合，因为国际关系体系与国际地缘政治经济格局相辅相成，互为因果关系。在这个思维模式基础之上，笔者试图找出自然资源与世界地缘政治经济格局转型的内在逻辑关系和历史的外延。

自然资源是人类赖以生存和进行生产的重要物质条件，人类社会发展的历史与人类认识和利用资源的历史密切相关，资源的开发和利用不仅直接影响到人类文明和社会经济的发展，而且对国内经济结构和国内、国际的政治经济地缘格局和地缘竞争也产生着越来越大的影响。随着人类文明和工业化的发展，不同历史时期的人类社会对不同资源的关注和争夺的程度也各不相同。

人类有目的地大量使用资源是在发明用火之后。火的发现和使用，对人类自身的体质和社会的发展产生了极大的影响，人类在一定程度上开始利用自然条件改善生活环境。火的使用使人类开始收集薪柴，砍伐树木，利用这些生态物质作为燃料以获得能源，并进而掌握了利用木炭来冶炼的技术。青铜冶炼技术的发明，使人类可以开始制造各种青铜生产工具、武器和生活用具。它标志着人类开始进入使用金属工具的阶段。继青铜时代之后，铁器的使用促进了冶金、建筑、交通运输及工具制造等行业的发展。利用薪柴使人类摆脱了完全依附于自然的生存状态，从而也拓宽了人类生存和发展的条件和智慧。

在第一次工业革命以前，人类对自然资源的开发和利用主要集中在森林、农产品、铁矿等初级原材料上。当时在世界范围内，土地资源和森林、矿产品成为各个民族和国家赖以生存发展的源泉。

在 15 世纪末地理大发现时期，贸易和自然资源掠夺是密切联系的，并成为保护或阻断世界财富积聚、争夺地区和世界新霸权的方式。例如，17 世纪法国、英国和丹麦之间爆发了三次战争，它们的理论基础是谁支配了海洋就支配了世界贸易和世界资源，谁支配了世界贸易就支配了世界财富，谁支配了世界财富就支配了整个世界。①

从 17 世纪以来，海上木材的供应就成为欧洲强国的主要目标，也是追求海外结盟、海外贸易甚至帝国主义政策的动机。英格兰事实上不惜一切代价强力推行开放海洋的政策，多次入侵和干涉波罗的海事务，局势与 20 世纪强国对石油的追逐和争夺非常相似。②

在第一次世界大战中，协约国与同盟国陷入持久战的泥沼，双方都难以压倒对方取得胜利，美国的参战使协约国获得了充足的燃料供应，从而可以更充分地利用汽车运输的有利条件，最终取得了对同盟国的胜利。第一次世界大战使世界各大国深切体会到以石油为代表的能源在国际政治竞争中的重要性，因此，在各大国的国际政治战略目标中都增加了保护自然资源的安全这一重要内容。

在第二次世界大战中，日本不惜与美国为敌，出兵东南亚，其目标就在于争夺缅甸和东印度群岛的石油、森林和矿产资源。希特勒在占领

---

① John Evelyn, "Navigation and Commerce (1647)", in Ian O. Lesser, *Resources and Strategy*, Basingstoke：Macmillan, 1989, p. 245.

② Ian O. Lesser, *Resources and Strategy*, Basingstoke：Macmillan, 1989, pp. 11 - 12.

波兰后明确表示，如果不能夺取迈可普或格罗兹尼的石油，就应该结束这场战争。夺取石油资源是纳粹德国侵略罗马尼亚和苏联的重要战略目标之一。

冷战时代，传统的西方战略思想继续发展，世界仍然是在两个阵营框架内维持脆弱的资源供应体系。美苏两国围绕着资源供应和控制展开了激烈的争夺。为了与美国争夺世界霸权，苏联仍把影响和控制世界能源生产列为最重要的战略目标之一。苏联入侵阿富汗的目标之一就是要对中东施加影响。值得关注的是，苏联威胁西方对海湾地区石油的控制、对中部和南部非洲战略矿产的控制。[1] 美国经济的繁荣发展与西欧经济的恢复和重建都严重依赖资源的进口，美国 1983 年的国防报告指出，一旦苏联控制了波斯湾地区的石油命脉，西方联盟将在没有一兵一卒进入西方的情况下被迫屈膝投降。美国前国防部长布朗甚至认为："如果苏联在政治上对波斯湾以及波斯湾的石油掌握了支配权，就等于占领了西欧和日本的领土，因为这些国家在很大程度上依赖这个地区的石油。"因此，美国前总统国家安全事务助理布热津斯基强调，拥有世界已查明石油储量 56% 的波斯湾国家将是西方的重大战略利益所在，任何外部势力想控制波斯湾的企图，都被视为是对美国重大利益的侵害。

第二次世界大战后的第三次科技革命，在各个学科和领域都引发了巨大的变化和社会生产力的重大发展，改变了传统的工业结构，也增加了扩大再生产所必需的生产资料和资源，世界地缘政治经济格局的转型继续扩大。第二次世界大战后的全球非殖民化过程、1956 年的苏伊士运河危机、1973 年的阿拉伯石油禁运、1979 年的伊朗革命清楚地证明了西方联合战略对全球资源贸易的管理，超过了对区域政治稳定和结盟的关注。[2] 冷战的结束、苏联的解体以及伊拉克进攻科威特的事实证实了这个观点。

在世界范围内，虽然世界地理在地理大发现和新航路成功开辟之后

---

① James E. Sinclairand Robert Paker, *The Strategic Metals Wars*, New York：Arlington House，1983；Oye Ogunbadejo, *The International Politics of Africa's Strategic Minerals*，London：Frances Pinter，1985；Ruth W. Arad（ed.），*Sharing Global Resources*，New York：McGrawhill，1979.

② Bruce Russett, "Security and the Resources Scramble：Will 1984 be Like 1914?", *International Affairs*, Vol. 58, No. 1, Winter 1981 – 1982, pp. 42 – 58.

就已基本上得到统一，但地缘政治经济的统一性长期以来一直是有限的。即使在第二次世界大战之后，由于两大意识形态对抗造成了世界政治经济关系的割裂，冷战时代的世界地缘政治经济仍呈现为一种分裂的状态。从殖民主义时代、帝国主义时代到冷战时代，对抗性是其地缘政治形态的共同特征，形态内包含着二元对抗结构，如帝国主义宗主国与殖民地、半殖民地之间的矛盾。内部的主导要素是自然资源的供需。在两大阵营控制下的世界资源体系明显带有"冷战"的烙印。

冷战结束后的全球化浪潮改变了原有分裂的世界结构，推动着世界地缘政治向全球一体化的方向发展。信息革命带来的交通和通信技术的改变，改写了地理空间的传统含义，极大地压缩了世界各地之间的时空关系。

冷战结束后，支配世界地缘政治经济形态的二元结构瓦解，全球化使国际社会的融合加深，同时为不同地区地缘政治经济力量的增长提供了机会和空间，世界地缘政治经济结构显露出多元化和统一化的发展趋势。关于资源战略性的认识在冷战期间继续集中在资源供应的依赖性上，这加深了资源供应地区和运输航线的脆弱性，并且要考虑到拥有关键资源的竞争结果所导致的国内国际冲突的潜在性。[1] 在这些研究资源安全和战略优势的著作中，工业化发达的国家继续在不同程度上加强对西方能源供应的脆弱地带的控制，包括在原材料开采区、航海航线和战略资源储备地区部署军队，进行外交努力或采取炮舰外交政策，支持和策动政变，在生产国继续支持结盟政策，支持国际合作和国际贸易协定。高科技和无线电材料，尤其是石油在全球战略中占有重要的位置。[2]

东海大陆架发现石油资源是划界的主要原因。1961 年，美国伍兹霍尔海洋学院艾默里（K. O. Emery）教授和日本东海大学新野弘教授通过对太平洋战争期间日美潜艇在钓鱼岛海域收集的海底资料进行研究，发表了《东海和南海浅水区的沉积物》一文，首次暗示这里可能蕴藏着丰富的石油资源。1968 年在联合国亚洲及太平洋经济社会委员会的赞助下，

---

① Hanns. W. Mavll, *Raw Materials, Energy and Western Security*, Basingstoke：Macmillan, 1984；Arthur H. Westing（ed.）, *Global Resources and International Conflict：Environmental Factor in Strategy Policy and Action*, Oxford, 1986.

② Ewan W. Anderson and Liam D. Anderson, *Strategic Minerals：Resource Geopolitics and Global Geo-economics*, Chichester, Wiley, 1998.

艾默里和新野弘等来自美、日、韩和中国台湾的专家对东海和黄海海域进行实地勘探，明确指出，在中国台湾与日本之间的这片浅海域将会成为一个世界规模的产油区。

综上所述，自然资源地理蕴藏界限与国际地缘政治经济界限具有内在的联系和历史发展的逻辑。自然资源的基本属性不但是自然物资性和经济特性，它的历史外延和政治性也影响着国家的可持续发展和对外战略，影响着世界地缘政治经济模式及其历史变化，进而影响着世界格局。各个国家的外交政策无论是从本国经济发展的长远方针还是从国际局势出发，都主动或者被动地纳入到这个体系。

以自然资源出产地和消费地区的分布为出发点，我们可以看到，主要消费国在自然资源产地进行地缘政治争夺。这一时期的地缘政治不再是一个单纯争夺和控制世界地理要道以及控制世界市场的理论，它已深化为一个以控制世界资源为中心的理论，其中主要是以控制世界上资源储藏丰富和开发条件最好的地区为前提和目标。地缘政治经济体系的学说演变为随自然资源中心的变化而变化的动态学说，而不仅仅是"地理版图决定地缘政治经济格局"的静态学说。

三　自然资源要素影响世界地缘政治经济格局的途径和方式

世界资源的发展和形式与工业文明的发展密切相关并相互伴随。例如，以汽油为动力的内燃机的发展开启了一个新的石油时代，石油是世界经济发展的血液，是世界第一重要的战略物资和商品，并已成为全人类政治、经济、军事、战略竞争的核心之一。石油工业是从19世纪最后10年中开始发展起来的最大的工业，石油工业的出现使20世纪的政治、经济发生了彻底的改变。

例如，在历史上，俄国的石油曾多次对全球经济的发展和政治局势的改变产生深远的影响。始于19世纪，在巴库周围，阿塞拜疆石油工业的开发就打破了壳牌石油公司对全球的操纵以及西宾夕法尼亚州的实际垄断。1905年的俄国革命造成了世界石油供应的中断。苏联在20世纪20年代加强石油出口的经济活动引起了世界石油价格的巨大波动，导致

1928 年在苏格兰阿奇那卡里堡举行会议并达成阿奇那卡城协定。50 年代末，苏联的"共产主义的石油攻势"对市场份额的争夺刺激了削减油价，从而诞生了欧佩克。苏联是世界上最大的产油国，其 1989 年的石油产量比沙特阿拉伯的产量高出一倍还多，是仅次于沙特阿拉伯的世界第二大石油出口国。

在未来的几十年中，资源特别是能源越来越紧缺，许多国家都需要通过获取各种资源和能源以维持经济快速增长。迈克尔·克莱尔指出，能源与水资源问题正日益导致全球冲突，甚至在冲突出现的长时期内，国家间对资源的竞争与战略筹划就已经开始。① 所以，制定正确的资源供给战略和能源安全战略已成为大多数国家保持经济稳定发展的关键问题，资源能源安全战略已成为国家安全战略和对外政策的首要目标。尤其是美国，它通过军事力量强力索取资源以保持本国的资源供给平衡，并在许多地区造成政治不稳定。

事实上，美国在阿拉伯半岛的军事战略、美军在世界各个海峡和海上通道的部署、以美国为首的多国拦截武装力量强制执行联合国对伊拉克的制裁、美国在伊拉克的驻军和在中亚里海地区的部署，所有这些给当地的石油地缘政治以强化的军事特征。对外国石油供应的利益选择、区域内部的紧张状态和国内的政治动荡，这些均证实了依赖资源的国家经济政治化和控制资源的国际冲突竞争化的历史发展。

石油公司的战略、国际市场的发展和演变、技术的进步实际上是国家战略和国际经济竞争的体现。石油的力量与代价相伴相生，正确的石油战略会给国家带来杰出成就，成为胜利者；错误的石油战略将给国家带来一系列灾难，甚至是灭顶之灾。

所以，在资源战略决策中政府的行为占主导地位，国有能源公司在政府决策中的影响日益增加，资源往往影响到民族主义根基很深的经济，明确政府的行为往往可以控制企业发展的方向。能源安全也是关系到政府安全的问题。在战略战术上，地缘政治经济的特征往往是阻碍实现资源战略的根源。

在相当一部分贫穷国家中，围绕着对政治稳定的威胁、人口急剧增

---

① M. Klare, "The New Geography of Conflict", *Foreign Affairs*, Vol. 80, No. 3, pp. 49 – 50.

长、环境恶化、社会分配不均等现象，人们开始重新阐述国家安全理论。[①]

从人类发明用火直到工业革命，以木柴为主的资源消费结构对环境的影响主要在于木材的消耗方面。因此，工业革命前能源的开发基本上没有对环境造成不利的影响。工业革命后矿物资源属于不可再生的资源，其开采利用过程都将给环境和生态平衡带来影响。尤其是石油天然气运输过程中引发的生态安全和海洋污染问题日益突出，国际生态安全问题日益凸显。[②] 由此产生了新的国家组织和国际政府合作组织，[③] 国际合作基金组织，从而使世界地理版图产生新的生态地理界限和政治界限。随着全球相互依存思维的产生和发展，通过全球变暖、环境的有限发展、政治不稳定和环境的持续恶化，人们阐明了"环境安全"的新概念。

通过上述分析我们可以认为，资源战略在国家的外交行为中起着至关重要的作用，不仅影响着资源进出口国家的经济模式和相互关系、外交策略，而且衍生出新的国际安全的概念，使国际安全在不同的历史时期具有不同的内涵和意义，并从根源上影响着国家的安全战略和经济发展、国际贸易的结构和非传统安全的产生与发展。

自然资源的地缘政治特性对进口国和开采国具有重要的战略地位和意义。西方强国在冷战后重新开始关注资源产地以及与世界上资源丰富的国家密切相关的政治、经济和交通要道，并且在国际贸易中注入了很大的灵活性，以保证它们的资源供应的灵活性、多样性和独立性，并且把这一条款列入它们的主要日程中。但这些进程并没有解决资源问题，甚至激化了关于资源的某些战略问题。随着资源和原材料需求不断地上涨，近年来，在资源出口国家衍生出很多问题。

第一类问题首先是经济政治化问题和资源依赖国家的国内管理问题。

---

① Lester R. Brown, *Redefining National Security*, Washington DC: World Watch Institute, 1977; Richard H. Ullman, "Redefining Security", *International Security*, Vol. 8, No. 1, Summer 1983, pp. 129 – 153; Jessica T. Mathews, "Redefining Security", *Foreign Affairs*, Vol. 68, No. 2, Spring 1989, pp. 162 – 177.

② *Кузнецов И.* Труба или танкер? Транспортировке нефти—самые жеткие требования экологической безопасности//Экология и жизнь. 2007. No. 6. С. 20.

③ *Селезнев А. Ю.* "Северное измерение" природоохранное партнерство//Экология и жизнь. 2007. No. 1. С. 18.

这些国家都有着一些相似的问题：经济增长缓慢，官僚腐败，政治专制。自然资源在许多国家的经济发展和经济发展潜力的预测上具有重要的意义：如何把资源的开采转化为政治上的稳定和经济发展的固定模式在近年来仍然是极其重要的，甚至对于整个区域经济的发展和安全的稳定都起着决定性的作用。

资源丰富的国家在经济上普遍敏感和脆弱，在资源管理方面需要加强政治经济上的责任感，无论是从国内还是从国际上都应该认真对待这个问题。在资源依赖国家减少潜在的冲突是一个非常复杂的问题，但有几个重要的问题必须考虑到：资源的特殊性和贸易的合法性需要新型的约束，国家资源安全委员会、政府、商业协会、非政府组织需要倡导新的法规和一系列规则，制定和提高某些特殊商业的测量指标，制定支持和鼓励的政策。[1]

除了对资源制定合理的税收政策外，非常重要的还有资源的公平合理和稳定的价格，资源所得税收的国内和国际规则以及国际资源贸易中的合法性。首先，生产国和国际社会应该着手恢复矿产品的协定并进一步形成补充的机制，如保险机制，应该提高生产国的税收，对建设性的经济和政治改革做出贡献。

第二类问题是经济发展的水平、环境和社会文化冲突与资源开采相关，一方面引起地方居民对抗和商业利益对抗，衍生出全球治理问题以及由此产生的人权问题。[2] 其中大多数冲突可以通过和平方式进行谈判，以免引起社会对抗或者小规模的战争。崇尚暴力行为的官僚和支持意识形态的基金会使这种冲突转化为全面的国内战争和政治对抗，有目的地反对全球化进程。所以，对地方利益需要进行有效的对话和国际社会的调解。

自然资源的地缘政治经济综合特性、资源的开采以及资源经济的政治化与开采地的历史文化相结合，并且作为商业的一部分支撑所属国的

---

① Philippe Le Billon, Jake Sherman, Marcia Hartwell, *Controlling Conflict Resource Flows to Civil Wars: A Review and Analysis of Current Policies and Legal Instruments*, N. Y.: International Peace Academy, 2002.

② Al Gedicks, *Resource Rebels: Native Challenges to Mining and Oil Corporations*, Cambridge, MA: South End Press, 2001.

国内经济和财政，这是辩证地分析资源的批判性。在资源相对集中的地区，资源的集中分散程度与政府控制管理的程度密切相关，按照距离中央政府的远近和边缘地区来划分，与权力中心毗邻的资源地区在政府的控制之下，而相对毗邻的边界地区的资源则缺乏官方政治代表集团的有效管理和控制，资源容易被分裂势力占有或者被外国资本所控制。边远地区的资源位于管理松懈的边界地区，或者在政治上由脱离社会发展的政治集团或者反对政府的集团所控制，在脆弱的政府或者有争议的政府的控制之下。

第三是战略方面的问题，国民资源税收成为冷战后大多数资源丰富国家的主要经济依靠，一直影响国际市场化的资源。但是资源在议事日程中被列为重要的事宜，尤其在经济事务上，战争发生在贫穷国家，近年来资源很可能起着重要作用。

最后，面对资源短缺，国际社会应该致力于寻找发展和供应框架，因为能源资源的紧缺不仅仅引起经济局势的恶化，同样引起一系列政治和安全问题。所以国际社会必须协调立场，共同致力于解决这个问题。

通过上述分析我们可以发现，自然资源对国家内部的政治经济格局、国际环境和国际格局产生了重要的影响和制约作用；并且通过世界贸易模式、工业文明和国家战略发展改变着传统安全的概念，自然资源要素通过改变世界贸易的结构，改变着国际经济要素和政治环境，从而改变了世界政治经济格局。

四　自然资源要素促进世界经济分工与国际法的发展

国际经济是生产力发展到一定阶段才形成的。它始于产业革命后机器大工业出现的 18 世纪下半叶，最终形成于资本主义进入帝国主义阶段、世界被瓜分的 19 世纪末和 20 世纪初。

从 18 世纪 60 年代到 19 世纪 60 年代，欧美主要资本主义国家先后发生了以蒸汽机为代表的科技革命，极大促进了国际分工和世界市场的形成。机器大工业生产不断扩大生产能力，由于本国的原料供应和市场规模已经不能满足生产发展的需要，国际贸易得以发展。

在 15 世纪末和 16 世纪初，随着国际贸易从欧洲向亚洲和新大陆扩张，存在于国际交往中的地域有了新的发展，西欧国家在大力推行重商主义政策的同时，还采取超经济手段在一些殖民地建立起面向宗主国市场的早期的专业化生产基地，形成早期的国际分工，即资本主义宗主国与殖民地体系的经济依附关系。早期的世界经济分工是以地域为基础来划分的，地域的界限以自然资源的种类和数量储存为其物质前提。

以电力的发明和使用为标志的第二次工业革命加大了国际分工的广度和深度，包括以钢铁、铁路、汽车和若干个化学部门为中心，推动了资本主义从自由竞争到垄断资本的过渡，垄断资本为了控制外国原料产地、自然资源和销售市场，加快了对世界的瓜分。

在 19 世纪，随着工业文明的发展和对进口物资依赖的增加，西方强国加强了对原材料的控制和占有，从而导致其他许多因素和新的政治意识形态出现，如"帝国主义重新瓜分剩余世界"，后帝国主义国家反对"俄国通过重要地区拥有资源供应渠道来加强经济的自给自足"或者"生存空间"的理论。

第三世界与发达国家的分工在 20 世纪 70 年代日益表现在经济领域。将自然资源原材料作为武器，以 1973 年石油输出国组织为起点，组成各种原料生产国和输出国组织，如铁矿出口国协会、国际铝土协会、天然橡胶生产协会等。综上所述，在传统的国际贸易理论中，各个国家在世界经济中的分工是受自然资源禀赋和地理位置决定的，世界经济分工和世界经济格局明显受自然资源要素的地理分布的影响和制约。

随着新技术革命的兴起，自然资源、劳动力等传统要素的作用减弱，技术、人才、信息等知识性要素的作用趋于增强。建立在信息产业技术基础之上的世界分工主要体现为：已经步入信息社会的发达国家成为全球科技创新和世界金融中心，处于工业社会进程中的发展中国家成为全球制造业和加工业中心，包括石油输出国组织在内的资源丰富的国家成为全球初级产品供给中心，这种国际分工使南北差距进一步加大。[1] 依据科技、知识含量在当代世界形成的新的分工，在当代世界中形成了财富

---

[1]　杨国亮、张元虹：《论当代国际分工的分化及对世界经济格局的影响》，《当代经济研究》2007 年第 7 期，第 67 页。

的分配与科技、知识占有相适应的国际经济秩序。自然资源丰富的国家仍处于世界经济的边缘地带，仍是发达国家的原料供应基地和储备中心，从这个观点出发，自然资源要素在世界经济体系划分中的作用又回归到第一次和第二次产业革命时期，尽管科学技术和国际金融体系的作用日益上升，但世界经济体系和格局仍然是以自然资源要素为最重要的客观因素和物质载体来划分和发展的。

自然资源并未给所属国带来繁荣和稳定，相反，非洲和拉丁美洲以及中东等地区资源丰富的国家在政治上陷入长期动荡，在经济上依赖于宗主国的经济发展和进口。为了增强经济独立和维护国家主权，对自然资源进行合理的开发和利用，促进和保护外国投资，广大资源丰富的国家开始从法律上保护本国的自然资源，制定了与自然资源开采和勘探相关的法律和自然资源投资法律。

另一方面，各国从国际法上开始保护本国的权利。尤其在第二次世界大战之后，广大发展中国家为了获得经济上的独立，以联合国大会决议的形式提出了对自然资源的永久主权（permanent sovereignty over natural resources），并逐步得到了国际社会的普遍认可，成为国家主权不可分割的部分和国际法的原则之一。

1952 年，联合国人权委员会第 8 次会议在讨论关于人权的国际公约草案时，一些发展中国家提出了对自然资源永久主权的问题。1952 年 12 月 7 日，第 7 届联合国大会通过了题为《自由开采财富和资源的权利》的第 622 号决议指出，各国有权自由使用和开采自然资源。1960 年，第 15 届联合国大会通过了第 1515 号决议，建议"对各国处置自然资源和财富之主权权利，应依国际法上之国家权利义务予以尊重"。1962 年，第 17 届联合国大会第 183 号决议通过了《关于自然资源之永久主权宣言》（Declarationon Permanent Sovereignty over Natural Resources），宣布各民族各国家行使其对自然资源及财富的永久权利。该决议还强调，各国对自然资源的永久权利是自决权利的基本要素。

1970 年，第 25 届联合国大会通过了第 2692 号决议。1972 年，第 27 届联合国大会通过第 3016 号决议，将国家对自然资源的主权从陆上资源扩及比邻海域和大陆架水域的资源。1974 年 4 月，联合国大会召开第 6 届特别会议，通过了 77 国集团起草的《关于建立新的国际秩序宣言》和

《行动纲领》，对自然资源的永久主权做了明确规定。1974年12月，联合国第29届大会通过了决议《各国经济权利和义务宪章》，各国有权对其自然资源充分行使永久主权，从而确立了国家对其自然资源享有永久主权的原则。1994年，《欧洲国家能源宪章》也明确规定了国家对自然资源的永久权利。

在国际法和公约方面保护本国自然资源的另一个创举是促进了国际海洋法的衍生和发展，国际海洋法的确立与人类对自然资源的开采有密切关系。1958年4月，第一次联合国海洋法会议通过了《大陆架公约》，沿海国家有勘探和开采大陆架上的自然资源的权利，首次在国际法上确立了有关大陆架的法律制度，1973年联合国第三次海洋法大会后，经过9年艰苦谈判，终于在1982年12月10日由119个国家和组织签署了《联合国海洋法公约》，明确规定了领海、比邻区、大陆架以及专属经济区的界线，但对相邻或者相向国家间大陆架的划分原则却采取了回避态度，只笼统地规定，"应在国际法院规约第38条所指国际法的基础上以协议划定，以便得到公平解决"①。

从工业文明发展历史和世界经济分工历史上可以看到，自然资源的开采和利用，自然资源的品种开发和地理分布与工业发展密切相关，人类对自然资源开发和利用的意识与某些国际法的确立和国际组织的确立密切相关，从而在结构和功能上，从形式到内容上影响着世界经济政治格局的发展。

自然资源要素的经济特性和使用价值规定着人们对蕴藏于特定地区的特定资源的需求程度，从而形成世界资源中心，同时也形成了相应的世界地缘政治经济体系的中心；并且在国际法、世界经济体系、国内和国际安全以及经济分工方面影响着世界地缘政治经济转型。自然资源主导经济发展的命脉，主导世界经济分工，主导世界政治经济格局的发展。人类对自然资源及其种类的追求影响到人类历史上的三次工业革命、世界经济分工和国际政治经济体系转型。

可以看出，自然资源的价值与地缘政治经济的价值在历史发展时空分布中达到了统一。所以，我们在分析地缘政治经济环境特征时需要考

---

① 《联合国海洋法公约》，海洋出版社1983年版，第61页。

虑到自然资源要素，在分析自然资源的投资环境和资源贸易结构时，不但要从本国的经济发展和外交战略出发，还要顾及国际法、资源投资法和地缘政治经济安全的特征，世界资源体系和非传统安全要素以及所有这些要素的综合效应。

（选自《国外社会科学》2009 年第 1 期）

国外生态环境保护中社区
"自组织"的发展态势

宋言奇*

在生态环境保护中，以往人们更多地依赖于政府管理与市场调节，但效果并不理想。因为政府管理虽然具有权威性与全面性的优点，但也存在着成本高、效率低以及信息反馈慢的弊端。市场调节尽管可以发挥激励效应，但也存在着局限性，因为不是任何环境物品都可以划分产权。山林、草场等环境物品可以划分产权，但河流、湖泊等环境物品就很难划分产权，或者划分产权的成本高得惊人。

正是基于政府管理与市场调节二者的弊端，近年来，在生态环境保护中，除了依赖政府管理与市场调节之外，人们也越来越重视社区"自组织"的作用。社区"自组织"的机理在于：在社区利益共同体内居民之间进行自主合作，通过自我组织与自我管理来实现持久性的共同利益，并有效地保护社区的生态环境。在人类生态环境保护中，社区"自组织"已经有了较长的历史，呈现出如下发展态势。

一 社区"自组织"的作用和领域日益拓展

工业革命前后的很长一段时间内，在人类生态环境保护中，社区

* 宋言奇，男，1972年生，苏州大学中国特色城镇化研究中心、苏州大学社会学院副教授，硕士生导师；中国社会科学院社会学研究所博士后。

"自组织"的作用和领域还仅仅局限于生态公共地的管理（如对公共山林与公共湖泊的管理）与社区环境基础设施的利用（如对公共灌溉设施的利用）等领域。但在当今世界，社区"自组织"的作用和领域不断得以拓展，尤其在一些发达国家更是如此。除了生态公共地的管理以及社区环境基础设施的利用等领域以外，社区"自组织"还在以下领域中发挥着重要作用。

（一）环境预警领域

在一些发达国家，社区在环境污染的预警中发挥了重要作用。社区利用与企业地域临近的优势搜集企业的实时数据，向政府提供企业动态的或瞬时的图片与录像资料，促使政府关注企业早期的污染行为，采取有效措施"防患于未然"。

（二）环境监督领域

与政府相比较，社区的环境监督成本极低，因为社区的许多监督都是一种"顺便的"监督，不需要额外的成本。而且由于很多环境问题都关乎居民利益，因此社区也具有足够的监督动机。正是基于这一优势，近年来在很多国家（包括发达国家与发展中国家），社区在环境监督领域发挥了重要的作用。在社区水质、土地保护等问题上，社区的监督作用无处不在。在企业排污环节上，社区也发挥了较强的监督作用。

（三）环境教育领域

目前在许多发达国家，社区环境教育开展得如火如荼。社区志愿者利用各种形式宣传生态环境保护知识与理念，这有利于公民环境意识的提高。

（四）环境维权领域

在应对环境污染时，弱势群体最好的策略就是组织起来，以集体力量进行抗争。因此，近年来社区"自组织"在环境维权领域也起着越来越重要的作用。一个经典的案例是美国 G/W 社区反抗垃圾焚烧炉事件。G/W 社区坐落于美国纽约市布鲁克林区西北部，有大约 16 万居民。社区居民种族复杂，有犹太人、波兰人、多米尼加人以及其他加勒比移民等。社区居民社会经济地位相对较低，35.7% 的居民处于贫困线以下，这是一个典型的弱势群体的社区。社区的生态环境状况也很差。社区建有 20 多个固体废品转移站，1 个放射性废弃物储存设施以及 30 个储存极其危险的废弃物的设施。更为不利的是，当地政府还要在社区中再建立一个垃圾焚化炉，这对社区居民的健康产生了巨大的威胁，使本来就已经不乐观的居住环境"雪上加霜"。基于对共同利益的追求，社区中各种族联合起来，成立了多种族的环境合作组织，命名为环境社区联盟。这个组织不仅阻止了垃圾焚化炉的建造，而且还用法律手段促使政府遵守社区联邦净水行动规章，大大改善了社区的生存环境。

二　传统的社区知识与经验被整合入现代环境管理之中

在不少国家，社区依赖历史遗留下来的传统知识与经验进行"自组织"，从而对生态环境加以保护。由于这种传统知识与经验是"内生"的，因此在效率以及本土适应性方面具有一定的优势。一段时间以来，不少国家试图以现代化的管理知识与手段替代这些传统的社区知识与经验，但是效果很不理想。主要原因在于现代化的管理知识与手段往往偏离了社区的实际情况，盲目代替了社区传统的知识与经验，破坏了社区的内在"秩序"。在这些国家中，社区本土化小规模的灌溉系统往往具有较高的效率，因为它们是融合社区智慧的产物，其中的"规则"与"秩序"既符合效率原则，又保证了公平原则。而政府大规模的灌溉系统是"外生"的，往往不能契合社区的实际。因此，当大型高级灌溉设施建好后，社区本土化小规模的灌溉系统原有的"规则"与"秩序"也就被破坏了。例如，原先位于渠首与渠尾的人之间出现信息不对称的现象。在大型灌溉系统中，除非渠首的人所需要的用以获得水资源的劳动量大于他们能够提供的劳动量，否则渠首的人就有利用其地理上的比较优势来牺牲渠尾的人的利益的可能。显然这种激励是不科学的，其效果可想而知。因此大型灌溉系统若想真正发挥作用，就必须采取多层次方法，采用小型灌溉系统的知识与经验，并让社区"自组织"在其中发挥积极作用，这才是解决问题的根本所在。

有鉴于此，近年来，在社区资源利用与生态环境保护中，很多国家注意把传统知识与经验整合进现代环境管理之中，以便降低环境管理成本，提高效率。例如，目前美国在环境健康方面开展了一项以社区为基础的参与性研究，其目的就是使环境健康方面的专业技术与传统社区的相关知识相结合，以定义相关的环境健康问题，搜集并分析环境健康数据以及对环境健康相关的分析结果进行评估，从而为环境健康管理提供依据。目前在加拿大的水资源管理计划（WUP）中，参与者包括地方市民、土著居民代表、环境组织者、资源使用者、地方政府以及协调机构等。即使是作为核心组织的技术小组委员会也是混合组成的，其中既有鱼类或野生生物专家，也有对该领域感兴趣的市民，还有以水资源为生的土著人。这样的组织结构不仅能够保证利益的多元化与折中性，还能保证现代科技知识与本土知识的有机结合。把传统的知识与经验整合进现代环境管理的过程中，也是欧洲各国与澳大利亚社区生态环境保护的普遍做法。在这些国家的土地以及水资源使用过程中，传统的知识与经验被充分利用，并且和现代环境管理知识与手段有机结合，相得益彰。

即使在发展中国家，目前，一些社区的本土化知识与经验也在一定程度上被整合入现代环境管理之中。例如，博茨瓦纳喀拉哈里荒漠草原中有一片生态脆弱地区，主要是猎人打猎区以及牛群畜牧用地。在这个区域内，土地与资源利用问题一度出现了许多矛盾：畜群的出现破坏了庄稼以及草原，牧区偶尔出现的耕作行为又破坏了牲畜的牧草，正在发展的旅游业又破坏了当地的生态资源，而在附近自然保护区出现的野生动物有时咬死正在放牧的牲畜，整个用地处于一种无组织的混乱状态。当事人之间充满了冲突与矛盾，可以说纠纷不断。为了解决日益突出的矛盾，当地政府力图通过合理的规划，将各种不同用途的用户之间的矛盾减少到最少。在规划中，当地政府动员了广泛的公众参与，将现代规划技术与当地传统经验相互结合。正是在现代规划技术与当地传统经验二者有机结合的基础上，当地政府通过对土地潜力的分析，发现当地土地资源的利用其实已经比较合理，已经基本处于土地利用的"最佳状态"，调整土地利用的格局没有任何必要。要想把牛群营地移出狩猎区，或者变更耕地的用途，都几乎是不可能的，或者成本将高得出奇。基于这个判断，规划并没有改变土地利用格局，而是形成了土地利用分区系统。在各种用途不发生矛盾的地方形成专门的生态区，而在各种用途有矛盾的地方形成一种混合区。这样的规划就比较合理，而当地传统经验在其中起了重要作用。

三　社区参与和推动政府环境政策的制定

在以往的生态环境保护中，制定环境政策是政府义不容辞的责任，其他主体很少有机会参与和推动环境政策的制定。自20世纪80年代以来，随着"公民社会"建设的不断推进以及政府从"治理"向"善治"的转型，在不少发达国家，社区、非政府组织以及公民开始逐渐参与和推动环境政策的制定。在部分发展中国家，社区也开始有机会参与和推动环境政策的制定。行政体制是分等级层次的，这种等级层次的机理在于：离基层越远的层次，离基层的切身利益就越远。而环境政策往往是由离基层最远的上层制定的，这就出现了一个问题，制定的政策往往偏离社区的实际情况与根本利益，不能因地制宜，因此也就意味着高成本和低效率。为了更好地推进生态环境保护，很多国家的政府都实施了放权，使社区有机会参与和推动环境政策的制定。不仅发达国家如此，很多发展中国家也是这样。澳大利亚政府的土地保护政策就是充分吸收社区意见的产物。正是由于社区"自组织"的推动，资源保护部门把土地与农村社区的实践结合起来，制定了符合农村实际的环境政策，并且取得了良好的效果。在美国的纽约州，三个社区组织联合起来，形成了社区联盟。社区联盟游说环境保护和公共健康代理机构，要求它们加强对当地河流污染的监管。社区联盟指出，被石油污染的河流已经威胁到社区居民的健康，要求政府出台相关的政策。经过社区联盟的不断推动，地方政府出台了一些政策，加强了对当地河流污染的监管。在印度尼西亚，经过社区的不断努力，政府与社区联合起来，颁布了57项关于杀虫剂的禁令，推动了农村地区的生态环境保护。在斯里兰卡，政府与社区水资源保护组织一起行动，由二者合作实施的相关灌溉管理政策甚至成为一项国家政策。在肯尼亚，政府制定了许多关于土地保护方面的政策，并且取得了良好的效果。其中社区的功劳是显著的，因为自20世纪80年代晚期以来,社区实际上就已经在执行这些政策了。国家颁布政策,不过是对社区"自组织"的实践进行了肯定而已。

四 社会资本已成为社区生态环境保护的关键因素

与政府管理以及市场调节相比,社区"自组织"的一大显著优势在于社会资本,即社区"自组织"能够利用信任、网络(人际关系、声望、尊重、友谊以及社会地位)以及规范(多是非正式制度与文化规范)等来保护生态环境。在社区这样的小型群体之内,信任、网络以及规范具有降低成本、提高效率以及增强凝聚力的作用。而在大型群体中,由于匿名性以及非人格化等原因,信任、网络以及规范在一定程度上是"无效"的。因此,社会资本是社区"自组织"的独特优势所在。

在当今世界,社区利用社会资本进行自我组织与自我管理,在生态环境保护的很多领域发挥着作用。在一些发达国家的历史上,随着工业化与现代化的推进,人际关系冷漠与社会资本下降已成为社区的主旋律。但近年来,这些发达国家大力推进"回归邻里运动",社区的社会资本有所上升,并在社区的生态环境保护中起到了重要作用。例如,在许多发达国家的社区环境规划、社区生态公共地利用以及社区河道的保护过程中,社会资本都发挥了不可替代的作用。在英国与美国,几乎每个社区都有相当数量的志愿者与热心者,他们是社区生态环境保护的重要力量。他们积极宣传,开展活动,为社区家园建设倾注了热情与精力。在英国佩恩斯维尔市的一个社区中,一个自称为"河流卫士"的学生组织常年负责河流的美化与清理工作,而这个组织的成员年龄仅在8—11岁之间。

与发达国家相比,在许多发展中国家的社区中,社会资本更为雄厚,利用社会资本保护社区生态环境则具有更大的普遍性。尤其在那些尚未现代化与相对封闭性的传统社区,社会资本起着更大的作用。正是由于信任、网络以及规范的存在,人们才能在灌溉系统的使用与维护、公共山林的管理以及公共渔场的利用等领域实现合作,打破"囚徒困境",并降低管理成本。在许多发展中国家的社区中,社会资本与人力资本、制度资本以及技术资本一样,成为社区生态环境保护中的重要因素,并成为社区环境资源成功管理的必要因素。一些学者在印度的 5 个农村社区中开展了一项关于社会资本和社区资源环境管理方面的研究，证明了社会资本对社区资源环境管理的重要意义。这项研究把对社区资源环境的投资分为两类：一类是对土地和水资源（SW）的投资，另一类是维护已经存在的环境设施（OM）的投资。SW 的投资包括药物的投入、堤坝的建造、农场池塘的挖掘、地表水过滤池的修建。OM 的投资包括过滤池的加深、堤坝的修复，在居民自己的土地上对土地和水资源保护进行新的投资，以及在共有的土地上对土地和水资源保护进行新的投资。所有的数据都是通过田野调查搜集的，经过假设和回归分析，学者们得出了以下结论：对 SW 和 OM 的投资使社区居民获得了很大的利益，但投资带来的收益要远远大于经济预期。其中的机理就在于社会资本；投资推动了人们之间的合作，促进了人们之间的信任，这些社会资本转化成为经济资本。这是投资带来的收益远远大于经济预期的主要原因。

在发展中国家，社会资本在生态环境保护中的作用非常明显，甚至超过制度资本的效力，因而社会资本往往成为检验制度资本的"试金石"，影响着制度资本的效力，这其中分为两种情况。第一种情况是，政府环境制度的出台有时会破坏社区的社会资本。在这种情况下，正式环境制度的效力就会大大减少，事倍功半。这就证明了政府的正式环境制度还存有弊端，需要修正。第二种情况是，政府环境制度的出台如果缺乏社会资本的相互配合，环境制度的效果也会大打折扣。这就证明了政府的环境制度同样存在缺陷，需要完善。例如，当前不少发展中国家的政府力图通过一些奖惩制度，譬如建立严格的保护区、制定污染控制规则以及征收杀虫剂税等，来改变人们不利于环保的行为。但是有许多证据表明，这些制度只能改变人们的一些短期行为，还缺乏长效化的作用。更为重要的是，这些制度很少或者基本没有对人们的态度产生积极的影响。因此，当奖励结束或者规则不再强制使用时，人们的行为依然如旧。这就充分证明了国家环境制度应契合社区的实际发展状况，应与社会资本实现耦合，才能真正发挥效力。

五 社区"自组织"在发达国家与发展中国家发挥着不同的作用

在当今世界的生态环境保护中,尽管社区"自组织"发挥着重要作用,但在发达国家与发展中国家,其作用是不同的,这是由发达国家与发展中国家不同的社会环境所造成的。在发达国家,公民社会发育得比较成熟,社区"自组织"的空间较大。而且人们的环境意识比较强,整个社会形成了一种自觉保护生态环境的氛围。总体而言,从类型学角度出发,发达国家的社区环境运动属于世界观模式,即社区基于对环境的偏爱而组织起来开展环境运动,其目的是为了社区甚至地球的均衡发展和平衡,这就进一步为社区"自组织"提供了广阔的空间。在这些有利条件的支持下,目前在发达国家的生态环境保护中,社区"自组织"较为活跃,而且作用领域广泛。社区与政府以及市场之间真正形成"三足鼎立"之势,社区"自组织"已经成为政府管理与市场调节之外的第三种机制。在美国与欧洲的许多国家,社区"自组织"的存在,不但影响了政府对环境的评估,还影响了政府环境政策的完善。以社区为基础的组织已经与政府相关机构形成联盟,从而把政府的经济、政治、文化过程与人们的社会日常生活紧密联系起来,维护了公民的环境权益。不仅如此,社区还与政府联手,共同对企业发挥着监控的作用。

然而,发展中国家的情况却并不理想。在发展中国家,公民社会尚未发育成型,社区"自组织"的空间较小。而且人们的环境意识较差,整个社会尚未形成一种自觉保护生态环境的氛围。从类型学角度出发,发展中国家的社区环境运动基本上属于污染驱动模式,这就决定了社区环境运动层次较低。更为不利的是,在大多数发展中国家的生态环境保护过程中,政府占据了绝对的主导地位,社区"自组织"作用的发挥基本取决于政府的态度,社区"自组织"尚未开辟出一片独立的"天地"。在发展中国家,社区"自组织"在生态环境保护中发挥了一定的作用,这在很大程度上是由于政府放权所致。许多发展中国家的政府在资源利用与生态环境保护领域,对政府职能与社区职能做了划分,赋予了社区一定的空间,力图提高效率。但我们也必须清醒地看到,由于政府管理

"刚性"的特点，这种分权还存在很多问题。首先，大多数发展中国家政府强调的是行政的分权而不是政治的分权，这相当于改革发生在"枝叶"上而非在"主干"上，因此容易流于形式。其次，很多发展中国家的分权并不彻底。有的时候政府只是为了顺应民意与国内外的舆论压力而做出分权的姿态，实际上政府对分权还持犹豫的态度，分权进行得也不彻底。再次，一些发展中国家的分权不是减少了行政人员的工作量，而是相反。最后，不少发展中国家的分权造成了"另起炉灶"的局面，破坏了许多原有的结构，结果"新的体系"并没有建立起来，"旧的体系"丧失了，导致一种"无序化"的状态。在这种背景下，社区"自组织"缺乏稳定性与长效性也就不足为怪了。在发展中国家的生态环境保护过程中，要真正发挥社区"自组织"的作用，目前还任重而道远。

（选自《国外社会科学》2009 年第 4 期）

全球环境治理的核心制度变革探析

陈承新[*]

联合国环境规划署（United Nations Environmental Programme，UNEP）是全球环境治理制度的关键环节。同时，在围绕着全球环境治理体系改革所进行的讨论中，面临发展和环保双重压力的发展中国家起着重要的作用。因此，全球环境治理的制度变革有赖于联合国环境规划署的制度改革和发展中国家的制度性参与。

全球环境治理制度包含了组织、政策工具、金融机制、规则、程序和规范多方面，规制着全球环境保护的过程，形成了一个多国合作的多级体系，并影响着跨国标准设置网络中的其他参与者。在缺乏足够的技术和金融资源的现状下，发展中国家还不能有效地参与到联合国的协作中去。

像联合国环境规划署这样的机构已经在减缓环境恶化速度方面取得了一定进展，但是世界各地仍然存在着严重的环境问题。然而，在环境恶化已成为不争事实的今天，付诸行动的政治意愿却日趋弱化甚至缺失，关键原因就在于全球环境治理体系的脆弱性与分散性。在这当中，发展中国家制度性参与的不足尤其突出。全球治理的制度改革对于发展中国家追求在全球化世界中的实质话语权而言是不可或缺的。要使发展中国家为全球治理做出更多贡献，关键在于进一步加强它们参与建构全球治

* 陈承新，女，1981年生，中共中央党校政治学理论博士生，中国社会科学院政治学研究所助理研究员。

理的规范、条令和法律的意愿和能力。此外，发展中国家仍然面临着发展和环保的双重挑战——环境威胁极大地影响了发展中国家对可持续发展的追求。

为了应对环境领域的挑战，发展中国家要求继续得到发达国家在技术支持和能力建设创新方面的帮助。尽管如此，从世界范围来看，能被分配到环境事务的财政资源常常是少之又少。更令人担忧的是，现有资源的很大部分还来自于自愿捐献，因而来源很不稳定。发展中国家面临的其他障碍在于，缺乏建立并维持强有力的环保机制的能力，缺乏构建有效环境监管和环保实施框架的能力，缺乏为制定环境政策提供有力的科技支持的能力，缺乏将对环境问题的关注完全整合到减少贫困和其他相关战略中去的能力。一些发展中国家认为，现有的全球环境治理体系不够平衡，因为其议程主要由发达国家操控，不能充分适合发展中国家的特殊需求。

现有国际体系包括了一系列范围广泛的制度和活动，它们有时缺乏协调，而这种情况对协同合作并无裨益。当不同参与者拥有它们各自的授权后，实施这些授权并不经常通过能保证最有效地利用现有资源的方式进行。联合国环境规划署负责在联合国体系内为环境政策的方向和协调提供总体政策指导。然而，其资源和权威被认为不足以完全实现这一授权。可持续发展委员会也尚不能克服协调方面的不足。

全球环境治理主体的不断增多，也会使治理状况恶化，并在下述方面令发展中国家的现状更为不堪：着手进行并监管所有的国家级别的协议与公约的实施；保证来源于不同协议和战略的政策能协调一致；积极参与决策过程；回应监管和报告的要求。

一　对联合国环境规划署现有活动的评估

联合国环境规划署被成员国认定有责任在为发展中国家提供能力建设与技术上的支持的同时，也提供政策协调。联合国环境规划署还支持环境事务的国际谈判，并提供值得信赖的科学信息。凭借有限的资源，联合国环境规划署实施了一系列可观和重要的项目。然而，联合国环境规划署从未经受过自身制度以外的系统性评价。

其实，联合国环境规划署至今缺少足够资源来有效行使它所有本应实现的治理功能，来敦促各国坚持可持续的环境政策。联合国环境规划署似乎被广泛认为不能完成它所有的任务，也有人指出，它更应当着力于其科学功能和协调联合国系统内的科学活动。[①] 他们提议，联合国环境规划署应当加强环境监管，并多渠道地向国际社会提供汇集的信息。如果监管活动在环境事务间进行，它可能有助于提高经济效率，并提高早期预警系统的及时性。[②]

（一）关于联合国环境规划署的辩论

起初，联合国环境规划署的主要责任在于协调各国政府谈判以订立国际公约。然而在这一制度设计之外，还是有不少人呼吁在联合国内部或外部成立一个更为成熟的环境组织。[③] 设想中的环境组织将具有自己的法定身份，由大会、执行机构和秘书处组成。它将合并联合国环境规划署和全球部长级环境论坛，并在行使联合国环境规划署授权时注意发挥其原有的规范功能，但是这些提议并非完美无缺。[④]

第一，大量现有组织已经在开展环保活动。因此，在如此众多的环保组织之外再新建一个特别组织也许并无必要，甚至还会引发无谓的竞争。另外，其他组织拥有更悠久的传统，以及与国内或国际的政府机构中的拥护者具有更为良好的关系。一个新建的特别组织也将因此未必能

① P. M. Haas, N. Kanie and C. N. Murphy Craig, "Conclusion: Institutional Design and Institutional Reform for Sustainable Development", in P. M. Haas and N. Kanie (eds.), *Emerging Forces in Environmental Governance*, United Nations University Press, 2004.

② Norichika Kanie, "Governance with Multilateral Environmental Agreements: A Healthy or Ill-equipped Fragmentation?" in Lydia Swart and Estelle Perry (eds.), *Global Environmental Governance, Perspectives on the Current Debate*, New York: Center for UN Reform Education, 2007, pp. 67 – 86.

③ Frank Biermann, "Reforming Global Environmental Governance: From UNEP towards A World Environment Organization", in Lydia Swart and Estelle Perry (eds.), *Global Environmental. Governance, Perspectives On The Current Debate*, New York: Center for UN Reform Education, 2007, pp. 103 – 123; Nils Meyer-Ohlendorf and Markus Knigge, "A United Nations Environment Organization", in Lydia Swart and Estelle Perry (eds.), *Global Environmental Governance, Perspectives on the Current Debate*, New York: Center for UN Reform Education, 2007, pp. 124 – 141.

④ Maria Ivanova, "Moving Forward by Looking Back: Learning from UNEP's History", in Lydia Swart and Estelle Perry (eds.), *Global Environmental Governance, Perspectives on the Current Debate*, New York: Center for UN Reform Education, 2007, pp. 26 – 47.

很好地实现其领导或协调职能。

第二，自20世纪70年代以来，在各发达国家特别是美国，产生了对联合国机构的广泛不满。这些机构被认为是无谓的等级化、官僚化和臃肿不堪的，严重阻碍了新兴的环境领域所需要的创新性、灵活性和专业性的发展。而在联合国的一个新的机构中，烦冗的行政和管理体制仍然不可能对不断涌现的问题给予足够迅速的回应。此外，仅仅通过补充具有必备技能和素质的秘书而维持刻板的实务体系将更会产生不良的后果。

第三，环境保护是一项综合事务，而不应仅仅被归为某个单一机构的责任。事实上，建立一个处理环境事务的特别机构可能会事与愿违，因为这只不过将对环境的关注作为"另一个"部门的事务而导致问题本身被边缘化。

（二）制度功能与联合国环境规划署的定位

联合国环境规划署有三大核心功能。第一，知识的获取和评估，包括核查环境质量，评价采集的数据，以及预报走势、开展科学研究、促进政府和其他国际组织间的信息交流。第二，环境质量管理，包括建立多方商议后形成的目标和标准，签订国际协议，并设计相应的指导方针和政策。第三，国际支持行动，即能力建设和发展，包括技术援助、教育培训和发布公共信息。①

不过，从一开始起，联合国环境规划署就不得不与那些规模更大、资金来源更多，并且在政治上更有影响力的组织周旋，这些组织对环境有重要影响，但没有兴趣和动机接受联合国环境规划署——所有国际组织中最年轻和资金来源最少的组织——的"协调"。更糟的是，成员国从未忠实兑现它们曾经慷慨承诺给予联合国环境规划署以满足协调行动之授权要求的那些政治资本。于是有人认为，各成员国特别是其中更为强大的那些国家，实际上希望联合国环境规划署在这项特殊使命上遭遇

---

① Maria Ivanova, "Moving Forward by Looking Back：Learning from UNEP's History", in Lydia Swart and Estelle Perry（eds.）, *Global Environmental Governance*, *Perspectives on the Current Debate*, New York：Center for UN Reform Education, 2007, p. 33.

失败。①

根据最初的制度设计，全球环境基金（GEF）应当给联合国环境规划署提供长期的支持——只要那里还有可供联合国环境规划署调度的实际资源，它就乐于施加影响。然而，对全球环境治理有影响的诸多参与国的快速发展，现在已经使协调更加重要却也更为艰难。作为主要的融资机制的全球环境基金，各种多边环境协议的秘书处和可持续发展委员会（CSD）的建立，已经进一步损害了联合国环境规划署的权威，并导致激烈的地位之战和机构间的政治斗争。②

联合国环境规划署自身的组织也支离破碎。1972 年的斯德哥尔摩谈判达成了在环境行动中建立统一框架的总协定，但是在如何得到适当的制度安排方面，各国陷入了严重的分歧。唯一在政治上可被接受的解决方案，是组建一个"行政机构最小、在法律或财政上都不与现有组织发生竞争的"③ 组织。于是，联合国环境规划署得以成立，以"推动环境领域的国际合作，为此目的提供适当的政策建议，并为联合国系统内部的环境项目在方向和协调上提供总体政策指导"④，但同时其制度设计却又妨碍了其自身实现这一授权，正如康纳德·冯·莫特克（Konrad Von Moltke）所说，它是"一个不可能实现其宗旨的组织"⑤。

无法实现政策协调授权，在联合国环境规划署成立之初就已经被证

---

① Adil Najam, "The Case Against a New International Environmental Organization", *Global Governance*, Vol. 9, 2003, pp. 367 – 384; Konrad Von Moltke, "The Organization of the Impossible", *Global Environmental Politics*, Vol. 1, 2001, pp. 23 – 28.

② Maria Ivanova, "Can the Anchor Hold? Rethinking the United Nations Environment Programme for the 21st. Century", *Yale School of Forestry and Environmental Studies*, Vol. 32, 2005.

③ W. B. Chambers, "From Environmental to Sustainable Development Governance: Thirty Years of Coordination within the United Nations", in W. B. Chambers and J. F. Green (eds.), *Reforming International Environmental Governance: From Institutional Limits to Innovative Reforms*, Tokyo: United Nations University Press, 2005, pp. 13 – 39.

④ United Nations Conference on the Human Environment, held in Stockholm in June 1972, the General Assembly, in resolution 2997 (XXVII) of 15December 1972.

⑤ Konrad Von Moltke, "Clustering Multilateral Environment Agreements as an Alternative to a World Environment Organization", in Frank Biermann and Steffen Bauer (eds.), *A World Environment Organization: Solution or Threat for Effective International Environmental Governance?* Alder shot: Ashgate, 2005, pp. 173 – 202.

实：已经建立的、在环境领域进行工作的各种国际组织或联合国机构①拒绝接受一个新建的、缺乏权威而又弱小的组织的协调领导。其后新成立的组织（如全球环境基金和可持续发展委员会）同样不愿承认联合国环境规划署的权威地位，这更进一步弱化了联合国环境规划署在全球环境政策中的作用。虽然联合国环境规划署在促进新的多边环境协议的谈判上已经相当成功，但是一旦这些协定付诸实施，它在协调这些协定所产生的政策和行动方面却相对失败，因为这些协定在实施之后具有了自主性，且常常能比环境署自身得到更多的资助。

（三）制度结构与成员国支持

一些结构性特征已经阻碍了联合国环境规划署实现这一"不可能的"授权的能力。②虽然加强联合国环境规划署比新建一个组织更为现实和可操作，但是联合国环境规划署作为一个"项目"而不是一个特别机构的地位限制了它在联合国层级中的地位和影响。"项目"（programme）是联合国大会的附属品，特别机构则是独立自主的政府间组织，其管理主体独立于联合国秘书处和联合国大会。联合国环境规划署的治理结构允许成员国的需求优先于总体使命；联合国环境规划署的财政结构完全依赖于自发的捐助，因此其独立性差，易受资助意愿的影响；联合国环境规划署总部所在地内罗毕是唯一一个将总部设在发展中国家的联合国机构，这使得它在早期受到发展中国家的欢迎，但是这也导致了它受到来自发达国家一定程度的抵制和敌意，并阻碍了其自身影响力的发挥。

联合国环境规划署的财政结构，在成立之初的 1972 年主要来源于两大块：来自联合国常规预算的分配和由不受限制的自发捐助形成的环境基金。这两个经费来源都被证明是不够的——这成为一个常被引述来解释联合国环境规划署在全球环境治理中总是有始无终的原因。然而，环

---

① 包括世界卫生组织（WHO）、联合国粮农组织（FAO）、国际原子能机构（IAEA）、世界气象组织（WMO）、世界银行（World Bank）、世界贸易组织（WTO）等。

② Adil Najam, "The Case Against a New International Environmental Organization", *Global Governance*, Vol. 9, 2003, pp. 367 - 384; Maria Ivanova, "Can the Anchor Hold? Rethinking the United Nations Environment Programme for the 21st. Century", *Yale School of Forestry and Environmental Studies*, Vol. 32, 2005.

境制度的财政机制并不是有意被设计为低效和不足的。[1] 许多分析家认为，联合国环境规划署有限的财政资源是解释其困难的关键所在。[2]

改进联合国环境规划署管理绩效的第一步在于使各成员国继续提供稳定的、可预见的和充足的经费资助。

二　关于改革全球环境治理制度的对策建议

全球环境治理亟待在联合国环境规划署制度改革和发展中国家的相应制度性参与两方面迈出实质性的变革步伐。

（一）对联合国环境规划署的对策建议

1. 改进联合国环境规划署的制度模式

首先，不要让联合国环境规划署卷入鼓吹"一个联合国"的国家行动中。尽管一些成员国有这种要求，巴厘战略计划也为联合国环境规划署向这个方向发展开辟了空间，但是，联合国环境规划署并没有足够的预算也没有足够的能力在国家层面上带来有影响的变化。这些行动毫无意义，并且会危害联合国环境规划署在联合国体系内的关系。一个可能的解决出路就在于加强联合国环境规划署的能力建设，但这也需要重新定位。[3]

其次，联合国环境规划署应当一如既往地推进对全球环境事务方面最尖端的科学研究。提高技术竞争力和科研信誉应当成为联合国环境规划署的主要目标。现有的联合国环境规划署合作中心在这方面扮演着重要角色，它利用联合国环境规划署的号召力和平台激励有关专家和学者们（包括在研究机构、非政府组织和私人部门的专家学者）进行相关研

---

[1]　Maria Ivanova, "Moving Forward By Looking Back: Learning from UNEP's History", in Lydia Swart and Estelle Perry（eds.）, *Global Environmental Governance*, *Perspectives on the Current Debate*, New York: Center for UN Reform Education, 2007, pp. 38 - 39.

[2]　Konrad Von Moltke, "Why UNEP Matters", in *Green Globe Yearbook 1996*, Oxford: Oxford University Press, 1996; Adil Najam, "The Case Against a New International Environmental Organization", *Global Governance*, Vol. 9, 2003, pp. 367 - 384.

[3]　Adil Najam, Mihaela Papa and Nadaa Taiyab, *Global Environmental Governance: A Reform Agenda*, Winnipeg: International Institute for Sustainable Development, 2006.

究，并将研究成果协调综合，提供给政策制定者。

作为联合国秘书长的主要环境顾问，联合国环境规划署执行主席应当能够就全球环境状况、现行的政策方案和不可预见的环境变化挑战向联合国系统和全世界提供权威性的科学评估。

联合国环境规划署科学的行动议程（science agenda）和由此产生的关注全球事务的专业态度对所有成员国确实都很重要，但在发达国家更为流行。发展中国家更关注的是贫困与环境之间的联系以及国家层面的即时援助。[①] 事实上，联合国环境规划署从来都不具备也不可能拥有足够的资源去影响和推进国家层面上的直接活动。不过，满足发展中国家支持的要求，还有更好的办法。办法之一是把带有贬义的"贫困"议程改为"繁荣与公平"的议程。这种新的方法将使议程既关注探索加强经济繁荣的环境基础，也关注在经济繁荣背后的生产与消费方式的转变。它也将有助于国际社会关注造成环境压力的根本原因，关注创造貌似无法企及的可持续发展的消费模式。联合国环境规划署的知识生产应当更具包容性，确保来自发展中国家的专业人士在全球进程中具备恰当的代表性，同时提升发展中国家在全球进程中开展有益参与的能力。[②]

需要强调的是，联合国环境规划署应当在它愿意实行的新方法的背景下动员主要发展中国家，同时还必须避免让议程成为只服务于新兴精英而冷落其他欠发达的发展中国家的"经合组织＋金砖四国"模式。

2. 改进联合国环境规划署的制度性功能

"改进制度性功能"与改进制度性形式非常相近，后者是前者的前提条件。联合国环境规划署应当作为所有环境事务的核心部门，[③] 联合国环境规划署应当被赋予充足的资源，以环境组织体系中心的身份"协调"整个体系特别是协调其他环境组织之间的工作。联合国环境规划署的协调性职能和功能应当得到恰当的评估。为了实现这一目标，联合国环境

---

① 巴厘战略计划表达了后一种导向，并在这个方面给联合国环境规划署提供了其发展序列。向与该计划相反方向推进的方法，不可避免被看作是对处于发展中的成员国之意愿的某种背叛。

② Adil Najam, Mihaela Papa and Nadaa Taiyab, *Global Environmental Governance: A Reform Agenda*, Winnipeg: International Institute for Sustainable Development, 2006.

③ Ibid. .

规划署需要切实将关注点转移到科研能力创新上，将业务项目让位于更适合开展的其他机构。总之，联合国环境规划署应当以宏观政策性能力建设和知识更新作为选择性的关注点。

联合国环境规划署要真正成为联合国系统中科学评估和监测全球环境状况的领导性权威，并做好以下工作：对科学评估、监测和预警工作实行管理；为政策制定者或政府提供有关环境状况和预警的权威性科学知识；通过多边环境协定开展科研工作的交流互动，并向政策制定组织呈交综合性的报告；认识对于联合国环境规划署各政策实体的潜在威胁和信息，包括与预警目的相关的信息。

在知识更新方面，联合国环境规划署应当引领先进的环境科学的发展，为全世界的专家创建平台，并借此提供基于专业数据分析基础上的政策建议。它应当认真考虑相关知识的创造、使用及传播，认真考虑贫困国家的特殊需求。它还需要促进独立性、权威性兼备的知识评估。

在能力建设方面，联合国环境规划署需要开展更多实质性的工作，向发展中国家尤其是欠发达国家（LDC）和发展中的岛国（SIDS）提供能力建设的支持，而非仅仅专注于培训。其能力建设的重点应放在与低收入国家相关的事务上，使这些国家更容易开展自己的环境研究，并有助于那里的人们掌握专业技能。

在宏观政策性事务方面，包括全球环境治理体系的阶段性绩效报告，环境资金运行体系的发展和维持等。联合国环境规划署应当向发展中国家提供投资和政策执行的相关支持，帮助它们实现可持续发展。尤其要强调为发展中国家提供可持续发展的政策空间，构建一个推动发展中国家参与环境事务、加强南南合作的框架。任何一种解决办法都必须是公平合理的，必须基于共同但有区别的责任原则和能力。

3. 改进联合国环境规划署制度性结构

将全球环境体系整合成一个更为全面协调的架构是一项雄心勃勃的工作，它要求联合国环境规划署和其他联合国组织、常设机构、政府间组织、非政府组织和其他利益集团的共同参与。换言之，联合国环境规划署应当与相应的地区性组织、公民社会和私人部门紧密合作，为它们在全球知识创新、知识共享和监督方面创造活动的空间与条件。非政府组织和私人部门通常有机会了解到国家不易获得的信息，也有潜力对复杂的环境问题提出创新性的政策，工作关系网必须积极持久地维系下去才能发挥有效作用。公民社会能够并且在一定程度上已经迅速有效地构建起了科研监督和财政监督的工作网络，包括公布和核查科研资金运作的各个阶段，通过如社会审计之类的方式来监督规则执行情况，并注意将实现规则的主动性与这些方法结合起来。

（二）对发展中国家的政策建议

联合国环境规划署的改革对发展中国家来说，既是机遇，也是挑战。在多边环境协定发展方面，改革的合理化可以实现国际层面更加有效的管理与协调。然而，在可能进行的合理化改革过程中，需要特别关注，保证不会忽视以提高最不发达国家和其他发展中国家能力建设为目的的预算规定以及向这些国家进行技能与技术转移。目前，有关技术的成本相对较高，而发达国家又是主要的资助方，在这一现实背景下，这种关注尤显重要。一种可能增加的额外风险在于，环境限制性条款的增多会给发展中国家的出口商带来更大的压力，而在关注环境的幌子下，新形式的贸易保护主义将大行其道。

发展中国家必须以积极的心态正视这一机遇和挑战，齐心协力地开展全球环境治理的可持续发展行动，确立一项表述明晰的发展议程，使之成为全球环境治理体制的中心内容之一，切实推进有利于建构世界政治经济新秩序的全球环境治理进程。

1. 将联合国环境规划署整合到国家战略中

一方面，在联合国环境规划署制度改革文本中，制度安排也许能够符合不同国家的某些相似功能，但它们的形式因国而异，在同一国家的不同时期也会不同。同样，文化和历史的多样性表明，普遍性原则虽然存在，但并不意味着促进增长的治理和制度已经有了现成的完美模型。另一方面，很多国家认识到环境与发展之间的联系必须得到建立，环境问题应作为任何经济模式或发展道路的中心议题加以考虑；环境治理的进程也应当与经济发展和社会事业的发展相协调。

因此，发展中国家需要将联合国环境规划署在环境事务方面的有效措施整合到它们自己的国家战略当中，尤其是结合本国特色确立长期发展目标。发展中国家要努力构建国家制度与法律框架，提升科技实力，以应对环境事务。

2. 更加积极地参与到联合国环境规划署中

发展中国家不必一味担心环境治理体系会因资金链断裂无疾而终，各国仍然能够保持交涉，争取支持。有关技术支持和能力建设的巴厘战略计划能够作为多边环境协定、联合国机构和国际金融机构在国家层面开展活动的首要指导性框架。鉴于遍布世界的成员国网络和可靠的财政地位，联合国环境规划署将更好地成为分析管理、制定规则、借鉴和协调政策的平台。发展中国家也因此能对联合国环境规划署的未来保持乐观态度，并以极大的热情参与其中。发展中国家应充分利用这一平台在国际舞台上发出自己的声音，将它们自身的利益和关注点带进各种对话和谈判进程中，在操作层面上争取更多超出既有资金和项目的支持。

3. 借助联合国环境规划署加强经验共享和合作

最后，发展中国家需深化制度性的能力建设，包括通过加强发展中国家机构间的专业知识、经验、信息和必备资料的交流，加强南方国家的人力资源和制度发展。共享经验和学习更成熟的模式能够为开辟更好的发展道路创造新的机遇。各国尽管国情不同，但仍可以从其他国家吸取经验教训，特别是在当前的国际大背景下，已经有很多全球性的共同经验得到总结，可供各国借鉴。地区性的制度安排或者南南合作有可能帮助各国处理事务，促成共识并形成共同的洽谈地位。发展中国家也可以鼓励联合国环境规划署搭建伙伴论坛以推进合作。强大的政治利益和实施的动力是为这些设想努力寻求政治支持的关键因素。

（选自《国外社会科学》2009 年第 6 期）

国外环境政治研究：现状及其评价

孔凡义 *

在古典政治学时代，亚里士多德、孟德斯鸠等一些西方政治学者对环境与政治之间的关系进行了开拓性的论述。后来，资产阶级革命的兴起中断了这一传统。直到 20 世纪 60 年代以后，人类在遭受了被破坏的生态环境一连串的打击和报复后，终于又开始认真思考人类与生态环境的关系，一些学者开始从政治学的视角来观察环境问题。总体来看，国外环境政治研究已经全面展开，国外的学者们分别从国际社会的层次、政体的层次、政策的层次、市民社会的层次和公民的层次对环境政治进行了探索性的研究。

一 国际社会的层次：超国家 环境政治的研究

生态环境问题天生具有国际性。各个国家的生态环境之间相互影响，息息相关。超国家环境政治的表面层次突破集体行动困境，实现对生态环境危机的全球治理；更深层次的问题涉及各国竞争性能源创新，进而影响长期的国际体系权势转移。以此为议题，超国家环境政治研究主要关注的是超国家的环境治理、环境合作和环境博弈以及环境治理、环境合作和环境博弈对国际关系和国际政治的影响。

* 孔凡义，男，1976 年生，博士，中南财经政法大学哲学学院政治学系讲师。

奥兰·扬认为，对减排空间的竞争是大国处理环境问题的主要关切点，因为减排空间是世界各国"分享的资源"和"共同的财产"。[①] 减排空间稀缺性是气候变化全球治理博弈的最重要原因。迪克逊从供给、需求和环境结构稀缺性三个角度对减排问题进行了分析，认为要从环境容量入手，限制对稀缺资源的无序竞争。[②] 世界各国必须在考虑代际公平、对资源的可持续利用、代内公平和环境与发展一体化的基础上对各国的碳排放量满足程度加以限制，因此而产生了对发展空间的竞争。亨利·苏提出气候变化博弈的 4 个关键领域，即成本分担、损失补偿、财富技术转移以及碳排放权核定问题，这些问题都和未来经济体系变革息息相关。气候变化危机为权力竞争带来了新的特征。[③] 克劳等人指出，欧盟推动气候变化谈判，不仅让其在全球治理中占据主动，提升了创新优势，也为以后主导全球政治经济奠定了基础。[④]

气候变化全球治理的特点就是各国从全球气候变化中受益和受损的差异。皮特·海耶斯和柯克·史密斯首先开始对气候变暖问题中各国不同的收益或受损、立场、政策和处境进行研究。石油输出国担心限制温室气体排放的行动方案对石油消费构成影响，而成为全球气候变化治理的强硬反对者；小岛屿国家则担心国家生存问题，积极呼吁全球气候变化治理。全球变暖危及欧洲，而欧洲低碳经济又最发达，因此欧洲对气候变化治理十分积极；中国、印度、巴西等国人口众多，资源匮乏，经济技术水平和管理相对薄弱，一方面对气候变化的不利影响显得比较脆弱，另一方面，随着经济和城市化进程的快速发展，其能源消费和温室气体排放需求快速增长；美国能源消费模式是奢侈和浪费型，接受强制性减排指标会伤及石油企业和中西部农业，这是美国共和党传统利益集

---

① 世界环境与发展委员会编著：《我们共同的未来》，世界知识出版社 1989 年版，第 19 页。

② Thomas F. Homer Dixon, "Environmental Scarcities and Violent Conflict: Evidence from Cases", *International Security*, Vol. 19, No. 1, 1994, p. 5240.

③ Henry Shue, "Avoidable Necessity: Global Warming, International Fairness, and Alternative Energy", in I. Shapiro and J. W. DeCena (eds.), *Theory and Practice*, New York University Press, 1994.

④ M. Zebich-Knos, "Global Environmental Conflict in Post Cold War Era: Linkage to an Extended Security Paradigm", *Peace and Conflict Studies*, Vol. 5, No. 1, 1998.

团的利益所在。因此，气候变化全球治理的重点不在于谁是受害者，谁应该付出代价，而在于如何建立共识，通过共同的规范和标准进行合作以减缓气候变暖的趋势。①

二　政体的层次：探索环境政治的制度基石

政体是政治学的基本问题。环境政治学的研究首先需要解决的问题是政体与环境之间的关系。因为这是一个基本的环境政治学问题，国外很多学者对此都有论述和研究。现有的研究大致可以分为规范研究和实证研究。规范研究大多通过逻辑推理来阐释民主与环境保护之间的关系；实证研究一般通过统计方法来分析二者之间的相关性。

希尔曼和史密斯认为，自由民主国家应对气候变化面临着重重困难。他们认为，民主无法解决公共环境的悲剧，民主会带来环境危机。"自由民主制未能有效应对环境危机的挑战，由于自由民主制给予贪婪和个人的自我满足以更大的权限，自由民主制有可能是一种比人类经历过的大多数其他体制都更具有环境破坏性的社会制度。"② 他们提出，解决气候变化问题需要对民主制进行根本改革，减少我们对经济增长的依赖，同时改革法律和金融体系。吉登斯则认为，民主国家不仅允许而且应积极地鼓励社会的开放式发展，而这恰恰是我们理解全球变暖问题和其他大多数环境威胁形式的基础。它们给社会运动、环境保护团体和非政府组织的动员带来了可能性。相反，非民主国家往往对公民社会组织保持着高度的控制，包括成员登记和活动监管。这是不利于环境保护的。③ 科尔曼认为，权力的集中和民主的削弱是导致环境危机的罪魁祸首。它一方面会践踏人文需求和生态意识，另一方面会限制民众保护和恢复环境的行动。他为解决生态问题提出的药方是建设参与型基

① Peter Hayes and Kirk Smith, *The Global Greenhouse Regime：Who Pays?* London：United Nations University Press，1993.

② ［澳］希尔曼、史密斯：《气候变化的挑战与民主的失灵》，武锡中、李楠译，社会科学文献出版社 2009 年版，第 76 页。

③ ［英］吉登斯：《气候变化的政治》，曹荣湘译，社会科学文献出版社 2009 年版，第 84 页。

层民主。[①]

　　格拉弗顿等人发现，社会资本有利于环境可持续发展这一论断没有统计学上的显著性，而人口密度的增加则会加深对环境的破坏。人均收入的增长和经济的持续发展能力相关，其统计数据只是微弱支持民主问责对环境保护的积极作用这一论断。[②] 约克等人得出结论，人口、经济生产、城市化、地理因素对环境有影响，而政治自由和公民自由对环境没有影响。但是，有些学者则得出相反的结论。[③] 威特福德等人认为，民主化对环境可持续发展具有显著的积极影响，而联邦制、人均 GDP 对环境可持续发展没有影响。[④] 库克拉－格雷兹的研究结果表明，民主在不同时期对空气污染的影响是不同的，民主和空气污染之间存在偶然的相关性。经济增长对空气污染的影响在发展中国家和发达国家是不同的。[⑤] 伯诺尔和库比认为，民主程度对空气质量有着独立的积极影响。他们还发现，在民主体制中，总统制比议会制更有利于空气质量。[⑥] 法辛和邦德的研究发现，民主和自由为行为者提供了一种机制，使行为者能够比在专制体制下更有效地实现他有关环境质量的偏好，从而减轻污染物的排放。然而，其他因素如收入、年龄和教育的不同会减轻或恶化政治体制对污染的影响。[⑦] 弗雷德里克森纳等学者发现，民主仅仅在高度政治竞争的国家里对环境政策的紧迫性产生影响。在专制的国家，民主参与对环境政策

① ［美］科尔曼：《生态政治：建设一个绿色社会》，梅俊杰译，上海世纪出版集团 2006 年版，第 62 页。

② R. Quentin Grafton and Stephen Knowles, "Social Capital and National Environmental Performance: A Cross-Sectional Analysis", *Journal of Environment & Development*, Vol. 13, No. 4, 2004, pp. 336 – 370.

③ R. York, E. A. Rosa and T. Dietz, "Footprintson the Earth: The Environmental Consequences of Modernity", *American Sociological Review*, Vol. 68, 2003, pp. 279 – 300.

④ Andrew B. Whitford and Karen Wong, "Political and Social Foundations for Environmental Sustainability", *Political Research Quarterly*, Vol. 62, No. 1, 2009.

⑤ Anna Kukla-Gryz, "Economic Growth, International Trade and Air Pollution: A Decomposition Analysis", *Ecological Economics*, Vol. 68, 2009, pp. 1329 – 1339.

⑥ Thomas Bernauer and Vally Koubi, "Effects of Political Institutions on Air Quality", *Ecological Economics*, Vol. 68, 2009, pp. 1355 – 1365.

⑦ Y. Hossein Farzin and Craig A. Bond, "Democracy and Environmental Quality", *Journal of Development Economics*, Vol. 81, 2006, pp. 213 – 235.

没有影响。环境问题游说集团和国际环保组织对环境政策有积极的影响。① 沃克通过对马拉维、南非和莫桑比克三个国家的案例研究，发现民主化和环境之间不存在必然联系。他认为，在这三个非洲国家里，虽然最近的政治变迁摆脱了旧式的自上而下的威权主义的保守政策，但是这一转变没有在环境方面带来有益的变化。民主化，甚至民主都不是灵丹妙药，认为民主——无论在哪里，无论是何种形式——可以解决非洲的环境问题也许是误导。②

三 政策的层次：国家环境治理政策研究

环境和自然资源政策的制定和实施已经成为全球日益关注的焦点，它是通过国家的环境治理实现的。国家治理是国家机构通过立法、政策创制来对环境进行治理。国家治理一般具有规模大、强制性、持续性等特点。但是，有效的国家环境治理需要强大的国家能力和完善的政治体制，否则将会因为国家机构的自利性导致治理失灵。国外学者对国家环境治理政策研究也给予了较大的关注，学术成果已经比较成熟。

澳大利亚学者德赖泽克把国家治理看作是行政理性主义。该理论强调专家而不是公民或生产者/消费者在解决环境问题中发挥作用，同时也强调等级制而非平等或竞争的社会关系在解决环境问题中发挥作用。行政理性主义的环境治理模式通过政策、制度和方法的创制来解决环境问题。行政理性主义的环境治理手段包括专业性资源管理机构、污染控制机构、规制性政策工具、环境影响评价体系、专家顾问委员会、政策分析技术等。行政理性主义通过这些手段把科学和技术专家的意见实施于国家的官僚制结构中去，从而实现对环境的有效治理。③ 乔

---

① Per G. Fredrikssona, Eric Neumayerb, Richard Damaniac and Scott Gatesd, "Environmentalism, Democracy and Pollution Control", *Journal of Environmental Economics and Management*, Vol. 49, 2005, pp. 343 – 365.

② Peter A. Walker, "Democracy and Environment: Congruencies and Contradictions in Southern Africa", *Political Geography*, Vol. 18, 1999, pp. 257 – 284.

③ ［澳］德赖泽克：《地球政治学：环境话语》，蔺雪春、郭晨星译，山东大学出版社 2008 年版，第 102 页。

舒亚·巴斯比在给美国国会对外关系委员会提交的《气候变化与国家安全：行动议程》的报告中，从气候变化对美国内部和外部安全的影响、相关的政策选择、机构改革等角度全面分析了气候变化与国家安全的关系。[①]

伯特尼和史蒂文斯等人分析了美国环境政策的具体内容和演进，描述了美国环保局和联邦管制的演变，讨论了美国的空气污染政策、气候变化政策、水污染政策、危险废弃物政策以及有毒物质政策和固体废弃物政策。[②] 托马斯·思德纳对自然资源管理的政策工具进行了非常细致和深入的研究。他认为，在保护环境和自然资源以及降低保护成本方面，良好的激励政策可能或确实有效；设计失败的激励政策正如其他政策拥护者所寻求的替代方式一样无效；如果缺乏必要的经济、法律和技术上的制度能力，以及一个合适的社会环境的支持，无论哪个政权，无论何种激励政策都将无所作为，而这些能力在发展中国家通常是十分有限的；激励政策和其他政策都必须与现有的社会状况和制度相匹配，而且在应用它们的同时也必须进行能力建设。[③] 威廉·R. 劳里着眼于公共政策与河流的相互作用关系，审视了不同河流的具体情况对政策的制定产生影响的差异，同时分析了如何利用河流的利益相关者之间的政治分歧，并且系统地论述了美国河流管理的发展历程以及当前的政策。[④] 吉登斯提出要建设保障型国家。只要气候变化受到关注，国家就必须行动起来——它必须鼓励和支持各种各样的社会团体推动政策的发展。他提出的另外两个基础概念是政治敛合和经济敛合。第一个指的是气候变化政策在多大程度上以一种积极的方式和其他价值观、政治目标重叠在一起。气候变化政策可以在多大程度上变得具有创新性和充满活力，以及它是否可

① Joshua Busby, "Climate Change and National Security: An Agenda for Action", Council on Foreign Relations, CSR, No. 32, 2007.

② ［美］伯特尼、史蒂文斯：《环境保护的公共政策》，穆贤清、方志伟译，上海三联书店2002年版。

③ ［美］托马斯·思德纳：《环境与自然资源管理的政策工具》，张蔚文、黄祖辉译，上海三联书店2005年版。

④ ［美］威廉·R. 劳里：《大坝政治学：恢复美国河流》，石建斌等译，中国环境科学出版社2009年版。

以获得广泛的公众支持，关键的决定因素就是政治敛合。①

四　市民社会的层次：环境非政府组织研究

在国际社会和国家的环境运动中，社会组织一直以来都扮演着积极的和主导性的角色。那么如何评估和发挥社会组织在环境问题中的影响力，社会组织在环境问题方面的作用机制如何，这些问题也是环境政治研究的重要议题。

亚桑诺夫、扬、瓦普纳都肯定非政府组织在塑造环境体制中所扮演的重要角色。

亚桑诺夫认为，非政府组织在国家主权逐渐弱化的趋势下将不仅担任知识的提供者，更成为积极的行动者以捍卫其理念。② 扬认为，非政府组织在议题设定、信息提供乃至政策落实和执行上都发挥着积极的作用，从而使全球环境治理成为可能。③ 瓦普纳则从全球市民社会与治理的角度，来审视非政府组织在环境议题中通过教育、倡议等方式所带来的巨大影响力。④ 凯克和西金克对非政府组织形成的环境倡议网络有着深入的分析，他们发现非政府组织会采取所谓的"回力镖模式"，当非政府组织与政府之间的沟通管道有所阻碍，以至于非政府组织的主张、理念甚至是权利受到损害时，非政府组织便会向外寻求其他国家政府、非政府组织或国际组织的援助，以外部的力量向本国政府施压。在此模式下，网络之间不但可以进行资讯的共享以增加其行动的机会，而且可以与国际组织如环境规划署、世界银行等建立重要的同盟关系。⑤

---

① ［美］吉登斯：《气候变化的政治》，曹荣湘译，社会科学文献出版社 2009 年版。

② Sheila Jasanoff, "NGOs and the Environment: From Knowledge to Action", *Third World Quarterly*, Vol. 18, 1997, pp. 579 –594.

③ Oran R. Young, "Right, Rules and Resourcein World Affairs", in Oran R. Young (ed.), *Global Governance*, Cambridge: The MIT Press, 1997, pp. 1 – 25.

④ Paul Wapner, "Governance in Global Civil Society", in Oran R. Young (ed.), *Global Governance*, Cambridge: The MIT Press, 1997, pp. 65 –84.

⑤ Margaret E. Keck and Kathryn Sikkink, *Activists Beyond Borders: Advocacy Network in International Politics*, Ithaca: Cornell University, 1998, pp. 121 – 163.

瓦普纳从对绿色和平组织、地球之友和世界自然基金会三个知名的非政府组织的比较分析中发现，这三个社会组织在运作策略上存在着差异。绿色和平组织把全球作为其行动的范围，通过各种渠道增加大众的环境知识，推动大众的环境保护行动，提高人们的生态敏感度；地球之友采取国际主义的策略，在地区、国家与国家之间进行游说、施压；世界自然基金会则以区域主义为重点，深入基层和前沿，培养当地人民的环境保护意识，把环境保护行动贯彻到人们的日常生活之中。[①]

贝特斯尔和科雷尔建立了一套用以评估非政府组织在国际环境谈判中的影响力的分析框架。这个分析框架从两个方面来评估环境非政府组织的影响力：第一是环境非政府组织的信息传递是采取何种行动、途径来宣传他们的主张和建议的；第二是其他行为者的行动，其中包括非政府组织在环境谈判的过程和结果中如何去改变其他行为者的态度。[②]

阿茨从《气候变化纲要公约》和《生物多样化公约》的制定过程出发，阐释了环境非政府组织在其中的影响力。他发现环境非政府组织在公约拟订过程中能否发挥作用取决于两个关键因素：一是知识的提供，环境非政府组织若更多地掌握知识，将能更有效地说服政策制定者；二是非政府组织采取的策略，如果其策略走向是错误的，采取激进而又非理性的抗争，将会增加说服决策者的难度。[③]

五　公民的层次：环境公民权研究

自从环境问题成为法学和政治学的重要议题后，它就不断地对古典

---

①　Paul Wapner, *Environmental Activism and World Civic Politics*, New York: University of New York Press, 1996.

②　Michele M. Betsill and Elisabeth Corell, "NGO Influence in International Environmental Negotiation: A Framework for Analysis", *Global Environmental Politics*, Vol. 1, 2001, pp. 65 – 85.

③　Bas Arts, "The Impact of Environmental NGOs on International Conventions", in Bas Arts, Math Noortmann and Bob Reinalda (eds.), *Non-State Actor in International Relations*, Aldershot: Ashgate Publishing, 2001, pp. 195 – 510.

的公民权理论产生冲击。马歇尔提出的公民权包括个人权利、政治权利和社会权利的论点在面临环境问题时受到了严峻的挑战。为了解决这个问题，国外环境政治研究发展出了环境公民权理论。

正如安德鲁·多布森指出的，环境公民权提出的直接动因是如何克服实现生态可持续性目标上公民个体行为变化与态度改变之间的不一致性，从而有助于创建一种真正可持续发展的社会。他提出，环境公民权指的是一种基于自由主义理论视角的或公民个体环境权利诉求的公民权，其主要特征包括：发生在公共空间领域、自由主义的德行（比如追求合理性和愿意接受更有说服力的论点），其适用范围与民族国家密切相关。他本人所主张的生态公民权，指的是一种典型的后全球论意义上的公民权，其主要特征包括强调非契约性或不对等的环境责任。生态公民权源于个体与其生存环境之间的实在性关系，正是这种客观性关系产生的生态踪迹或影响，进一步导致了个体与其接触到的其他个体之间的公民权关系。生态公民权主要体现为人类社会现实中不同公民个体能够带来的生态踪迹的不对称性、由此产生的公民个体的不对称性，以及由此产生的公民个体的环境责任与义务——确保自己的生态踪迹不会减少或阻碍其他个体包括后代个体有意义的生活的机会，而正是这种生态踪迹的不对称性决定了作为生态公民权的环境责任的不对称性。生态公民权的根本目标是保证生态空间在不同个体之间的公平分配，因而它所需要的公民个体的首要德性应该是环境正义，而不是其他的道德品质比如关爱、同情和呵护等，尽管后者对于生态可持续性而言也很重要。①

汉考克系统地阐述了环境与人权之间的政治、伦理与法律关系。他在对当前环境人权已有研究的基础上，对环境人权问题进行了梳理和评析，认为环境人权乃是社会发展的需要和宪法、国际法的趋势，进而指出环境人权的两个内容：免受有毒污染的环境自由权和拥有自然资源的权利。汉考克认为，这两项环境人权的实现所要求的不过是现有人权法规的落实。他提出，资本主义固有的权力结构阻碍了这两项环境人权主

---

① Andrew Dobson, *Citizenship and the Environment*, Oxford：Oxford University Press, 2003, pp. 5 – 7.

张的实现。① 英国学者约翰·巴里的"绿色公民权"是一个从"消极的"环境公民权到"积极的"可持续公民权的连续统一体。一种"抗拒"或"批判性"的可持续公民权对于创建一个真正的可持续社会具有核心性的重要意义。可持续公民权概念不仅可以从古老的城市共和主义公民权传统中得到理论验证，而且可以进一步发展成为当代公民权培育中"可持续服务"实践的理论基础，而绿化进程中的国家将在其中扮演一个积极而又关键的角色。②

六　总体评价：问题和突破

国外环境政治研究分别从国际社会的层次、政体的层次、政策的层次、市民社会的层次和公民的层次对环境政治进行了探索性的研究，基本上形成了立体化的研究范畴。但是，国外环境政治研究仍然处于初创阶段，具有学科融合、西方中心主义、对象单一等缺陷。

（一）学科融合与范式建构

从历史的角度来看，国外环境政治研究仍然处于初创阶段。国外学术界尚未建立起环境政治研究的概念、理论、基本框架和范式。当前的环境政治研究通常是把政治学的理论和议题与生态学的理论和议题进行简单的交叉和融合，从而产生了一些交叉性的研究对象和议题。理论和范式仍然处于空白状态，尚未创造出独立的环境政治学理论体系。公开的成果一般都是局限于探索性研究和宏观性研究，对环境政治问题，如生态民主问题、公民生态权问题、低碳政治体系问题等都缺乏更加深入的研究。除此之外，国外环境政治研究的学者对一些基本的环境政治问题也存在巨大的争议。如对政体与生态之间的关系问题，国外环境政治研究者仍然莫衷一是。有鉴于此，环境政治研究仍然任重而道远，亟须产生一种具有普遍适用性的独立的理论体系

---

① ［美］汉考克：《环境人权：权力、伦理与法律》，重庆出版社 2007 年版，第 13 页。

② ［美］约翰·巴里：《抗拒的效力：从环境公民权到可持续公民权》，《文史哲》2007 年第 1 期。

和范式。

（二）西方中心主义与本土化

从研究对象来看，国外环境政治研究大多关注本国的环境政治问题或者是发达国家的环境政治问题，对于发展中国家的环境政治问题则较少涉及。由此可见，环境政治研究起源于西方，其学术注意力也在西方。国外环境政治研究把研究对象局限于西方国家或发达国家，限制了环境政治研究的发展空间，在此基础上提出的环境政治理论的适用性也大打折扣。与此同时，国外环境政治研究把注意力放在西方国家或发达国家，也使得环境政治理论带有强烈的"西方中心主义"价值色彩。这也将会形成西方理论霸权，不利于环境政治研究的对外延伸。从研究方法来看，国外环境政治研究也多侧重于用西方政治学的理论来解释环境政治问题，还没有产生可以用以解释东方社会或后发现代化国家环境政治问题的研究方法。东方社会或后发现代化国家的环境政治历史和现状与西方差异较大，所以西方环境政治研究在拓展研究范围时要有一个本土化的过程。从东方社会或后发现代化国家自身的环境政治问题出发，创造出适合解释本国或本地区的概念、理论和范式。

（三）对象单一与方法论的生成

当前，国外环境政治研究的主要议题基本上是政治学中的一般性主题。如前所述，国外环境政治研究主要是从政治、政策、公民社会、公民和超国家的层次展开的，使得环境政治的研究方法也没有突破传统政治学的研究范畴。之所以如此，一个重要原因是当前西方环境政治研究的议题没有太大的突破。为此，环境政治研究还需要进一步扩展研究对象和议题，在此过程中创造出新的研究方法。同时，研究对象和议题的不断扩展也有利于环境政治研究者尝试用其他学科的研究方法来进行分析，从而推动环境政治研究方法的发展。正如西方学者把目光投向发展中国家从而产生了政治发展理论一样，随着环境政治研究对象和议题的深入和扩展，环境政治研究方法的创新也会取得重大的突破。

（选自《国外社会科学》2010 年第 4 期）

罗尔斯顿自然价值观的特色

赵红梅[*]

罗尔斯顿认为，仅仅根据自然资源观看待自然和自然保护，给环境问题留下了部分祸根。罗尔斯顿与传统的研究自然价值的哲学家不同，他反对荒野价值主观任意论，反对简单的荒野价值工具至上说。在罗尔斯顿那里，荒野是最有价值或者说最有价值能力的领域，荒野是价值产生的力量，也是价值产生的源泉。荒野是生命之源、价值之源。荒野不仅有功用价值，而且是人类的家园。荒野作为家园不是一句口号，而是有科学的依据。在罗尔斯顿眼里，科学与诗情兼具、理性与感性共长。荒野不是物的堆积，而是生命故事的不断铺陈和延续。这种结论不是书斋中的一种臆测，而是在大量的观察与体验、描述与沉思中自然产生的。描述与观察是向外展开，体验与沉思是向内心收敛。价值的发现需要我们敞开内心与外界展开交流，只有这样，我们才能真正体悟到荒野自然的价值所在。正是在大量的观察与体验、描述与沉思的过程中，罗尔斯顿发现，荒野价值丰富多彩，荒野承载着多种多样的价值。荒野不仅是认知的对象，而且可以作为消遣的对象而存在，它不仅可以给人以道德启示，而且还是审美的对象。

一 价值与体验

在发现荒野价值的方式上，罗尔斯顿在一定程度上表现出价值体验

---

* 赵红梅，女，1969 年生，哲学博士，湖北大学政法与公共管理学院副教授。

论的色彩。他认为，"值得注意的是，要谈论任何自然价值，我们都必须对它们有一种切身的感受，即在我们的个人经历中充分地'拥有'了这些价值，从而能对它们作出判断"①。"如果没有对自然界的感受，我们人类就不可能知道自然界的价值……价值都是经过人的体验筛选过的，是由我们的体验来传递的……价值必须是经历过的，体验过的。"② 没有体验，就没有发言权。罗尔斯顿对体验的强调使他的自然价值论远离了自然价值论上的独断论。那么，罗尔斯顿是怎样体验自然、发现自然的价值的呢？

其一，介入。要发现自然的价值，就需要人们的投入，既包括身体的介入又包括情感的融入。罗尔斯顿认为，"对事物价值属性的认知不是用认知者的内心去平静地再现已经存在的事物，而是要求认知者全身心地投入其中"③。"如果我们谈论自然价值，那我们就必须主动地'介入'到这些价值中。"④ "介入"其实就是参与或"结合"。在环境美学中，参与式的欣赏是一种非常有用的欣赏方式，也是一种一直受到鼓励的美学欣赏模式，⑤ 因为它会引领人们进入到整体环境中去感受。自然价值的发现正如环境美的发现一样，需要人们进入到这一整体环境中，投入身体与情感，让价值通过人的感受自然地呈现出来。

其二，分享。要做出价值判断，必须以尊重对方的存在为前提。我们只有设身处地地本着"存在的就是合理的"这样一种精神，才有可能了解对方，分享对方的存在特性，如此我们的评价才能避免主观臆断或妄想。"也就是说，必须要以个人体验的方式分享这些价值，这样才能对它们作出恰当的判断。"⑥

---

① ［美］霍尔姆斯·罗尔斯顿：《哲学走向荒野》，叶平等译，吉林人民出版社2000年版，第121页。

② ［美］霍尔姆斯·罗尔斯顿：《环境伦理学》，杨通进译，中国社会科学出版社2000年版，第38页。

③ 同上书，第9页。

④ 同上书，第35页。

⑤ ［美］阿诺德·伯林特：《环境美学》，张敏等译，湖南科学技术出版社2006年版，第155页。

⑥ ［美］霍尔姆斯·罗尔斯顿：《环境伦理学》，杨通进译，中国社会科学出版社2000年版，第35页。

其三，体验是可传递的。有学者认为，体验是个人的、独特的。但是，当我们面对同一体验对象，当我们属于同一类体验主体时，体验还是具有可汇通的地方的。罗尔斯顿认为，体验具有可传递性，"我们只有通过体验的通道才能了解事物的价值属性。人们所知道的价值是经过整理过的，是由体验来传递的"①。这种传递不仅包括物与人之间的传递，而且也包括人与人之间的传递。

的确，价值不是一种主观的臆测，也不是一种客观的实在。价值是与人密切相关的一个概念，这种相关性是如此密切以致非深达人的内心体验不可。价值的存在离不开人具体而生动的参与和体验。通过对自然的参与，对它有了切身的感受，才可能知道它拥有的价值。通过体验，对象的存在向人走近；通过体验，人本身向对象走近。体验为评价人与评价对象的互动提供了可能，价值在体验中显示出它的存在。在罗尔斯顿看来，价值需要我们以生命去经验。

罗尔斯顿乐于通过体验来感知对象的价值，在一定程度上体现了他尊重别人的精神。亚当·斯密认为，"如果一个人冷酷无情，一心只想着自己，对别人的幸福或不幸全都无动于衷、漠不关心，这样的人看上去是多么令人厌恶啊！"② 其实，在宇宙间，如果人类冷酷无情，一心只想着人类自身，对其他存在者的幸福或不幸全都无动于衷、漠不关心，这样的人类看上去同样是多么令人厌恶啊！人类对荒野价值的发现也是如此。人类如果能以平等而同情的姿态面对荒野，就会拉近人类与荒野的距离，才有可能真实体会到荒野的价值所在。

良好的鉴赏力与细腻的体验力使罗尔斯顿无法忽视体验的重要性，这也就是他与一般的价值客观论者不同的地方，因此他在价值与人之间建立了情感联系。罗尔斯顿认为，价值的评价过程就是去标识出事物的这种属性的一种认知形式，它通过体验的通道了解事物的价值属性。

通过对体验的强调，罗尔斯顿回避了自然价值中的绝对客观主义，通过对体验之物的强调，罗尔斯顿回避了自然价值中的绝对主观主义。

① ［美］霍尔姆斯·罗尔斯顿：《环境伦理学》，杨通进译，中国社会科学出版社 2000 年版，第 9 页。
② ［英］亚当·斯密：《道德情操论》，王秀莉等译，上海三联书店 2008 年版，第 20 页。

二　价值与描述

事实上，罗尔斯顿是环境伦理学家，他具有科学家的气质。在面对自然荒野，在发现荒野的价值问题上，他不仅强调体验的重要性，而且也强调描述的重要性。描述是对体验的记录，具有叙述与现象学还原的性质。卡西尔认为，自我、个人的心灵不能创造实在。围绕着人的实在并不是他创造出来的，他只能将它作为一个终极事实来加以接受。实在的东西必须由人来解释，让它们连贯起来，变得可以理解、易于领悟；在各种人类活动中，在宗教和艺术、科学和哲学中，这一任务是以不同方式来加以实施的。而在所有这些人类的符号活动中，人被证明不仅仅是外在世界的被动的接受者；他是积极的并富于创造性的。但他所创造的并不是一个实体性的东西，而是一种关于经验世界的陈述，是一种关于经验世界的客观描述。在环境美学家阿诺德·伯林特看来，在环境批评中，描述是一种重要的批评模式，一个具有创造性的描述可以帮我们注意环境的一些特征和过程。[①]　在我们看来，与易于坠于主观臆断的评价相比，描述具有一种价值表达上的优越性。描述内在地包含着对对象的尊重，它是对评价者在评价中陷入主观幻象的一种阻隔。描述具有导引性，有助于人们走近对象，使观者进入其中。描述有助于人们去发现价值，而不是把自己的价值附加于对象。描述是引导价值评价者进入"价值场"的一种方法。在描述的过程中，价值存在的依据生动地展开，价值具体的生成过程显现出来。在价值表述上，描述可以显现出对象的具体变化及其实在状态，使价值本身呈现出来。描述不仅揭示了价值体验的实质，而且将之成功地传达给读者。在环境中，价值只可描述，不可规定。描述的功能首先使评价者正视对方的存在，然后就情不自禁地席地蹲下与对象进行交流。一个好的描述，不仅是对对象本身的一个记录，也是描述者价值体系的一种记录，因为描述者的描述蕴含着阐释与评价的意向。描述使价值存在于"场"中，这个"场"既包容对方，也包容观者。正因为如此，阿诺德·伯林特在《环境美学》一书中通过个案展

---

① 转引自张敏：《阿诺德·伯林特的环境美学建构》，《文艺研究》2004 年第 4 期。

示了审美价值的发现过程与描述的关系，他甚至想在环境美学与"描述美学"之间建立关系。著名的环境美学家约·瑟帕玛更是用较长的篇幅对"描述"进行了阐释。

对描述的强调使罗尔斯顿的价值论思想具有了现象学的眼光。因为现象学在方法论上的贡献在于它的口号所说的"走向事情本身"。现象学所运用的主要方法不是传统哲学的演绎方法和归纳方法的推理，而是对于事件自身本质的直观和描述。当然，罗尔斯顿的描述法还带有较强烈的科学主义的味道，这也跟他力图寻找自然价值的客观依据有关。罗尔斯顿在对自然价值客观性的寻找中对描述法的倚重与美国新自然主义美学家托马斯·门罗在致力于建立"科学的美学"时对描述法的强调有相似之处。托马斯·门罗明确主张，美学应在特定意义上成为"自然科学"，强调美学应坚持实验的道路，推崇"描述的和求实的方法"，"尝试科学地描述和解释艺术现象和所有与审美经验有关的东西"。在他看来，唯有忠实地描述主观的审美经验，才能使美学走向科学。

观察、体验是描述的前奏，描述出自然荒野的价值才是观察、体验的最终目的。那么，罗尔斯顿是如何做到这一点的呢？

其一，重观察与描述，从态度上尊重自然的价值。通过观察，罗尔斯顿发现，"翱翔的雄鹰、土星的光环和约塞米蒂的瀑布，都会让我们激动。我们会赞美石榴石晶体内的对称性，能欣赏森林中腐殖质的复杂性。所有这些经验的获得，都是以文化对我们的教育为中介的，其中有一些还是由于有了科学才成为可能的。一个易洛魁人对上述现象的经验会与我们不同，或者他从中什么都没经验到。但这些经验有很多给定性的因素，很多东西是不以我们的意志为转移的，我们获得这样的经验在很大程度上是由于我们进行了成功的观察"①。观察是人们从视觉上走近对象，描述是人们从语言上走近对象。无论是观察还是描述，都表现出对对象的倚重。罗尔斯顿认为，"人们被告知从对自然的描述性的前提推不出价值论的或伦理学的结论。但是，当我在荒野听到鸫鸟为捍卫自己的疆域或仅仅为了高兴而歌唱，或是见到一只郊狼捕食松鼠的情形，或是把一

---

① ［美］霍尔姆斯·罗尔斯顿：《哲学走向荒野》，叶平等译，吉林人民出版社2000年版，第167页。

头误以为我是一个猎人的鹿吓得急速跑开，或是在冬天过后去搜寻春天将至的迹象，甚至当我借助一架便携式显微镜仔细观察那些细小的苔藓时，我知道一定是他们错了"①。正是通过对大自然的描述，罗尔斯顿发现自然也有生有死、有繁盛与衰老，自然也有其珍视的东西与保存的价值。

其二，谨慎地选择语词，从语言的角度不歧视自然的存在。罗尔斯顿反对强势人类中心论，这一点表现在他对自然活动过程的语言描述中。他认为，"我们的确需要审慎地选用词——'分配'、'分散'、'分派'、'增生'、'分裂'、'倍增'、'传递'、'再循环'或'分享'各个'部分'。我们需要一个非人本主义的、非人类中心论的说明，人们应没有道德偏见，不论是更好还是更坏"。恰当的选词与描述可以使我们克服人类中心论的色彩，可以使人们更真实地接近事物本身、接近价值本身。罗尔斯顿认为，"我们用'分享'一词，既用作描述词，也是故意对人们时常来描述这类基因的更流行的'自私'一词的纠正。……人们必须小心，不要把从文化领域借用来的道德上的贬义词来给自然界涂上不好的颜色"。② 客观的描述纠正了对基因的自私性理解，有助于对发生在大自然中的事情真相的把握。正是通过描述，罗尔斯顿发现"一个生物机体是'自我实现的'。它追求它的整合的、节略的同一性；它保存它自身的内在价值，保卫它的生命。……一个生物机体是'自我构成'，'自我实现'，'自我发展'，'自我保存'，'自我发生'的，一个生物机体是'为它自己的缘故'而行动——所有这些事情都可以用一种描述性语言来说，而不再用有缺陷的'自私的基因'理论对'自私的'联想来设想生物机体。自我维护和自我传播都不是罪恶，两者都是必要的和好的：没有它们，其他的价值也不能实现和保留"③。不带偏见的语言选择使罗尔斯顿不带贬义地看待自然界，不带偏见地发现自然以及自然承载的各种价值，顺其自然地纠正着人类在自然价值问题上因人为的比喻或人类中心论而

① ［美］霍尔姆斯·罗尔斯顿：《一个走向荒野的哲学家》（代中文版序），载《哲学走向荒野》，叶平等译，吉林人民出版社2000年版，第9—10页。

② ［美］霍尔姆斯·罗尔斯顿：《基因、创世纪和上帝——价值及其在自然史和人类史中的起源》，范岱年等译，湖南科学技术出版社2003年版，第52页。

③ 同上书，第94页。

导致的偏颇。

罗尔斯顿之所以一再强调荒野自然的价值是人类在荒野中发现的而不是人类创造的，其依据就是描述法。如在对荒野自然的科学价值进行诠释时他是这样说的："连接爬行动物和飞鸟的株罗系化始祖鸟有很大的科学价值，但并无经济的或生命支撑的价值。黄石公园的水塘为原始的厌氧微生物菌提供了最适宜的温泉栖息地；而最近的研究表明，自从在游离氧气候条件下出现生命以来，这种微生物菌就几乎没有改变过。那些奇怪的、无用的且常常罕见的事物恰恰具有很高的科学价值——如加拉旁格斯岛的雀科鸣鸟——因为它们可以为我们理解生命的发展和延续提供线索。"[①] 在对荒野自然的消遣价值进行把握时，罗尔斯顿依然采取的是描述法："人们喜欢在户外消遣，因为在那里，他们被某些比室内找到的更伟大的东西包围着。他们找到了城区公园的棒球场所没有的某些更为真实的东西。在大自然中获得的那些惬意的、休闲的、具有创造性的愉悦，可以说是以敏感的心灵对大自然的客观特征加以感受而结出的果实。当人们在观赏野生生物和自然景观时，他们主要是把大自然理解为一片充满奇妙事件的惊奇之地和一个无奇不有的仓库，一个在其中真理比虚构更令人不可思议的丰富的进化的生态系统。"[②] 在罗尔斯顿这里，无论是对荒野的审美价值的解释，还是荒野的科学价值的阐释，他都乐于采用描述法。正是根据描述法，罗尔斯顿认为价值是自然史的成就。在发现荒野的价值上，罗尔斯顿之所以特别倚重描述法，是因为在他看来，正是描述使价值评价从主观论的窠臼中走了出来，描述是从"是"走向"应该"的桥梁，描述使得价值评价具有了深厚的现实根基。"生态描述让我们看到生态系统的统一性、和谐性、相互依存和稳定性等等。……我们发现秩序、和谐、稳定这些特性或曰经验内容不只是我们加于自然的，而也是从自然中提炼出来的。"[③] 正是因为描述的这一特性，罗尔斯顿认为评价过程不是主观臆造的，评价最好理解为"翻译"。

---

① ［美］霍尔姆斯·罗尔斯顿：《环境伦理学》，杨通进译，中国社会科学出版社 2000 年版，第 12 页。

② 同上书，第 9 页。

③ ［美］霍尔姆斯·罗尔斯顿：《哲学走向荒野》，叶平等译，吉林人民出版社 2000 年版，第 18—19 页。

在评价与描述的关系上，罗尔斯顿认为，描述之于评价是关键的。虽然不能说对自然的评价只是描述性地记录下自然固有的性质，但如果评价者对有关自然的描述完全无知，也就无法进行评价活动。在一定意义上我们可以说，罗尔斯顿的描述法使自然价值的评价成为一种自然价值的自我显现过程。

总而言之，在罗尔斯顿那里，一方面，所有的自然价值与人有关，所有相关的价值都存在于人的体验中，不管荒野的性能对这种价值做出了多大的贡献。另一方面，描述使价值评价回到事物本事，使人们在描述的过程中同时尊重对方的存在，在正视对方的存在中走近对对方价值的"翻译"。对体验的强调，使罗尔斯顿的自然价值论带上了情感色彩，价值与人相关联；对描述的强调，使罗尔斯顿的自然价值论具有现象学的眼光，价值评价的尺度回归于事物本身。

（选自《国外社会科学》2010 年第 5 期）

环境与资源的"持续性科学"

——国外"社会—生态"耦合分析的兴起、途径和意义[*]

蔡晶晶[**]

"社会—生态"耦合分析作为近年来国际上的热门研究议题，聚合了社会—生态动力学、生态经济学、恢复力科学以及社会—生态系统制度分析等多元化的理论视角。这些新兴的对社会—生态系统关系的整合研究被美国国家研究委员会（National Research Council）称为"持续性的科学"（sustainability science）。[①] 它聚焦于自然与社会间的多元互动，以问题为导向，探寻这种互动的规律和演变方向，以期为社会经济的可持续发展提供新的治理手段和政策工具。我们在分析环境与资源复杂系统的基础上，阐述"社会—生态"耦合分析的兴起过程、研究途径和意义，指出"社会—生态"耦合理论正在发展成为"持续性科学"，其在研究方法、对象和过程中具有和传统学科不同的特质。

———————————

　* 2009—2010 年，作者在美国印第安纳大学政治理论与政策分析研究所（Workshops for Political Theory and Policy Analysis）访问学习期间，该所的创始主任、2009 年诺贝尔经济学奖获得者埃莉诺·奥斯特罗姆教授及其同事为本文提供了大量的研究材料及指导，在此表示感谢！

　** 蔡晶晶，女，1981 年生，博士，厦门大学经济学院讲师。

　① W. C. Clark and N. M. Dickson，"Sustainability Science：The Emerging Research Program"，*Proceedings of the National Academy of Science*，Vol. 100，2003，pp. 8059 – 8061.

一　复杂系统的治理："社会—生态" 耦合分析的兴起

　　人与环境的相互关系研究，一直是地理学、生态学研究的重要研究范畴之一。早在 1864 年，美国学者马什（G. P. Marsh，1801—1882）就发表了《人与自然》一书，开始反思工业等人类活动对地理环境和自然的负面影响。[①] 在其后的 100 多年间，尽管关于人类与自然互动的相关著作不断面世，但是对于这种互动的复杂形式和进程，人们还缺乏足够深刻的认识，更谈不上完全理解。这是因为，传统上，生态学家将自然当作一个"原始状态的环境"（pristine environment），作为研究对象，人只是其中的一个外部者；而社会学家则强调了人际互动的重要性，却相对忽视了这种互动的环境背景，或者将环境的影响作为持续不变的因素来加以考虑；[②] 人口学家的兴趣点在于研究人类的出生、死亡、人口的迁徙；经济学家研究稀缺资源的变化，以求获取最大化经济的回报率。各学科的学者大多仅仅关注其本身的学科研究领域，而对日渐兴起的交叉学科领域的复杂系统问题则鲜有研究。尽管这样的研究对解决该领域的具体问题或学科本身的纵深发展不无裨益，但在面对因人与环境间的复杂互动所引起的生态难题时（如人口变化对生物有机体空间分布的负面影响）却显得无能为力。

　　对此，美国很多学者早在 20 世纪 80 年代就纷纷撰文指出，许多资源与环境方面的难题应该被看作是"复杂系统"（complex system）问题，[③]"造成这些现象的原因是多种多样、分散和复杂的，已经超出了那些传统上仅依靠科学活动进行管理和控制的学科内容"[④]。因此，复杂系统思维

---

　　① G. P. Marsh, *Man and Nature*, Cambridge, MA: Belknap Press of Harvard University Press, 1864, reprinted in 1965.

　　② Jianguo Liu, et al., "Complexity of Coupled Human and Natural Systems", *Science*, Vol. 317, 2007, pp. 1513–1516.

　　③ S. A. Levin, *Fragile Dominion: Complexity and the Commons*, Reading, MA: Perseus Books, 1999.

　　④ S. Jasanoff, et al., "Conversations with the Community: AAAS at the Millennium", *Science*, Vol. 278, 1997, pp. 2066–2067.

逐渐成为理解和解释涉及社会科学与生物物理科学间多种因素的生态难题的一座桥梁，同时也为许多新兴的跨学科研究途径奠定了基础。① 那么，回答资源与环境的复杂系统治理的问题，为什么需要我们进行"社会—生态"耦合分析呢？这主要是基于以下原因。

第一，复杂系统是多层嵌套的结构。生态系统不再被看作是一个"黑箱"，一个难以破解的谜，它是一个多层级嵌套（nesting）的科层结构。地方性生态系统内嵌于更大的地区及全球性生态系统中，人与自然在不同范围不同层面上进行着多种方式的互动，对这些互动影响的累积性结果也需要从横向和纵向的时空分析角度去评估，强调一种"情景式的演进"（progressive contextualization）。例如，一个地区易遭受自然灾害并不仅仅取决于当地的地势和生存活动，而且还受到该区域的经济状况、救济能力乃至全球气候变化的影响。这种多层级的嵌套思维需要我们研究人与自然系统在多种组织和空间尺度内的互动规律，并进一步探讨从地方至全球各个层级的治理系统如何与多元化的生态系统相匹配。

第二，复杂系统是不确定性的系统。复杂系统具有巨大的不确定性，这就很难预期特定行动的后果。例如，森林系统除经济效益外，还具有含蓄水分、保持土壤的环境效益。如果森林资源遭到破坏，就可能导致河流含沙量的增加，引起洪水泛滥，而且使土壤肥力下降，土壤肥力的下降又可能进一步促使植被退化甚至沙漠化。可以说，对系统任何一环的破坏，都可能引起多米诺骨牌效应。正是由于这种不确定性，它需要管理者通过"社会学习"（social learning）来观察、监控特定行动的结果，并建立足够强大的应对机制来适应变化的环境。换言之，复杂系统的治理同样是一个社会学习的过程。

第三，复杂系统呈现出自然资源与人类制度紧密联系的结构。在复杂系统中，自然与人类二者又是紧密相关的，存在看似不相干实则有机的联系。人类无法独立于生态系统之外而不受干扰，生态现象的变化也往往与人类的活动分不开，两者间的相互影响既有直接的驱动

① R. Costanza, et al., "Modeling Complex Ecological Economic Systems: Towards an Evolutionary Dynamic Understanding of People and Nature", *BioScience*, Vol. 43, 1993, pp. 545–555.

力，亦有间接的驱动力。例如，在森林与人类构成的复杂系统中，人类的行为与制度对森林有着非常重要的影响。以19世纪德国的科学林业为例，挪威云杉作为材质坚固，生长迅速，价格高，适合作为商业化的树木而受到当时政府的青睐。政策鼓励的结果就是人们将混合林砍伐以后全部种植了单一的、美观和高价值的云杉森林。但是当第二轮种植以后，单一树种森林的生态负面效应就开始显露出来，产量降低了20%至30%，森林的多样性减少，在大风暴面前也显得更为脆弱。①

第四，复杂系统的治理是价值冲突的。环境与复杂资源的治理并不是单纯的科学和技术问题，而是涉及多元价值的调和问题。例如，那些具有较大冲突价值的个体能否形成关于可持续发展的共同协议？具有不同利益目标的政治家又是如何调整他们之间的冲突的？甚至不同学科（如经济学家和生态学家）如何建立一个价值比较一致的治理框架或体系？实际上，许多资源与环境的决策工具（如成本—效益分析）都是建立在价值判断的基础上的，如对未来收益的价值评估。例如，在气候变化治理政策上，英国首相经济顾问、曾任世界银行首席经济学家的尼古拉斯·斯泰恩（Nicholas Stern）在其主持发布的《斯特恩评论》（*The Stern Review*）上将贴现率降低至0.1%，意味着后代人与当代人的福利几乎是一致的，进而认为在气候变暖上必须及时采取政策加以应对。而美国耶鲁大学教授威廉·诺德豪斯（William D. Nordhaus）则提出一个更高的贴现率（3%），并进而得出了与斯泰恩不同的治理政策。说到底，这是对社会贴现率的价值评估问题，并无对错之分，而只有价值选择的不同。换言之，在价值多元甚至冲突的情况下，我们尤其需要整合多种知识来源，处理多重目标，建立多元的知识体系。

复杂系统的研究和治理均需要整合社会科学和自然科学的知识，这也促使了"社会—生态"耦合分析研究途径、项目和机构的兴起，如哈佛大学的"持续性科学"项目（the sustainability science program）、联合国的千年生态系统评估、联合国开发计划署的合作倡议（equator initia-

---

① ［美］詹姆斯·C. 斯科特：《国家的视角：那些试图改善人类状况的项目是如何失败的》，王晓毅译，社会科学文献出版社2004年版，第4—22页。

tive）等。这些新的交叉学科前沿课题致力于对社会—生态系统复杂性的研究，强调"干中学"（learning by doing）。它们不仅在理论层面上推动了社会科学研究在自然科学中的解释力，还在实践层面上推动了自然科学领域的一系列分析工具（如 GIS、卫星遥感等）在社会科学中的应用。

二　"社会—生态"耦合分析的
代表性研究途径与项目

从 20 世纪 80 年代起，陆续有学者提出，不应该将人类与自然系统分离出来进行研究，而应该探索"社会—生态"（social-ecological）或者"人类—环境"（human-environment interactions）的互动方式与结果。随着这种讨论的深入，国际上逐渐出现了一批在多学科基础上探索人类与自然互动关系的研究途径、项目和机构。与传统的将自然科学和社会科学分离的做法不同，这些项目或机构将两者的结合作为分析的起点和基础，如表 1 所示。

表 1　　　　　　　　自然与人类互动研究的代表性项目和机构

项目名称	自然与人类耦合系统的动力学	Beijer 生态经济学国际研究所	恢复力学术联盟	联合国政府间气候变化专门委员会	千年生态评估
研究焦点	人类与自然系统在不同空间、时间和组织范畴上的复杂互动	生态经济学	研究复杂适应系统的动力，寻求可持续发展的基础	通过科学、技术和社会经济方法来理解气候变化	对生态系统与人类福祉之间的关系和互动结果进行评估
资金来源	美国国家科学基金会（U. S. NSF）	Kjell and märta Beijer 基金会	分散的私人基金	世界气象组织、联合国环境项目	联合国等
时间	2000 年至今	1991 年至今	1999 年至今	1988 年至今	2001—2005 年

续表

项目名称	自然与人类耦合系统的动力学	Beijer生态经济学国际研究所	恢复力学术联盟	联合国政府间气候变化专门委员会	千年生态评估
参考信息	http：//www. nsf. gov/geo/ere/ereweb/fund/biocomplex. cfm	http：//www. beijer. kva. se/	http：//www. resalliance. org	http：//www. ipcc. ch/	http：//www. MAweb. org

资料来源：Jianguo Liu，et al.，"Complexity of Coupled Human and Natural Systems"，*Science*，Vol. 317，2007，pp. 1513 – 1516.

在上表所述的 5 个代表性研究途径中，自然与人类耦合系统分析为美国国家科学基金资助的项目；生态经济学、恢复力科学则为独立的学术研究机构所提倡；政府间气候变化委员会和千年生态评估则是由联合国所组织的。此外，2009 年诺贝尔经济学奖获得者、美国印第安纳大学的埃莉诺·奥斯特罗姆和同事提出了社会—生态系统分析框架（social-ecological systems，SES），这一框架有机地整合了资源和制度的联系，是社会—生态耦合分析的重要代表性途径之一。我们在此选择部分研究途径和项目进行介绍。

（一）复杂适应系统（complex adaptive systems）研究

这一项目又可以称为"自然与人类耦合系统的动力学"（dynamics of coupled natural and human systems）研究，它是一项由美国国家科学基金会（NSF）资助的长达 10 年的大型研究项目。从 2001 年起，每年先后有数十名的学者获得 50 万至 150 万美元不等的研究资助，这些研究有力地推动了人们对社会与生态之间的复杂演化过程的认识。"复杂适应系统"的研究强调以下 6 个方面的特性：互惠效果与反馈循环（reciprocal effects and feedback loops）、非线性和阈值（non-linearity and thresholds）、突变（surprises）、传统的滞后效应和时差（legacy effects and time lags）、恢复力（resilience）以及异质性（heterogeneity）。①

这些项目的研究表明，社会与生态之间的关系不是线性的，而是以一种复杂的非线性动态形式存在的。一些看起来毫不相关的因素各自散布在社会和生态领域，实际上它们之间具有有机的联系。例如，在美国的威斯康星州，当房屋密度超过每千米海岸线 7 所住宅之后，为湖泊和溪流中的鱼类提供栖息地的落叶就会急速减少。②

（二）"恢复力"（resilience）研究

1973 年，美国生态学家霍林（C. S. Holling）首先使用"恢复力"一词来描述生态系统在遭遇自然或人为干扰后是否还能安然无事，或者即使遭受重创后也能自我迅速修复的能力。根据霍林的定义，恢复力指的是当系统遭遇外来干扰后仍然可以维持主要功能、不会崩溃的能力；越能承受大规模扰动的系统，其韧性也越强，因此系统的韧性可用其可承受的扰动强度来衡量。越有韧性的系统，越不容易从原本的系统状态与结构变成另一种样貌。③ 在霍林提出"恢复力"概念后的 30 多年间，相关的研究不断涌现，一门将研究的焦点放在人与自然交互作用下的环境系统（如被大量开发的海域、被周期性砍伐的森林）的"恢复力科学"（resilience science）逐渐成形。

以往根据"生态平衡"理论，任何一个生态系统都有一个而且只有一个原始和理想的状态，当系统遭受天灾或人为因素等外来干扰后，若不再受进一步的干扰，最终会慢慢回到那个理想的原点。但是，越来越多的研究发现，一旦系统出现干扰，并不总是会回到理想的原点，系统也可能难以恢复到原有状态，再也无法提供已有的生态产品和服务。例如，沙漠化现象就是一个显著的例子：一旦原本的植被破坏和消失后，土壤和气候的改变就可能使植被种子的成长环境迅速恶化，要回到森林或草原的原本样貌也就不可能了。而根据"恢复力科学"的观点，环境

① Jianguo Liu, et al. , "Complexity of Coupled Human and Natural Systems", *Science*, Vol. 317, 2007, pp. 1513 – 1516.

② Ibid. .

③ C. S. Holling, "Resilience and Stability of Ecological Systems", *Annual Review of Ecology and Systematics*, Vol. 4, 1973, pp. 1 – 23.

系统的治理重点应该在使系统维持在特定的结构状态下，使它能够持续地提供合适的生态产品和服务。或者说，自然资源管理不仅要承认各种自然干扰对于维持生态是必要的，还要防止系统崩溃，变成无法再提供生态产品和服务的状态。一言以蔽之，人类虽然不能阻止毁灭性的自然干扰发生，但至少应该避免人为干扰造成的系统崩溃，例如避免污染物进入湖泊，让湖泊从清澈见底变成充满蓝绿藻的优氧化湖泊。因此，自然资源管理的核心不该排除自然干扰、不该一味着重系统效益的极大化，而是要让系统更具有"恢复力"，让系统更不易崩溃。

（三）千年生态系统评估

联合国千年生态系统评估（Millennium Ecosystem Assessment，简称为MA）由当时的联合国秘书长安南于 2001 年 6 月 5 日宣布并正式启动。这是一个由联合国有关机构及其他国际组织资助的为期 4 年的国际合作项目。千年生态系统评估最重要的工作是评估全球生态系统变化对生态系统服务和人类福祉的影响。根据千年生态系统评估的研究框架，生态系统提供了"支持服务""供给服务""调节服务"与"文学服务"等众多的服务，而这些服务又直接关系到人类福祉的组成要素，如"安全""物质需求""健康""社会关系""自由"等；反过来，人类福祉的改变又对生态系统具有影响。同时，千年生态系统评估把物理上和生态上的驱动力如气候变化、土地利用与覆盖变化、物种引入或者物种迁移、资源收获与资源消费等，归结为直接驱动力；把人口、经济（如全球化、贸易、市场）、社会、政治、科学与技术、文化和宗教等人类行为归结为间接驱动力。这两种驱动力是相互影响的，例如人口、技术和生活方式的变化等间接驱动力的变化，可以导致渔场捕鱼或化肥施用等直接驱动力的变化，这些变化将可能引起生态系统及其所提供服务的变化，进而影响人类的福祉状况。[①]

---

① Millennium Ecosystem Assessment, *Ecosystems and Human Well-being*: *Synthesis*, Washington D. C.: Island Press, 2005.

（四）可持续的社会—生态系统研究

这一研究路径主要由奥斯特罗姆教授提出。在她看来，在分析为什么有的复杂系统能够持续，有些却崩溃的原因时，一个核心的挑战就是在不同的时间和空间规模上识别复杂系统的多元层次之间的联系。为此，她提出了一个多元层次、嵌套的分析框架（multilevel，nestedf ramework），并称之为可持续的社会—生态系统分析框架（a qeneral framework for analyzing sustainability of social-ecological systems）。[①] 这一框架主要是根据复杂的社会、经济与政治背景，将社会—生态系统划分为资源系统（resource system，RS）、资源单位（resource units，RU）、治理系统（governance system，GS）、使用者（users，U）4 个不同的亚系统，并试图寻找出这些亚系统中的关键变量及其互动的形式与结果，如图 1 所示。

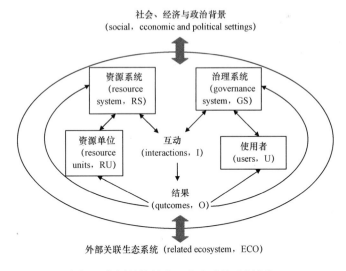

图1　多层级的社会—生态系统分析框架

资料来源：调整自 E. Ostrom，"A General Framework for Analyzing Sustainabiliy of Social-Ecological Systems"，*Science*，Vol. 325，2009，pp. 419 – 422。

---

① E. Ostrom，"A General Framework for Analyzing Sustainability of Social-Ecological Systems"，*Science*，Vol. 325，2009，pp. 419 – 422.

图中的 8 个变量单位还可以继续细分为多层级的（2 级/3 级/4 级/5 级）变量，这个资源的科层分析结构的层次和顺序取决于所研究的对象和具体的政策问题，各个层级间变量的相互关联会产生不同的互动与结果。某个变量受影响的方向和强度取决于其他的变量以及整个社会—生态系统过去的发展。奥斯特罗姆指出，这一框架主要是用来帮助研究者对以下三个相互关联的问题的理解：第一，在特定的技术条件、社会经济及政治环境中，不同的治理规则、所有权形式、资源系统与资源单位将产生什么样不同的互动模式及结果，例如过度使用、冲突、崩溃、稳定性、收益增加等。第二，当存在（或不存在）外部经济诱因或强制性规则的情况下，不同的制度安排、资源使用类型及结果可能出现哪些内在变化与发展？第三，当使用者、资源系统、资源单位、治理系统所构成的特定结构在受到内部或外部因素的干扰时，具有多大的稳定性？

总的来说，根据"社会—生态"耦合分析的研究轨道，学者们已经从不同层面深化了人类与自然之间的复杂关系的认识，提出了众多创新性的观点，并且与一部分实践相结合。在这一波研究浪潮中，奥斯特罗姆教授所提出的社会—生态系统分析框架不仅回应了社会与生态整合研究的呼声，还融入了她先前所提出的制度分析理论，从而更好地把"社会—生态"耦合分析与不断变化的政府治理实践紧密结合，使这一前沿理论流派具有更加旺盛的生机。

三 "社会—生态"耦合分析：走向一门"持续性科学"

随着"社会—生态"耦合分析研究途径的扩展，一系列的研究概念开始出现，如稳健性（robustness）、恢复力（resilience）、阈值（thresholds）、脆弱性（vulnerability）、人类安居点（human settlements）、社会经济转型代谢（sociometabolic transitions）、社会技术系统（sociotechnical systems）、土地使用变迁（land-use transitions）等，完整的理论内涵和保护带逐渐呈现，一门可以称之为"持续性科学"的研究范式亦基本成型。① 目前,哈佛大学肯尼迪政府管理学院已经设立"持续性科学项目"(sustainability science program),奥斯特罗姆所在的印第安纳大学政治理论与政策分析研究所也设立了"社会—生态系统制度分析项目"(program in institutional analysis for social-ecological systems, PIASES)。一大批活跃在学术舞台前沿的研究者正在精心建设这座科学的大厦。

如果把社会—生态耦合分析的相关途径和理论整合成一门"持续性科学",我们发现,这门科学具有以下特点。

(1)问题驱动(problem-driven)的研究起点。1972 年,在斯德哥尔摩举行的联合国人类环境研讨会上正式提出的可持续发展概念就是源于现实世界中存在的种种问题,如环境污染日益严重、物种多样性减少、森林大面积减少、资源危机、土地沙化严重等。今天所说的"持续性科学",不仅延续了可持续发展研究的问题意识,而且将这些问题视为复杂关联的系统,认为当前挑战人类社会的复杂现实问题,如生态退化、人类贫困、气候变暖、资源衰竭等均是紧密相连的,并超出了传统的单一视野的范围。它需要我们从更宽更广的知识领域入手,探索各种现象间的有机联系,建立一个全新的认识框架来进行研究。

(2)复杂性的研究对象。"持续性科学"主要研究复杂系统现象,认为自然系统、人类系统本身具有复杂性和(原因与结果的)非线性,强调不确定性和变化是"社会—生态"系统所固有的特质。因此,它反对以往认为通过科学规划、专家设计就能解决问题、扬弃"人定胜天"的精英主义假设,主张从多种学科视角、从具体的情景出发,通过时、空等多个尺度,从地方—区域—全球各个层次上的影响因素去思考问题和寻找根源。

(3)跨学科的研究方法。"持续性科学"需要交叉学科知识,集成不同的知识系统。它是一门没有明显边界的"学科",其代表人物来自各个学科领域,如经济学、政治学、生态学、环境科学、脑科学、心理学等。正因为如此,这一学科主张各个学科知识的集成与合作,并促进了生态经济学、生态文学、环境经济学、人类社会学等多门交叉学科的发展。

---

① W. C. Clark and N. M. Dickson, "Sustainability Science: The Emerging Research Program", *Proceedings of the National Academy of Science*, Vol. 100, 2003, pp. 8059 – 8061.

如在奥斯特罗姆主持的社会—生态系统研究项目中，我们既能看到经济学视野的制度主义、理性选择、博弈均衡研究方法，也能看到政治学视野的政策分析、集体行动、官僚机制，还能看到生态学、数学、信息科学甚至神经科学等前沿学科的影子。

（4）"社会学习"的研究过程。"持续性科学"的研究者认为，由于行动与结果之间关系的非线性、复杂性和滞后性，"闭门造车"地提出并检验假设的研究方式并不一定科学。实际上，常规的分析研究模式，如对问题进行概念化、收集数据、建构理论、结果应用等几个阶段，与社会学习的功能相似，只不过社会学习还整合了行动、适应性管理和试验性政策等因素。"持续性科学"采用了新的方法——对质性数据建构了更为量化的模型，基于案例研究的经验，根据逆向思维采取反向推理方式，在此基础上研究如何才能避免出现反向结果。[①] 根据"持续性科学"的理念，科学家和实践者都应该最大限度地和公众站在一起，建立持续性的"社会学习"过程——因为只有对社会生活有良好的理解，在理解的基础上又拥有忧患意识，才能培育出基于信任的共识与科学的判断。

（5）整合性的研究工具。基于数学、统计学模型基础上的电脑情景模拟、地理信息系统、卫星遥感等技术都有助于理解"社会—生态"耦合现象的结构、功能与变化性。能够整合多学科技术与数据的模型——如综合评估模型（integrated assessment modeling）、基于主体的分析模型（agent-based model）、面向模式的模型（pattern-oriented models）等是这一流派的主要研究工具。这些整合性研究工具可以让我们更好地理解发生在多个空间、时间和组织尺度内的社会—生态系统的互动规律和效果，并对各种管理和政策方案的短期和长期后果进行预测或评估。

总的来说，"持续性的科学"是以探索人类与自然间的复杂互动关系为焦点的交叉学科，具有自身独特的理论视角和现代化的分析工具。它为从以往仅仅关注社会面或生态面的环境治理模式转变为关注社会—生态的互动，通过生态系统经营、适应性管理、"恢复力建设"等途径实现资源的可持续发展提供了新的思路。尽管当前的各种研究还缺少一个统

---

① F. Berkes, et al. （eds.）, *Navigating Social-Ecological Systems：Building Resilience for Complexity and Change*, Cambridge：Cambridge University Press, 2003, p. 3.

一的学科范式和分析框架，也未发展出一种能够容纳和整合这些复杂的、非线性的和跨时空变化的因素的"共同语言"（common language），但毋庸置疑，它所主张的交叉学科思维对环境与资源治理及其他相关领域的理论发展提供了一种崭新的视角。

（选自《国外社会科学》2011 年第 3 期）

环境治理中的三大制度经济学
学派：理论与实践

罗小芳　卢现祥[*]

每次大的环境治理变革都有相应的理论支撑。20 世纪 50—70 年代，发达国家的环境政策在环境干预主义学派的影响下，以命令与控制为主。其政策工具有：政府设置市场准入与退出规则；实施产品标准与产品禁令；设定技术规范与技术标准，以及排放绩效标准；制定生产工艺与其他强制性准则。20 世纪 70—80 年代，发达国家的环境政策在基于所有权的市场环境主义影响下，以开拓市场调控机制为主。其政策工具有污染税（费）、交易许可证、环境补贴、押金—退款制度、执行鼓励金制度、生产者责任延伸制等。[①] 20 世纪 90 年代至今，发达国家的环境政策处于强化环境自约束管理阶段，以强化自愿协商机制为主。其政策工具有：信息披露制度，自愿协议，环境标志与环境管理体系，技术条约，环境网络等。与上述三个阶段相应，本文对环境治理中的三大制度经济学学派（环境的干预主义学派、基于所有权的市场环境主义学派及自主治理学派）的理论、实践进行分析与总结，这对于我们搞好环境保护、发展低碳经济、实行可持续发展战略具有重要的参考价值。

---

　　[*] 罗小芳，女，1968 年生，博士生，中南财经政法大学经济学院副教授。卢现祥，男，1960 年生，中南财经政法大学经济学院教授，博士生导师。
　　[①] 范阳东：《企业环境管理自组织机制培育的理论与实证研究》，博士学位论文，暨南大学，2010 年。

一　环境干预主义学派及实践

环境干预主义学派较系统的理论和观点可以从庇古开始。这个学派的代表人物主要有加尔布雷思、米山、鲍莫尔和奥茨等，他们都认为市场是有缺陷的；基于环境的外部性，政府干预是必要的；在干预的方式上，他们（除了庇古）大多主张通过法律的手段来保护环境。

庇古认为，自由市场经济不可能总是有效运行，因此，政府要为推进经济福利而进行干预。在政府干预中，他对自然资源的耗竭和后代对自然财富的权利等问题也非常重视。他说，个体完全是根据他们的非理性偏好在当代、较近的后代和遥远的后代之间进行资源分配。无论如何，人们还是主要倾向于当代。为什么会这样？根据庇古的观点，我们的远瞻功能是有缺陷的。市场力量常常无助于以自然资源为基础的资本的创造或者保护。庇古认为，从性质上看，政府既是未来人也是当代人的受托人，如果必要的话，需要依据法律监督和行动，以保护可耗竭资源储备免受过早或者不顾一切的开采。为了有效使用资源和保护环境，庇古提供了三条政策措施：国家补贴、国家税收、立法。

在加尔布雷思看来，市场机制也不是配置稀缺资源的有效手段，因此，为了实现真正的繁荣和其他公共目标，政府发挥重要的干预作用是非常必要的。同时，他指责新古典经济学家对外部性的重要性重视不够，既然增长是现代资本主义体系的主要目标，因此，对环境的破坏完全是预料之中的。"财富愈多，肮脏愈重。"在资本主义经济中，许多环境保护措施不如增长本身那么重要。为此，加尔布雷思提出了如何面对增长的问题。在他看来，控制失去控制的增长难以做到，像新古典经济学提出的解决外部性和市场失灵的处方也难以实施。因此，让经济继续增长，但是要用立法的手段具体规定增长的范围。设置这些限定是政府的主要任务。立法的范围包括禁止某些商品的生产、禁止消费、废除有害的技术等。立法应当详细列出释放到空气与水中的废物的类别和标准。他提出的环境战略没有排除增长，只是要求增长必须符合公共利益和社会福利的增加。

加尔布雷思的一些观点与庇古的观点一致。如两人都主张通过立法来保护环境。可是，与庇古不同的是，加尔布雷思不赞成税收手段。在他看来，由于税收本质上是以市场为根据的，因此，他建议依靠适合生产者和消费者的一套明确的法规，采取直接控制的办法保护环境。他不主张用市场和经济手段来解决环境治理的问题。

与加尔布雷思一样，米山也认为，几乎一切环境问题的出现，都是由于受到鼓励的无节制的商业态度和不受控制的增长而导致的。并且在他看来，对环境的破坏已经变得如此严重，以至于希望通过扩大所有权将外部性效果内部化的做法也没有什么效果了。在米山看来，预防性的立法方式远比财政手段更为必要。例如，环境权应该被制度化。他认为，庇古的策略，诸如税收和补贴，不可能成为有效手段，因为它们在实际中并没有什么效果。庇古提出的唯一有意义的策略，是通过立法为当代人和后代人保护好环境。

鲍莫尔和奥茨提出了"适度状态"的概念。他们注意到，随着环境外部性的不断增长和有效公共服务的逐渐减少，生活质量已经受到影响。他们的观点与加尔布雷思的观点有一定的相似之处，都对公共贫困背景下的私人财富增加表达了忧虑。与加尔布雷思偏好于直接控制不同的是，他们提出了征收附加税的方案。因为他们相信，对保护环境来说，这将是一个有效而实际的干预程序。他们从外部性分析中得出这样的结论：真正的社会最适状态的目标是难以实现的。这主要有两个原因，一是由于信息问题，二是环境标准设计中存在着主观任意性问题。这种分析揭示了环境干预主义学派及其"命令—控制"型政策工具的局限性。

环境干预主义成为"命令—控制"型政策工具的理论基础。"命令—控制"型政策工具是政府作为公民的代理人选择法律或行政的方法制定环境质量标准，通过法规或禁令来限制危害环境的活动，对违反者进行法律制裁。① 其最核心的部分是环境标准。环境标准一般包括周边环境标准、排放标准以及技术标准三个类型。周边环境标准就是在法律上限定某一地理范围内的最高排污水平，排放标准则是由政府设定企业排污量

---

① ［美］丹尼尔·史普博：《管制与市场》，余晖等译，上海三联书店1999年版，第56页。

的上限，这两个标准都是针对排污的最终结果的硬性规定，通常被称为绩效标准。还有一些是要求污染者采用规定的生产工艺、技术或措施，这类属于技术标准。① 绩效标准根据绩效指标设定一个上限或下限，允许污染者自由选择其最佳方式来达标，而技术标准则要求污染者必须采用政府规定的某项技术，安装使用某种设备等。各国主要通过排放限额、用能/排放标准、供电配额等方式对二氧化碳（CO_2）排放或能源利用水平进行直接控制。例如，欧盟对能源、钢铁、水泥、造纸等产业实施 CO_2 排放限制，对超限企业罚款。美国、欧盟对供电商实行了可再生能源发电配额制。世界各国还出台了对设备、交通工具、建筑物的能效/排放标准等。"命令—控制"型政策已形成了一个庞大的政策体系（即存量）。即使在美国，在 40 种联邦管制法典（与环境保护有关的）中，就有超过 14310 页的环境管制内容。

在早期，西方国家对提倡环境保护和企业履行环境责任给社会带来的影响认识不足，因此政府态度模棱两可。虽然也出台了一些地方性的环境保护法规，但大多是指导性规定，对企业的约束力和威慑力不强，没有引起企业对环境问题的足够重视，企业环境意识薄弱，工业企业污染行为加剧。

20 世纪 60 年代，公众对工业发展导致的环境污染日益不满，对洁净空气的需求日益增加，这直接导致了 70 年代开始的政府环境管制。70 年代的环境管制多以行政命令干预为主，被称为传统的命令—控制型环境管制。企业普遍对这个时期的环境管制感到悲观，态度消极，环境管理意愿很低。例如，美国的钢铁工业从 1974—1995 年间经历了一场衰退，生产下降了 58%，钢铁企业直接将这场衰退的主要原因归咎于环境管制。企业之所以采取不合作态度，消极抵抗环境管制，从现有文献看其原因可以归纳为以下三点。

（1）企业认为政府环境管制有失公平，针对不同群体采取不同政策。由于这个时期的环境管制是为满足公众需要而进行的，带有很强的政治

---

① 托马斯·思德纳给出了适用技术标准的基本条件：技术与生态信息是复杂的；关键知识只有在权威的中央层面才能得到；企业对价格信号反应迟钝；技术的标准化具有很多优点；可行的竞争技术数量不多；对排污监控很难，对技术监控很容易。

色彩，所以政府管制一开始就将企业置于对立面。例如，对于河流污染的来源，尽管工厂排污占6%，杀虫剂和化肥对农田的损害占河流污染的40%，但是政府依然会命令工厂使用昂贵的净化设备控制污染，而对农民却不采取任何管制措施。

（2）企业认为政府环境管制增加生产成本，且不能提供任何生产性收益或收益外化，是企业的一种负担。约什（Joshi）通过对美国1979—1988年55家钢铁企业的数据分析，具体测算出：企业环境治理成本每增加1美元，企业边际总成本增加10—11美元，从而大大地增加了企业的负担。

（3）一些企业担心不同地区或不同国家间的环境管制程度的差异，会导致企业间竞争优势的不同，尤其是严格环境管制下的企业与弱环境管制下的企业相比将失去更多竞争力。此外，标准的设定降低了污染者实施减排的灵活性，一旦污染者达到了标准，就没有动力通过技术创新来提高减排效率。比如，技术标准明显限制了污染者开发或采用更高效率技术的动力，而排放标准虽然没有限制污染者减排的方式，但污染者也担心提高减排效率后政府会设定更加严格的排放标准，因此要么停滞于原有的减排技术，要么将原本用于研发减排技术的资金用于采取措施来影响政府的政策。

"命令—控制"型管制的理论与现实存在较大的差距。阿夫萨（Afsah）等人提出了一个理论与现实的困惑，即所谓的"哈里顿悖论"。基于这一困惑，他们的解释是：一是最优环境管制模型的信息和零交易成本的基本假设在现实中并不存在，影响了"命令—控制"政策的执行。在大多数环境标准政策中，政府一般对排放同类污染物的企业设置统一的标准，只有当各企业的边际减排成本相等时，设置统一的标准才是成本最低的，但事实上，各企业的边际减排成本不可能相等，因此设置统一的标准无法达到最有效率地减排。如果政府要按照等边际原则对不同企业设定不同的标准，就必须收集可靠的各企业边际治理成本的信息，然而各企业在生产方法、技术等方面都不相同，并且也存在企业向政府提供虚假信息的问题，因此搜集可靠信息的成本也是相当大的。二是政府不是对企业施加环境压力的唯一主体，当地社区和市场组织也扮演了环境监管的重要角色。总的来讲，政府对企业环境行为的直接监管一直面临着三个挑战：由于信息不对称带来的交易成本过高，企业的环境成本与收益不确定，监管方成为被监管方的"俘虏"。以我国为例，地方政府与企业之间往往形成了"同谋"和"零和"关系。究其原因，我国环境政策以行政直控的管制政策为主，具有强烈的行政管理色彩，使得政府和企业的博弈长期锁定在非合作状态。

二 基于所有权的市场环境 主义学派及实践

基于所有权的自由市场环境主义，是将自由市场和环境保护这两个看似矛盾的观念有机地结合起来，形成一种独具特色的以市场途径来保护和改善环境的新思路。自由市场与环境保护结合的关键在于所有权。

基于所有权的市场环境主义学派主要有两大理论支柱。一是 20 世纪 20 年代英国经济学家庇古在其著作《福利经济学》中提出，可以通过对那些有负外部性的活动征税来使外部行为内部化，故用于矫正负外部性行为的排污税又称为"庇古税"。排污税政策意味着污染者必须为使用环境对其所排放的污染物的转移、稀释和化学分解等作用支付费用，这一政策赋予了污染者较大的权利，自由选择减少排污量的最佳方式，寻找成本最低的排污削减方法。二是科斯在《社会成本问题》（1960）一文中提出，在产权得以清晰界定、交易成本为零的条件下，交易双方可以通过谈判的方法来实现资源的有效配置，并使外部行为内在化，这为排污权交易市场的建立提供了基础。排污权交易制度就是在满足环境要求的前提下，设立合法的污染物排放权利（污染物排放总量）并分配给排污企业，允许这种权利像商品一样在各排污企业间进行买卖，以此控制污染物排放的总量，排放权交易的最终结果是使排污总量在各企业之间按照等边际原则分配，并且与排污税政策一样都对企业产生较强的激励，促使企业不断寻求削减排污成本的方法。通过价格变化达到减排的目的，是最简单、最直接、最高效的途径。

根据科斯的分析，如果产权制度被严格制度化并获得法律力量的保障，那么，对污染等问题施行干预就没有必要，而是应该将所有交易中涉及的问题交给参与方自己去解决。自由市场环境主义的核心是一种完善界定的自然资源产权制度，强调市场过程能够决定资源的最优使用量，政府严格执法对保障产权具有重要意义。只有产权得到有效界定、执行并转让，才能使稀缺的资源得到有效配置。若产权不清或得不到有力保障，缺乏资源保护的责任意识和利益刺激，就会出现过度开发资源的现象。如果污染者与被污染者之间的产权缺乏很好的界定，双方的契约选择就可能受到限制。

自由市场环境主义的制度意义在于依靠参与竞赛的所有者之间自愿交换产权，促进合作与利益的最大化。换言之，自由市场环境主义提供了另一种选择，将环保意识引导到一个各方皆赢的解决方案里，它既能促进经济的增长，又可以提高环境质量。科斯的产权方法存在的前提是，如果牵涉外部效应的个体数量较少，有利害关系的各方会有效地达成一个协定的支付表。

建立在市场环境主义学派基础上的实践，是基于市场型政策工具的。市场型政策工具是通过以市场为基础的政策向市场主体提供符合社会效率的激励，引导市场主体产生消除污染的行为，本质上体现了污染者付费原则。具体可以分为利用市场型和创建市场型两类工具。利用市场型工具是通过改变市场主体的成本和收益形成减排激励，例如环境税费、补贴政策和押金—退款制度。① 创建市场型工具则是通过构建产权交易市场来形成激励，例如排污权交易制度就是构建环境产权交易机制。

从历史上看，运用自由市场环境主义去解决土地、水、海洋、垃圾污染以及从酸雨到全球气候变化的一系列空气污染问题，具有明显的优点。美国西部土地权和水权制度的演进，具体说明了通过建立产权解决资源匮乏的方式。例如，对有限的水资源，自由市场环境主义认为水的市场制度必须界定明确的水权，而且水权可以执行并能够转让。界定清晰并严格执行的水权，可以减少不确定性，确保水权的所有者获得水的各种效益。水权能够自由转让，用水者必然会仔细评估水的全部成本，包括其他用途的价值。如果一种用途的价值高于另外一种，所有者就可

---

① 押金—退款制度主要用于回收对环境有害的废弃物，当消费者购买这种物品时需支付税金，将使用后的废弃物送到指定地点会获得政府的补贴。

以出售或出租自己的水权，重新配置水资源。① 20 世纪 20 年代，美国环境保护局引入了以市场为基础的保护计划，目的就是在不降低环境质量的情况下推进经济增长。

从现实来看，从 20 世纪 80 年代开始，基于市场的环境政策工具开始广泛运用，并得到了大多数企业的支持，企业开始由消极抵抗向服从管制转变。对于企业环境行为的这种改变，一些学者认为是企业经济成本和收益相比较的结果；另一些学者则强调利益相关者、政治影响和社会因素在企业环境行为方面的重要性。事实上，正是相对价格的改变促使行为主体推动制度变迁。例如，就杜邦公司的美国所有工厂的碳氢化合物排放来说，"命令—控制"型管制和公司采用最低成本方法所花费的支出相差 22 倍。不断出现的潜在利益推动着企业环境行为的改变，企业态度的变化塑造了制度创新的方向，而创新的制度安排又反过来影响着企业环境行为。在国际上，按照《京都议定书》，目前国际上有两种交易体系：一种是基于配额的碳交易，另一种是基于项目的碳交易。

与传统的"命令—控制"型管制相比，基于市场的政策工具是指这样一些管制条例：它们鼓励通过市场信号来做出行为决策，而不是制定明确的污染控制水平来规范企业的行为。这些政策工具包括可交易的许可证制度和排污收费制度等，也就是我们通常说的"借助市场的力量"，因为如果对它们进行很好的设计并加以实施，将促成厂商和个人在追求自身利益的同时实现污染控制目标。这也就是把亚当·斯密所说的"看不见的手"引入到发展低碳经济中来，把节能减排变成企业的自觉行为。而传统的"命令—控制"型管制实现目标的手段不灵活。一般来说，"命令—控制"型管制倾向于迫使每个厂商承担同样份额的污染控制负担，而不考虑它们的成本差异。这种"一刀切"式的管制提高了污染控制的成本。

基于市场的政策工具的好处在于，首先，基于市场的制度安排和政策工具能以最低的社会成本实现所期望的水平的污染削减。此时，污染削减成本最低的厂商受到激励，进行最大数量的污染削减，而不是限于

① 庄贵阳：《自由市场环境主义：一种独具特色的环境管理新思路》，《世界经济与政治》1998 年第 1 期。

行政控制的目标，不像统一排放标准那样使厂商的污染水平均等。市场导向型的政策工具力求使各个厂商削减污染的边际成本相等，从而实现收益的最大化。其次，从信息方面来讲，"命令—控制"型管制在理论上也可以实现成本最小化的目标，但这需要对每年污染源制定不同的标准，投入的人力物力也比较大，因此，政策实施者必须掌握每个厂商所面临的执行成本的详细信息。若再考虑到信息不对称，实施的成本太高，在现实中则几乎难以达到预期目标。再次，从技术方面看，"命令—控制"型管制还阻碍节能减排技术的发展，这类政策几乎不存在促使企业超越其控制目标的经济激励，并且技术标准和绩效标准都不利于企业采用新技术。与"命令—控制"型管制相比，市场导向的政策工具能提供强烈的刺激，让企业采用更为经济和成熟的污染控制技术，企业能从发现和采用低成本的污染控制方法中得益。

基于所有权的市场环境主义学派及其实践面临以下三大问题。

（1）对科斯解决外部性中产权界定及协议的达成存在许多质疑。A. 如果涉及的参与者数目较大，通过谈判缔结协议可能就无法实现，因为协调的管理成本太高。B. 即使某地界的污染者少，可是受到排放影响的企业可能多得足以使直接协议难以推行。所以，经济主体要建立确定的、清晰的谈判策略是极为困难的。C. 对于科斯关于参与者何方拥有产权与效果问题并无关系的分析，是有争议的。如果这样的权利被有钱有势者掌握在手，其结果与掌握在普通公民之手很可能是不同的。D. 如果外部影响超越了国界（如酸雨是一个不受国界限制的污染实例），那么运用科斯的产权方法让始作俑者和受害者两方缔结合约几乎是不可能的。界定环境的产权几乎是不可能的，因为环境"产权"很难找到边界。

（2）科斯过分强调了产权的明晰，而忽视了多元的产权制度在环境保护方面的作用。丹尼尔·H. 科尔指出，既然污染和财产权之间的关联最终取决于在某个特定的时间和地点起支配作用的经济、制度、技术及生态状况，那么，在这个次优的世界，对于环境保护而言，就不可能有一个普适的、在任何情况下总是最优的财产权体制。在科尔看来，自由市场环境保护主义者必须证明私人所有的资源必然比公共所有和管理的资源受到更好的保护。至少，他们必须证明私有化的收益总是超过其成本，包括交易成本。通过对各种财产权体制在环境保护中的作用和局限性的分析，科尔抽象出了在何种情形下适用何种产权体制的一般理论："最优的财产权体制是在特定的情况下，能够以最低总成本达到外生设置的社会目标的体制。"① "总成本是排除成本和协调成本的总和。排除成本是指对财产所有人而言，为了限制（其他人）进入并使用其资源而设立边界并执行的成本；协调成本是指与解决集体行动困境相关的成本。"② 在现实生活中找到最优的环境治理方法是徒劳的，我们只能达到愿意支付的成本所决定的环境保护水平。

（3）科斯产权方法在环境治理方面的局限性有些来自技术层面。对此，一些学者提出了解决的方法。如工业企业产生的污染可以用色素或同位素痕量监测器监控其排放和漂流物，若污染损及了产权拥有者，那么产权拥有者可以要求赔偿。还有，汽车尾气是空气污染的主要源头，解决办法之一是将作为交通污染主要来源的高速公路干道私有化。这可以使得公路的拥有人承担起防止污染的义务，然后寻求措施补偿这种义务。现实中很难按科斯定理去保护环境，部分原因是实施起来交易成本太高，另一原因是决策者的无能或不愿意保障一切参与者的财产权。但是一个有效的产权体系会大大降低实施环境治理的成本。在一个产权界定清晰并得到有效保护的国家，环境治理的行为及效率也会大大地强化和提高。

三　自主治理学派及实践

2009 年诺贝尔经济学奖获得者埃莉诺·奥斯特罗姆在《公共事物的治理之道：集体行动制度的演进》一书中提出了一个新思路，即强调人们在一定条件下能够为了集体利益而自发组织起来采取集体行动，并由此开发了自主组织和治理公共事物的集体行动制度理论，即自主组织理论。奥斯特罗姆认为传统理论过分强调了政府作为外部治理者的作用，我们应该更加关注资源使用者自组织的治理模式。她首次系统地提出资

---

① ［美］丹尼尔·H. 科尔：《污染与财产权：环境保护的所有权制度比较研究》，尹厚福、王社坤译，北京大学出版社 2009 年版，第 17 页。

② 同上书，第 131 页。

源使用者自我组织、自主治理理论，而且通过理论推演和实地经验证明了自主治理能够很有效地使资源使用者持续地使用资源，这为治理公共资源（环境）提供了第三条道路。奥斯特罗姆相信，传统的政府治理模式无法解决资源退化问题，甚至有些政府的政策加速了资源系统的恶化，相反，资源使用者自主治理能解决这个问题。因此，为保障自然资源的可持续利用和发展，公共政策制定应该从政府、社群和资源使用者的相互补充与合作中去寻找自身的定位，确定政策边界和制度创新。[①]

自主组织理论认为，任何集体行动都需要解决三个问题。第一个问题是制度供给问题，即由谁来设计自治组织的制度，或者说什么人有足够的动力和动机建立组织。第二个问题是可信承诺问题。奥斯特罗姆认为，在复杂的和不确定的环境下，个人通常会采取权变策略，即根据全部现实条件采取灵活变化的行动方案。第三个问题，即相互监督问题。奥斯特罗姆在分析世界各地案例的基础上，归纳出了实现自主治理的 8 项具体原则。自主治理理论与最新人类行为理论密切相关，主要特点表现在行为导向和动态调整两个方面。行为导向具体表现为，该战略力图通过采取鼓励、支持、推动、示范等多种措施改变公众的行为和态度，使其形成有利于环境保护的偏好、行为规范和习惯。动态调整则具体表现为，推进可持续发展的政策、措施随人类行为、态度和偏好的变化而进行调整。具体措施除包括经济激励，税收、收费、罚款等措施外，还包括三类重要的其他措施：第一类是提高个人行动可能性的措施；第二类是提高公众参与的措施；第三类措施是示范，如政府带头等。这些措施有助于新的行为模式的形成。

奥斯特罗姆、蒂伯特和瓦伦还将多中心秩序的思想运用于对大城市地区治理模式的研究，把大城市地区构想成多中心政治体制，[②] 存在多个决策中心来治理公共事务（或环境治理）或提供公共产品。在多中心治理下，个人或社团既有机会选择不同的公共服务（或环境治理）提供者

---

① 柴盈、曾云敏：《奥斯特罗姆对经济理论与方法论的贡献》，《经济学动态》2009 年第 12 期。

② 他们使用的"政治"一词与"政府"同义，将政府的事务界定为生产或提供各种公益物品和服务。

和生产者，① 也可以在不同规模和层次上组织生产不同类型的公共服务，而不同的公共服务提供者和生产者既通过合作满足个人或社团的需求，同时也构成了公共服务的竞争或准竞争机制。多中心治理并不单一地依赖政府管理或市场机制的手段，而是综合使用两种手段来提供公共服务，既发挥政府的集中性、公共性，又可以利用市场的高效率。一方面，这并不意味着政府从公共治理中退出以及相关责任的转移，而是减弱政府的多重任务性，使政府从以前的公共服务的唯一提供者向中介者、服务者转变，政府管理方式也从直接管理向间接管理转变。另一方面，多中心治理强调公民的积极介入，个人或社团参与公共服务的协作生产将有助于公共产品和服务质量的提高。

外部性理论假定企业是不负责任的环境行为主体，但理论研究和实践表明，企业在变化了的人文环境下可以成为负责任的环境主体。作为一个经济主体，企业在社会活动中不是被动的。企业对环境的变化常常能够迅速甚至预先做出反应。② 朗格维格（Langeweg）认为，来自环境治理与保护的技术潜力非常大，但如果要真正挖掘这种潜能，则必须投资于社会制度建设。这严厉批判了依靠技术创新即可解决企业环境问题的思想。海因茨（Heinz）、彼得（Peter）和沃尔纳（Wallner）认为，企业的环保动力系统不能从外部去构建，而应由企业系统依靠自主治理创新和自我发展，才能真正内生于企业，即时处理和预防企业在发展过程中所面临的诸多环境问题。③ 企业对环境政策的执行与响应是有选择性的。这种选择本身与企业自身的价值追求契合。塞格松（Segerson）和米塞利（Miceli）用模型验证了交易游戏准则，结论是一个企业自愿参与公共组织的污染治理项目，能为企业排除更为严格的立法威胁。这种参与将使得企业在法律允许的情况下取得最大程度的污染水平降低，同时比强制性参与付出的成本更低。另外，政策到达后被执行或者响应的程度不仅与企业规模、结构有很大的关系，而且与行业差异有一定的联系。马克

---

① 他们区分了生产者和提供者，生产是通过物理过程使公共物品或服务成为存在物；提供是消费者得到产品的过程。

② 李新家：《企业环境的变化趋势及其对企业行为的影响》，《学术研究》2000 年第 5 期。

③ 范阳东：《企业环境管理自组织机制培育的理论与实证研究》，博士学位论文，暨南大学，2010 年。

斯韦尔（Maxwell）等人以及塞格松和米塞利通过博弈论分析指出，强制性规则的威胁导致企业自愿参与环境活动，以便使企业走在更为严格的规则前面。阿罗拉（Arora）和卡森（Cason）考察了企业展示给消费者绿色印象的欲望。瓦尚（Vachon）和克拉森（Klassen）认为，"通过与其供应商和消费者的相互作用，制造企业能更有效地解决它们所面临的环境挑战"。

发达国家的环境政策处于强化环境自约束管理的阶段，以强化自愿协商机制为主。其政策工具有：信息披露制度、自愿协议、环境标志与环境管理体系、技术条约、环境网络，以及其他沟通类手段等。环境政策及其工具能否对企业的污染行为产生约束，对其环境治理与保护行为产生激励，涉及政策实施的有效性，一直是政府当局与学者们关注的焦点。如果缺乏必要的措施，排污者从自身利益出发将不会完全诚实地向管理部门提供信息，也不可能完全按照其要求执行政策，因此需要研究政策制定和实施中的策略行为。[①] 自愿环境行为是一种创新型的环境管理模式，将企业的被动环境行为转变为主动环境管理。这种环境管理模式建立在政府和企业相互信任的基础上，从而缓和了政府与企业间的紧张关系。尽管一些学者对自愿环境管制存在疑虑，但大多数学者依然认为自愿环境项目在促进企业环境行为改善方面是非常有效的。学者们将企业自愿参与环境项目的原因归结为以下几种：（1）比起传统环境管制，自愿环境项目允许企业采用创新型的污染控制技术，更具有成本优势；（2）消费者环保意识逐渐增强，企业自愿参与环境管理，可以提高企业的环境声誉，获得诸如价格红利和产品销量等差异性优势；（3）企业管理人员的环境意识和价值观发生改变；（4）掩饰不良环境行为，逃避日益严格的环境管制或惩罚。

经济合作与发展组织根据参与者的参与程度和协商的内容，把自愿协议大致分为经磋商达成协议型和公众自愿参与型两类。此外还有一种是单方面承诺的自愿协议，指的是由工业部门或企业单方面对社会做出的减排或提高能效的承诺。博尔基（Borkey）和莱韦克（Lévèque）对自

---

① 范阳东：《企业环境管理自组织机制培育的理论与实证研究》，博士学位论文，暨南大学，2010年。

愿协议进行了分类，包括单边承诺、公共自愿计划和谈判协议。[①] 单边协议是在没有任何直接的政府干预下发生的，是企业或行业单方采取的自主行动。企业自己设立环境改善计划，设置目标、责任、执行和监督程序，并将其传达给利益相关者。公共自愿计划是由政府有关部门设定具体的环境绩效标准和加入条件（例如对企业的资格审查、须遵守的标准、监督审计和效果评估），由企业自由选择是否参与，政府通过提供一些激励措施，如补贴、技术支持、宣传或颁发环境标志等来鼓励企业参与和更好地执行项目。谈判协议是由政府与工业行业或企业经过协商谈判签订的，旨在通过协议的实施达到节能减排和环境保护的目的。与另外两种方式不同的是，谈判协商性协议的内容不是由工业企业或者政府机构单方面制定，而是经过双方反复磋商达成的，体现了双方协商后的共同意志。自愿性行为的具体措施包括生态产品认证、绿色制造联盟、生态工业园、环境会计、环境审计、行业协会协议、供应商选择以及针对具体企业的污染限制或降低能源消耗的计划等。

卡玛（Kharma）区分了三种单边自愿环境行为类型：一是企业自己努力建立环境行为代码，改善环境绩效；二是企业努力遵守由贸易联盟指定的代码和准则；三是企业努力实现认证组织提供的环境绩效标准，如 ISO14000 系列标准等。斯彭斯（Spence）、达斯古普塔（Dasgupta）、奎莱尔（Kwerel）、麦基特里克（Mckitrick）等人分别研究了环境收费中企业隐瞒污染控制技术水平时的收费政策设计方法。

自愿协议性政策工具建立在企业和政府相互信任的基础上，管制者并不会惩罚企业的每一次违规，而是给予企业一定的管制豁免，企业通过自我控制环境行为和迅速报告及纠正违规来服从管制，使企业主动减少环境保护中的机会主义行为，因此降低了政府执行环境管制的监管成本，企业也具有更大的灵活性，可以根据自身的情况进行减少污染物排放的规划，采取更加适合自身情况的技术，激励了技术创新。政府的公共采购是促进自愿协议方式推进的一个动力。绿色公共采购（greening public purchasing）能够带动企业绿色供应链管理，对企业的自愿协议行为影响很大。公共采购集中于行政服务、卫生、教育、科研、国防和环

---

① 肖建华：《生态环境政策工具的治道变革》，知识产权出版社 2010 年版，第 175 页。

境集中的行业。自愿协议下的节能减排是企业与政府的双赢战略。政府在协议中提供了减免税、税收返还等经济激励措施，使得企业能够将节能这一公共目标与自身的经济目标相结合，对企业来说具有很大的吸引力。同时，采取这种非强制性的措施也能降低政府的管理成本。

四　三大学派的比较及启示

三大制度经济学学派在环境治理的分析上具有共同点：都强调制度在环境治理中的作用和重要性，都从外部性出发。不过，对于外部性，环境干预主义强调了国家干预。在其看来，政府对于环境外部性的一切方面有统一融贯的知识，能够将外部性内在化；而市场环境主义主张从产权入手，使外部性内在化；自主治理则从制度供给、可信承诺及相互监督等入手使外部性内在化。三大制度经济学学派在环境治理上也有不同点，如对政府的看法截然相反。在庇古看来，政府能平衡未来人与当代人的利益，并能依据法律监督和行动，以保卫本国可耗竭资源储备免受过早或者不顾一切的开采。用国家干预办法来调整市场的缺陷，是出于认为政府本质上是有效的并且有能力找到解决问题的办法这一主观想象。而市场环境主义者认为，政府机构官员的动机通常受到自身利益的影响，忽略其社会成本和效益。自主治理的代表人物奥斯特罗姆认为，传统的政府治理模式无法解决资源退化问题，甚至有些政府的政策加速了资源系统的崩溃。相反，资源使用者自主治理能解决这个问题。因此，为保障自然资源的可持续利用和发展，公共政策制定应该从政府、社群和资源使用者的相互补充与合作中去寻找自身的定位，确定政策边界和制度创新。其实，环境污染和资源破坏不仅来源于市场失灵所形成的外部不经济性，政府的决策失误也是一个重要原因。

环境治理不仅要创立技术支持系统，还要创立制度和政策工具支持系统，这两者是一种互动促进的关系。仅仅从技术、投资的角度进行环境治理是不够的，在环境治理的过程中，除了技术创新及投资以外，还需要从制度层面入手。制度的作用表现为：有效地激励企业和个人把节能减排的技术和投资用于环境治理。当前许多节能减排的技术不能用于生产和消费活动，不是技术方面的原因，而是缺乏有效的激励机制。而有效的制度使环境治理的成本大大地降低。从制度层面讲，环境治理经历了三个阶段，其实质都是制度变迁的过程。一是传统的"命令—控制"型管制，主要是从行政、命令及相关的政策入手，政府是主体。二是基于市场手段的环境治理，主要有基于市场的政策工具，主体是企业，它是相对传统的"命令—控制"模式而言的，其最为显著的特征是具有低成本高效率的特点和技术革新及扩散的持续激励。国外基于市场的政策工具已被用来处理许多环境问题：濒危物种的保护、区域性烟尘问题，以及温室效应和全球气候变化等。三是自愿环境行为，在某种程度上讲，它是在前两个阶段的基础上环境治理理念的一种升华，是全社会的行动，把强制的环境治理变成自愿的环境治理。

从三大制度经济学学派的环境治理理论和实践来看，每个学派的思想在政策和实践中都得到了体现，只是体现的程度不同而已。从实施环境治理的手段及绩效来看，环境的干预主义学派更多的是从法律层面进行的，而市场环境主义者从产权入手，自愿环境行为则是从协议入手。从一些实证分析来看，基于市场的政策工具和自愿环境治理比"命令—控制"型更有效，成本更低。但这三种环境治理手段并不是相互排斥的，而是相互补充的。应根据不同情况、不同条件，分别采取不同的机制。即使发达国家运用市场治理环境，也面临许多困难。在我国这样一个市场经济还不发达的国家，运用市场力量治理环境会面临更多的困难。但是，我们在治理环境的政策过程中要注意发挥市场的力量，要逐步引入市场机制，能用市场方法的就不用行政方法。在环境治理的过程中，我们要引入排污收费制度、交易许可证制度等，并使经济主体能得到治理环境的好处。在条件成熟的地方可以减少传统的"命令—控制"型政策，引入基于市场的政策工具。要加大培训的力度，增加适合基于市场的政策工具的人力资本投入。

环境治理中三大制度经济学学派的演变反映了人类在环境治理认知上不断完善的过程。从强调行政管制到市场机制及自愿协议的转变是一种必然趋势。从企业消极应对环境政策到企业积极主动地采取保护环境行动，不仅是一种理论研究方向的转变，而且还涉及政策的转变。尤其是，从环境规制对企业造成负面影响的认识转变为环境规制与企业技术创新和提升竞争力并不矛盾的认识，是企业领域的一场重大变革。它从生产源头来预防污染，把环境保护从生产末端提前到生产源头，从污染治理转变为污染预防。美国在 1990 年通过的《污染预防法》中提出，工业界应当从生产源头来预防污染。在这种新的环境政策引导下，企业开始将环境因素纳入生产中，污染预防费用被计入成本核算和资产平衡表中。自此，美国开始推行一系列自愿性伙伴合作计划。还有，环境治理不仅为成企业发展战略的组成部分，也日益成为国家发展战略的重要组成部分，如欧盟的多标准共存和协调、美国自愿性环境管理中的跨国公司利益导向、日本贸易立国下的"环境竞争力崇拜"、荷兰的"共担责任"环境管理模式等。

（选自《国外社会科学》2011 年第 6 期）

生态危机：西方工业文明外在性的
理论审视与化解途径

张劲松[*]

外在性（externalism）又称为外部经济影响、外部效果、溢出效应，指从事某种经济行为的经济单位不能从其行为中获得全部收益或支付全部成本。外在性可以分为外部经济和外部不经济。自资本主义国家兴起并进入工业社会以来，工业文明所取得的成就（即其外部经济）令世人注目，马克思给予的评价是："资产阶级在它不到一百年的阶级统治中所创造的生产力，比过去的一切世代创造的全部生产力还要多，还要大。"[①]西方工业文明除了在历史上起过巨大的进步作用以外，其消极影响（即外部不经济）也日益令人担忧，"由于我们的社会的人口越来越稠密，由于生产日益牵涉到有毒物质的生产工艺，溢出效应已经从微小的麻烦发展成为巨大的威胁"[②]。因此，西方发达国家政府采取的相应措施是"转向对经济行为的调节，以此来控制由于空气和水的污染、露天剥采、危险的废物、不安全的药物和食品以及放射性物质所产生的负的外部效

---

　* 张劲松，男，1967 年生，博士，苏州大学中国特色城镇化研究中心区域治理研究所所长、政治与公共管理学院教授、博士生导师。
　① 《马克思恩格斯选集》第 1 卷，人民出版社 1972 年版，第 256 页。
　② ［美］保罗·萨缪尔森、威廉·诺德豪斯：《经济学》（第 12 版）上，杜月升等译，中国发展出版社 1992 年版，第 81 页。

果"①。生态危机是西方工业文明外部不经济的产物，将其内在化（也称为内部化），实现全新的生态文明，是人类社会发展的必然。

一　生态恶化：西方工业文明之路吞噬自然

马克思指出，从中世纪的农奴中产生了初期城市的市民，从这些市民等级中产生了最初的资本主义分子。资本主义制度在市民等级中产生之后，因其生产方式的强大优势而一发不可收，直接导致了欧洲中世纪黑暗的封建制度的解体。

在马克思看来，"美洲的发现、绕过非洲的航行，给新兴的资产阶级开辟了新的活动场所。东印度和中国的市场、美洲的殖民地、对殖民地的贸易、交换手段和一般的商品的增加，使商业、航海业和工业空前高涨，因而使正在崩溃的封建社会内部的革命因素迅速发展"②。以前的工业经营方式已经不能满足随着新市场的出现而增加的需求了，工场手工业代替了行会的经营方式；而随着市场的进一步扩大，工场手工业也不能满足市场需求，于是，以蒸汽机为代表的工业生产代替了工场手工业，现代大工业出现，从此人类社会进入了工业文明时代。

自资本主义大工业的生产方式诞生以来，不断扩大的产品销路的需要，驱使资产阶级奔走于全球各地，到处创业，到处发展，将全世界按照它的面貌来塑造。"资产阶级，由于一切生产工具的迅速改进，由于交通的极其便利，把一切民族甚至最野蛮的民族都卷到文明中来了。它的商品的低廉的价值，是它用来摧毁一切万里长城、征服野蛮人最顽强的仇外心理的重炮。它迫使一切民族——如果它们不想灭亡的话——采用资本主义的生产方式；它迫使它们在自己那里推行所谓的文化制度，即变成资产者。"③ 西方资本主义工业文明的生产方式自其产生以来，迫使农村从属于城市，东方从属于西方。

---

① ［美］保罗·萨缪尔森、威廉·诺德豪斯：《经济学》（第12版）上，杜月升等译，中国发展出版社1992年版，第81页。

② 《马克思恩格斯选集》第1卷，人民出版社1972年版，第252页。

③ 同上书，第255页。

　　远离西方的清王朝，不能说没有发展，在西方列强用坚船利炮打入中国之前，中国人刚刚经历中国封建史上最后一次盛世——康乾盛世。从世界范围来看，康乾盛世时期中国社会的繁荣远超西方国家，若没有西方列强的入侵，中国将按照封建制度的逻辑发展，中国社会的繁荣昌盛并非没有可能，因为康乾盛世就是用中国人的方式证实了中国社会也能繁荣。而中国这种农业文明的繁荣昌盛，在一定程度上被证实是对自然掠夺速度较慢的一种发展模式，以中国封建的逻辑发展经济，虽然没有资本主义生产方式那样能够创造出庞大的生产力，却也不会创造出一种强大的吞噬自然的力量。以可持续发展的眼光来看，中国封建制度下的农业生产，虽然不能全面满足社会的需要，却也不会快速推动社会进入资源枯竭的状态；资本主义生产方式，虽然能够满足人的绝大部分的生活需要，使人类摆脱自然的束缚，但是却让人类走上了一条难以持续的发展道路，其中对自然的破坏尤其令人担忧。

　　但是，资本主义发展的掠夺本性，使中国从属于西方列强。无法抵御西方侵略的清王朝，让中国处于半殖民地半封建社会的悲惨处境。自鸦片战争以来，中国无数仁人志士，追求国家独立和富强，找寻中国的发展道路。

　　最终，无论是孙中山领导的国民党人，还是毛泽东领导的共产党人，都选择了与西方世界相同的工业化道路，即以西方式的工业化道路来富民强国。中国农业社会的发展逻辑被西方工业社会的发展逻辑所取代。虽说中国的农业文明有西方工业文明所没有的优点，但是，西方工业文明发展的优势，战胜了中国农业文明的优势。西方工业文明取代传统的农业文明成了世界性的历史潮流，资本主义成功地按照自身发展的工业化模式塑造全世界，哪怕是走社会主义道路的中国也不例外。工业化道路，的确可以富民强国，但是，西方工业文明吞噬自然的特点，并不因中国走社会主义道路就有所改变。退一步说，当前还没有看到中国走工业化道路而能与自然达到和谐的苗头。现在，正是中国理论界应该像西方国家的一些学者一样，反思工业文明的时候了！

二 生态危机：西方工业文明的外在性使然

工业社会虽然带来了人类先进的工业文明，人类生活如此丰富多彩不能说不是工业文明的成就，然而，伴随着西方工业文明的生态危机让人类警醒，人类若希望丰富多彩的现代生活持续下去，必须认清西方工业文明的外在性，需要深入剖析西方工业文明何以带来生态危机。

（一）西方工业文明的生产方式促成了生态危机的发生

地球存在了几十亿年，人类存在了几百万年，人类赖以生存的地球在工业革命之前仍然保持着较好的生态。然而，工业革命仅仅两百多年，人类赖以生存的地球环境就遭受了空前的破坏。人类一边享受着工业革命后高速发展的生产力所带来的一切便利，一边又不得不忍受着生态危机。生态危机是西方工业文明的结构性特征促成的，主要体现在如下方面。

其一，西方工业文明最不合理的目标就是，把全部自然作为满足人的不可满足的欲望的材料来加以理解和占用。前工业社会受生产力限制，人对自然的占有仍然有一定的限度，然而，自人类进入工业社会之后，经济增长不可遏制，人类对自然物的利用越来越难以控制，特别是对矿物的攫取没有止境。经济增长就像不受控制的癌症，随着其细胞无限制地复制，逐渐消耗并毁坏其寄主，直至寄主死亡。正如杜思韦特所说："我们在工业革命时期经历的无限制增长依赖于不断增加的化石燃料消耗。除非采取措施使人类社会摆脱掉这一经济病征，否则，随着恶性经济增长消耗掉剩余的石油，它就会像是癌症一样毁掉自身及其寄主。全球变暖将会变得更加严峻并且极具破坏性，而且我们自身的生存争斗也会变得更加绝望和有害。"① 西方工业文明对自然物利用的难以节制性问题，如果没有很好的办法加以解决，不可再生的自然物总有用完的一天，而日益加速的全球工业化让这一天离我们越来越近。

其二，先发展的工业文明国家将全世界引入了工业文明体系，东方

---

① ［英］理查德·杜思韦特：《增长的困惑》，李斌等译，中国社会科学出版社2008年版，前言，第2页。

从属于西方，落后国家从属于发达国家，这是西方工业文明的结构性特征之一。这一特征将全世界都纳入了工业化之中，正如威廉·莱斯所说："工业发达国家已经过分地耗费了世界的能源和资源，要得到一个更好的环境将会扩大对能源和资源的需求。而且，全球范围的环境污染需要在各地实行更高的标准，正像在斯德哥尔摩大会上由更老练的对手对发展中国家所提醒的那样。更大的花费会放慢这些不幸土地上的增长率，加剧已经恶化了的局面。"① 发达国家在过度消耗资源的同时，为了保持已有的生产力和物资水平，必须利用现有的世界经济体系，将落后国家、发展中国家纳入其资源和能源消耗体系之中，落后国家虽然其自身资源利用并不多，但是无法超越西方工业文明的资源利用体系，西方工业文明将全世界卷入了疯狂掠夺大自然的体系之中。

其三，20 世纪后半期以来的商业活动是一种大量吞噬地球资源的能耗密集型的活动，这是因为"所有的公司都被剥夺了成为生态健全的可能，而颁给那些敢于触及环境保护问题的机构的奖励更加凸显了这样一个事实，即商业与可持续发展的对立，并非故意，实乃设计使然"②。追求利润迫使商业活动拼命地促进经济发展，而一旦停止发展或放慢发展，必然导致一部分人失业，因此杜思韦特认为："在任何时候，都有15%—20% 的劳动力将会受雇于未来一年中旨在发展经济的投资项目上。"③ 世界上任何一个国家的政府都害怕这一结果的出现，因此，疯狂增长的逻辑仍将持续，直至生态危机爆发，生产无法持续为止。

（二）西方工业文明的消费方式加速了生态危机的进程

不管是资本主义国家的政府还是社会主义国家的政府，都将满足公众不断增长的物质和文化生活的需要作为获得合法性、取信于民的内在目标。然而，人对物质和文化生活的需要是无止境的，只要可能，公众都会追求尽可能高的物质生活水平，生产力越发达，提高物质生活需要

---

① ［加］威廉·莱斯：《自然的控制》，岳长岭、李建华译，重庆出版社2007 年版，序言，第3 页。

② ［美］保罗·霍肯：《商业生态学》，夏善晨等译，上海译文出版社2007 年版，第2 页。

③ ［英］理查德·杜思韦特：《增长的困惑》，李斌等译，中国社会科学出版社2008 年版，引言，第1 页。

的能力也越强，此时，人类生产吞噬自然的速度也越快。而只要是人类生产出来的物品，总会被人类消耗殆尽，西方工业文明的这种消费方式大大加速了生态危机的进程。

一方面，为了满足人类的需求，世界各国包括正在高速发展的发展中国家都卷入了快速生产且快速消费的西方工业文明之路。保罗·霍肯认为："我们面前的问题多而杂，但归结到最后还是：58亿的人口正在按几何级数增长，为如此众多的人口提供生活必需品的过程其实是在剥夺地球创造生命的生物能力；是一个单一物种对天空、土地、水域和动物资源的毁灭性的消耗。"① 生产越快，消费也越多，而对地球资源索取的速度也越快。近半个世纪以来，高速发展的西方工业文明虽然不断满足着人类的内在需要，却带来了外在的不可逆转的生态危机。

另一方面，人类快速消耗自然的消费方式虽然被大多数人诟病，却很少有人愿意放弃已有的舒适生活，甚至希望明天的生活更舒适。"我们还必须接受，对增长的限制将意味着我们的行为也要受到限制。问题是，即使作为一个社会我们被说服承认我们的行为和资源存在限制，但是，我们还是会故意地打破它们，因为我们不再认为禁令都是绝对的。而且，我们还将会努力逃避由于我们的行为所造成的环境和社会问题，我们希望通过我们的技术用不太大的代价来处理这些结果。"② 人们内在享受的需要，与理性认识往往并不一致，这就必然导致外在性的出现：单个个体的理性行为，并不能导致理性的结果，反而导致了集体行为的非理性。生态危机日益严重，就是人们内在理性导致的外在非理性。

（三）西方工业文明的思维方式放任了生态危机的恶化

西方工业文明有两个独特的思维方式：拆分碎片化（fragmentation）和对象客体化（objectification）。彼得·圣吉认为："当我们把世界看成是分立的物件组成的时候，就形成了拆分碎片的习惯——我们看到了椅子，却忘记了森林、树木、雨水和制作椅子的木匠。……拆分碎片化和对象

---

① ［美］保罗·霍肯：《商业生态学》，夏善晨等译，上海译文出版社2007年版，第2页。

② ［英］理查德·杜思韦特：《增长的困惑》，李斌等译，中国社会科学出版社2008年版，第308页。

客体化带给了我们强大的分析操控能力，却也同时导致了我们今天必须面对的社会和生态失衡状态。不改变导致这些失衡状态的思考方法，就不可能改革这种现实状态。"① 这两种独特的思维方式的内在作用在于，它们让人类深入地剖析了世界，哪怕是极为微小的纳米都能被人类剖析，直至运用于工业生产。然而，当我们深刻地认识自然并充分利用自然的时候，却忽视了自然界是一个整体。事物是相互联系的，人类在认识自然并创造出超越自然界的物品（人造化合物）时，却忽视了化合物能给人类带来生活便利的同时，大多数的人造化合物并不能被自然所吸收或分解。拆分碎片化和对象客体化的思想方式，让人类乐于生产出人类需要的产品，却有意无意地忽视了其带来的负面影响。

不仅如此，因为人类认识到未来生态危机的可怕，而自身对此又无能为力，人类的片面性思维（拆分碎片化）让人们放任事态的发生。未来的生态危机危害越大，越难以让人们去思考它。危机越严重，政府或媒体也越难以时常警醒公众，因为不断重复的宣教本身使人麻木。快速发展的西方工业文明使生态危机不断加速，而人类对危机治理效果的有限性，不仅造成宣传的麻木，也造成人们放任这种状态的发展。公众只顾眼前、不顾长远的思维方式，事实上在放任着生态危机的加重。

三　生态治理：西方工业文明难以承载之重

日益严重的生态危机让世界各国政府警醒。毋庸置疑，生态危机必须治理。然而，生态治理是谁之治理？何以治理呢？事实上，"工业文明的基本结构和运行机制决定了，生态危机是工业文明的必然产物。在工业文明的基本框架内，环境危机不可能从根本上得到解决"②。生态危机是西方工业文明的外在性的表现形式，西方工业文明难以承载生态治理的重任。

首先，西方工业文明离不开高速发展，这是其内在要求，而生态危

---

① ［美］彼得·圣吉：《必要的革命》，李晨晔、张成林译，中信出版社 2010 年版，中文版序言第Ⅳ页。

② 杨通进：《现代文明的生态转向》，重庆出版社 2007 年版，总序第 2 页。

机是社会高速发展的外部不经济的体现。高速发展的西方工业文明必然走向吞噬自然之路。在高速发展的内在要求下，人类治理生态只能做到局部的治理，西方工业文明导致生态的整体恶化无法避免，工业高速发展之下的生态治理只能产生局部的有效性，无法改变生态恶化的总体趋势。

其次，西方工业文明在不断满足人的需要的前提下，放任生态危机加剧而难以避免。希尔曼和史密斯认为，"环境变化对地球的影响将不可逆转地损害地球维持生命的能力，并且人类自身追求良好生活条件的努力也会受到环境恶化的威胁"[①]。人类追求美好生活的愿望是永无止境的，不管生态危机的威胁有多大，人总要活下去。生态危机在继续，人类的生活也在继续，至于如何治理生态危机、由谁来治理生态危机，却未必是所有人生活中最重要的，这就形成了生态治理中的"吉登斯悖论"："全球变暖带来的危机尽管看起来很可怕，但它们在日复一日的生活中不是有形的、直接的、可见的，因此许多人会袖手旁观，不会对它们有任何实际的举动。然则，坐等它们变得有形，变得严重，那时再去临时抱佛脚，定然太迟了。"[②] 西方工业文明思维的拆分碎片化，让人们只看到眼前生活的富足，治理生态往往成为一种政治姿态，生态治理的道道是一条条的，但内容空洞无法落实。这也正是我们所看到的中国生态治理效果不佳的原因，宣称生态城市建设的地方很多，可是这些地方的生态危机仍然在加剧。生态危机是西方工业文明的外在表现，不反思西方工业文明的外在性，何以治理生态？在西方工业文明的基础上，没有人能承载起生态治理的重任。

再次，西方工业文明与资源利用的节制相悖，在没有节制地利用资源的前提下，生态治理无法取得根本性突破。西方工业文明以其发展的高速，让人们过着"快餐"式生活。浮躁、肤浅是其主要特点，生活物质享受"一次性"，物质利用上缺少节制，没有目标，或者追求令人难以

---

① ［澳］希尔曼、史密斯：《气候变化的挑战与民主的失灵》，武锡申、李楠译，社会科学文献出版社 2009 年版，第 8 页。

② ［英］吉登斯：《气候变化的政治》，曹荣湘译，社会科学文献出版社 2009 年版，第 2 页。

理解的目标。西方工业文明不断提高着人们这种生活的便利和享受，西方工业文明越发达，享受越没有止境，而资源和生态承受力却是有止境的，在西方工业文明下治理生态，又如何能够找到出路？

最后，西方工业文明背景下的生态治理手段，主要依赖现代科技，人们认为只要拥有了最新的科技，生态就能控制在人类的手上。科技的确在一定程度上有利于生态治理，现行的大多数生态治理的技术进步，也大大推进了生态治理的能力，但这些并不能说明生态治理就可以依赖科技进步来达到目的。事实上，西方工业文明外在表现的生态危机未尝不是科技所带来的，人类正是通过控制自然的新技术的发展而增长了对人的控制。利用新技术来治理生态，谁又能保证其不变成控制人和自然的工具，最终变为产生新的更大规模的生态危机的诱因呢？西方工业文明自身实在难以承载生态治理的重任，寻找全新的生态社会成为必然。

四　生态社会：西方工业文明外在性的化解途径

萨缪尔森指出："不论采取什么特殊办法，对付外部经济效果一般的药方是，外部经济效果必须用某种办法使之内部化。"① 生态危机是西方工业文明外部不经济的结果，消除生态危机也需要采取办法使之在西方工业文明背景下内在（内部）化，最终在政治、经济、文化和社会生活各层面实现生态社会的良性发展目标。在中西方学者的一些著作中，提出了许多有价值的化解"药方"。

（一）生态文明：西方工业文明自身范式的转换

在工业文明范式之下，治理生态，消除生态危机，实在难以达到预期目的，正如西方环境主义者所说："在工业文明的基本框架内对经济运行方式、政治体制、技术发展和价值观念所作的任何修补和完善，都只能暂时缓解人类的生存压力，而不可能从根本上解决困扰工业文明的生

---

① ［美］保罗·萨缪尔森、威廉·诺德豪斯：《经济学》（第12版）上，杜月升等译，中国发展出版社1992年版，第1203页。

态危机。"① 西方工业文明已经出现了发展不下去的危机，希尔曼和史密斯认为这种"文明危机"就是，"人类面临着多重社会、技术和环境问题的相互交织，对此最悲观的回应就是人类的灭绝"②。

回应西方工业文明自身的危机，西方学者提出需要以全新的生态文明范式取代工业文明。这种范式转换的作用是巨大的，"一种范式通过革命向另一种范式的过渡，便是成熟科学通常的发展模式"③。工业文明的危机是出现新理论的前提，生态文明范式的提出远不是对工业文明范式的修改和扩展，这种新范式的出现在库恩看来"是一个在新的基础上重建该研究的过程，这种重建改变了研究中某些最基本的理论概括，也改变了该研究领域中许多范式的方法和应用"④。

中国政府和学界也提出了可贵的见解，只有实现工业文明向生态文明范式的转换，人类才有可能彻底摆脱生态危机的威胁。这是因为"全球性的生态危机是由资本主义生产、生活方式引起的。诚然，只要人类文明在发展，就必然会不同程度地破坏环境，农业文明也并非一点不破坏环境。但只有现代资本主义才引起了全球性的生态危机"⑤。资本主义生产方式驱使全世界走上了工业文明道路，西方工业文明吞噬自然的特点，迫使人们寻求超越工业文明的生态文明。生态文明作为工业文明内生的力量，吸引着大批的坚定拥护者，使他们认清了工业文明的外部性，并引导着人们将生态危机消灭于工业文明之内。同时，生态文明范式为人们提供了全新的视野。超越工业文明范式后，生态文明提供了更高层次的文明方式，虽然问题仍然很多，但毕竟找到了解决问题的钥匙。中国政府和学界所坚持的生态文明之路，是治理生态危机的真知灼见。

（二）生态政治：西方工业文明背景下民主体制的转换

今日之工业文明发达到了可以自我毁灭的程度。鉴于全球化程度的

---

① 杨通进：《现代文明的生态转向》，重庆出版社2007年版，总序第4页。

② ［澳］希尔曼、史密斯：《气候变化的挑战与民主的失灵》，武锡申、李楠译，社会科学文献出版社2009年版，第159页。

③ ［美］库恩：《科学革命的结构》，金吾伦等译，北京大学出版社2003年版，第11页。

④ 同上书，第78页。

⑤ 卢风：《从现代文明到生态文明》，中央编译出版社2009年版，第93页。

加深，吉登斯认为这种毁灭性的后果不堪设想，"世界末日不再是一个宗教观念、精神的最后审判日，而是一种日益迫近我们的社会和经济的可能性。如果得不到遏制，单独气候变化就可以造成无数的人间凄苦"①。为避免工业文明外在性的生态危机，萨缪尔森、诺德豪斯开出的"药方"是需要用生态政治观指导政治的发展，"如果要给予决策者以动力以便使他们达到污染减少的有效数量的话，就必须使外部成本内部化"②。支撑工业文明的各国现有的政治观，将全球当作可资利用的无限满足人的需求的资源来源地。全球资源越来越少，全球性的生态危机越来越严重，这就需要将外在性的生态危机的成本变为资源利用国的内在物。

自资本主义将全球卷入西方工业文明并带来生态危机以来，全球政治体系面临着终结的边缘。希尔曼、史密斯认为，"要看到当前这种全球资本主义和自由民主体系将会如何终结并不困难：它将因生态必然性而终结。自然界将会扼住人类的喉咙，使人类面对人类造成的生态破坏"③。现在看来，最不可能的是，某些形式的、自发的、无组织的、民主式的公众意见能够在还来得及的时候唤醒大众对其命运的觉悟。西方学者乐观地认为，日益严重的危机将全世界各国都绑在了高危的生态之船上，如果人类不想灭亡的话，全球生态治理就成了没有选择的选择。

在工业文明背景下治理生态，需要有新的民主体制来支撑。最贴近环境而生活的人最了解环境，有关的决策权和环境保护权应当掌握在最基层的公众手中。权力下放的原则必须应用于全球性的政治与经济的权力领域，并以此支持基层民主运动。科尔曼提出："在一个以生态负责的世界秩序中，国家的和国际的组织必须重新定位，以扶持那些能使直接基层民主的地区层面乃至全球层面发挥作用的组织形式。"④ 这种没有边界的基层民主，明显不同于经由西方工业文明并在其内所建立的政治制

---

① ［英］吉登斯：《气候变化的政治》，曹荣湘译，社会科学文献出版社 2009 年版，第 254 页。

② ［美］保罗·萨缪尔森、威廉·诺德豪斯：《经济学》（第 12 版）上，杜月升等译，中国发展出版社 1992 年版，第 1203 页。

③ ［澳］希尔曼、史密斯：《气候变化的挑战与民主的失灵》，武锡申、李楠译，社会科学文献出版社 2009 年版，第 207 页。

④ ［美］科尔曼：《生态政治》，梅俊杰译，上海译文出版社 2002 年版，第 119 页。

度，其优先性主导着现在的世界。科尔曼认为，生态政治观念在基层民主中得到践行，不管从哪个角度来看，今日之全球生态保护已经在基层公众反对工业文明的过程中得以迅速成长起来。当然，就生态政治取代现有的维护全球工业化大生产的政治制度而论，还有很多事情需要做。

（三）生态经济：西方工业文明背景下企业制度的转换

在西方工业文明背景下，不论我们的意图如何，企业为追求利润与政府为追求生活富足的行为都外在地导致生态环境的恶化。因此，必须创造一种新的企业制度。保罗·霍肯提出的对策是，"在该体系中，每一环节都具有内在的可持续性和可恢复性。企业需要将经济、生物和人类的各个系统统一为一个整体，从而开辟出一条商业可持续发展的道路"①。他认为，这是一条生态经济的发展道路，是对工业文明背景下的企业制度的超越。对生态经济，西方学者做了较为全面的分析。

其一，吉登斯认为，生态经济的超越体现在其系统性上。它不是建立在拆分碎片化和对象客体化的基础上，而是建立在系统分析的基础上。"我们需要把所有的事情捆绑在一起，进行系统化的考虑，而不只是考虑我们应当如何来发展低碳技术，我们应如何来减少化石燃料的使用，我们应当如何来发展风力发电。"②

其二，希尔曼、史密斯认为，生态经济的超越也体现在其可持续性上。"大多数环境系统都在承受严重的压力，并且发达国家是主犯。我们有必要转向这样一种经济，这种经济能够增加人类福利并消耗更少的能源和材料。"③生态经济要求，任何可行的企业运转方案都应努力延长资源使用的期限，并要最大可能地恢复已遭到破坏并处于危机中的生态环境。

其三，戴利认为，生态经济的超越还体现在其符合市场规律上。工

---

① ［美］保罗·霍肯：《商业生态学》，夏善晨等译，上海译文出版社 2007 年版，第 3—4 页。

② ［英］吉登斯：《气候变化的政治》，曹荣湘译，社会科学文献出版社 2009 年版，第 309 页。

③ ［澳］希尔曼、史密斯：《气候变化的挑战与民主的失灵》，武锡申、李楠译，社会科学文献出版社 2009 年版，第 9 页。

业文明背景下的企业制度转变成能克服生态危机的经济体系，需要建立将实施环境保护的企业有利可图的制度。这种制度可以让"企业对社会负责"变为企业内在的行动，而非法律或道德使然，且其利益最大化与市场原则一致。"市场战略应该与合适的保护措施结合起来，用来使私人的能源和资本为保护和改进环境服务。"① 既要肯定市场在配置资源上的主要作用，也需要行使调节功能。"首先，我们必须从政治上和社会上把关键资源的总的流通规模限制在一个可持续的水平。第二，退化或污染到这个限制规模的权利不再是免费物品而是有价资本。"② 使企业在保护生态上变得有利可图，需要建立生态经济，让导致生态危机的资源利用成为"有价资本"，通过这种资本的内在化，引导企业自觉地做正确的事。

（四）生态生活：西方工业文明背景下生存方式的转换

永不满足的人类消费，再也难以继续下去了。人类需要过量入为出的生态生活，在工业文明背景下，人类的生存方式应该从内部实现根本性的改变。霍肯提出："可持续发展的人类社会也应同自然界一样行事，在太阳和植物的能量的自然消长循环范围内生存。这并不是表明我们在冬季里就得忍受饥寒，而是意味着重新设计所有的工业、居住以及交通体系，从而使我们所使用的一切都顺畅地取之于地球又回归地球。"③

生态生活的愿景，希尔曼、史密斯是这样描述的：它应该是"一种无增长经济，能够提供生活和愉悦的必需品。刺激消费品市场的人和经济活动将大幅缩减，资源将被重新分配到真正可持续的企业、环境的基本看护和修复、能源节约，以及满足这些需要的东西和系统的生产中"④。无论是生产或消费，都应该以资源可持续利用为方向，消费品不应是为超出生存需求而生产，回归自然，过有节制的生态生活。科尔曼也持相近观点，"资本主义社会本末倒置地看重那些能炫耀主人地位的物品，而

---

① ［美］戴利：《超越增长》，诸大建等译，上海译文出版社2006年版，第19页。

② 同上。

③ ［美］保罗·霍肯：《商业生态学》，夏善晨等译，上海译文出版社2007年版，第5页。

④ ［澳］希尔曼、史密斯：《气候变化的挑战与民主的失灵》，武锡申、李楠译，社会科学文献出版社2009年版，第203页。

相对轻视生活必需品，因而漠视人类基本需求"①。这样的生活无法持续。社会主义的中国需要从中吸取教训，中国可资利用的资源极为有限，国家刚开始崛起就走向轻视生活必需品，过极尽奢华的生活，这些都是不可取的。

生态生活的愿景也应该是我们自愿地结束不可持续的生活。杜思韦特和加尔布雷思对此深信不疑。杜思韦特认为，"我们可以通过预见经济增长的极限来选择自愿结束增长，进入一种有序的经济状态，这种经济状态为每个人提供一种高质量的、满足的生活，与我们生存的星球之间保持一种可持续的平衡"②。加尔布雷思同样认为，保护生态的美好社会"需要提供必需的消费品和服务；需要确保生产及其使用和消费不会对当前公众总体的安康造成有害影响；并要确保不危及后代的生命和健康"③。人类追求美好生活是无可厚非的，但这种追求不能以生态危机为代价。量入为出，生活节制，才能过上高品质的、满足的生活。生活在继续，生态要持续。

（选自《国外社会科学》2013 年第 3 期）

---

① ［美］科尔曼：《生态政治》，梅俊杰译，上海译文出版社 2002 年版，第 80 页。

② ［英］理查德·杜思韦特：《增长的困惑》，李斌等译，中国社会科学出版社 2008 年版，前言第 2 页。

③ ［美］加尔布雷思：《美好社会——人类议程》，王中宝译，江苏人民出版社 2009 年版，第 69 页。

气候俱乐部：国际气候合作的新思路

倪 娟[*]

联合国政府间气候变化专门委员会第五次评估报告（Intergovernmental Panel on Climate Change Fifth Assessment Report，简称 IPCCAR5）[①] 用一系列数据告诉我们一个事实：尽管全球变暖问题已经得到重视，许多国家也开始采取减排措施，但是温室气体的排放量仍然处于增加趋势。1970—2000 年 30 年间，温室气体排放年均增长率为 1.3%，然而，2000—2010 年仅仅 10 年时间的温室气体排放增长率却达到了 2.2%。按照目前温室气体排放增加趋势，全球平均气温将在 21 世纪末上升 3℃—4℃。由于温室气体产生的速度超过了地球生态系统吸纳它们的速度，温室气体在大气层中的含量不断累积，使地球表面温度升高，这将给人类社会带来难以估量的灾难或负面影响。2006 年 10 月，由尼古拉斯·斯特恩带领的团队发布了一项关于全球气候变化问题的报告《斯特恩气候变化经济学报告》（*The Economics of Climate Change：The Stern Review*）[②]，该报告从环境、经济、社会等多方面阐述了气候变化对人类的影响，引起了人们的广泛关注。近年来，国内外学者不断探索国际气候合作的新机制和新形式，其中，美国耶鲁大学经济学教授威廉·诺德豪斯在几十年

---

[*] 倪娟，1988 年生，中南财经政法大学会计学院博士研究生。

[①] IPCCAR5, *Climate Change 2014：Mitigation of Climate Change*, IPCC Working Group Ⅲ Contribution to AR5 final Report, Cambridge：Cambridge University Press, 2014.

[②] N. Stern, *The Economics of Climate Change：The Stern Review*, Cambridge and New York：Cambridge University Press, 2007.

理论研究基础上，首次提出国际气候合作的新形式——气候俱乐部。[1]

一 气候俱乐部：国际气候合作的新成果

虽然国际上关于气候变化问题已形成一定共识：各国需要协同合作才能应对气候变化对整个人类的严峻考验；然而，迄今为止国际社会尚未形成一个系统、有效的应对气候变化的治理体系。自 2007 年以来，联合国气候变化大会一直从两个方面进行努力和谈判，一个是针对《京都议定书》（Kyoto Protocol）的温室气体减排，另一个是在《联合国气候变化框架公约》（United Nations Framework Convention on Climate Change，简称 UNFCCC）下建立长期机制来应对气候变化问题。目前，国际上正在积极讨论如何形成一个包括大多数国家在内的公平、有效的国际气候变化协议来取代《京都议定书》，气候俱乐部（Climate Club）的出现，为国际气候合作机制提供了新的思路，对国际气候合作体系可能产生深远影响。

气候俱乐部概念的提出始于诺德豪斯对罗马俱乐部（Club of Rome）的灵感，它是一个理想和理论上的减排协议，亦是一个自愿组织，参与者之间有着共同的利益，并共同承担生产具有公共物品属性产品的成本。俱乐部理论是鲜为人知的，但对于应对气候变化问题而言是十分重要的理论。一个成功的俱乐部为会员带来的利益是巨大的，会员会为此交纳"会费"，依附于俱乐部并遵守俱乐部规则。桑德勒和奇尔哈特认为，一个成功的俱乐部至少应当包括以下四个要素：第一，有一种公共产品资源被共享；第二，合作协议对于每一个成员国而言都是有益的；第三，非会员可以被排除在利益之外；第四，会制是稳定的，没有人要想离开。[2] 气候俱乐部中被共同享有的公共产品是大气资源；"会费"即参与气候俱乐部的会员国需要采取相应措施进行温室气体减排，完成减排目

[1] W. D. Nordhaus, "Climate Clubs: Overcoming Free-riding in International Climate Policy", *The American Economics Review*, Vol. 105, Issue 4, 2015, pp. 1339–1370.

[2] T. Sandler & J. T. Tschirhart, "The Economic Theory of Clubs: An Evaluative Survey", *Journal of Economic Literature*, Vol. 18, Issue 4, 1980, pp. 1481–1521.

标或遵守减排承诺；未参与气候俱乐部的国家则可能受到惩罚，为其"搭便车"（free-riding）行为付出相应的代价。

气候俱乐部与目前其他国际气候合作机制的主要区别在于：非俱乐部会员将受到碳关税的"惩罚"，从而形成一个阻碍非会员国进入会员国市场的门槛，如果非会员国想要进入会员国市场，则需要接受惩罚或补偿会员国的减排成本。针对这种门槛，利尔·阿尔卡斯认为，设立绿色贸易壁垒等措施可能在一定程度上违背了自由贸易原则。[①] 然而，我们面临的是将会对人类生存和发展产生威胁的气候问题，达成一个有效的国际气候合作协议、促进世界上更多的国家参与到温室气体减排工作中更加重要，国际贸易应当服从全球应对气候变化的大局。此外，气候俱乐部可以通过增加援助补偿机制，缓解发达国家与发展中国家之间的不公平问题，促进全球减排时代开启。

气候俱乐部作为国际气候合作机制新的表现形式，将在克服国际气候合作中的"搭便车"行为方面发挥重要作用。一方面需要通过援助补偿机制激励发展中国家积极主动参与气候俱乐部，另一方面通过统一碳关税手段对不进行温室气体减排的国家施加压力，可以认为，有效的激励机制和惩罚机制是气候俱乐部促进国际气候合作的关键所在。

二　气候俱乐部的目标：克服"搭便车"行为，促进国际气候合作

气候变化问题具有全球公共物品（public good）的属性，其跨国外部性（transnational externality）及公共物品与生俱来的"搭便车"行为正是全球气候变化问题难以解决的根本原因。同时，气候变化问题还具有非竞争性（Non-rivalry）及非排他性（non-excludability）特征，如果一国积极进行温室气体减排，无论国际上其他国家是否分担了该国的减排成本，这些国家都可以享受到该国减排所产生的好处。[②] 然而，温室气体的减排

①　R. Leal-Arcas, *Climate Change and International Trade*, Edward Elgar Publishers, 2013.

②　R. N. Starvins, "The Problem of the Commons: Still Unsettled After 100 Years", *The American Economic Review*, Vol. 101, 2011, pp. 81 – 108.

并不是没有代价的，相反，其减排成本可能是十分高昂的。目前，减少化石燃料的使用是温室气体减排的有效措施之一。但是，化石燃料已经成为当今世界经济发展的主要助推剂，通过减少使用化石燃料的方式来减少温室气体排放，短期内会降低经济发展的速度和减少就业机会，长期如此，将影响到经济生活的各个方面。能源或技术创新是温室气体减排的另一种重要措施。然而，诺德豪斯指出，如果企业实施技术创新得不到有效的激励或补偿，将没有企业愿意额外投入成本进行节能技术创新，因为无论是技术的开发者，还是购买该技术产品的消费者，他们承担了节能技术创新的成本，产生的却是公共收益。[①] 因而，温室气体减排目标往往因为不合作者的"搭便车"行为而无法早日实现。

《威斯特伐利亚和约》（Peace Treaty of Westphalia）是"搭便车"行为的"国际法"支撑。1648 年的《威斯特伐利亚和约》确立了现代国际法律的三个核心原则：国家享有不屈从于任何外国权威的主权原则；主权国家之间的平等原则；国家在内政及做出国际合作相关决定时，他国不得干预的原则。[②]《威斯特伐利亚和约》决定了国家是否参与国际协议的完全自愿性，而每个国家在决定是否参与国际气候合作时都会慎重考虑其经济利益与损失，每一次国际气候合作谈判都是不同国家之间展开的利益博弈。事实上，在应对全球气候变化问题时，每个国家都会倾向于从其他国家的减排努力中坐享其成，而自己不愿意努力或尽可能地减少努力。人类社会发展到现在，国家与国家之间仍然处于无政府状态，《威斯特伐利亚和约》确立的三个原则"允许"国家"搭便车"行为的存在，由此便产生了"威斯特伐利亚困境"（Westphalia Dilemma）。在当前国际政治格局下，具有全球公共物品属性的气候变化问题必须且只能通过国际合作来解决，而"威斯特伐利亚困境"的存在成为阻碍国际气候合作顺利进行的因素之一。

"搭便车"是一种对集体活动具有极大破坏性的行为，会导致集体效率下降，甚至集体瓦解。在应对气候变化问题时，"搭便车"行为不仅会

---

① W. D. Nordhaus, "The Architecture of Climate Economics: Designing a Global Agreement on Global Warming", *Bulletin of Atomic Scientists*, Vol. 67, Issue1, 2011, pp. 9 - 18.

② 王虎华：《国际公法学》（第 3 版），北京大学出版社 2008 年版。

危害国际气候合作的效率及稳定性，还会降低各个国家解决气候变化问题的积极性。《京都议定书》作为国际气候合作现行机制，其目的在于减少全球温室气体排放，但由于温室气体减排对所有国家而言都是有利的，议定书的签署与否也是完全自愿的，而拒绝签署议定书的国家仅仅受到道德层面的谴责，并不妨碍它们从其他国家的努力减排中获益，因此，《京都议定书》难以避免和克服"搭便车"行为。巴雷特认为，如果"搭便车"问题没有得到有效解决，那么就不太可能达成有效的气候合作协议，即便能够达成，也将是十分困难或代价十分高昂的，有效的国际气候合作更是无从说起。[①] 温室气体减排面临"搭便车"的困境，而气候俱乐部通过统一碳关税的惩罚机制来推动国际气候合作协议的有效实施，它应当是解决"搭便车"行为理想的方法，尤其是对于气候这种国际公共物品而言。

三　气候俱乐部的创新：对非合作者的惩罚

诺德豪斯指出，《京都议定书》中最大的问题是无法克服不减排国家的"搭便车"行为。[②] 如果不对拒绝参与气候合作的国家实施惩罚，就不会存在一个稳定的联盟。相反，采取一定措施对未参与的国家实施相应的交易处罚，则可以促进一个稳定的联盟，并且能够取得良好的减排效果。气候俱乐部相对于目前其他国际气候合作机制的创新之处在于：非俱乐部会员将要受到惩罚。具体而言，如果进口国与出口国都参与或者都不参与国际气候合作，那么就不存在惩罚的问题。如果进口国不参与国际气候合作，而出口国参与，那么进口国在进口参与国生产的产品时没有理由征收碳关税，因为参与国已经在国内采取碳排放权交易、碳税、能源税或其他措施进行温室气体减排。相反，如果进口国参与国际气候合作，而出口国未参与，那么进口国在进口非参与国生产的产品时则可

① S. Barrett, *Why Cooperate? The Incentive to Supply Global Public Goods*, Oxford and New York: Oxford University Press, 2007.

② W. D. Nordhaus, "After Kyoto: Alternative Mechanisms to Control Global Warming", *The American Economic Review*, Vol. 96, Issue 2, 2006, pp. 31 –34.

能征收碳关税，以惩罚该国生产产品时排放的大量温室气体，或弥补进口国进行温室气体减排的成本。

对非合作者实施惩罚实际上是将外部问题内在化，以打消他们"搭便车"的企图。目前有两种方式：碳责任（carbonduty）以及统一关税机制（unified tariff mechanism）。碳责任是指参与国在进口非参与国物品时，征收与进口货物碳含量相当的关税，因此碳责任也被称为"差别关税机制"（differentiated tariff mechanism）。碳责任的主要目的在于减少"碳泄漏"（carbon leakage）行为，促进国际气候合作并不是其主要目的。[①] 此外，商品中所含实际碳量也是很难准确估计的，因此碳责任机制在实施的过程中存在很大的难度。而统一关税机制的主要目的是促进国际气候合作，诺德豪斯建议，对非参与国出口至参与国的所有商品征收统一比例的关税，这个关税是具有"惩罚"性质的，因为非参与国进行的所有生产活动都会排放温室气体，并不是只有出口到其他国家的产品才会产生温室气体。[②]

为了更好地解释气候俱乐部是如何促进国际气候合作协议的达成，诺德豪斯继综合评估模型（Integrated Assessment Models，IAM）[③]、气候与经济动态综合模型（Dynamic Integrated Model of Climate and the Economy，DICE）[④]、气候与经济区域综合模型（Regional Integrated Model of Climate and the Economy，RICE）[⑤] 之后，创新性地提出了联合的气候与经济动态综合模型（Coalition-DICE，C-DICE）。以美国为例，假定存在两种情况，第一种情况是对未参与者不采取任何惩罚措施，第二种情况是对未参与者实行4%的统一碳关税惩罚，那么在碳的社会成本（social cost of car-

---

① Lael Brainard & Isaac Sorkin, *Climate Change, Trade, and Competitiveness: Is a Collision Inevitable?*, Brookings Institution Press, 2009.

② W. D. Nordhaus, "Climate Clubs: Overcoming Free-riding in International Climate Policy", *The American Economic Review*, Vol. 105, Issue 4, 2015, pp. 1339 – 1370.

③ W. D. Nordhaus, "To Slow or not Slow: The Economics of the Greenhouse Effect", *Economic Journal*, Vol. 101, Issue 407, 1991, pp. 920 – 937.

④ W. D. Nordhaus, *Managing the Global Commons: The Economics of the Climate Change*, Cambridge: The MIT Press, 1994.

⑤ W. D. Nordhaus & Z. Yang, "A Regional Dynamic General-equilibrium Model of Alternative Climate-change Strategies", *The American Economic Review*, Vol. 86, Issue 4, 1996, pp. 741 – 765.

bon）为 25 美元/吨的条件下，美国在进行参与和不参与决策时，相关参数如表 1 所示。

表 1　　　　　　　　　存在惩罚机制时美国的选择　　　　　　　　单位：亿美元

碳关税的税率	美国参与气候俱乐部				美国不参与气候俱乐部				参与的净影响
	减排成本	环境收益	贸易利得	净损益	减排成本	环境收益	贸易利得	净损益	
0%	-119	107	0.0	-12	-3	73	0.0	70	-82
4%	-119	107	367	355	-3	73	-156	-86	441

资料来源：W. D. Nordhaus, Climate Clubs: Overcoming Free-riding in International Climate Policy, 2015.

我们可以看到，美国参与气候俱乐部之后，需要按照俱乐部的规定（或参与俱乐部时所做出的承诺）采取相应的措施进行温室气体减排，减排成本上升 116（119 - 3）亿美元，然而环境收益却只上升 34（107 - 73）亿美元，剩余的收益被其他"搭便车"的国家所享有。在这种收益与成本不对等的情况下，如果没有惩罚机制，那么美国最优的选择是不参与气候俱乐部。但是，假定存在 4% 的统一关税惩罚机制，那么美国参与气候俱乐部后的减排成本可以通过向未参与者收取碳关税进行弥补，相反，如果美国不参与气候俱乐部，就需要接受其他参与国的惩罚，此时美国最好的抉择是参与气候俱乐部。当全世界大多数国家都参与气候俱乐部时，也就意味着全球减排时代的开始，此时，统一关税机制只是作为一种威慑存在，但由于国家的减排成本与环境收益基本是相匹配的，而不参与的国家"搭便车"的成本是十分巨大的，因此，国家最好的决策依然是参与气候俱乐部并进行温室气体减排。

四　气候俱乐部的减排方式：政策组合思路

目前，在国际社会中，抑制温室气体排放的有效措施可以分为三类：政策选择、碳排放权交易、碳税。政策选择属于命令控制型手段，碳排放权交易和碳税统称为经济手段。相对于命令控制手段，经济手段具有低成本及高效率的特点，因此越来越得到人们的认可，并成为实践中温室气体减排最主要的工具。[1]

在碳排放权的市场交易手段中，温室气体排放总量控制是基础，它强调确定和界定以温室气体排放量为基础的碳排放权及碳排放权的交易，属于数量导向机制。控制温室气体排放的税收手段中，又可细分为"碳国内税"（carbon domestic tax）和"碳关税"（carbon tariff）两类，二者都属于控制温室气体排放的价格导向机制。以诺德豪斯为代表的美国学者倡导以碳税为主的价格导向机制，以斯特恩为代表的欧盟学者则倡导以市场交易为基础的数量导向机制，另外还有一部分学者倡导两种政策相结合的复合减排思路。如罗伯茨和斯彭斯最早提出数量导向机制与价格导向机制相结合的温室气体减排措施或许更加有效。[2] 菲利伯特也支持将碳排放权交易与碳税两种政策结合起来，把碳税作为碳排放权交易体系的价格上限，这样不仅可以减少价格的不确定性，亦可以增加福利。[3]

参与气候俱乐部的国家实际上是进行了一项减排承诺，若未达到减排目标或者拒绝参与气候俱乐部，则要接受统一碳关税的惩罚，从而克服非参与者的"搭便车"行为。参与国无论是通过在国内征收碳税，还是采用碳排放权交易，抑或是两种机制相结合的复合减排方式，只要能够达到要求或允诺的减排目标即可，这有利于会员国根据本国的具体情况灵活安排减排方式。实际上将这种混合政策应用于气候变化问题中，对不履行减排责任的行为进行处罚已有先例。例如英国应对气候变化采取了一系列政策工具共同使用的方式，其中包括气候变化税、气候变化协议、碳排放权交易体系等，对工业、农业、公共部门所使用的能源征收气候变化税。碳排放权交易体系的主要参与者大部分都与环境部门达成一定的气候变化协议：如果这些企业按照协议规定进行减排并达到了相应能效目标或减排目标，那么它们可以享受免征80%气候变化税的好

---

① M. Bocher, "A Theoretical Framework for Explaining the Choice of Instruments in Environmental Policy", *Forest Policy and Economics*, Vol. 16, 2012, pp. 14 – 22.

② M. J. Roberts & M. Spence, "Effluent Charges and Licenses Under Uncertainty", *Journal of Public Economics*, Vol. 5, Issue 3, 1976, pp. 193 – 208.

③ C. Philibert, "Assessing the Value of Price Caps and Floors", *Climate Policy*, Vol. 9, Issue 6, 2009, pp. 612 – 633.

处；但是如果企业未达标，那么它们将接受未来连续两年内都无法获得税收减免的惩罚。[①] 英国的这一做法仅仅在国内实施，而气候俱乐部将惩罚机制上升到国际层面，对促进气候变化的国际合作具有更广泛的意义。

气候俱乐部主张统一碳关税作为惩罚机制，以保障国际气候合作机制的顺利进行。虽然国际碳关税还未真正付诸实践，但美国众议院在2009年6月26日通过《美国清洁能源安全法案》，决定从2020年起将对来自不实施减排限额政策国家的进口产品征收碳关税。相对于碳交易以及碳税等减排机制，碳关税可能会导致较高的碳减排成本，较高的碳泄漏率，[②] 因此碳关税的合理性遭到人们的怀疑。尤其是碳关税主要通过贸易渠道产生作用，对发达国家贸易依存度高的中国将受到相对较大的负面影响。陈红蕾和纪远营认为，碳关税政策将对中国经济带来显著的负面冲击，造成国际市场价格上升、GDP及社会福利减少、贸易条件恶化、国际竞争力减弱等后果。[③] 尽管如此，碳关税却是有效的威胁、震慑手段，对不承担减排义务的国家施加压力，并促使出口国积极采取相应的气候政策和温室气体减排措施。[④] 例如崔连标、朱磊及范英运用环境版全球贸易分析模型进行模拟分析的结果表明，中国自主减排符合本国利益，并且基于成本公平性原则的主动减排策略要比被动接受西方发达国家征收碳关税更优，改善效果较明显。[⑤] 因此，对于发展中国家而言，碳关税虽不是最有效的减排措施，却是有效的威慑手段。气候俱乐部征收统一碳关税并不是最终目的，最终目的是促使全球积极参与温室气体的减排行动，促进国际气候合作有效实施。

[①] S. Smith & J. Swierzbinski, "Assessing the Performance of the UK Emission Trading Scheme", *Environmental and Resource Economics*, Vol. 37, Issue1, 2007, pp. 131 – 158.

[②] M. Weitzel, M. Hubler & S. Peterson, "Fair, Optimal or Detrimental? Environmental vs. Strategic use of Border Carbon Adjustment", *Energy Economics*, Vol. 34, 2012, pp. 198 – 207.

[③] 陈红蕾、纪远营：《美国征收碳关税对中美贸易的经济效应影响研究——基于GTAP模型的实证分析》，《经济与管理评论》2015年第3期，第53—59页。

[④] 林伯强、李爱军：《碳关税的合理性何在?》，《经济研究》2012年第11期，第118—127页。

[⑤] 崔连标、朱磊、范英：《碳关税背景下中国主动减排策略可行性分析》，《管理科学》2013年第2期，第101—111页。

五　气候俱乐部的完善：增加援助补偿机制

诺德豪斯提出的气候俱乐部中并没有过多提及对发展中国家的援助补偿机制，然而气候变化问题中的公平问题是决定国际合作是否能够成功的重要因素。在气候问题方面，发展中国家有一种强烈的、可以理解的不公平感，它们认为发达国家最先依赖化石燃料得到发展，因此温室气体的当前存量中发达国家所做的"贡献"最大，[①] 在温室气体排放时也应当承担更多的责任。2007年10月，英国独立的学术机构"新经济基金会"（New Economic Foundation）发表的研究报告用大量统计数字说明，中国温室气体的排放大部分是由于西方工业化国家将污染密集型产业迁移至中国所致，[②] 也就是"碳泄漏"问题。但是发达国家认为，发展中国家不能重复它们的高污染发展方式，应当寻求一条低碳环保的经济发展模式，尽管这条道路可能会十分艰辛。

以美国为例，美国在应对气候变化方面表现得相当消极和自私，并为自己不负责任的行为找了三点理由。第一，气候变化所产生的灾难性后果存在不确定性，气候变化的科学性遭到怀疑。如辛格和埃弗里认为，气候变暖并不是人为的，并且气温升高并不是什么值得大惊小怪的事情，全球气温一直处于不稳定的状态。[③] 另外，IPCC的结论也遭到人们的怀疑，因为在IPCC评估报告的创作团队中，只有大约30%的人是真正的科学家，其他的都是政府官僚，因此，在这种科学性没有得到百分之百证实的情况下，盲目减排可能是劳而无功的。第二，温室气体的减排会对美国的经济产生十分不利的影响，其国际竞争力将会降低，人民的福利也会下降。第三，如果中国、印度等发展中大国不参与温室气体的减排，那么美国的减排成果将会被大大抵消。然而布朗认为，这些都只是美国

---

① 大量证据显示，美国应该为目前大气中大部分温室气体承担责任，在现有温室气体的存量中，美国排放了约30%，俄罗斯和中国的排放比例约为8%，英国为6%。

② Andrew Simms, Victoria Johnson, Joe Smith, Chinadependence, October 5, 2007, http://www.neweconomics.org/publications/entry/chinadependence.

③ S. F. Singer & D. T. Avery, *Unstoppable Global Warming：Every 1500 Years*, Oxford：Rowman & Littlefield Publishers, 2007.

在为自己逃避减排责任的行为寻找借口。首先，就温室气体排放量而言，美国的历史累计排放量与当前绝对排放量均处于世界前列；其次，美国作为世界上最发达的国家，理应起到带头的积极作用，如果美国都如此消极地应对气候变化问题，那么世界上的其他国家更有理由逃避这一责任；再次，从公平的角度来看，发展中国家与发达国家不应当承担同样的责任。① 总之，美国在气候变化国际合作中的表现是不道德的。

罗伯茨和帕克斯认为，发达国家与发展中国家之间的不公平问题削弱了各个国家参与气候变化国际合作的积极性，在气候谈判中也起着消极作用，达成有效的气候协议必须注重补偿公平，它决定着一个国家参与国际合作的意愿。② 气候变化从本质上来说就是"不公平"的，解决气候问题可能需要采用非常规的政策干预，因此罗伯茨和帕克斯提出，解决气候变化问题真正的出路应当是，发达国家给予发展中国家一定援助，帮助发展中国家走上更加公平、经济的可持续发展之路。

如果将地球作为一个整体，那么毋庸置疑国际气候合作将对整个地球有利，但是由于不同国家在成本收益问题上存在差异，那么蒙受损失的国家往往不愿意参与国际气候合作，这显然是不利于合作顺利进行的。通常而言，发展中国家往往需要在经济发展方面做一些牺牲，才能达到严厉的环境标准要求，因此许多发展中国家的合作意愿并不高。要使这些合作意愿不高的国家参与合作，提供一系列的资金援助与技术支持是一项有效措施，也是国际气候合作有效开展的前提条件。可以这么理解，发达国家提前消费甚至是过度消费了气候资源，因此发达国家其实是欠了发展中国家一笔债务，而对发展中国家的温室气体减排提供资金支援以及技术支持是在偿还这笔债务。排污较少的发达国家向产生跨境污染的发展中国家提供财政补贴或者技术援助，以获得发展中国家参与国际气候合作以及实施减排活动的承诺，即发达国家向发展中国家购买"国际合作"行为。如波斯纳和桑斯坦在 2007 年提出"为中国温室气

① D. A. Brown, *American Heat: Ethical Problemswith the United States' Response to Global Warming*, Oxford: Rowman & Littlefield Publishers, 2002.

② J. T. Roberts & B. C. Parks, *A Climate of Injustice: Global Inequality, North-South Politics and Climate Policy*, Cambridge: The MIT Press, 2007.

体减排付费"，以此呼吁世界上发达国家帮助发展中国家进行温室气体的减排。①

为了增加气候俱乐部在非发达国家中的接受程度，气候俱乐部需要增加发达国家对发展中国家的援助补偿机制，尽可能地考虑到气候变化中的公平问题。《京都议定书》虽然存在很多缺陷，但是注意到了公平原则，它体现了"共同但有区别责任"（common but differentiated responsibilities）原则。它考虑到发展中国家与发达国家在全球变暖问题上所负的历史责任不同，因此在发达国家与发展中国家的减排目标上也区别对待，只针对缔约国设定强制减排目标，而发展中国家可以自由选择其减排目标。这一点对于促进国际气候合作的有效达成具有十分重要的意义，气候俱乐部想要取得成功则不可忽视这一要点，必须处理好发达国家与发展中国家之间的公平问题，并设计一套有效的援助补偿机制。

六　总结

约瑟夫和罗伯特指出，新的国际气候合作机制应该在科学上具有合理性，拥有较低的经济成本，政治上具有可行性，能够吸引全球大多数国家积极参与，并通过各种灵活机制实现温室气体的减排目标。② 气候俱乐部是国际上新的气候变化合作提议，它采用统一碳关税作为惩罚机制，促进各国主动采取措施进行温室气体的减排。可以预见，气候俱乐部若要真正运用到实践中，还需要克服许多障碍。首先，统一碳关税还将经历漫长曲折的道路，统一碳关税能否顺利实施，它将以怎样的标准和方式来实施，是一个值得深入探讨的问题。其次，气候俱乐部虽然避《京都议定书》之短，克服"搭便车"的问题，但是还需要取《京都议定书》之长，充分考虑发达国家与发展中国家之间的公平问题，设计有效的援助补偿机制。未来，如何真正发挥气候俱乐部的促进国际气候

---

① E. Posner & C. Sunstein, Pay China to Cut Greenhouse Gas Emissions, 2007, http：//www.ftchinese.com/story/001013326/en.

② Joseph E. Aldy & Robert N. Stavins, *Post-Kyoto International Climate Policy：Implementing Architectures for Agreement*, New York：Cambridge University Press, 2010.

合作的功能，如何在实践中打牢根基，需要气候经济学家们进一步展开研究，更需要国际上有影响力的大国在温室气体减排合作中踊跃尝试和努力。

（选自《国外社会科学》2016 年第 3 期）

国外环境公共治理的制度
实践与借鉴意义

郭少青[*]

随着环境问题的日益严峻，环境公共治理已经成为现代社会寻求可持续发展之路的核心任务之一。党的十八大报告已将生态文明建设置于战略总体布局的高度来加以论述，生态文明的制度建设更成为中央和地方各级政府工作的重中之重。过去几年里，中国政府投入了大量的人力、物力进行环境整治，这些举措虽然取得了一定的成效，但与理想愿景仍有不小的差距。《国家环境状况公报》显示，2014 年，在开展空气质量新标准监测的全国 161 个地级市及以上城市中，仅有 16 个城市空气质量年均值达标，145 个城市空气质量未达标。全国有 470 个城市（区、县）开展了降水监测，酸雨城市比例高达 29.8％。从某种程度上讲，中国环境公共治理所面临的困境，不仅是结构性的，更是制度性的。本文通过梳理国外在环境公共治理方面所建立起的制度体系，以期为中国构建更为完善的环境公共治理制度体系提供借鉴。

一 国外环境公共治理的相关实践

环境公共治理是一个世界性难题，美、英、法、日等发达国家在环

---

* 郭少青，1986 年生，博士，美国克瑞顿大学访问学者，深圳大学创新型城市建设与治理研究中心助理研究员。

境公共治理的发展道路上也并不是一帆风顺。这些较早进入工业化社会的发达国家，也走过"先污染后治理"的弯路。随着环境民权运动的发展、可持续发展理念的深入人心以及环境伦理观的不断转变，这些国家通过一系列立法和改革，逐步建立起一套较为完善的环境公共治理体系。

（一）环境监管体系的国外实践

环境监管是环境公共治理中最主要的部分之一，也是政府环境监管部门最主要的职能。各国在环境监管部门的体系设置上有比较大的差别，有的采取联邦制的管理体系，有的采取分权式的管理体系，有的采取大部门制的管理体系，其共同点是都非常重视监管主体的能力建设，并且均投入了较为充裕的人力和财力。同时，鉴于环境问题的特殊性，如大气、水资源的流动性和跨界性，大部分国家都专门设置了跨区域的环境监管机构，以区域一体化的管理方式解决跨界环境问题。在此基础上，国外主要发达国家还非常重视环境监测体系的建立并投以相应的技术支持。

1. 环境监管体系

（1）联邦制的环境监管体系

联邦制的环境监管体系主要以美、德等国为代表。这种分权式的环境监管体系更有利于地方政府因地制宜地进行环境标准的制定并加以执行。

在美国，环境保护管理体制主要分为联邦和州两个层次。在联邦层面，主要包括联邦环保局（Environment Protection Agency，EPA）和国家环境质量委员会（Councilon Environmental Quality，CEQ）。联邦环保局共设有 12 个主管部门，集中管理全国各种形式的污染防治工作。同时，为了更好地回应地方关切，联邦环保局还在全国设立了 10 个地区分局，其任务之一就是协调和地方政府的关系。在地方层面，主要的环保机构是州环保局，各州的环境问题主要还是由地方自主解决。各州的环境管理独立于联邦环境管理体系，环保机构依据本州法律履行职责，只是依照联邦法律就具体事项与联邦环保局进行合作。以上所提及的 10 个地方分局，正是联邦环保局同地方州环保局协调、合作的关键。据统计，美国 90% 以上的环境执行行动由州启动，94% 的联邦环境监测数据由州收集，

97％的监督工作由州开展，大多数的环境许可证由州颁发。①

在德国，环境监管体系分为联邦、州和地方三级。州政府主要负责保证联邦政府的各项环境政策的有效执行，同时负责制定部分环境政策；地方政府负责相对更为具体的环境管理事务以及对联邦、州级环保政策的执行，接受其直接委派的环境管理任务等。②

（2）分权式的环境监管体系

虽然不是联邦制国家，但日本还是倾向于建立一种比较彻底的分权管理体制。自2001年起，日本政府在中央省厅进行了大规模的行政体制改革，提升了环境保护部门的地位，将原来的环境厅升格为环境省。在地方，日本各级地方政府也设立了相应的环保管理机构即地方公共团体。但是与我国的地方环保局不同的是，日本的地方环境管理机构仅对当地政府负责，环境省与地方环境管理机构之间是相互独立的，没有上下级的隶属关系。

（3）大部制的环境监管体制

法国是大部制环境管理体制的经典范例。在中央层面，环境职能部门的全称为环境与可持续发展部，其职能范围不仅涉及自然保护，还包括国土整治、住房和自然整治、能源和气候、基础设施、交通和海洋、民航和风险预防。在地方一级，法国的基本行政级别为大区、省和市。其中，大区一级政府主要有三项基本职能：一是在经济发展和国土整治方面国家和市一级政策的落实；二是协调与文化、环境、城乡空间相关的国家政策；三是协调大区内不同省之间的关系。省政府机构是国家在地方的代表，督促国家政策在地方的落实。简言之，中央政府一级的机构可以在省级政府有对应机构，但在大区和市一级则没有。③

2. 环境监测主体的能力建设

与国外不同，我国环境保护部的人员、设备和财政配置都不足以应对繁重的生态环境保护需要。例如，目前环保部的机关行政编制数为311

---

① 卢洪友等：《外国环境公共治理理论、制度与模式》，中国社会科学出版社2014年版，第86页。

② 同上书，第285—286页。

③ 2016，http://www.environnement.gouv.sn.

名，即使加上环境监测总站和区域督查中心的事业编制人员，也不足千人，这导致很多行政职能或工作只能由事业单位承担。[①] 如表1所示，国外环境保护机构人员的配备较为充足。

表1　　　　　　国外环境保护机构人员与全国总人口数比较

国别	中央环保机构名称	工作人员	全国总人口
加拿大	环境部	6800	3542 万（2014 年）
丹麦	环境与能源部	超过 1300	561 万（2013 年）
日本	环境省	1134	1.27 亿（2013 年）
美国	国家环境保护局	超过 18000	3.16 亿（2013 年）
新西兰	环境部	300	444 万（2013 年）
德国	联邦环境、自然保护、建筑与核安全部	1200	8065 万（2013 年）

资料来源：世界银行 2015 年及其他相关调研，转引自中国科学院可持续发展战略研究组《2015 中国可持续发展报告》，科学出版社 2015 年版，第 17 页。

3. 跨区域的环境监管机构

跨区域的环境管理、协调机制是西方国家环境管理体制的特色。环境问题的整体性和差异性使得环境问题永远不可能被局限在特定行政辖区内，不论在哪个国家和地区，解决跨区域的环境问题都是难题。很多国家和地区都在此方面做了有益的探索和尝试，并制定了相关的管理政策和制度。[②] 这主要体现在水污染的治理和大气污染的跨区域环境监管机构的设立方面。

（1）水污染的跨区监管机构设置

在水污染治理方面，自 1992 年以来，至少已经有 8 个有关于跨界水

[①]　中国科学院可持续发展战略研究组：《2015 中国可持续发展报告》，科学出版社 2015 年版，第 17 页。

[②]　Willemijn Tuinstra, Leen Hordijk & Carolien Kroeze, "Moving Boundaries in Transboundary Air Pollution Co-production of Science and Policy Under the Convention on Long Range Transboundary Air Pollution", *Global Environmental Change-Human and Policy Dimensions*, Vol. 16, 2006, pp. 349 – 363.

污染问题的国际公约。跨界水污染问题一直是环境管理的热点问题。早在1950年，欧洲便成立了"保护莱茵河国际委员会"（International Commission for the Protection of the Rhine，ICPR），该委员会内不仅有政府和非政府组织组成的观察小组，还有许多负责技术和专业协调的工作组，其目标是保障莱茵河作为饮用水水源、防洪、改善水质、保证整个莱茵河生态系统的可持续发展和保证疏浚物中无对环境有害的物质等（见图1）。[①] 在法国，为了加强水资源及其环境的保护，全国被划分为6个流域区，每个区设立了一个水流域管理局。

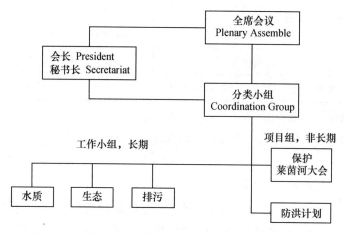

图1 保护莱茵河委员会框架

（2）大气污染的跨区环境监管机构设置

在大气污染防治方面，美国分为州内跨界和州间跨界两个层面的管理机构。在州内，1976年加州政府设立了南海岸大气质量管理区（South Coast Air Quality Management District，SCAQMD）。在管理区内，设置了立法、执法和监测三个主要职能部门，其主要职责就是加强跨界合作，与地方政府和其他社会团体共同制订和实施跨界合作计划。[②] 在州与州之

---

① 2015，http：//www.ikrs.org/index.php? id=58&L=3.

② Brenda J. Nordenstam，William Henry Lambright，Michelle E. Berger & Matthew K. Little，"A Framework for Analysis of Transboundary Institutions for Air Pollution Policy in the United States"，*Environmental Science and Policy*，Vol.1，1998，pp.231－238.

间，针对各种不同的化学污染物，美国建立了不同的跨州管理机构。以臭氧污染问题为例，美国东海岸成立了臭氧传输委员会（Ozone Transport Commission，OTC）这样一个跨行政区划的机构，它不仅负责美国东北部的 11 个州和华盛顿特区的臭氧运输工作，还推动着这些区域间氮氧化物的抵换制度。该委员会的各成员州通过协议、协商等方式，共同控制合作区域内的流动污染源。[①]

4. 环境监测体系

在环境监测体系的建构上，西方国家的体系构建更为权威。以辐射环境监测为例，切尔诺贝利事故后，欧盟加强了核事故辐射监测数据交换的平台和预警系统的建设，开发了欧洲委员会辐射紧急通知系统（EC-URIE）和欧洲辐射环境实时监测数据交换平台（EURDEP）。[②] 该数据交换平台旨在接收和发送欧洲各国辐射环境监测网络的数据，以便在核事故应急时发挥作用。截至 2006 年，欧洲共有 30 多个国家将辐射监测数据发送至该平台。[③]

再以上文提及的"保护莱茵河国际委员会"为例，其一共建立了 9 个莱茵河国际监测断面和 7 个国际监测与预警中心，一旦出现水污染事故，发生地所在的国际监测与预警中心便会负责发布和向其他各中心发送预警信息。

（二）环境污染治理体系的国外实践

按照"污染者付费原则"，环境污染最终的治理责任应由污染者承担。这里所指的环境污染治理实际上是政府解决环境问题的一种调整机制，即通过政策、市场、信息等工具进行环境污染的管理。命令—控制型环境公共治理方式的核心是管制，它属于最传统的环境公共治理模式。

---

① Michelle S. Bergin，Jason J. West，Terry J. Keating & Armistead G. Russell，"Regional Atmospheric Pollution and Transboundary Air Quality Management"，*Annual Review of Environment and Resources*，Vol. 30，2005，pp. 1 - 37.

② 转引自黄彦君等：《欧洲的辐射环境监测》，《辐射防护通讯》2008 年第 4 期，第 16—22 页。

③ T. Szegvary，F. Conen & U. Stohlker，"Mapping Terrestrial Y-dose Rate in Europe Based on Routine Monitoring Data"，*Radiation Measurement*，Vol. 42，2007，pp. 1561 - 1572.

但是管制也会存在政府失灵的情况，于是就出现了市场激励型的治理方式，即通过经济刺激的方式引导企业的环境行为。但是市场往往也不是万能的，也会出现市场失灵的情况，于是很多发达国家开始通过社会管理的方式，即通过环境信息公开和环境公众参与的方式弥补政府管制和市场激励这两种环境治理模式的不足。同时，充足的环境污染治理资金，确保了政府有能力开展环境污染治理工作。

1. 环境污染治理模式

A. 命令—控制型环境公共治理方式

自20世纪70年代以来，美国制定并通过了许多重要的环保规范，普通法逐渐成为成文法下的补充性规范。而至今最重要的环境规范方式仍然是"命令—控制"规范（command-and-control regulations）。"命令—控制"指的是政府依据相关的法律、法规、标准等来确定管制目标，企业必须严格遵守，如必须达到相关的生产工艺、污染物排放标准等，对不达标者给予相应的处罚。[①]

在日本，为了克服产业公害，形成了一系列相应的强有力的规制体系。其中，设定"污染物质排放容许限度的排放标准"，强制要求排放污染物质的事主遵守，这种命令监督手段（command & control）可以说是这一体系的中心。[②] 设立排放标准、环境标准、总量控制等都是命令—控制型环境公共治理的手段。

B. 市场激励型环境公共治理方式

市场激励（economic incentives）指的是制定相关的规范，通过价格体系引导和激励企业的经济行为来达到环境保护的目标，而不是设定一个规范标准强制企业达标。这种手段并不是将特定的增加环境负荷行为认定为违法并果断予以禁止，而是通过经济手段诱导人们从事减轻环境负荷的行为。[③]

市场激励的工具主要包括环境收费制度、环境补贴制度、排污权交

---

① 王丽萍：《环境政策的类型与特点分析》，《资源开发与市场》2013年第5期。

② ［日］交告尚史等：《日本环境法概论》，田林、丁倩雯译，中国法制出版社2014年版，第185页。

③ 同上书，第196页。

易制度等。① 这也是目前广泛运用于西方国家的环境管理工具之一。如美国联邦政府和许多州政府已经制定税法，从而激励环境友好型产品的生产和使用以及促进有利于环境保护的行为的发生，抑制不利于环境的产品和活动。②

（3）信息型环境公共治理方式

这里所讲的信息，指的是环保标志、环境规格等信息手段，其实质仍是市场激励方式的一种。当消费者开始认可带有环保标识的产品时，讲究环保的企业可以通过提高品牌价值在竞争中获胜，相反，不讲环保的商品和生产者则被淘汰。例如，对有着适当管理、考虑可持续发展的森林产出的木材进行认证的森林管理委员会（Forest Stewardship Council）标志，是国际上较为知名的环保标志。碳足迹产品（Carbon Footprint of Products）也为人们能够看得见商品中的温室气体排放量做出了贡献。③

（4）公众参与型环境公共治理方式

公众参与（public participation）也是西方国家环境管理的主要手段之一。公众参与意味着公众可以通过听证会、说明会等形式参与到政府的环境公共治理决策当中，它保障了公民的环境知情权。以法国的"公众调查"为例，其适用于由公法法人或私法法人实施的领土整治以及工程的建设等。环境保护领域公众调查的目标是告知公众，收集他们的喜好、建议以及反对意见，然后将其作为影响评价的反对意见。④ 经过公众调查程序之后，有的还会进行公众辩论，然后进行地方公民投票，其结果直接影响政府的环境决策。

2. 环境污染治理资金保障

发达国家环境公共治理的资金主要来源于税收。例如，法国的主要环境税种有污染税、公司车辆税、生活垃圾清理税、矿物油消费税、民

---

① Robert N. Stavins, "Vintage-Differentiated Environmental Regulation", *Stanford Environmental Law Journal*, Vol. 5, 2006, pp. 229 – 259.

② Thomas F. P. Sullivan, *Environmental Law Handbook*, The Scarecrow Press Inc. , 2005, p. 8.

③ ［日］交告尚史等：《日本环境法概论》，田林、丁倩雯译，中国法制出版社2014年版，第200页。

④ 彭峰：《法国公众参与环境保护原则的实施及其对我国的借鉴》，《环境科学与技术》2009年第11期。

航税、道路税、能源税等，且95%以上的环保税收入都是专款专用的。在德国，主要的环境税种有能源税、废水污染税和机动车辆税。同时，有相当一部分的环保资金是根据各地污染状况、经济发展水平，通过政府间横向转移支付进行分配的。① 另外，政府的财政补贴和政府推广的环保类投资也是环境公共治理的主要资金来源。

值得注意的是，不仅政府在财政上有比较充足的保障，而且来自企业、家庭和其他社会组织的资金也比较充足。以法国为例，2010 年度企业的环境公共治理资金略高于政府的环保资金，家庭提供的环保资金也占了很大比例（详见表2）。

表2　　　　　　　　　　　**法国环境保护资金的来源**　　　　（单位：百万欧元）

资金来源＼年度	2005	2006	2007	2008	2009	2010
政府	13030	13264	14266	15473	15840	16340
企业	13706	15369	15810	15851	16325	16620
家庭	9858	10575	11162	11671	11905	12473
欧盟	173	211	155	211	238	240
合计	36767	39419	41393	43206	44308	45673

资料来源：转引自卢洪友等《外国环境公共治理：理论、制度与模式》，中国社会科学出版社2014 年版，第249 页。

（三）环境信息公开体系的国外实践

环境公共治理的价值目标是保障公民的环境权。环境权除包括实体性的权利如健康权外，还包括程序性的权利如环境知情权。环境信息公开本身就是对公民环境知情权的保障。

1. 环境信息知情权的法律法规体系

目前世界上已有美国、加拿大、澳大利亚、英国、韩国、日本等90多个国家和地区制定了专门的信息公开法、信息自由法或其他保障公众知情权的法律。除了一般性的信息公开法外，一些国家和地区还专门制

---

① 卢洪友等：《外国环境公共治理：理论、制度与模式》，中国社会科学出版社2014 年版，第288 页。

定了环境信息公开法。

在欧洲，1990 年，欧盟的前身欧共体根据《关于成立欧洲环境署和欧洲环境信息与观察网络 1210/90 条例》建立了欧洲环境署（European Environment Agency，EEA），该机构保障了有效的和广泛的环境科学信息的提供。同年，欧共体发布了《关于环境信息取得自由的指令 90/313》，该指令确认了环境信息知情权是一种基本权利，并第一次以专门立法的形式规定了环境信息公开的相关问题，并要求欧共体各成员国根据指令，将内容转换为国内法加以实施。①

1998 年，欧洲经济委员会（The United Nations Economic Commission for Europe，UNECE）通过并签署了《奥胡斯公约》（Aarhus Convention），②该公约是目前对环境信息公开规定得最为完善的公约。经过多年的实践和发展，2003 年，欧盟制定了《公众参与起草有关环境规划第 2003/35/EC 号指令》和《关于公众获取环境信息和废止 90/313 指令的 2003/4 指令》。至此，"两个指令一个公约"即构成了欧盟公众环境知情权的立法框架性规定。

在美国，政府采取一系列手段来促进环境信息公开。最主要的两部有关信息公开的法律是《信息自由法》（Freedom of Information Act，FOIA）和《国家环境政策法》（National Environmental Policy Act，NEPA）。其中《信息自由法》赋予了公众环境信息知情权，并确立了"以公开为原则，不公开为例外的原则"③。而《国家环境政策法》规定了公众参与环境监管的权利。

2. 环境信息管理体制

在美国，为了加强政府信息资源管理，提升电子政务建设的效率，

①　Dietrich Gorny，"The European Environment Agency and the Freedom of Environmental Information Directive: Potential Cornerstones of EC Environmental Law"，*Boston College International and Comparative Law Review*，Vol. 12，1991，pp. 279 – 300.

②　即《关于环境事务领域信息使用权、公众参与决策和司法途径的公约》（Convention on Access to Information，Public Participation in Decision-Making and Access to Justice in Environmental Matters）。

③　http://www.foia.gov/，其中九种例外情形包括了国家安全，机构内部规则、惯例，机构内部备忘录，商业秘密，被其他联邦法令定为秘密的档案，一些执法记录，银行记录，油气井数据，所含信息如被透露会对个人隐私构成不当侵犯的档案。

建立了首席信息官制度（chief information officer，CIO）。① 同时，美国环境总署对环境信息政策的制定和审议有着一套严格的流程。其中，质量与信息理事会指导委员会（Quality and Information Council Steering Committee，QICSC）负责对政策建议提出意见并提交首席信息官批准。

在欧洲，为了支持环境公共治理，同时也为了一些非政府组织和公众更便捷地获取环境信息，欧盟委员会在 2008 年提出建立一个共享的环境信息系统（shared environmental-information system，SEIS），其基本理念是将欧盟各成员国的环境信息进行整合。②

（四）环境应急体系的国外实践

20 世纪中后期以来，一些突发性环境事件不断冲击着人类社会，如切尔诺贝利核泄漏事故、日本福岛核电站泄漏事故、美国墨西哥湾漏油事故等，这些事件的发生无不印证了"风险社会"理论。③ 有效应对环境突发事件，建立和完善环境突发事件的应急响应机制，使得环境突发事件能够得到有效的预防以及妥善的控制和处理，不仅是现代政府的职能，也是环境公共治理体系的一部分，更是有效控制社会风险、提高政府行动力的途径之一。

1. 环境应急法律法规体系

1988 年，美国《斯塔福德救灾和紧急援助法》正式生效。此援助法

---

①　http：//dodcio. defense. gov/.

②　邢黎闻：《奥地利与欧洲"共享环境信息系统"（SEIS）》，《信息化建设》2009 年第 7 期。

③　贝克的风险社会理论中的"风险"指的是完全逃离人类感知能力的放射性、空气、水和食物中的毒素和污物，以及相伴随的短期和长期的对植物、动物和人的影响。它们引起的是系统性且常常是不可逆的伤害，而且这些伤害一般是不可见的。贝克将此类风险带来的不确定性称作"人为制造出来的不确定性"（manufactured uncertainties 或 fabricated uncertainties）。这种风险区别于自 17 世纪开始到 20 世纪初期的风险，是一种现代性的风险。参见［德］乌尔里希·贝克《风险社会》，何博闻译，译林出版社 2004 年版。风险社会的概念是相当有潜力的，因为它阐明了三个尖锐的问题，即经济增长的可持续性、有害技术的无处不在以及还原主义科学研究的缺陷。由于没有能够找到有效控制的制度性控制手段，也没有认识到还原主义科学的局限性，整个社会因为技术的威胁而惶恐不安。参见［英］莫里斯·科恩：《风险社会和生态现代化——后工业国家的新前景》，陈慰望编译，载薛晓源、周战超主编：《全球化与风险社会》，社会科学文献出版社 2005 年版，第 299—315 页。

建立了一个联邦对州政府和地方政府的援助系统。① 到 1996 年，联邦紧急事务管理局制订了一个被称为"一切危险的紧急行动计划指南"的行动计划。自此，全国范围内有关环境应急突发的法律、法规体系基本完成。②

1996 年，欧盟颁布了《重大事故控制法规Ⅲ》（COMHA Ⅲ），规定要对符合明细表所确定的标准的地点进行管理，同时现场工作人员要采取所有的必要措施，以预防重大事故并限制事故造成的结果，并向主管单位加以证明。同年，颁布了《污染综合防治法》（IPPC），要求采用能防治或者使得意外泄漏危害降低到最小化的最佳可用技术。2000 年，欧盟颁布了《水框架指令》（WFD），设定对水体可能造成危险的物质名单。

1961 年，日本国会制定了《灾害对策基本法》并于 1995 年进行了修订，其主要内容包括：各个行政部门的救灾责任、救灾体制、救灾计划、灾害预防、灾害应急对策、灾后恢复重建、财政金融措施、灾害应急状态等。该法律针对各个条款都制订了具体的行动计划，同时配备了一些领域的专门性法律，形成了一套比较全面的应急管理法律、法规体系。③

2. 环境应急体系

美国环境应急服务的特色在于"全过程管理"和"系统化管理"，即其法律规范囊括了各种可能产生的环境突发事件，并本着"风险预防"的原则进行全过程管理，而并非是在环境突发事件产生之后进行被动式的处理。联邦政府建立了联邦紧急事务管理局（Federal Emergency Management Agency，FEMA）。④ 截至 2011 年 8 月，它在全国范围内有 7474 名雇员，在全国设立了 10 个分局，并建立了全国应急培训中心等机构。⑤ 突发事件发生后，各级机构听从现场协调员的统一指挥，保证国家有效应对紧急情况。

在化工类突发事件应急处理方面，美国成立了化工安全和危害调查

---

① http：//www. au. af. mil/au/awc/awcgate/frp/frpintro. htm.

② Guide for All-Haard Emergency Operations Planning，http：//www. fema. gov/pdf/plan/slg101. pdf.

③ 王新：《国外环境应急管理经验及其对我国的启示》，《WTO 经济导刊》2011 年第 9 期。

④ http：//www. fema. gov/.

⑤ 2016，http：//www. fema. gov/about‑agency.

委员会（U. S. Chemical Safety Board），以科学调查化工事故。调查委员会的特色在于化工事故调查的独立性以及调查事故过程和结果的公开性。一方面，该调查委员会是一个独立机构，不受任何其他政府部门左右，可以通过公正的调查评估现有美国职业安全健康局或美国环境署相关法规的适用情况，以作为法规修订的参考依据；另一方面，根据该调查委员会的规定，调查的过程和结果具有相当的公开性，可以通过各种方式接受媒体监督。[①]

在欧洲，欧盟设定了重大事故灾害管理局（MAHB），通过对过去事件的审查，确定高风险区。同时，1992 年，欧盟建立了事故应急预警系统（accident emergency warning system，AEWS），其重点在于跨界合作与预警，同时还设立了国际警报中心网络（network of principal international alert centers，NPIAC）。

二　国外环境公共治理经验的借鉴意义

（一）区域合作下的环境公共治理

从大气污染防治上的欧盟分区块管理体制，到美国加州南海岸大气质量管理区和臭氧传输委员会等，前述环境管理模式都证明了跨部门、跨地区的合作在环境公共治理中的重要作用。跨部门、跨地区的合作要求政府打破行政壁垒，实现资源整合，防止重复建设，优化资源配置，减少污染，促进可持续发展。[②]

在我国，环境管理体制的条块分割导致了环境问题无法通过整体协调得到统一解决。这种弊端近些年来逐渐显露，为此地方上也在积极研究以推出相应对策。例如，2008 年，云南省推出了"大环保"理念，并制定了《关于建立环境保护执法协调机制的实施意见》。环境执法联动制度和环保联络员制度起初由昆明市人民法院、昆明市人民检察院、昆明市公安局和昆明市环境保护局四部门联合成立并组成了环境执法联席会议。后来，联席会议成员单位由当初的四家发展成为 19 家，会议由环保

① 2015，http：//www. csb. gov/about – the – csb/mission/.

② 郭少青等：《更新立法理念，为生态文明提供法治保障》，《环境保护》2013 年第 8 期。

部门召集，就整个区域的环境执法中遇到的问题进行协调。这种协调机制在一定程度上解决了动态环境执法中的不协调、不配合问题。在流域问题的管理方面，我国在长江、黄河、淮河、珠江、海河、辽河和太湖七大流域都成立了作为水利部派出机构的流域管理机构，行使《水法》《防洪法》《水污染防治法》《河道管理条例》等法律法规规定和水利部授予的水资源管理和监督职责。① 此外，我国还建立了环保督察制度，包括华东、华南、华北、西北、西南和东北六个区域环保督查中心，此举也强化了环境保护方面中央对地方的调控能力。②

（二）多元化的环境治理模式

环境公共治理模式的多元化强调政府公共部门、企业、社会组织和个人的参与。虽然政府在环境公共治理方面有着不可推卸的责任，但在具体问题的执行上，市场机制的引进以及政府、市场与社会三方的互动，将更有利于提高资源配置以及环境公共治理的效率。

国外在环境公共治理方面非常重视公众参与和社会的力量。在德国，从原材料开发到商品使用，法律在其中的每个环节都规定了生产者、经营者和消费者所扮演的角色和应履行的义务。德国有200多万人从事环保事业。③ 在美国，通过社区建设以及社区自下而上的参与，如自我服务项目和志愿服务项目，基本实现了环境公共治理的自我供给。任何社会组织、公民和企业，只要是环境利益的相关群体，都可以申请这些项目的经费支持或者参与其中，共同进行土壤修复的治理。

中国环境保护的发展呈现出自上而下的特性。环境法变成了国家管理环境的法律，无法调动和发挥广大群众参与环境保护的主动性和积极性，这使得环境法在实际运行中遇到了相当大的困难。公众参与可以改变官僚体系封闭性的系统决策方式，确保公共政策的应然价值取向，实

---

① 转引自曹树青《区域环境公共治理法律机制研究》，博士学位论文，武汉大学，2012年。

② 夏光：《国家设立区域环保督查中心意味着什么?》，《中国经济时报》2006年9月21日。

③ 卢洪友等：《外国环境公共治理：理论、制度与模式》，中国社会科学出版社2014年版，第292页。

现公共政策制定的民主化与科学化。

另一方面，中国地区发展极不均衡，不同地区的经济、文化发展水平千差万别，这就意味着法律在制定过程中面临着巨大的困难性和复杂性。通过公众参与的方式，一是可以倾听民意，根据实际情况制定出"因地制宜"的法律法规；二是可以使得环境信息公开、通畅，进而使政府或其他组织的环境决策容易获得认同、支持和理解，获得更多的公众支持，同时还可以通过公众参与的方式缓解民众的不满情绪，并调节公众与政府之间的紧张关系；三是可以更好地进行环境决策与执法监督。政府在环境项目的决策过程中，是不可能全方位了解民众的意愿的，要想使政府决策更符合民心，根本出路就在于公众的参与和监督；四是提高公民的环境意识，将公民作为环境保护的新兴力量，自下而上地推进环境法的发展。中国几千年的传统文化导致公民的权利意识与法律意识都比较淡薄，环境保护意识的总体水平偏低，公众参与可以促使公民不断探寻环境知识，公众参与的过程同时也是环境意识不断提升的过程。

（三）制度化的资金保障

如前文所述，国外发达国家环境公共治理的资金主要来源于税收，且95%以上的环保税收入都是专款专用的。而在我国，这一专项收支的基本制度尚待建立。

此外，由于我国环境公共治理实际的责任仍归属地方政府，因此地方财政成为地方环境公共治理的主要资金来源。但目前，地方政府在环境治理方面的投入仍十分有限（详见表3）。

表3 　　　　　　　我国环保公共财政支出占 GDP 比重

	2009	2010	2011	2012
国内生产总值 GDP（亿元）	340507	397983	473104	519322
环保支出金额（亿元）	1934	2441.98	2618	2932
环保支出占 GDP 总量比例（%）	0.57	0.61	0.55	0.56

资料来源：数据由国家财政部官网提供的历年国内生产总值（GDP）数据整理而得。

地方政府对环境公共治理事务的投入有限的原因很多，其中财力不足是其中较为重要的因素之一。因此，建立合理的财政转移支付制度是解决地方政府环境公共治理资金困境的路径之一。

（四）人本化的信息服务

在欧洲，许多环保部门都在互联网上建立了专业的环境信息系统并发布了一系列的大型数据，通过跨部门跨领域的合作实现环境信息提供的一体化，以方便民众查询相关环境信息。如在欧洲环境署的官方网站上可以很便捷地查询到有关大气污染、水污染、能源、噪声、土壤问题等一系列的数据，欧盟各国居民均可通过自己的母语进行相关信息的查询。① 在美国，只要输入自己所属的州、城市、街道和区号等信息，就可以查询到自己所在地区周围的所有工业设施和有毒危险化学物的管理情况。②

值得注意的是，即使是在信息自由的前提下，公民也很难找到正确的问询者并了解到相关的环境信息和解决相关的环境问题。于是美国环境总署在 1993 年专门建立了环境信息服务中心（environmental information service center），以帮助民众了解、查询相关的环境信息。③ 民众可以通过邮件、电话和到访等方式就石棉、饮用水、家庭有害废物、垃圾回收、污染防治等各类环境问题进行咨询。

在我国，虽然从中央到地方的环保局网站上都设立了信息公开和公众参与的栏目，但实际上公众的参与程度十分有限，其最主要的原因仍然是环境信息获取途径有限且不通畅。借鉴国外先进的环境信息提供方式，不仅可以保障我国公民的环境信息知情权，也可以促进环境公共治理的公众参与，提高环境治理效率。

（选自《国外社会科学》2016 年第 3 期）

---

① 2015，http：//www. eea. europa. eu/data – and – maps.

② 2015，http：//www2. epa. gov/toxics – release – inventory – tri – program.

③ 2015，http：//www2. epa. gov/region8/environmental – information – service – center.

论全球环境治理模式的困境与突破

殷杰兰[*]

一 引言

20 世纪 60 年代以来，随着全球环境的持续恶化，环境治理逐渐引起世界各国的高度重视。此后的 20 多年，世界范围内的环境治理相继走过了政府管制型、市场调控型、企业自愿型等环境治理模式。

1989 年，世界银行第一次提出了"良好治理"（即"善治"，good governance）的公共管理制度框架。所谓治理，是指社会中公共机构、私人机构以及个人管理其共同事务的诸多方式的总和。"治理"与传统的"统治"或"政府管制"（government）不同，"统治"是指政府作为单一的国家管制机构，基于社会管理需要而实施的具有权威性的专门的公共管理活动；管理强调政府对社会公共事务进行垄断和强制性的管理。治理则强调政府、非政府组织、市场、志愿团体及其他社会组织对公共问题的"多中心共治"。近 20 年来，环境治理的"多中心共治"模式已逐渐发展成为一个内涵丰富、适用广泛的理论，并在许多国家的环境治理中得到广泛应用，成为全球环境治理中最重要的发展趋势。

---

* 殷兰杰，1966 年生，河南财经政法大学公共管理学院副教授。

二　全球环境治理模式的嬗变：从政府管制型到企业自愿型

（一）政府管制型环境治理模式

"政府是一种最高级最完整的社会组织。"①"政府行为"作为较为宽泛的概念，既包括法规、政策、计划的制定，也包括对它们的执行。凯恩斯主义为政府管制型环境治理提供了支撑性的理论基础，政府作为环境治理的主体，具有环境治理的合法性，从 20 世纪 60 年代以来，政府作为环境治理主体，其环境治理的干预功能被不断放大。②至 20 世纪 70年代，政府在环境治理中的作用日益明显，逐渐形成了政府管制型环境治理模式。

政府管制型环境治理模式，是政府部门及其机构作为单一的管制主体在环境治理中的各种政府行为。20 世纪六七十年代以来，西方各国在政府内部都先后建立了专门的环境治理部门，指导全社会的环境治理工作，通过强力措施来约束企业的环境污染行为。

政府管制型模式具有三个方面的基本特征。

一是政府充分行使公共治理职能，保护环境和自然资源。实践证明，与人类生活、生命息息相关的自然资源，如未受污染的空气等，与公共物品一样具有竞争性，也就是说某个人对它的使用，会减少其他人的使用，这就不可避免地导致"公地悲剧"，而私人决策者的理性本能倾向于过度地使用公共资源。市场机制对于环境污染的"公地悲剧"显得无能为力，人们无法指望市场机制自发地保护环境与自然资源。面对环境保护的市场失灵，政府有义务运用"政府机制"的工具，对环境污染问题进行限制和规范，如制定污染排放标准，征收排污税，对受害方施以污染补贴。政府通过公共治理职能的行使，对环境和自然资源进行管制，以保证人类社会公平、自由地使用共有资源。

---

① 刘炳香：《西方国家政府管理新变革》，中共中央党校出版社 2006 年版，第 65 页。
② ［英］阿瑟·塞西尔·庇古：《福利经济学》，金镝译，华夏出版社 2013 年版，第73 页。

二是公共物品和服务由政府提供更有效。西方经济学认为，政府在社会经济生活中扮演着公共物品提供者的角色。公共物品具有非排他性和非竞争性，个人无力独自提供，必须由代表公共利益的政府、非政府组织等公共机构提供。公共物品的提供具有不同的模式，政府不能全部大包大揽，当然，在各种模式中，政府一直在发挥着重要的作用。比如，中央政府一般可以提供涉及全国共同利益的公共物品，如国家环境治理的战略方针等制度形态物品、各省市之间环境治理与合作关系的协调、环境治理项目的建设等；地方政府提供的是事关地方环境治理的公共物品，包括地方环境治理的战略方针和法规条例、各地区环境治理关系的协调、跨地区环境治理的项目建设等。由于市场失灵的不同表现，政府介入的程度有所不同，不同公共物品的提供模式也不同，但政府的作用不可或缺。

三是政府对突发性环境危机处理具有高效性。20世纪70年代以来，伴随着世界经济的快速发展，世界各国特别是一些发展中国家面临着环境持续恶化的状况，环境危机进入一个高发阶段。政府处理公共危机的优势在于其可以运用公权力快速地做出反应，使危机在短时间内得以缓解或解决，消除负面影响，这一优势可以说是其他治理模式所不具备的。

20世纪80年代末期以来，随着市场经济的发展与新公共管理运动在西方的兴起，政府管制型环境治理模式在世界范围内逐渐失去了其原有的主体地位。但由于其有一定的优势，许多国家并未完全放弃，而是与其他模式综合并用。

（二）市场调控型环境治理模式

西方微观经济理论认为，在市场经济活动中，生产者或消费者外部影响的存在导致资源配置失当等问题的发生，其根本原因在于产权问题，即没有做到产权明晰。产权是一种财产权，是不同利益主体对某一财产的占有、支配和收益的权利，它包括财产的所有权、占有权、支配权、使用权、收益权和处置权等。其中所有权是根本产权，即终极所有权，它是其他权能产生的基础。[①] 如果产权界定明确，财产就可以自由交换和

---

① 陈建华主编、殷杰兰等副主编：《管理学》，河南大学出版社2013年版，第307页。

流通，从而实现资源的合理配置，许多外部影响就可能不会发生。如某条河流的上游污染者使下游用水者受到损害，如果给予下游用水者以使用一定质量水源的产权，则上游的污染者将因把下游水质降到特定质量之下而受罚。在这种情况下，上游污染者便会同下游用水者协商，将这种权利从他们那里买过来，然后再让河流受到一定程度的污染。同时，遭到损害的下游用水者也会使用其出售污染权而得到的收入来治理河水。总之，由于污染者为其不好的外部影响付出了代价，所以其私人成本与社会成本之间并不存在多大差别。①

明晰产权这种对付外部影响的政策，是一般化的科斯定律的特例。科斯在《社会成本问题》一文中提出，在产权明确并且交易成本很小或为零的前提下，当事人可以通过谈判使非效率或不好的外部影响得以纠正，从而使社会效益最大化，在开始阶段无论将产权归于谁，市场均衡的最终结果都可以达到帕累托最优，即最有效率。也就是说，在这种给定条件下，社会环境中的市场力量可以足够强大到将外部影响"内部化"，从而仍然可以实现帕累托最优状态，而无须政府的干预。林德布鲁姆认为，市场化治理机制，就是"凭借交易方式中的相互作用，而不是通过中央指令以对人的行为在全社会范围内实现协调的一种制度"②。朗兹和斯凯切尔曾用简洁的语言描述了市场化治理机制的寓意和主要特色：价格机制是关系协调的主要方式。冲突出现时，一般通过讨价还价或者诉诸法律，以确定有关团体的责任。市场机制使参与者有很高的自由度来决定他们是否组成同盟，虽然环境的竞争特性和各个团体的潜在猜疑会限制他们对公共事业负责任的程度。③

科斯定律同样可以用在环境治理问题上。"公地灾难"发生的原因在于公有物属于无主物，我们可以通过市场调控，将公有物的产权界定清晰，使"公地灾难"发生的广度和深度尽量减少。市场调控型环境治理

---

① 高鸿业主编：《西方经济学·微观部分》（第6版），中国人民大学出版社2014年版，第383页。

② ［美］C. E. 林德布鲁姆：《市场体制的秘密》，耿修林译，江苏人民出版社2002年版，第4页。

③ Vivien Lowndes & Chris Skelcher, "The Dynamics of Multi-organizational Partnerships: Analysis of Changing Models of Governance", *Public Administration*, Vol. 2, 1998, p. 318.

模式就是希望通过私有化来保护环境这一公共物品，借助无形的市场之手，对各种不同环境资源的稀缺程度予以界定，以促使世界各国或地区合理开发与利用环境资源，并能对环境恶化问题进行有效治理。市场调控型环境治理模式本质上是环境治理的一种经济工具。20 世纪 80 年代以来，市场调控型环境治理模式已经成为 OECD 各成员国环境治理的主要手段。①

市场调控型环境治理的基本模式有如下四种。

BOT（build-operate-transfer，建设—运营—移交）模式。对许多发展中国家来说，由于各种原因，能源、交通等领域的基础设施建设往往存在庞大的资金缺口，BOT 方式能在一定程度上缓解这种矛盾，BOT 模式是一种暂时私有化（temporary privatization），是政府对私人资本颁布特许，允许他们自筹资金建设某些基础设施及其相应产品与服务，并且允许他们在一定时间之内对其进行经营与管理，并获取一定收益。政府既要保证私有资本的获利性，又要保证其提供的公共产品或服务的数量与质量及价格的合理性。BOT 的过程风险也需要由政府和私人机构共同承担。私人机构在特许期限结束后，应按协议约定向政府部门移交基础设施的所有权与经营管理权，由政府指定部门与人员进行经营和管理。总之，BOT 模式下的私人机构对项目设施仅拥有一定时期内的经营权，而不具有所有权。

TOT（transfer-operate-transfer，移交—运营—移交）模式。TOT 模式在本质上属于 BOT 融资方式的新发展。在长期发展过程中，BOT 为了适应经济与社会环境的变化，衍生出许多变种模式，TOT 便是其中之一。广义上的 BOT 品种，在 TOT 之外，还包括 BOO（build-own-operate）、BOOT（build-ownoperate-transfer）、BLO（build-lease-operate）这些衍生品种在内。TOT 是指投资人经由政府或国有企业授权同意购买获得一定时期内已建成项目的产权和经营权，通过约定时间内的有效经营回收先期的投资并获得合理回报，在约定期满之后，再将项目回交政府或原有企业的一种融资方式。企业进行收购或兼并，也可以采取 TOT 这种模式。

---

① 朱德米：《地方政府与企业环境治理合作关系的形成》，《上海行政学院学报》2010 年第 1 期。

PPP（public-private-partnership，公私合作）模式。PPP 模式是近年来为了弥补 BOT 模式的不足而出现的一种新的融资模式，即政府与社会资本以合作的方式，共同开发既有设施项目建设，旨在实现合作的"双赢"或"多赢"。其运作程序是：政府以政府采购的方式对有关建设项目进行招投标，与中标单位组成特殊目的公司（由建筑公司、服务经营公司或对项目进行投资的第三方组成的股份有限公司）签订特许合同，项目前期的资金筹措、项目的建设以及项目建成后的经营都交由特殊目的公司具体负责。为了使特殊目的公司的资金支持有保障，政府与贷款机构通常会签订各种相关协议，规定将按照与特殊目的公司签订的合同支付有关费用。PPP 的实质是：为了减少政府财政压力，政府通过特许民营企业一定时期内项目的特许经营权和收益权，换取社会公共基础设施加快建设与运营。在西方社会，PPP 模式应用普遍。国内近几年也逐渐得到发展。早在 1992 年，英国就开始使用 PPP 模式，将其广泛应用于交通、卫生、公共安全、国防、教育、环境治理等工程之中。

SHC（self-help community，社区自助）模式。社区自助模式是经由社区全体业主成员同意后，由社区自主建设各种污染物处理设施的环境治理模式。在这种模式中，社区组织为环境治理的管理方，建设污染物处理设施的实施方一般由专业公司来担任，社区内各位业主负责承担各种建设费用。[1] 社区自助模式属于分散处理模式，与集中处理相比，具有投资小、规模小、技术要求不高的特点，比较适合于农村社区以及远离城市中心区域、各种市政管网难以覆盖的市郊地区，其用户确定，收缴费用简单。中小型环保企业比较适合于建设和运营这种社区自助模式。

（三）企业自愿型环境治理模式

面对日益严峻的生态环境问题，越来越多的企业认识到，减少污染是企业应承担的社会责任之一。长期以来，传统经济学认为，企业的天然职责在于为股东实现企业利润的最大化，而保护和增进社会福利则是政府和非营利组织的责任。社会经济学认为，从企业与现代社会的关系来看，社会与政府通过各种法律法规认可了企业的建立，给予其利用各

---

[1] 李伟、姚薇之：《城市污水处理市场化模式》，《资本市场》2004 年第 3 期。

种生产资源的权利以及许多优惠政策，包括允许企业对环境某种程度的损害。因此，企业不只是对股东负责的"经济细胞"，而且是伦理实体与"社会公器"。循环经济理论和现代企业以循环生产模式取代传统的线性模式，就是基于对企业"伦理实体"与"社会公器"的定位而取得的觉悟和进步。基于此，许多企业认为，它们应当主动、自愿地对社会负责，既要创造利润，也要增进社会福利，减少企业对环境的污染，改善和提高社会的生活质量。

企业自愿型环境治理模式具有三个方面的特征。

一是治理承诺的自愿性。进入 21 世纪以来，越来越多的跨国公司声明"自觉遵守 UNGC、GRI、AA1000、SA8000 等规范和标准是企业义不容辞的责任与义务；用约束机制与纪律来规范自身和供应商的行为，定期发布反映企业社会责任（ corporate social responsibility，简称 CSR ）表现的年度报告"①。主动、自觉地降低其他不可再生资源的消耗，减少企业对环境的破坏。企业社会责任是企业追求有利于社会长远目标实现的一种义务，它超越了法律与经济对企业所要求的义务。企业社会责任是企业管理道德的要求，完全是企业出于义务的自愿行为。②

二是治理形式的多样性。企业自愿型环境治理模式，源自于企业自身对环境治理重要性认识的提高。由于世界各国国情不同，企业自愿型环境治理模式呈现出多样性：第一是单边承诺，指企业自身制订环境治理的中长期计划。企业需要与政府、其他企业以及社会公众等环境利益攸关者开展合作，接受它们的指导与建议以及独立的第三方的监督。20世纪 80 年代加拿大政府在全球率先提出并推行的责任关怀（ responsible care）的企业理念就属于典型的单边承诺。1992 年，责任关怀理念被国际化工协会联合会（ ICCA）接纳并在全球推广。责任关怀是全球化学工业自愿发起的关于健康、安全及环境等方面不断改善绩效的行为，是化工行业的自愿性行动。第二是私下协议，是指污染企业根据社会上独立的第三方确定的污染程度，主动与附近的居民、单位等污染的受害者签订

① 单忠东：《中国企业社会责任调查报告（2006）》，经济科学出版社 2007 年版，第 13 页。

② 周三多主编：《管理学》（ 第 4 版），高等教育出版社 2014 年版，第 31 页。

协议，各方共同制订企业的环境治理计划，安装污染治理设备，并对前期的污染做出合理的赔偿。第三是谈判性协议，企业与其所在地区的公共机构通过谈判就企业的中长期环境治理计划达成某种协议，协议内容主要包括企业的环境治理目标、时间、投入资金以及设备等，就企业前期污染给周围居民、单位所造成的经济损失给予一定的补偿。从签订协议到达成目标的这一时段，公共机构一般不会再就协议内容追加其他条款，也不会再给企业引入新的环境治理标准。第四是开放性协议，指企业认可并遵守国家环境保护与治理部门所制定的环境管理标准与条款，并自愿接受环保部门对其环境治理计划的执行情况进行评估。环保机构也会主动向企业提供涉及技术支持、研发补助以及许可企业使用某种环境标识等形式的经济激励。美国环保局（EPA）制订的"33/50"计划以及"绿色电力""能源之星"等都属于开放性协议。

三是治理结果的多赢性。企业治理污染增加的成本尽管会导致企业的产品价格上升，但从世界范围来看，越来越多的企业还是自愿加入到主动治理污染的队伍中来。原因在于主动治理污染，可以使企业、社会等各方达到多赢。首先，污染治理较好的企业在社会上拥有良好的声誉，良好的声誉就是生产力，就是利润。其次，企业主动制定治理污染指标，会影响到政府的环境治理目标，减少政府规制成本。德国企业协会在1990年制定的污染治理目标是，到2015年将二氧化碳排放量减少至1990年的20%，但德国政府原来制定的污染治理排放标准，是将排放量减至1990年的25%—30%。企业污染排放标准高于政府所定标准，使政府在污染治理方面的规制成本减少，同时也会对此后德国政府关于污染治理标准的制定产生重要影响。再次是环境治理有利于企业生产力的提高。传统的企业往往都是建立在高耗能、高污染、高排放基础上的高碳企业，对环境造成了极大的危害。建设"资源节约型、环境友好型"社会对它们的环境治理规划、生产流程、组织结构都提出了严峻挑战。企业通过创新设计流程、自愿参与环境治理规划，对企业进行从高碳到低碳脱胎换骨式的改造，本质上是对企业流程的再造。迈克尔·哈默（Michael-Hammer）和詹姆斯·钱皮（James Champy）在《企业再造》一书中主张"对经营流程彻底进行再思考和再设计，以便在业绩衡量标准（如成本、质量、服务和速度等）上取得重大突破"①。环境治理的企业将会在原材料与信息技术供应、生产流程改善等方面获得政府或社会提供的多种优惠与资助，这将有助于企业进一步提高生产力，激发和增进企业的竞争力。

三　当今环境治理模式的发展困境分析

（一）政府管制型环境治理模式的发展困境

一是政府管制型环境治理模式中存在着信息不对称问题。信息经济学认为，帕累托效率最优状态的条件是拥有完全信息。但是现实中信息不对称却是常态，中央政府与地方政府在环境治理中具有不同的功能定位，中央政府着力于宏观治理，地方政府重心在于微观事务，因此，地方政府拥有中央政府所不具备的信息优势。中央政府与地方政府对经济与社会发展的理解也会有不同，中央政府更强调经济与自然环境的协调，而地方政府具有很强的经济属性，发展经济、增加 GDP 与环境保护相比较，环境保护往往被放在第二位。地方政府会对向中央政府汇报的环境治理信息进行过滤，将不利于地方发展的信息过滤掉或进行"截留"，中央政府无法得到地方环境治理的真实信息，导致中央政府与地方政府在环境治理信息方面的严重不对称。

二是政府管制型环境治理模式存在着高成本问题。近十几年来，环境污染加剧了地球的承受极限，环境治理进入高成本偿债期。政府管制型环境治理模式中，政府包揽了几乎所有环境治理方面的问题，导致环境治理成本不断攀升。中国政府在环保投入方面的低效值得深思。有专家认为，造成高投低效的原因在于，中国采用了不太适当的环境治理模式，应当纠正过度依赖政府的环境保护做法。

三是政府管制型环境治理模式存在着制约其他环境治理主体能力发挥的问题。从西方国家的实践来看，环境治理运行机制已不再是单纯局限于中央政府与地方政府二者之间的互动关系，而是一个涵盖了企业、

---

① ［美］迈克尔·哈默、詹姆斯·钱皮：《企业再造》，王珊珊等译，上海译文出版社 2007 年版，第 92 页。

政府、社会等多重主体在内的合作运行网络。但政府管制型环境治理模式中政府的强势地位，导致其他社会参与主体很难介入其中，他们的力量不能自然而然地发展壮大，严重妨碍了他们在环境治理中主观能动性的发挥。此外，政府管制型环境治理模式在耗费大量社会资源的同时，还不可避免地发生失误或走弯路，从而使政府管制型环境治理的效率大大降低。

（二）市场调控型环境治理模式的发展困境

一是环境治理中的投资收益问题。由于投资环境改善的收益低、回报周期长，其中收益也并非投资者个人所能完全拥有，实际上是为全社会创造收益，这对企业投资环境治理的积极性会产生一定的影响。

二是市场活动中的"经济人"对环境治理具有负面作用。"经济人"假设是西方经济学中最基本的假设之一。"经济人"的每一种经济活动都会对外部产生影响，比如，造纸企业主在其获得利润的同时，给环境造成了污染，这是经济的负外部性。又如，目前中国的钢铁产量最多，消耗了世界上最多份额的原材料，造成的环境污染持续多年难以得到根本的改善，换来的却是仅占世界 GDP 4% 的份额，长此以往，中国的持续发展将会面临严重问题。

三是市场调控模式中交易成本的存在会影响其效用。市场调控型环境治理模式在理论上可以解决外部不经济问题，但在现实中，由于大家习惯将生态环境视为公共物品，公共物品的非排他性和非竞争性的特征，使得许多"搭便车"的现象不可避免。欣德摩尔认为，市场化治理模式还可能会导致特别的交易成本，比如复杂性、权力不对等、信息不对称等。[1] 同时，市场调控型环境治理模式下的地方政府存在着过度注重追求利益最大化的偏好，这样可能会导致出现一些消极效应等。[2]

---

[1]　Andrew Hindmoor, "The Importance of Being Trusted: Transaction Costs and Policy Network Theory", *Public Administration*, Vol. 76, 1998, p. 42.

[2]　张明军、汪伟全：《论和谐地方政府间关系的构建——基于府际治理的新视角》，《中国行政管理》2007 年第 11 期。

（三）企业自愿型环境治理模式的发展困境

一是企业会出现"搭便车"的行为。企业的"经济人"特征使一些企业不会自愿、自动地加入到环境治理的队伍中来，对企业制定的不低于甚至还要高于国家环保法律法规的标准很难自觉去遵守。同时，环境立法的滞后性使得一些企业宁愿"搭便车"，也不愿积极地参与到自愿型环境治理的行列中。

二是可信度降低且事后评估难以进行。君子协定式的企业自愿型环境治理，属于义务性，没有强制性，属于道德范畴与伦理范畴。在这种模式中，企业污染治理规划的实施、治理信息的发布以及各种报告制度，没有相应的制约机制，如果企业没有执行到位，也没有相应的惩罚机制，这样就会降低社会对企业自愿型环境治理模式的信任度，而且也难以对企业污染治理的行为进行有效的事后评估。

三是导致某些治污设施的重复建设。企业自愿型环境治理模式是企业开展一种自愿的独立进行的治污模式，企业相互之间交流不多，企业大多都是依据自身的状况制定治污规划，购买治污设施。这种"各自为政"而非"整体推进"的环境治理模式，导致企业之间治污信息不对称，各种治污设施可能会重复投入、重复建设，无谓地增加环境治理的社会成本，导致资源浪费，甚至出现新的污染。

四　全球环境治理模式的发展趋势
——多中心共治型

从 20 世纪六七十年代至今，国际环境治理已经走过了 40 多个年头，治理模式相继经过了由政府管制型、市场调控型再到企业自愿型的发展，但它们无一不是单一主体的环境治理思路，在实施过程中，存在着各种不同的操作困境。多中心共治型环境治理模式打破了传统治理模式的束缚，认为环境治理并非单一主体之治理，而是由政府、市场与社会组成的多中心主体共治。三种治理主体中，政府管制的权威性、市场调控的及时回应性以及企业自愿治理的自愿性在组合中相得益彰、优势互补。哈兰德·克勒维兰（Harland Cleveland）曾指出，现在人们所思、所想、所需、所求的未必是更多的政府统治，而是更多的治理。① 笔者认为，多中心共治型环境治理模式将是打破传统环境治理模式困境的最佳路径选择。

（一）多中心共治型环境治理模式的基本特征

一是治理主体的多元性。多中心共治型环境治理是一种多元行动主体相互合作的过程，包括政府机关与公民社会的合作、政府机关与非政府机构的合作、公共机构与民间机构的合作、中央政府与地方政府的合作、地方政府与地方政府的合作，以及超国家地方组织与地方政府的合作。

二是治理权力关系的调整。多中心共治型环境治理意味着中央政府与地方政府之间权力关系的调整，中央政府只负责环境治理的宏观调控，即环境治理大政方针的制定，而把环境治理的中微观事务交由地方政府负责，使地方政府承担更多的环境治理职能，发挥地方的积极性、主动性和创造性。相对地，地方有权要求参与中央决策事宜，实践地方共商国是的精神。

三是治理的互动性。治理背景下的社会鼓励公民参与公共事务，注重发挥民间组织的积极主动性，使公民承担更多环境治理的职能，完成公民治理的目的。

四是治理的特定统治动因。多中心共治型环境治理意味着在许多带有不同目的和目标的行动者之间，如政治行动者、机构、企业利益、公民社会及跨国政府等，维持一定的协调与一致性。②

五是从政府统治到治理的转变。多中心共治型环境治理意味着环境治理对政府单极统治的放弃，这是西方国家在全球化快速冲击的背景下，将其权力朝向国际层次和国家内部所属地方转移。公民参与环境治理事务的管理，符合民主化的潮流。

---

① G. H. Frederickson & K. B. Smith, *The Public Administration Theory Primer*, Colorado: Westview, 2003, p. 105.

② Y. Papadopoulos, "Cooperative Forms of Governance: Problems of Democratic Accountability in Complex Environments", *European Journal of Political Research*, Vol. 42, 2003, p. 478.

（二）多中心共治型环境治理模式的优势

一是多中心共治的优势互补性。多中心共治型环境治理模式就是在环境治理的各个层次、各个区域同时进行调节，由环境合作治理的多个行动主体同时供给公共服务，充分发挥各类治理主体的能动性。多中心治理的制度设计的关键在于实行分权，所以，多中心共治观点下的环境治理，必须依靠多元治理主体的通力协作。

二是多中心共治快速回应性。西方国家环境治理的实践表明，相对于中央政府单一中心的管理体制，多中心共治型模式中，由于地方政府、非政府部门、私人机构，以及超国家地方组织比较接近基层、弹性较大，能够更好地回应公民的环境治理需求。公共选择理论认为，数量较多的小的地方政府及其他组织彼此紧密合作，常常可以更有效地促进效率和效能。

三是多中心共治的相互合作性。任何一个地区都不可能具有其经济发展所需的一切资源，不可能独立地解决所有问题，必须通过合作实现互通有无，使各类资源和生产要素在区域之间实现优化配置，[①] 环境治理的跨域性更是如此。多中心共治模式，有利于治理主体之间相互合作，建立污染共治的伙伴合作关系。

多中心共治型环境治理模式的发展时间短，其本身还存在各种不足，比如网络状的治理结构容易导致权力重叠现象的发生；多治理主体意味着目标的多元性，或许会导致目标冲突的产生；治理主体之间存在相互依赖性，容易模糊各主体之间的责任边界，使治理问责略显尴尬。相对于多中心共治型环境治理模式的优势而言，上述问题显然是次要的，这是模式嬗变转型中的问题，需要在发展中予以解决。

五　小结

政府管制型、市场调控型、企业自愿型三种环境治理模式在环境治理的实践中，存在自身难以克服的困境，而多中心共治模式无疑是对前

---

① 郭翠璇：《试析"泛珠三角"区域科技合作动因与阻力》，《广东经济》2005年第10期。

三种单一主体治理模式的突破，是当今环境治理的方向与趋势所在。多中心共治模式，将政府的宏观主导、市场的微观调控以及非政府组织、民众的积极参与等多元主体共治的优势充分发挥，使多元主体的积极性都得以充分发挥，从而形成环境治理合力，促使环境治理水平和能力得到大幅提升，实现生态环境的"善治"。

（选自《国外社会科学》2016 年第 5 期）

生态转移支付理论研究进展及国内外实践模式

祁　毓　陈怡心　李万新[*]

一　导论

　　生态环境是人类生存与发展的基础，也是社会经济发展的重要支柱。近代以来，人类片面追求物质文明的建设，对资源环境进行了掠夺性的开发，忽视了对生态环境的治理和保护，带来物种灭绝、资源短缺与空气污染等一系列生态环境问题，严重制约社会经济的发展，给人类社会可持续发展造成了严重威胁。2016 年联合国环境大会指出，地球生态资源的消耗与人类污染足迹的增加，使我们在健康和福祉方面承担日益增长的成本。空气污染、化学品暴露以及自然资源开采，都是以消耗自然生态系统——人类生命的支持体系为代价的。全球 1/4 的死亡人数与环境污染有关，改善环境已成为保证人类健康发展的迫切任务。由于生态保护具有公共性、外部性等特点，协调利益相关方的关系、平衡生态保护实施者的收益和成本成为需要解决的重要问题。生态补偿和生态转移支付是两种实现外部成本内部化的机制安排，是平衡相关方利益、保证生态保护有效实施的重要手段，已在许多国家

　　* 祁毓，1987 年生，中南财经政法大学财税学院副教授。陈怡心，1995 年生，中南财经政法大学财税学院本科生。李万新，1973 年生，中南财经政法大学文澜讲座教授，香港城市大学公共政策系副教授。

实施。生态补偿是指一种由参与方自愿和协商，通过对生态服务付费来解决外部性，从而改善生态环境的生态保护策略，在国外通常称为生态服务付费（Payments for Ecosystem Services，PES）。生态转移支付是将生态保护指标纳入政府间财力再分配标准以弥补地区间收益外溢的财政政策工具。

作为重要的财政政策工具，生态转移支付对实现地区平衡发展、加强生态保护具有重要作用。尤其对于中国和其他发展中国家，面对市场机制不健全和"强政府，弱市场"的治理结构现实，生态转移支付制度能更有效发挥财政再分配对激励政府环境治理和其他社会主体环境治理行为的影响，鼓励地方政府加强环境保护和治理工作，达到生态保护的目标。本文期望通过对生态转移支付的理论进行梳理、总结和评述，介绍和总结国外生态转移支付实践模式，为下一步的拓展性研究提供借鉴，也为健全生态转移支付制度提供启示。

二　生态转移支付制度的兴起与理论渊源

（一）环境价值与环境外溢

为更好利用市场规范和调节经济发展与环境保护的关系，经济学将环境问题纳入研究范畴，环境价值理论应运而生。从经济学视角看，目前主要有劳动价值论、效用价值论和存在价值论等，为环境资源价值观提供不同的视角和理论体系。劳动价值论运用马克思的劳动价值论来考察环境价值，认为现在的生态系统已不再是"天然的自然"而是"人工的自然"，即在环境再生产的过程中投入了人类的劳动，因而环境具有价值。效用价值论认为，自然资源满足人们生产生活的需要，对人类有巨大效用，即具有价值。存在价值论认为，价值分为使用价值（UV）和非使用价值（NUV）两部分，后者也称存在价值，主要包括能满足人类精神文化和道德需求的部分，如美学价值、文化价值等。[①]

具有价值的自然生态系统及其所提供的生态服务属于公共商品，具

---

① 方巍：《环境价值论》，博士学位论文，复旦大学经济学院，2004 年。

有非竞争性和非排他性。公共商品容易产生"公地悲剧"和"搭便车"的问题，当某类生态资源的使用不存在竞争性，就会导致该类生态资源被过度开采、适用和消费，最终影响到生态平衡。再由于生态产品的消费具有典型的非排他性，即无法有效（比如成本过高或者技术上不可行）地排除"搭便车"的群体，因而也会导致生态产品拥挤性消费，导致生态商品的无效率或者低效供给，进而影响生态产品生产者的积极性。生态环境的外部性具有两方面。一是过度开发资源、排放污染物等造成生态破坏带来外部成本，由整个社会承担，环境破坏者独享收益；二是生态环境保护会产生收益外溢的正外部性，其他地区在未承担任何成本的情况下，可以享受生态保护的效益。

由于生态市场的虚拟性以及生态产品本身无法具备私人商品的完全属性，使得生态产品的生产和提供在市场交换过程中无法体现其价值，同时也无法对生态副产品的"提供者"进行约束和处罚。因而，"个体理性"会使得私人部门更倾向于选择多消费而少提供，最终必然导致生态产品的实际供给远远低于社会均衡供求值，这就是典型的个体理性与社会理性的矛盾。

生态环境具有价值，且生态保护具有公共商品属性和收益外溢的正外部性，会出现市场失灵、供给不足的现象，决定了生态保护需要由政府主导，由政府制定制度进行有效管理，确保公共服务的供给效率。因而，政府在进行相关决策时，应该关注生态环境的价值。在存在外部性的情况下，生态转移支付制度可以补偿实施生态保护地区的管护成本和机会成本，将外溢的收益内部化。生态转移支付作为一种协调政府间关系的制度，体现了生态保护公共服务应由政府负责的本质。

（二）生态补偿

生态补偿是以保护和可持续利用生态系统服务为目的，以经济手段为主，调节相关者利益关系的制度安排。更详细地来说，生态补偿机制是以保护生态环境、促进人与自然和谐发展为目的，根据生态系统服务价值、生态保护成本、发展机会成本，运用政府和市场手段，调节生态保护利益相关者之间利益关系的公共制度。[1] 对于生态补偿的定义，目前仍有争议，国外一般称为生态服务付费（PES），大多数人比较认可冯德的定义。他认为，PES 有五个特征，即自愿的市场交易，明确的生态服务（ES），有（至少一个）生态服务购买者，有（至少一个）生态服务提供者，只有生态服务提供者提供生态服务时、购买者才支付。[2] 现在，许多PES 的案例包括了政府干预和公共支付机制，[3] 实质是资源在社会主体间的转移。生态补偿的定义在不断扩大，适用范围逐渐拓展，补偿类型、补偿内容、补偿形式也呈现多样化。从广义上讲，生态转移支付作为一种政府运用财政政策工具弥补生态保护成本、内化外部性、激励地方实施生态保护的手段，也是一种生态补偿措施。

（三）环境联邦主义下的地区间竞争

由于信息、激励和效率等方面的考虑，与其他公共事务治理类似，许多国家和地区的环境治理都在集权和分权之间进行选择，进而形成了著名的环境联邦主义理论。分权型环境治理可能带来环境外部性、污染逐底竞争以及搭便车等问题，因而需要更高级次或者同级次政府间做好协调和激励。因而，在理论上，环境联邦主义理论成了环境转移支付机制的重要理论基础。换言之，生态转移支付机制本质上是通过财政转移支付手段来协调地方政府间（包括横向和纵向）环境关系。

环境联邦主义根植于传统的财政联邦主义，探究不同层级政府的角色和通过财政制度将各级政府联系起来的方式。财政联邦主义理论认为，由于地区间偏好的异质性，地方公共商品和服务由地方决定和提供会更有效率。[4] 在没有规模经济和外部性的情况下，分权原则适用。由于非竞争性和非排他性，许多公共品在不同辖区间存在空间外部性，公共品的

---

[1]　中国生态补偿机制与政策研究课题组：《中国生态补偿机制与政策研究》，科学出版社2007 年版。

[2]　S. Wunder, Payment for Environmental Services: Some Nuts and Bolts, CIFOR Occasional Paper, 2005.

[3]　A. Vatn, "An Institutional Analysis of Payments for Environmental Services", *Ecological Economics*, Vol. 360, No. 6, 2010, pp. 1245 – 1252.

[4]　W. E. Oates, Fiscal Federalism, New York: Harcourt Brace Jovanovich, Polity IV Dataset, 2017 – 03 – 02, http://www.bsos.umd.edu/cidcm/inscr/polity, 1972.

收益和成本不能匹配，基于财政平等原则，即实现集体商品成本和收益的匹配，[①] 应通过政府间转移支付来实现效率。

环境联邦主义将环境问题与财政联邦主义理论相结合，体现自然保护、环境政策与联邦制之间的联系，特别是关于权力下放理论方面。根据财政分权理论，环境保护的职责应由低级别政府承担，这使得地区间不同的偏好能得到更好的反映。[②] 大量研究表明，在环境保护方面，分权要比集权更有效率。[③] 但是环境公共品的提供存在空间外部性，本地保护环境的收益外溢，周围辖区也会无偿享受，地方政府提供生态服务的成本无法得到补偿，会造成地区间的逐底竞争，从而造成环境恶化。依照财政联邦主义下的财政平等原则，环境联邦主义强调生态等价原则。这需要采取适当的方式，对实施生态保护的地区给予成本补偿，激励地方政府实施生态保护。

三　生态转移支付理论述评：理论框架、运行机制与实施效果

（一）生态转移支付理论框架与运作机制

转移支付制度是实现财政收入在各级政府和地区间再分配的有效途径，有助于实现财政平等原则。生态保护是一种公共商品和服务，由于存在空间外部性和溢出效应，如果地方政府提供公共商品和服务却得不到补偿，这将造成公共商品供应的减少。依据财政联邦制理论，地方政府最了解当地的生态资源保护和发展情况，为了有效利用分权决策的优

---

① Olson J. Mancur, "The Principle of 'Fiscal Equivalence'： The Division of Responsibilities among Different Levels of Government", *American Economic Review*, Vol. 59, No. 2, 1969, pp. 479 – 487.

② C. M. Tiebout, "A Pure Theory of Local Expenditures", *Journal of Political Economy*, Vol. 64, No. 5, 1956, pp. 416 –424.

③ K. Chopra, G. K. Kadekodi & M. N. Murty, *Participatory Development-people and Common Property Resources*, Sage Publications, 1990.

势，需要通过转移支付给予地方激励。①

　　生态转移支付是一种政府间的转移支付制度，将生态指标纳入财政资金分配标准，实现财政资金在不同政府层级中合理分配，以补偿地方政府因实施生态保护付出的成本，将外部性内部化。图1比较清晰地展示了地区间基于生态保护外溢而产生的政府间财政转移支付关系。假设地区B建立生态保护区，除了本地受益外，还会为地区A和C的环境改善提供帮助，比如保护区可以有助于相邻地区净化空气，当然也包括由于地区B实施了更为严格的环境保护，使得本地的要素资源逐步向周边的非生态区集聚，有助于降低地区A和C的要素价格，降低生产成本。从某种意义上讲，这种外溢效应是建立在地区B放弃发展机会基础上的，被称为机会成本。因此，需要在地区A、B、C之间建立一种成本和收益补偿机制，才能够激励地区B可以持续地管理生态保护区。这种补偿机制一定是建立在三方自愿、合作和共赢的基础上，必须要有充分的信息表明地区C和地区A确实可以从地区B的生态保护区中获得生态收益，两者缺一不可。否则，如果只有C地区愿意或者地区A愿意补偿，都会为受益方中的另外一个地区提供搭便车机会。长此以往，就会出现普遍性的搭便车现象，导致该机制失效。技术上，还需要明确地区C和A可以从地区B中能够获得多少收益，这是需要双方共同协商的。从运作机制上看，通常有两种方式。一种是由当事双方直接进行协商与合作，通过成本和收益测算，直接划定双方的权责利，通过向受益地区（如地区A和C）提取出一部分税收组成共同池，纳入补偿基金预算中，然后通过转移支付形式向地区B进行补偿；另外一种方式与此类似，只不过加入了地区A、B和C的共同上级，这是因为在很多时候，地区B和A、地区B和C基于各自的利益很难通过直接谈判的形式建立上述补偿机制。很多时候，将双方共同的上级（有时候为中央政府）邀请进入合作体系中，上级政府主要立足于中立、公允的视角，发挥担保和监督作用，甚至有的时候上级政府为了实现辖区范围内福利最大化，也会分担一部分补偿

---

① T. Köllner, O. Schelske & I. Seidl, "Integrating Biodiversity into Intergovernmental Fiscal Transfers Based on Cantonal Benchmarking: A Swiss Case Study", *Basic & Applied Ecology*, Vol. 3, No. 4, 2002, pp. 381 – 391.

资金，发挥示范效应。因而，A、B、C 三地正是借助于转移支付这种财政再分配工具来实现环境保护激励的相容的。

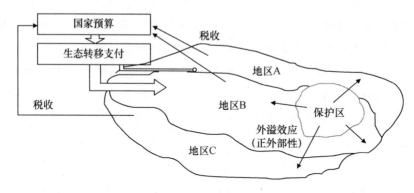

图1　生态转移支付运作逻辑

（二）生态转移支付实施效果

评价生态转移支付的实施效果，可以从生态效益、成本效率、分配效应和空间效应四个角度考量。

1. 生态效益

生态转移支付不仅具有补偿功能，更能激励地方政府积极实施生态保护，建立更多的自然保护区，产生良好生态效益。艾·琳认为，巴西的"生态增值税"（ICMS-E）有效激励地方政府建立新的保护区，并提升了当地环境管理水平和质量。[1] 数据显示，自 1991 年以来，巴西巴拉那州的保护区总面积上升了 164.5% 。[2] 尼尔斯·德罗斯特等人通过分析 20 年的面板数据，发现 ICME-E 的实施与更高的平均保护区面积有显著正相关关系。[3] 这在对其他地区的研究中也得到证明，瑞·桑托斯等人表示，葡萄牙的生态转移支付大多流向了拥有大量生态保护区的地区，并

① I. Ring, "Integrating Local Ecological Services into Intergovernmental Fiscal Transfers: The Case of the Ecological ICMS in Brazil", *Land Use Policy*, Vol. 25, No. 4, 2004, pp. 485 – 497.

② Lasse Loft, Maria Femanda Gebare & Grace Y. Wong, The Experience of Ecological Transfers Lesson for REDD + Benefit Sharing, 2016 Center for International Forestry Research, 2016.

③ N. Droste, G. R. Lima, P. H. May & I. Ring, Ecological Transfers in Brazil-International or Re-financing Conservation? The 11 th International Conference of the European Society for Ecological Economics (ESEE), 2015.

且成为地方保持和增加生态保护区面积的激励措施。[1]

2. 成本效率

除了生态效益，成本效率也是生态保护措施的要求。政策成本的有效性体现在与其他政策相比以更低的成本实现相同的目标或以相同的成本得到更大的产出。建立和实施生态转移支付的成本相对较低，因为生态转移支付利用现有的政策工具，只是在现行的分配制度上做出调整，引入生态指标，不需要支付额外的实施和管理成本，比制定新的法律来补偿生物多样性保护的成本更有效。[2] 当然，生态转移支付政策的成本取决于选取的指标和监测过程。如，只是基于保护区的面积等数量指标，这些数据容易获得，政策成本较低。[3] 但巴顿等认为如果纳入质量指标，比如生态保护区类型等，生态转移支付将更有效率。[4] 彼得·梅等人分析了 ICMS-E 的分配收入和转换土地用途的机会成本，发现建立生态保护区获得转移支付是地方政府更大的收入来源。[5] 各地政府为了实现更多的财政收入进行标杆竞争，带来环境保护质量和数量的提升，[6] 生态转移支付绩效导向的分配方式有助于实现成本有效性。

3. 分配效应

生态转移支付作为政府间财政管理的一个组成部分，对已有的公共资金在不同地区的再分配，其分配效应很大程度上取决于生态转移支付的预算是如何产生的。地区间的分配效应结果很复杂。由于巴西生态转

---

[1]　S. Rui, I. Ring, P. Antunes, et al., "Fiscal Transfers for Biodiversity Conservation: The Portuguese Local Finances Law", *Land Use Policy*, Vol. 29, No. 2, 2012, pp. 261 –273.

[2]　Ibid.

[3]　I. Ring, "Integrating Local Ecological Services into Intergovernmental Fiscal Transfers: The Case of the Ecological ICMS in Brazil", *Land Use Policy*, Vol. 25, No. 4, 2004, pp. 485 –497.

[4]　D. N. Barton, H. Lindhjem, I. Ring & R. Santos, "New Approaches and Financial Mechanisms for Securing Income for Biodiversity Conservation", in A. Vatn, D. N. Barton, H. Lindhjem, I. Ring, S. Movik, S. Ring & R. Santos (eds.), Can Markets Protect Biodiversity? An Evaluation of Different Financial Mechanisms, Noragric Report No. 60. Aas, Norway: Department of International Environment and Development Studies, Noragric, 2011, pp. 46 –85.

[5]　P. H. May, et al., The Effectiveness and Fairness of the "Ecological ICMS" as a Fiscal Transfer for Biodiversity Conservation, A Tale of Two Municipalities in Mato Grosso, ESEE Conference, 2013.

[6]　N. Droste, I. Ring, R. Santos, et al., Ecological Fiscal Transfers in Europe: Evidence-based Design Options of a Transnational Scheme, Ufz Discussion Papers, 2016.

移支付来源于增值税（ICMS）收入中的固定比例，对不同地区间的资金分配产生重大影响，在米纳斯吉拉斯州，ICMS-E 增加了最穷的地区的分配收益。[①] 葡萄牙的转移支付制度引入生态指标后，对不同地区产生了显著的分配效应。[②] 转移支付数额与各地设立保护区的面积密切相关，[③] 转移支付使得生态保护做得更好的地区受益。对土地使用者来说，生态转移支付激励地方政府进行生态保护和管理，限制土地的用途，会对土地使用者的收入产生影响。[④]

4. 空间效应

奥茨指出，分权实现效率的条件之一是地区间不存在相互作用。实际上，政府间的决策行为会相互影响，产生相互作用。生态保护方面，地区间的相互作用有两种方式，即策略互补和策略替代。策略互补意味着一个地区会追随另一个地区的行为，一个地区从保护区获得的效用会随周围地区保护区的增加（减少）而增加（减少）。这通过三种途径产生：第一，根据蒂伯特的"用脚投票"理论，厂商会选择在环境标准低的地方建厂，各地区为了吸引厂商会竞相降低环境标准；第二，农民会选择发展潜力大的地区（即保护区少的地区），这会导致地区间对于环境标准的竞争；第三，自然保护区会限制当地交通等基础设施建设的发展。[⑤] 策略替代意味着一个地区从保护区获得的效用会随周围地区保护区的增加而减少。主要的原因有以下四个方面：第一，一个地区建立自然保护区会造成该地劳动力过剩，劳动力流动到其他地区将有利于当地经济发展。第二，保护区减少了当地可用土地数量，周围的地区更乐于把土地用于经济活动，以吸引该地的农民和厂商。第三，一个地区建

---

① P. H. Mary, Neto F. Veiga, V. Denardin, et al., Using Fiscal Instruments to Encourage Conservation: Municipal Responses to the "Ecological" Value-added Tax, in á Paran and Minas Gerais, Brazil, Selling Forest Environmental Services: Market-based Mechanisms for Conservation and Development, 2002.

② S. Rui, I. Ring, P. Antunes, et al., "Fiscal Transfers for Biodiversity Conservation: The Portuguese Local Finances Law", *Land Use Policy*, Vol. 29, No. 2, 2012, pp. 261 – 273.

③ Ibid. .

④ I. Ring & C. Schr ter-Schlaack, Instrument Mixes for Biodiversity Policies, Schlaack, 2011.

⑤ Kwaw S. Andam, et al., Protected Areas and Avoided Deforestation: A Statistical Evaluation, Final Report, Global Environment Facility Evaluation Office, Washington, D. C., 2007.

立自然保护区，减少木材供给，其他地区需要增加木材采伐来弥补。[①]第四，保护区作为公共商品，周围地区会因可以"搭便车"而减少保护区。

生态保护的有效性会被地区间的相互作用削弱。两个地区采取策略替代还是策略互补，取决于其相对污染水平。如果地区间存在策略替代，即使环境政策趋紧也不能提高整体的福利水平。[②]圣盖特·亚历山大等人通过建立贝叶斯空间 Tobit 模型分析巴西 ICMS-E，发现地区间存在策略替代，而不是逐底竞争，这意味着一个地区建立保护区获得的效用将随着周围地区保护区的增加而减小，即该机制使得地区间最终达到均衡。[③]这可以解释为何巴西在 ICMS-E 建立初期生态保护区的数量迅速上升，而后逐渐趋于平稳的现象。

四　国内外生态转移支付实践模式

（一）巴西

巴西是最早建立生态转移支付制度的国家。巴西联邦各州的大部分收入主要来自对商品和服务征收流转税，即增值税（ICMS）。各州必须按照一定的标准将税收的 25% 返还给市政府。其中，75% 需按联邦宪法规定分配，剩下 25% 可根据各州法律自行分配。1991 年，巴拉那州（Paraná）首次将生态指数引入 ICMS 的财政再分配中，即将一部分税收收入转移给拥有自然保护区的城市，以奖励市政府在保护环境和生物多样性上的贡献。目前，这种已被巴西超过一半的州采纳这种生态转移支付制度，称为 ICMS-E。

---

① Louise Aukland, Pedro Moura Costa & SandraBrown, "A Conceptual Framework and Its Application for Addressing Leakage: The Case of Avoided Deforestation", *Climate Policy*, Vol. 3, No. 2, 2003, pp. 123 –136.

② D. Datt & M. K. Mehra, "Environmental Policyin a Federation with Special Interest Politics and Inter-Governmental Grants", *Environmental and Resource Economics*, Vol. 64, No. 4, 2016, pp. 575 –595.

③ Sauquet Alexandre, Sébastien March and José Gustavo Fére, "Protected Areas, Local Governments, and Strategic Interactions: The Case of the ICMS-E in the Brazilian State of Paraná", *Ecological Economics*, Vol. 107, 2014, pp. 249 –258.

ICMS-E 的目标是通过激励市政府建立和管理自然保护区，以保护生物多样性。ICMS-E 有三个特征。第一，它是局部分权体制，这意味着决策者能从更准确的信息中获益。第二，无须额外资金支持（分配的资金来自于州对商品和劳务的征税）。第三，交易成本适中，因为该机制是建立在已有的财政再分配制度基础上。[1]

以巴拉那州为例，该州将5%的 ICMS 收入依据各市环保表现按比例再分配，其中的一半用于奖励市政府创建保护区（ConservationUnits，CUs）保护生物多样性，另一半分配给有流域保护区的城市，以奖励其对公共饮水系统所做的贡献。[2]

（二）葡萄牙

2007年，葡萄牙修改《地方财政法》（LocalFinanceLaw，LFL），增添了新的转移支付方案，旨在保护生物多样性。《地方财政法》制定了中央到地方转移支付基本原则的框架，转移支付是葡萄牙地方政府非常重要的财力来源，LFL 分配标准的任何变动都会极大地影响地方政府的行为和发展战略。[3] 新的《地方财政法》引入积极的生态歧视（positiveecolog-icaldiscrimination），将（欧盟 Natura2000 自然保护区网络）（Natura2000 Sites）和其他国家生态保护区纳入财政分配的衡量依据。财政平衡基金（FEF）中的50%属于一般市政基金（FGM），生态指标通过影响一般市政基金从而影响财政资金分配，形成了有效的生态转移支付机制。一般市政基金的30%会根据保护区面积所占比例进行分配。在保护区面积低于70%的地区，25%的 FGM 根据地区面积加权分配，5%根据保护区面积加权分配；在保护区面积超过70%的地区，比例变为20%和10%。但该转移支付的分配标准只纳入了保护区面积这一数量指标，没有考虑质

---

① Sauquet Alexandre, Sébastien March and José Gustavo Fére, "Protected Areas, LocalGovernments, and Strategic Interactions: The Case of the ICMS-E in the Brazilian State of Paraná", *Ecological Economics*, Vol. 107, 2014, pp. 249 –258.

② Sauquet Alexandre, Sébastien March and José Gustavo Feres, Ecological Fiscal Incentives andSpatial Strategic Interactions: the Case of the ICMS-E inthe Brazilian State of Paraná, 2017 – 02 – 13, https: //halshs. archives – ouvertes. fr/halshs –00700474.

③ S. Rui, I. Ring, P. Antunes, et al., Fiscal Transfers for Biodiversity Conservation: The Portuguese Local Finances Law, *Land Use Policy*, Vol. 29, No. 2, 2012, pp. 261 –273.

量因素。

葡萄牙的生态转移支付符合一般转移支付的原则，地方政府可以自主决定使用方式和范围。该生态转移支付制度补偿了因设置保护区而限制土地用途影响经济发展的城市，激励地方政府将生物多样性保护纳入发展规划，对大量土地被划为生态保护区的地区效果尤为显著。

（三）印度尼西亚

近几十年来，印度尼西亚地方政府承担更多的事权，管理自然资源和环境的权力被转移到地区一级。目前，印度尼西亚通过拨款和收益分享两个渠道进行转移支付，即拨款包括一般目的基金（DAU）和特殊目的基金（DAK）。其中，特殊目的基金用于各部门特定的项目，收益分享（DBH）主要来源于税收和自然资源收益。

在分权改革以前，印度尼西亚主要是通过以项目为基础的条件转移支付确保省级和地方的环境保护支出，主要体现为20世纪70年代开始的造林和保护补助金，按照返青面积、受保护面积和工作人员数量为标准进行计算。分权改革后，印度尼西亚建立了两个生态转移支付工具——环境保护基金和造林基金（ReforestationFund）。环境保护基金坚持改革以前的做法，主要是特殊目的拨款，即通过返青、再造林、土地保护等条件拨款的方式。造林基金遵循收益分享制度安排，资金来源于林业公司的付款，中央和地方政府分别分享60%和40%的份额。该基金的目的是促进地方政府间对于林业共享收入更有效的分配，收入用于造林、森林恢复和与森林保护相关的公共职能。[①]

（四）德国和另外一些欧洲国家

财政转移支付是德国地方政府的重要收入来源和履行公共职能的资金保障：财政均等化拨款大约占西部各地区收入的30%和东部地区的50%，[②]且其中大部分是可自主决定用途的无条件拨款。

---

① S. Mumbunan, Ecological Fiscal Transfers in Indonesia, University Leipzig, 2011.

② H. Karrenberg & E. Münstermann, Trotz Gewerbesteuer Wachstum Kassenkredite auf Rekord-niveau, Kurzfassung des Gemeindefinanzberichts, Der Städtetag, 2006.

德国为激励地方更好地履行生态公共职能，采取间接和直接两种方法将生态保护纳入州到地方转移支付的考虑范围。间接方法是将土地面积指标纳入转移支付金额计算。郊区往往人口密度低，但农林用地比例较高，珍稀物种和栖息地较多，更多地承担环境保护、农业种植、水源供应等公共生态职能，因而将区域面积纳入考量能更好地实现财政均衡。目前，大多数州已经使区域面积指标纳入到一次性转移支付的计算中，有的州是作为专项补助。直接方法体现为在财力分配时直接考虑地方的生态职能，主要有三种形式：一是在财力分配时考量生态职能，提前安排出一定的款项用作生态目的；二是在确定一次性转移支付时将生态职能纳入财政需求的计算基础；三是通过有条件拨款形式，明确指定资金的用途，这种方法用得最多。[①]

另外一些国家在财政制度的改革过程中，为更好实现可持续发展的目标，逐渐开始将生态保护作为衡量指标纳入财政转移支付分配方案，尝试建立生态转移支付制度。例如，波兰为激励自治区政府落实 Natura 2000 Sites，制定了《生态补贴法》，提出对设立自然保护区限制土地而影响经济发展的区域提供一次性支付的经济补偿。法国改革财政转移系统在对地方政府进行的一次性分配中引入对位于国家公园和自然海洋公园地区的"生态分配"，以反映地区建立和管理自然保护区的成本。[②]

（五）中国生态功能区转移支付

中国生态转移支付起步并不晚，最早可以追溯到 20 世纪 90 年代实施的退耕还林等制度，但是真正将现代财政治理工具中的转移支付机制运用到生态环境保护领域，当属 2008 年开始建立和实施的国家重点生态功能区转移支付制度。2016 年，中国的国家重点生态功能区总数达到了 676 个县市区，占国土面积比例从 41% 提高到 53%。为配合重点生态功能区政策的有效落实，《国家重点生态功能区转移支付办法》明确中央财政在

---

① Irene Ring, "Ecological Public Functions and Fiscal Equalisation at the Local Level in Germany", *Ecological Economics*, Vol. 42, 2002, pp. 415–427.

② M. Borie, R. Mathevet, A. Letourneau, et al., "Exploring the Contribution of Fiscal Transfers to Protected Area Policy", *Ecology & Society*, Vol. 19, No. 1, 2014, pp. 119–122.

均衡性转移支付项下设立国家重点生态功能区转移支付，给予重点生态功能区补偿，并规定了具体的分配办法。在考虑影响财政收支的客观因素和激励约束机制后，具体公式为：某省（区、市）国家重点生态功能区转移支付实际补助数＝该省（区、市）此项转移支付应补助数±该省（区、市）奖惩补助数。

国家重点生态功能区转移支付是生态补偿政策和转移支付政策的有机结合，是在原有的均衡性转移支付制度框架下，对国家重点生态功能区实施的一种新型补偿机制，以此来补偿重点生态功能区禁止或限制开发失去的机会成本和生态保护的经济成本，但并不是完全独立的生态型转移支付。2008—2013 年，纳入国家重点生态功能区的县（市、区）由 221 个增加到 452 个。在 2013 年，重点生态功能区县（市、区）中，生态环境质量考核为"变好"（包括"变好"和"轻微变好"）的县域有 31 个，"基本稳定"的县域有 412 个，"变差"（包括"变差"和"轻微变差"）的县域为 9 个，分别占到总数的 6.9%、91.1% 和 2%。① 到 2015 年，全国 556 个县域中，生态环境质量"变好"的县域有 103 个，占 20.1%，"基本稳定"的有 344 个，占 67.2%，变差的有 65 个，占 12.7%。这似乎表明，生态转移支付产生了双重激励效应，改善型和变差型地区呈现出增长趋势，马太效应开始显现。另一项配套性约束政策也相应出台，上级政府对纳入国家主体功能区建设的县（市、区）的考核也相应发生了变化，环境质量的改善和基本公共服务水平的提升成为这些地区主要的考核指标，② 对国家重点生态功能区所在县域官员的考核也主要根据生态环境质量和基本公共服务来决定。

对于中国而言，生态转移支付制度还面临着许多问题。（1）生态转移支付的边界和范畴不明确，使得生态转移支付难以独立支撑整体的生态补偿，使得生态转移支付的边界和范畴难以体现公共性原则，既丧失了公平又损失了效率。（2）现有生态转移支付的考核标准过粗，难以起

---

① http：//yss. mof. gov. cn/zhengwuxinxi/gongzuodongtai/201310/t20131016 ＿ 999692. html ［2017 - 01 - 26］。

② 具体内容可见 2009 年出台的《国家重点生态功能区转移支付（试点）办法》、2011 年出台的《国家重点生态功能区转移支付办法》和 2012 年出台的《2012 年中央对地方国家重点生态功能区转移支付办法》。

到激励作用，补偿标准过低难以有效兼顾生态环境保护与公共服务供给之间的平衡。重点生态功能区转移支付本身隶属于均衡性转移支付的范畴，因而公式设计中的"标准财政收支缺口"带有基本公共服务均等化的倾向，公式右边的其他项则涵盖了生态环境保护激励和约束的属性。但是在实际中，重点生态功能区转移支付以"环境基础"和"环境绩效"为导向，尤其对于环境基础薄弱和财力缺口大的地区而言尤为不公，因为缺口越大的生态功能区，其面临的保护环境和公共服务的潜在矛盾最大，保护环境的激励可能越弱。

五 结论与启示

通过对生态转移支付理论和各国实践模式的梳理，可以发现生态转移支付机制运行相对比较成熟的国家主要集中于巴西、印度、南非以及中国等发展中国家，究其原因在于以下三点。第一，环境的公共商品属性和生态保护正外部性特征，决定了环境治理早期阶段往往更多地由政府主导，环境污染问题甚至被看作是市场机制失灵的表现，因而需要政府机制予以矫正。而生态服务付费是一种市场化补偿定价机制，需要健全的生态市场和科学的环境价值评估技术。但目前，中国（包括其他发展中国家）市场机制仍不健全和不成熟，[1] 对环境价值的评估技术仍不成熟，方法未统一，并且作为沟通平台的环境付费中介机构和非营利性的环境组织较少，中国实施生态服务付费的条件仍不具备。生态转移支付主要由政府通过财政机制引导，实施较为容易，并且在生态转移支付机制的建立过程中，也涉及补偿标准测定、地区间补偿关系调节等问题，实施生态转移支付的同时也可以有效推动生态服务付费机制的完善。第二，中国的环境问题经历了较长时间的历史积累，生态环境欠账严重，留存的环境问题缺乏责任主体，而在"谁受益，谁补偿"的原则下，补偿责任主体不明确，实施生态服务付费较为困难，对于历史积累的环境

---

① 2017 年最新出版的《中国分省份市场化指数报告》指出，尽管 2008—2014 年中国市场化得到了较大提升，但是在局部领域、局部地区和部分年份甚至出现了倒退，进展依然相对缓慢，市场化改革并未完成，很多方面改革不彻底。

问题，还需政府承担责任实施治理。第三，生态保护具有地区间的收益外溢效应，因而生态保护的有效性与政府间的关系和行为息息相关。中国政府为自上而下的科层体制，地方政府间的关系更多体现为"竞标赛"式的竞争机制，若无有效的补偿机制，地方政府间在环境公共商品的供给上将产生"逐底竞争"，造成生态保护服务的供给不足。因而，对于涉及多个地区的生态保护，需加强政府间合作，有效将外部性内部化，提升生态保护效果。对中国而言，有效的外部引导，尤其是财政工具的使用是政府间合作机制建立的关键。

目前，大多数实施生态转移支付制度的国家和地区，其生态转移支付的衡量指标只是基于数量指标而进行的，对于质量指标如何确定仍缺乏合理的方案，关于生态转移支付的制度设计仍在不断摸索中。现有研究较多关注生态转移支付对政府行为的影响，但对其空间效应的关注较少。生态转移支付对保护目标和转移支付方式都是敏感的，[①] 因而需要更多的研究来评估生态转移支付在不同生态和社会条件下的影响，为不同国家和地区确定适宜的生态转移支付方式提供借鉴。

对于中国而言，在继续完善现有生态转移支付制度基础上，还需要进一步引入市场机制和分类管理机制。对于那些容易区分生态环境责任主体的要素，可以重点通过市场化的补偿机制进行弥补；对于那些生态环境责任不明确或模糊的环境要素，可以重点考虑通过生态转移支付进行补偿。设置合理化且细化的生态环境考核标准梯度时，还需要进一步考虑生态环境建设的投入增长指标，将生态环境状况指数（EI）结果与生态环境保护的投入增长率指标有机结合，考虑从投入到产出全过程的绩效及其相应的管理效率，以实现激励机制的公平性与效率的兼容。从理论研究的角度来看，亟待从整体上系统评估中国生态转移支付在激励生态保护方面的效果，以及所涉及的激励约束不足、激励不相容、生态环境陷阱（即所谓的"温饱"与"环保"的取舍）等问题。此外，伴随着中国地区间合作机制的建立和中央政府协调功能凸显，横向间生态转移支付已经在新安江（浙江和安徽）、东江（广东和江西）等流域进行试

① M. Borie, R. Mathevet, A. Letourneau, et al., "Exploring the Contribution of Fiscal Transfers to Protected Area Policy", *Ecology & Society*, Vol. 19, No. 1, 2014, pp. 119 – 122.

点，未来这也是生态转移支付领域一个重要的研究方向，其所涉及的学科范围、知识体系和影响范围可能更为宽广。最后，需要指出的，伴随着财政在国家治理中基础性地位和支柱作用的凸显，生态转移支付在国家生态环境治理中的作用将会越来越大，但这并不意味着在生态治理领域中政府和财政可以大包大揽。未来现代财政治理的作用将会越来越多地体现为如何引导和激励更多的社会机制（组织）和市场机制（组织）参与到环境治理中，实现政府、社会和企业的多维共治，这才是现代环境治理的题中应有之义。

（选自《国外社会科学》2017 年第 5 期）

国外政治生态学研究述评

蔡华杰[*]

政治生态学①（political ecology）是国外马克思主义地理学家研究社会与自然关系理论过程中形成的一个重要学科分支。由于对生态环境问题独特的观察视角和解析路径，它在当前国外环境人文社会科学研究中越来越受到关注和应用，本文拟就此做些评述。

一 引言：政治生态学兴起的背景

20 世纪 60、70 年代是环境危机逐渐凸显、社会政治持续动荡的年代。这一时期社会的特征是普遍的反威权主义和焦躁不安的激进主义。1967 年 10 月至 1968 年 7 月长达 10 个月的学生抗议，墨西哥城、巴黎、洛杉矶的街头暴力，令人惊诧的政治暗杀，不断兴起的公民权利运动、妇女运动、环境运动，天主教向左翼的开放，东南亚地区局部战争的爆发，1959 年的古巴革命，50 年代到 70 年代的去殖民化浪潮，70 年代保守主义的紧缩战略，欧佩克的石油禁运，具有美国中情局背景的皮诺切特政权在智利的上台，1979 年的三里岛核事故，凯霍加河（Cuyahoga

─────────────

* 蔡华杰，1982 年生，福建师范大学马克思主义学院副教授。

① 环境政治学、生态政治学和政治生态学三个术语在国内学术界的使用较为混杂，但不管当前的论文冠以哪个术语，这三个术语的使用可归纳为两个倾向。一种是从生态的视角研究政治，研究对象是政治，研究旨趣是政治文明，因此可以将之视为政治学的一门分支学科；另一种是从政治的视角研究生态，研究对象是生态，研究旨趣是生态文明。显然，可以将本文的政治生态学归入后一种倾向。

River）的严重污染，圣巴巴拉的漏油事故，伊利湖生态系统的严重失衡，所有这些共同构成了当时知识分子展开研究的时代背景。此外，广大发展中国家现代化进程中凸显的环境问题和社会问题日益受到广泛关注，比如尼日利亚的饥荒问题、尼泊尔的土壤退化问题、巴西的森林退化问题。① 由此，西方国家对这些议题的研究出现了两种倾向。

一种是"去政治化"的倾向。1968 年加勒特·哈丁的《公地悲剧》、保罗·埃尔利希的《人口大爆炸》、1972 年罗马俱乐部出版的《增长的极限》等，是这一时期较有影响力的论著。它们对环境问题和社会问题的关注与研究，有利于培养公众的环境意识和全球意识，对环境危机的研究均指向了人口的快速增长和有限资源的耗尽，对社会问题的研究则指向了人口过剩、不恰当的土地管理或者人类愚昧无知的认知能力和世界观。由此，这些研究带有一种"去政治化"的倾向，即将环境危机、社会问题与特定的政治经济进程分离开来阐释，掩盖了环境危机、社会问题与特定阶级的政治经济利益、意识形态属性和价值立场之间的联系，没有将之视为资本主义社会形态下生产关系再生产的产物。

另一种是"再政治化"的倾向。20 世纪 60、70 年代，众多学者开始对传统学科的知识和方法进行反思，并自觉运用马克思主义的原理和方法分析问题，特别是对上述发展中国家面临的土壤、农业和农民问题的政治经济学批判受到不少学者的青睐，由此产生了像依附理论和世界体系理论这种具有"政治化"色彩的理论。其中，重要的代表性思想家有安德烈·冈德·弗兰克（Andre Gunder Frank）、萨米尔·阿明（Samir Amin）和伊曼纽尔·沃勒斯坦（Immanuel Wallerstein），他们的著作及其所蕴含的马克思主义方法论为政治生态学的产生提供了必不可少的理论准备。

可以说，面对 20 世纪 60、70 年代的环境与社会问题，一方面是对环境和社会问题的"去政治化"阐释，另一方面是对环境和社会问题的"再政治化"研究。政治生态学是在消解环境和社会问题的"去政治化"

① Gavin Bridge, James McCarthy & Tom Perreault, Editors' Introduction, in Tom Perreault, Gavin Bridge & James McCarthy（eds.）, *The Routledge Handbook of Political Ecology*, New York: Routledge, 2015, pp. 4 – 6.

阐释下，又以马克思主义等相关理论为思想资源对之进行重构的过程当中兴起的。

二　政治生态学的定义域和问题域

那么，什么是政治生态学呢？一方面，政治生态学本身展现出的多样性特征，使得对其定义域和问题域进行概括似乎存在着多种可能性。政治生态学自产生以来，就被广泛应用于多学科、多领域的研究中，既有环境人类学、环境社会学、生态、环境经济学等一般研究学科，也有可持续性学科、灾害研究、农村发展研究、气候变化研究、城市环境计划、土壤退化研究等具体研究学科。因此，从政治生态学的应用范围看，明显呈现出多样性的特征，这种宽广的应用范围和跨学科性质使其本身具备多重定义和理解的可能性。"从传统的学术意义上看，政治生态学肯定不是一门学科或者分支学科：它的研究对象和分析框架及方法论都很不同，事实上，明显的跨学科特性是其决定性特征和优点之一。"[①]

但是，另一方面，政治生态学能够在多种学科和领域中得以应用，这本身就表明其在定义域和问题域方面理应具有相对的一致性，否则就没有存在的可能了。所谓定义域，指的是政治生态学的本质规定和研究宗旨；所谓问题域，指的是政治生态学的基本论域和理论问题。就此而言，政治生态学又是有其确定性的。

（一）政治生态学的定义域

对政治生态学的定义域进行界定，首先涉及的是政治生态学的理论旨趣。政治生态学虽然没有一个统一的定义，有的指向环境变化的政治后果，有的指向引起环境变化的政治因素，例如，拉蒙特·亨贝尔认为，政治生态学的研究涉及政治单位的相互依赖，以及政治单位及其与环境的相互关系，关注的是环境变化的政治后果；[②] 但是，大多数政治生态学

---

① James McCarthy, Tom Perreault & Gavin Bridge, Editors' Conclusion, 2015, p. 621.

② Lamont C. Hempel, *Environmental Governance：The Global Challenge*, Washington, D. C.：Island Press, 1996, p. 150.

家都致力于这样一种理论承诺，即批判社会理论，对自然和有关自然知识的生产持一种后实证主义的理解，所有这些都与权力的社会关系不可分离。① 政治生态学家都持有一个共同前提，即抵制环境问题的"去政治化"阐释，把环境变化和生态条件视为政治进程的产物。具体说来，这包括了以下三个根本性的、相互联系的前提：第一，环境变化的成本和收益在行为体之间的不平等分配；第二，不可避免地增强或者减少现存的社会和经济不平等；第三，从一个行为体相对于其他行为体的权力而言，环境变化所造成的社会和经济影响的差异性，同样具有一定的政治意涵。也就是说，环境变化不仅意味着为一些人带来财富，为另一些人带来贫困，也意味着一个行为体控制或者抵制其他行为体的能力的改变。② 因此，政治生态学要揭示的是环境变化的受益者和受损者、环境变化潜在的代价，以及产生社会和环境后果的权力的差异性。它试图回答这样的问题：谁从野生动物保护行为中受益和受损？地方的土地使用转型引起了怎样的政治运动？

要回答这些问题，将生产力与生产关系结合起来研究的政治经济学提供了重要的方法支撑，因此，政治生态学又是一种主要将政治经济学广泛应用于生态问题研究的方法论。加文·布里奇等人指出，政治生态学的著作根源于马克思主义政治经济学。③ 皮尔斯·布莱基和哈罗德·布鲁克菲尔德认为，政治生态学就是"把生态学和广义政治经济学的关切结合起来。这包括了社会和土地资源的连续不断变换的辩证法，以及社会本身的阶级和集团的辩证法"④。詹姆斯·格林伯格和托马斯·帕克认为，两种理论对政治生态学的形成具有重要影响，一个是生物—环境关系的更宽广的愿景，一个是政治经济学，它强调将权力分配、生产活动和生态分析结合起来的必要性。⑤ 理查德·皮特和迈克尔·瓦茨认为，政

① Gavin Bridge, James McCarthy & Tom Perreault, Editors' Introduction, 2015, p. 7.

② Raymond L. Bryant & Sinéad Bailey, *Third World Political Ecology*, New York: Routledge, 1997, pp. 27 – 28.

③ Gavin Bridge, James McCarthy & Tom Perreault, Editors' Introduction, 2015, p. 7.

④ Piers Blaikie & Harold Brookfield (eds.), *Land Degradation and Society*, New York: Methuen, 1987, p. 17.

⑤ James B. Greenberg & Thomas K. Park, "Political Ecology", *Journal of Political Ecology*, Vol. 1, 1994, p. 1.

治生态学就是"具有生态根源的社会科学与政治经济学原理的结合"①。此外，政治生态学还采纳了其他具体研究方法，比如，定性研究和定量研究相结合的方法、广义的人种学方法（包括访谈法、直接观察法）、历史文献分析法。因此，政治生态学的方法体系是以政治经济学作为主要方法，同时又融入了其他具体方法的体系。

政治生态学不仅是一把"斧头"，挥向从政治视角看存在缺陷的、危险的、有问题的关于生态环境的"去政治化"阐释，还是一颗"种子"，力求孕育出一种全新的社会生态，这种全新的社会生态将展现出较少压迫和剥削、较多可持续性的替代性愿景。② 这种愿景的展开致力于一种规范性的政治承诺，即社会正义和结构性政治变革。从一开始，政治生态学就强调被边缘化人口的斗争、利益和困境，比如，农民、原住民、少数民族、宗教少数派、妇女和穷人。政治生态学家不仅寻求对社会和环境进程的解释，而且致力于构建这种解释的替代性理解，并走向社会正义和激进政治。③

通过以上论述，大致可以描述政治生态学的定义域，即政治生态学以政治经济学和其他各种具体方法作为方法体系，在回应生态环境的"去政治化"阐释中，研究生态环境变化与特定政治经济要素的关系，考察和揭示环境变迁背后复杂的国内和国际政治经济权力关系与博弈，旨在创建一种既彰显社会正义，又推动环境可持续发展的替代性愿景和蓝图。

（二）政治生态学的问题域

我们可以将政治生态学视为一种理论的和政治的"棱镜"，人们透过这一"棱镜"进一步理解、挑战、构建当今世界的自然与社会关系。虽然这一"棱镜"最初被应用于后殖民语境下的农业议题、集中化的保育和资源冲突与治理，但它已被证明具有更广泛、更持久的效用，能够为

---

① Richard Peet & Michael Watts, "Liberation Ecology: Development, Sustainability, and Environment in the Age of Market Triumphalism", in Richard Peet & Michael Watts (eds.), *Liberation Ecologies: Environment Development*, Social Movements, New York: Routledge, 1996, p. 6.

② Paul Robbins, *Political Ecology: A Critical Introduction*, Oxford: Blackwell, 2012, p. 20.

③ Gavin Bridge, James McCarthy & Tom Perreault, Editors' Introduction, 2015, p. 8.

人们理解人与环境的关系提供强有力的分析力。[1] 因此可以说，人与自然、社会与自然的关系构成了政治生态学的总问题域，而在人与自然、社会与自然这一总的问题域之下，保罗·罗宾斯在再版的《政治生态学：一个批判性导论》一书中将具体的基本论域和理论问题概括为以下五个方面。[2]

第一，退化和边缘化论题（degradation and marginalization thesis）。随着国家对经济干预的增强以及逐渐融入区域和全球市场，原有对环境无害的生产体系逐渐转向对自然资源的过度剥削利用。这也许会导致越来越多的贫穷和周期性的过度剥削。与此同时，政府或企业为了获取传统的集体所有权或者强加外来制度，原本可持续的社群管理被预先假定为不可持续的。政府或企业声称以现代主义式的发展改进本土人口的生产体系，却导致本土实践可持续性的减弱，以及资源不平等分配的加剧。

第二，保育和控制论题（conservation andcontrol thesis）。以保存"可持续性""社群"或者"自然"的名义强行夺取和控制生产者或者以一定阶级、性别、民族组成的生产者群体的资源和风景，在这一进程中，政府和全球利益集团以保存"环境"的名义破坏了本土的生计体系、生产体系和社会政治组织。为了控制资源，政府或者其他行为体将那些在历史上多产的、相对良好的本土生产实践界定为不可持续。

第三，环境冲突和排斥论题（environmental conflict and exclusion thesis）。政府、私营企业或社会精英通过资源圈占或者侵占的方式制造越来越多的稀缺，引发了群体间的冲突。由于政府及其代理人和私营企业的干预，一部分群体以牺牲他人群体利益为代价对集体所有的资源进行控制，使得环境问题变得"社会化"了；由于保育或者资源发展政策的变化，社群之间现存的、持久的冲突，使社会问题变得"生态化"了。

第四，环境主体和身份论题（environmental subjects and identity thesis）。制度化和充斥着权力关系的环境管理体制导致了"新人"的出现，"新人"有对自己的自我定义，有对世界的全新理解，有全新的生态意识

---

① Gavin Bridge, James McCarthy & Tom Perreault, Editors' Introduction, 2015, p. 621.

② Paul Robbins, *Political Ecology*: *A Critical Introduction*, Wiley-Blackwell, 2012, pp. 21 – 23.

和行为。可以肯定的是，人们的信仰和态度不会导致新的环境行动或者规则体系的产生。相反，新的环境行动或者规则体系会产生"新人"。全新的环境体制和条件已经为本土群体获取资源和政治上代表自身提供了机会和必要条件。由于"新人"的生态思想能够将包含不同阶级、民族和性别的不同群体联系起来，因此他们代表了一种全新的政治行动形式。

第五，政治客体和行为体论题（political objects and actors thesis）。自然世界和人类世界的相互作用，使得自然世界的物质特征带有政治性。不同的人、组织、社群和国家相互作用，改变他们之间的权力关系，并对环境和社会产生影响。就当前的历史而言，霸权性的组织和个体通过控制和导向新的联系和变革获得了相当大的影响力，产生了难以预料的、往往是恶性的后果。在这一进程中，出现了来自传统的、替代性的、进步性的联盟的抵制。

三　政治生态学的形成与发展

政治生态学一词最早不是出现在上述背景下的 20 世纪 60、70 年代，而是 1935 年 1 月 5 日出版的《科学通讯》（*The Science Newsletter*）。当时，该刊以政治生态学为栏目名称刊发了弗兰克·索恩的《凌乱的自然：我们为草地而斗争》（Nature Rambling：We Fight for Grass）一文。[①] 当时尽管用了政治生态学这一术语，但显然与本文所指的不同。政治生态学的诞生，先后经历了 20 世纪 70 年代的学术准备阶段、80 年代的经典著作问世阶段和 90 年代以来的蓬勃发展阶段。

（一）政治生态学的前期学术准备

较早对上述背景下的问题进行回应，为政治生态学的产生做好前期准备的学者主要有：埃里克·沃尔夫（Eric Wolf）、汉斯·恩岑斯贝格尔（Hans Enzensberger）、理查德·沃克（Richard Walker）和已为中国学界所熟知的大卫·哈维。1972 年，人类学家沃尔夫发表了题为"所有

---

① Frank Thone, "Nature Rambling：We Fight for Grass", *The Science Newsletter*, Vol. 27, No. 717, 1935, p. 14.

权和政治生态学"的论文，指出一个复杂社会的财产关系不仅仅是地方或地区生态过程的结果，而且是不同力量相互竞争的战场。在这一战场上，他们利用法权关系维持或者重构社会的经济、社会和政治关系。因此，资本主义所取得的进步是利用了所有权的法律规则，剥夺了劳动者的生产资料，否定了劳动者对其产品的所有权。① 但沃尔夫并没有对政治生态学这一术语做进一步的探讨。德国学者恩岑斯贝格尔揭示了生态争论的阶级特点、生态工业企业的资本利益以及人口不可控制的增长这种观点所具有的意识形态特征，指出生态危机是与生产方式不可分离地联系在一起的，从生产方式出发研究生态问题是一个重要前提，只要资本主义生产方式存在，对自然的滥用趋势就不会因为技术上的努力而在总体上发生转变。② 美国学者沃克对科学在环境政策中的作用进行了批判性分析，指出科学知识不能直接转化为相应的政策，我们理解和预测人为引致的自然系统变化的能力是有限的，沉溺于物理进程的考察会淡化对人为改变自然这种社会进程的理解。也就是说，对自然资源进行管理意味着对社会、经济和自然系统进行管理。他以湿地管理为例，主张湿地管理不能同特定的政治经济背景和权力关系分离开来。③ 哈维批判了自由主义环境运动的新马尔萨斯主义属性，将问题延伸到自然资源的资本主义生产上，指出对自然资源的理解不能脱离赋予其意义和价值的社会生产关系。④

　　从上述学者的论述角度看，他们明显强调了资本主义生产方式与生态环境问题的关联性，而马克思主义又是以资本主义生产方式作为研究

① Eric Wolf, "Ownership and Political Ecology", *Anthropological Quarterly*, Vol. 45, No. 3, 1972, pp. 201 –205.

② Hans Magnus Enzensberger, "A Critique of Political Ecology", in Reinhold Grimm & Bruce Armstrong (eds.), *Hans Magnus Enzensberger: Critical Essays*, New York: Continuum Publishing Company, 1982, pp. 186 –223.

③ Richard A. Walker, "Wetlands Preservation and Management on Chesapeake Bay: The Role of Science in Natural Resource Policy", *Coastal Zone Management Journal*, Vol. 1, No. 1, 1973, pp. 75 – 101; Richard A. Walker, "Wetlands Preservation &Management: A Rejoinder-Economics, Science and Beyond", *Coastal Zone Management Journal*, Vol. 1, No. 2, 1974, pp. 227 –233.

④ David Harvey, "Population, Resources and the Ideology of Science", *Economic Geography*, Vol. 50, No. 3, 1974, pp. 256 –277.

对象，因而，詹姆斯·麦卡锡等人认为马克思主义与环境问题的相遇深刻地塑造了政治生态学，并明确承认了沃尔夫、沃克和哈维在政治生态学形成过程中的学术贡献。麦卡锡指出，政治生态学认为资本积累和资本主义的主要社会关系（如私人所有权、商品化和阶级结构）制造和驱动了现代世界的许多环境变革、退化和冲突。正是这样一种分析视角，使得政治生态学首次与文化生态学和其他思考人与环境关系的方式区别开来。在这样的背景下，承认政治生态学源自经济地理学和马克思主义政治经济学的讨论和对话是重要的。政治生态学发展过程中的一些关键思想家都直接参与了这一对话，而这一讨论和对话产生于马克思主义与地理学的相遇。地理学者寻求发展一种独特的地理学上的马克思主义，并发明和提炼了某些概念和方法论，例如，依附理论、不平衡发展、不平等交换、空间修复、商品链分析，所有这些后来都成为政治生态学知识框架的重要组成部分。①

（二）政治生态学经典著作的问世

20 世纪 80 年代，政治生态学正式登场，主要由于三部被视为政治生态学经典著作的问世。一是迈克尔·瓦茨的《沉默的暴力：尼日利亚北部的粮食、饥荒和农民》。为了解开尼日利亚北部的饥荒之谜，他通过长时段的历史考察和细致的村落研究，将粮食危机的案例研究与资本主义的历史发展进程结合起来考察，对多种生产方式进行了详细的论述。他阐述了豪萨兰德（Hausaland）地区农民在前资本主义生产方式时期的道德经济系统适应气候风险的能力，而后来由于殖民主义不断扩张的资本主义生产方式入侵，原有的系统被瓦解，道德经济转变成金钱经济，农民在干旱环境面前变得脆弱起来。因此，饥荒是社会的产物，市场有如天气一样多变，干旱是一种自然现象，但是，饥荒暴露了社会、政治和市场的内在运行机制。②

二是皮尔斯·布莱基的《发展中国家土壤侵蚀的政治经济学》。土壤

---

① James McCarthy, Tom Perreault & Gavin Bridge, Editors' Conclusion, 2015, p. 621.

② Michael Watts, *Silent Violence: Food, Famine, and Peasantry in Northern Nigeria*, Berkeley: University of California Press, 1983.

侵蚀的"殖民"（colonial）或经典模型持以下四个论点：土壤侵蚀主要是一个"环境"问题，而不是"环境—社会"问题；应该受到指责的是懒惰的、无知的、落后的、非理性的土地使用者；应该把人口过剩与土壤侵蚀联系起来考察；主要的政策方向之一是将耕种者和牧民纳入市场经济中。对此，布莱基持一种批判态度。他认为土壤侵蚀是一个政治经济议题，主张把"基于场所"（place-based）的方法和"基于非场所"（non-place-based）的方法结合起来研究。前者关注发生在特定场所中的土壤侵蚀所造成的影响，后者关注使用土地、运用技术、规定价格、征收税收的生产关系。布莱基将两种方法的结合称为"自下而上"（bottomup）的方法，即一方面考察最小的决策单位——家庭对土地的影响，另一方面又把家庭置于更广的当地生产关系和世界市场的交换关系这两种社会关系中进行考察。由此，便可以认清那些土地保育技术和政策失败的阶级因素，弄清强权者从耕种者身上榨取剩余价值，而耕种者又从环境中获取资源，这种社会关系导致了土壤肥力的下降或土壤侵蚀。也正是在这种社会关系下，只有当土壤侵蚀严重影响最强权阶级包括工业资本家阶级的资本积累时，一种强烈的土地保育倾向才有可能发生。[①]

三是布莱基和哈罗德·布鲁克菲尔德（Harold Brookfield）主编的《土壤退化和社会》[②]。这源于1984年2月在澳大利亚国立大学举办的专题研讨会成果的论文集，主要关注的是土地退化的社会经济议题。土地退化往往被视为是一种自然环境特征，并为自然科学家所研究，在土地退化的成因、修复和预防方面，自然科学家取得了大量的成果。但是，论文集的作者认为，要成功修复土地，还应考察土地退化更深层的社会、经济和政治因素。为此，他们采取"区域性政治生态学"（regional political ecology）方法研究土地退化。所谓"区域性"，一方面指的是有必要考虑土地修复的环境多样性和空间变化，另一方面指的是有必要将环境考量引入地区增长和衰退的理论当中；所谓"政治生态学"，指的是将生态

---

① Piers Blaikie, *The Political Economy of Soil Erosion in Developing Countries*, New York: Longman, 1985.

② Piers Blaikie & Harold Brookfield (eds.), *Land Degradation and Society*, New York: Methuen, 1987.

学与广义的政治经济学结合起来。这涉及的是社会与土地资源之间的辩证关系、社会内部阶级和利益集团的辩证关系。作者研究了欧洲、北美、亚洲和非洲的大量案例，研究了前资本主义体系、社会主义国家、发达市场经济国家以及共同所有制体系之下的土地退化问题，展现了土地退化在时间和空间变化下复杂的历史、政治和经济因素。可以说，这本论文集是《发展中国家土壤侵蚀的政治经济学》的进一步延伸。

（三）政治生态学的发展现状和趋势

20 世纪 90 年代以来，政治生态学稳步发展，全球有越来越多的学者参与、推动这一领域的发展和完善。笔者检索了 SSCI 数据库中最近 20 余年关于政治生态学的发文情况（见图 1），从中可见，这一时期关于政治生态学的论文增长缓慢。据《人文地理学词典》的"政治生态学"词条介绍，这是因为这一时期的政治生态学存在如下一些缺点：在生态学和生态动力学方面的观点有点过时；在人类认知方面的唯意志论倾向；未能从理论上提供一系列概念，用以说明特定的环境后果或者转型。这些缺点再加上政治生态学固有的模糊性和广泛性使其在 90 年代的发展相对缓慢。[①] 笔者认为，这些是一门正在形成中的学科或新范式难以避免的问

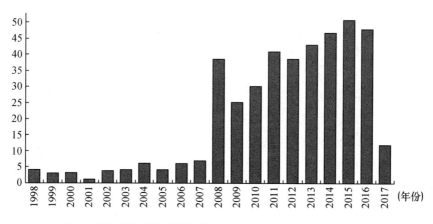

图 1　政治生态学论文增长情况（1998 年 1 月—2017 年 4 月）

---

① Derek Gregory, et al. , *The Dictionary of Human Geography*, Oxford: Basil Blackwell Ltd. , 2009, pp. 546 – 547.

题。随着生态环境问题与其背后政治经济因素的相关性逐渐凸显，这一点已为更多的学者所认识。从图 1 中可看出，最近 10 年关于政治生态学的论文数量猛增，这说明应用政治生态学的学者在增多，认同政治生态学对环境问题研究具有有效性的观点在增多。

总的来说，我们可以从研究群体、研究机构、出版物和研究主题这四个方面探讨政治生态学近 20 余年的发展情况。

从研究群体看，政治生态学的研究主要集中在英美等发达国家，特别是美国加州大学伯克利分校和克拉克大学已成为该领域的研究重镇。主要的研究人员有杰克·科赛克（Jake Kosek）、唐纳德·摩尔（Donald Moore）、南希·佩卢索（Nancy Peluso）、内森·赛尔（Nathan Sayre）、迈克尔·瓦茨（Michael Watts）、道格·约翰逊（Doug Johnson）、迪克·皮特（Dick Peet）、戴安娜·罗切里奥（Dianne Rocheleau）、比莉·特纳二世（BillieTurner II）、托尼·贝宾顿（Tony Bebbington）和詹姆斯·麦卡锡（James McCarthy）。随着 20 世纪 90 年代以来全球化的纵深发展，发达国家与发展中国家之间的"中心—边缘""剥削—被剥削"关系进一步加深，政治生态学的方法论进一步引起英美国家之外的其他国家的关注和应用，吸引了来自印度、孟加拉国、菲律宾、墨西哥、乌拉圭、南非等亚非拉国家研究人员的参与和讨论。例如，其中有较著名的印度环境史学家、被《时代周刊》誉为"印度历史卓越纪录者"的拉马钱德拉·古哈（Ramachandra Guha），南非夸祖鲁–纳塔尔大学（University of KwaZulu-Natal）的帕特里克·邦德（Patrick Bond），联合国环境规划署拉美地区协调人、墨西哥国立自治大学的恩里克·莱夫（Enrique Leff）等。①

从研究机构看，欧美地区建立了以政治生态学为旨趣的各种机构，并定期或不定期地开展各种活动。美国地理学家协会文化与政治生态学专业委员会自 20 世纪 90 年代以来定期给会员印发内部通讯，颁发年度奖，并举办年度会议。奥康纳于 1989 年在圣克鲁兹创办了政治生态学研究中心和《资本主义、自然、社会主义》期刊。美国从事人类学研究的

---

① Simon Batterbury, "Doing Political Ecology Inside and Outside the Academy", in Raymond Bryant（ed.）, *The International Handbook of Political Ecology*, Cheltenhamn: Edward Elgar, 2015, pp. 27 - 43.

学者也成立了政治生态学学会。2010 年肯塔基大学成立了跨学科的政治
生态学工作组，并且在每年举办一次"政治生态学维度会议"。在欧洲，
欧盟资助政治生态学网络和博士生活动，包括支持博士生的名为"英泰
特"（ENTITLE）的政治生态学培训网络，该网络由巴塞罗那自治大学负
责协调组织，涉及八所大学、非政府组织和环境咨询公司，博士生可以
借调到环境正义组织参与政治生态学的研究和实践。同时，巴塞罗那自
治大学的"环境正义组织、责任和贸易"是一个旨在对生态分配冲突和
环境不公正展开编目、描绘和分析的全球研究项目。在拉美，一些学者
创建了与"英泰特"对口联系的"克拉索"（CLACSO）组织；2014 年
10 月，拉美政治生态学首次会议在智利的圣地亚哥大学召开。[①]

从出版物方面看，西蒙·贝特贝利（Simon Batterbury）认为全球最
重要的三个期刊是美国的《政治生态学期刊》（*Journal of Political Ecology*）、法国的《生态与政治》（*écologie et Politique*）和西班牙的《政治生
态学》（*Ecología Política*）。此外，《资本主义、自然、社会主义》、《自
然保育与社会》（*Conservation and Society*）、《经济地理学》（*Economic Geography*）、《人类组织》（*Human Organization*）、《社会与自然资源》（*Societyand Natural Resources*）、《人文地理学进展》（*Progress in Human Geography*）、《地理论坛》（*Geoforum*）、《美国地理学家联合会会刊》（*Annals of the AAG*）、《对立面》（*Antipode*）、《发展与变革》（*Development and Change*）、《人文地理学》（*Human Geography*）和《政治地理学》（*Political Geography*）等期刊也刊发了不少政治生态学的论文。[②] 笔者根据 SSCI
数据库的检索发现，刊发题目包含"政治生态学"的论文的主要期刊除
了贝特贝利的介绍之外，还有像《新加坡热带地理学期刊》（*Singapore Journal of Tropical Geography*）这样的亚洲杂志（见表 1）。

---

① Simon Batterbury, "Doing Political Ecology Inside and Outside the Academy", in Raymond Bryant （ed.）, *The International Handbook of Political Ecology*, Cheltenhamn: Edward Elgar, 2015, pp. 27 – 43.

② Simon Batterbury, Doing Political Ecology Inside and Outside the Academy, 2015, pp. 27 – 43.

表 1　　　　　刊发题目包含"政治生态学"的论文的十大期刊

来源出版物名称	记录数	占比
《地理论坛》（*Geoforum*）	41	9.739%
《人文地理学进展》（*Progress in Human Geography*）	14	3.325%
《美国地理学家联合会会刊》（*Annals of the Association of American Geographers*）	10	2.375%
《城市和地区研究国际期刊》（*International Journal of Urban and Regional Research*）	10	2.375%
《对立面》（*Antipode*）	9	2.138%
《环境与计划 A 分册》（*Environment and Planning A*）	8	1.900%
《新加坡热带地理学期刊》（*Singapore Journal of Tropical Geography*）	7	1.663%
《生态经济学》（*Ecological Economics*）	6	1.425%
《地理研究》（*Geographical Research*）	5	1.188%
《城市地理学》（*Urban Geography*）	5	1.188%

　　从研究主题看，贝特贝利以美国《政治生态学期刊》为例，概括了该刊自 1994 年创刊以来直至 2014 年 10 月刊发的论文主题，排在前三位的是粮食和农业变化、社会议题和保育、渔业。[①] 鉴于贝特贝利给出的主题的交叉性，笔者对其进行归并整合，并将检索时间延长到 2017 年，最后得出了如图 2 所示的十大主题，其中排在前三位的是农业、保育和气候变化。当然，这些主题的区分是相对的，它们之间关注问题的交叉性依然明显。

[①]　Simon Batterbury, Doing Political Ecology Inside and Outside the Academy, 2015, pp. 27 - 43.

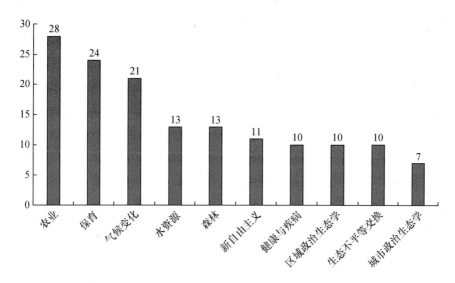

图 2　《政治生态学期刊》发文十大主题（1994—2017）

关于政治生态学未来的发展趋向，麦卡锡认为主要有以下三点。①

第一，政治生态学将从以英语国家为主转向全球化的纵深发展。政治生态学将越来越呈现国际性特征，它已是学者所认可的术语。在非英语国家，政治生态学也已成为一种研究方法，在各种新的期刊、会议中常见以政治生态学为题的论文。在这些期刊和会议的对话讨论中，不能简单地将政治生态学视为是对英美传统的一种地区性表达。作为一种术语和政治、知识立场的政治生态学越来越受学者的欢迎，根源于学者之间的共识，即全球的政治生态学研究均致力于批判主流的资本主义政治经济权力结构，并着力推动社会变革。同时，政治生态学也根源于学者之间的相互促进和交流。发展更具多样性、典型性的政治生态学对该领域的未来至关重要。

第二，政治生态学将从"人类中心主义的政治生态学"转向"后人类主义的政治生态学"。加拿大不列颠哥伦比亚大学的胡安妮塔·桑德博格提出，在诸如边界划分和边界执法的地缘政治进程中加入非人类因素将面临这样的挑战：如何定义作为参与者的那些非人类因素，同时又不使用它们在各自的领域里所具有的自然和社会的二元本体。为了解决这

---

① James McCarthy，Tom Perreault & Gavin Bridge，Editors' Conclusion，2015，pp. 623 – 626.

一方法论上的挑战，桑德博格提出了"后人类主义的政治生态学"（post-humanist political ecology）概念。他研究了沙漠、河流、塔木里畔荆棘丛林（Tamaulipan thornscrub）和猫科动物是如何改变、扰乱和阻碍边界日常的执法行为，导致作为参与者的国家要求更多的资金、基础设施、实地人员和监测技术。研究结果显示，将非人类因素作为参与者加以认真考虑，为美国执法策略的升级提供了一种变动性的说明。[①] 政治生态学向这种"后人类主义的政治生态学"发展，意味着动物和其他非人类实体不仅仅作为研究对象或者生态系统的根本要素而存在，而且将作为一种拥有自身权利的参与者而存在，并与人类相互作用。这种对非人类实体认知的转变，使政治生态学从"人类中心主义的政治生态学"向"后人类主义的政治生态学"转变。

第三，政治生态学将从"地上的政治生态学"转向"地下的政治生态学"。政治生态学的经典著作聚焦于农业以及与之相关的粮食、土地议题。如果将这些讨论地表之上资源的议题称为"地上的政治生态学"，那么，近年来政治生态学的议题正逐渐转向"地下的政治生态学"（underground political ecology）[②]，更多聚焦地表之下资源的开采所引起的气候变化议题。政治生态学出现这种转向的原因，除了气候变化本身是当今时代事关人类命运的一个重大问题之外，还由于气候变化相比早期的农业议题更具全球性，开采化石燃料等采掘业与全球资本流动密切相关，并直接体现了原材料和能源交易与消耗方面的全球政治经济关系。麦卡锡的这一判断还是比较准确的，因为从笔者上述的十大主题看，农业排在了第一位，主要是由于这一议题是政治生态学经典著作关注的领域，是早期历史发文的累积结果。如果排除历史因素，显然排在第三位的气候变化将成为未来关注的焦点问题。

---

① Juanita Sundberg, "Diabolic Caminos in the Desert and Cat Fights on the Río: A Posthumanist Political Ecology of Boundary Enforcement in the United States-Mexico Borderlands", *Annals of the Association of American Geographers*, Vol. 101, No. 2, 2011, pp. 318–336.

② Anthony Bebbington, "Underground Political Ecologies: The Second Annual Lecture of the Cultural and Political Ecology Specialty Group of the Association of American Geographers", *Geoforum*, Vol. 43, No. 6, 2012, pp. 1152–1162.

四　结语

本文对 20 世纪 70 年代以来政治生态学产生和发展的全貌做一研究综述，目的不仅在于引介国外环境研究的最新动态，还在于指出其作为一种环境研究的新方法论，对于当今中国和世界的意义格外重要。

政治生态学有助于我们反思当今生态环境问题的"去政治化"阐释。"去政治化"意味着在政治价值立场上的"中性化"，在研究取向上对意识形态的"淡化"。就生态环境问题而言，"去政治化"阐释就表现为，在面对生态危机时，主张针对生态环境问题本身展开叙事而尽量回避或有意忽视与之相关的政治价值立场和意识形态性。生态环境问题因其首先表征的是人与自然的关系，因此，更容易在研究上跌入"去政治化"的陷阱，特别是在剖析生态环境问题的成因时，不少学者撇开人与人在生产过程中的生产关系，单从抽象的落后观念和表面的技术破坏进行阐释，而不考究生态环境问题产生过程中的政治经济因素，不质疑对这个时代起着极大支配作用的资本主义生产方式，这与政治生态学形成之初所批判的环境问题归因上的"人口增长极限说"如出一辙。

反思生态环境问题的"去政治化"阐释，要求我们对生态环境问题进行"政治化"阐释。因此，作为一种分析框架的"政治生态学"不仅是必要的，也是有用的。政治生态学是一种将生态学与政治经济学融合起来的方法论，"生态"意涵在于吸收了生态学的基本知识，承认生态系统自身的承载能力并构成了对人类生产的绝对约束；其"政治"意涵在于生态系统又是人类社会政治经济建构的产物，人类社会生产方式的变革逐步打破生态系统的绝对约束，并伴随着自然资源所有权的变化引起财富和权力的生产与分配的变化，以及由此产生的生态环境变化的受益者和受损者的阶级分化，这样一种分化反过来又对生态环境的变化产生影响。因此，从政治生态学的角度对生态环境问题进行考察的中心问题在于：人类怎样改造生态系统以获取自身所需要的物品和服务，又是怎样创建政治经济制度来管理这些物品和服务的再生产和分配。

因而，从当前的现实语境看，就全球环境议题而言，政治生态学就是要考察资本主义生产方式改造全球生态系统获取物品与服务的形式，以及如何维持和再生产所需的自然资源和劳动力，及其在此进程中所形成的生产关系。就我国而言，政治生态学的价值在于，应审视资本逻辑维度上所造成的生态环境问题，生态破坏现实案例中资本、政府、公众等多元利益行为体的复杂权力关系，以及如何超越资本裹挟下的生态治理路径，凭借社会主义的制度优势寻求结构性的生态政治变革，最终走向社会主义生态文明的新时代。

　　当然，从目前看，我们还很难说政治生态学已经成为一门独立的学科，在学科性质、逻辑起点、研究对象、研究方法和理论体系方面还有待进一步探索。但不管怎样，正如麦卡锡所言，"尽管当今时代的具体轮廓发生了许多变化，但政治生态学将具有持久的相关性，它对环境问题的批判性分析和贡献有：对环境问题的政治经济根源的强调；对人与环境关系肤浅的去政治化理解的抵制；对社会结构和进程的复杂性、历史性和可塑性的持续关注；对边缘化群体与环境议题重要性的坚信。在新自由主义时代的深处，政治生态学必须坚持的主要任务和做出的贡献之一，是证明一种替代性的、非资本主义的人与环境关系是可能的"①。

（选自《国外社会科学》2017 年第 6 期）

----

① James McCarthy, Tom Perreault & Gavin Bridge, Editors' Conclusion, 2015, p. 626.

追求财富还是增进共同福祉

——《21 世纪生态经济学》评述

陈永森[*]

《21 世纪生态经济学》于 1989 年在美国公开出版，原书名为《走向共同的福祉——转向共同体、环境和可持续将来的经济》（*For The Common Good*：*Redirecting the Economy toward Community*，*the Environment*，*and Sustainable Future*）由赫尔曼·E. 达利和小约翰·柯布合著。两位作者都是国际上有影响力的生态经济学家，前者是稳态经济学的代表人物，后者是过程哲学家和建设性后现代主义的领军人物。本书被环保主义者、后现代主义者誉为"生态经济学的奠基之作"和后现代运动的扛鼎之作，荣获美国国家图书奖。2015 年，由王俊和韩冬筠翻译的中文版更名为《21 世纪生态经济学》。

该书以怀特海过程哲学为方法论基础，倡导后现代的生态文明，主张以相对自给自足取代经济全球化，呼吁以宗教的热情保护地球的完整性。尽管该书出版于 20 世纪 80 年代末，但中文版出版后，在大力推动绿色经济或低碳经济、大力推动生态文明建设的中国还是引起了学界广泛的关注。如何理解这本书，如何看待达利和柯布在这本书中提出的观点以及他们的主张是否对中国的生态文明建设有借鉴价值，是当前学术界讨论的几个问题。

---

* 陈永森，1961 年生，福建师范大学马克思主义学院教授。

一 "生态经济学"方法论基础：
怀特海的过程哲学

柯布在中文版序言中指出："整本书所采取的方法都是基于怀特海的。"① 因此，要深入研究本书，有必要考察作者对怀特海过程哲学的理解以及对其方法论的应用。怀特海认为，过程即实在，过程是世界万物本身固有的属性，过程就是事物本身，"一个现实是如何生成便构成该现实实有本身"②。任何现实事物倘若离开了不断生成的现实过程，它们就成了非实在。实在不仅表现为过程，也是处于关系中，且"'关系'是支配着'性质'的"③。该书对现代经济学或新自由主义经济学的批判主要是借用怀特海"错置具体性谬误"的提法。所谓"错置具体性谬误"，简单地说就是把抽象当具体从而使一般理论脱离特殊具体情况。他认为，聚焦于一组抽象为你的思考界定了清晰、明确的关系，但专注于抽象，使你抽离了经验的其余的部分，"如果在经验那里这些被排除掉的事物很重要，那么你的这种思维模式就不适合处理它们"④。该书的第一部分详细阐述了新自由主义经济学所犯的错置具体性错误及其导致的问题。

（1）过度专业化未能解释完整的社会现象。经济学作为一门科学，突出的问题在于"抽离了研究内容所发生的深刻变化"⑤。"学科崇拜"或过度的专业化使经济学忽视了经济现象与其他自然科学、人文社会科学的联系，无法解释完整的社会现象并导致预测的失误。经济学的过度专业化也缩小了专业学生的关注范围，甚至使处于领导地位的学者缺乏平衡力，正如怀特海所言的"细节上的进步往往只会使问题更严重"⑥。

（2）对构建数学模型的热衷远离了活生生的经济生活。现代经济学

---

① ［美］赫尔曼·E. 达利、小约翰·B. 柯布：《21 世纪生态经济学》，王俊、韩冬筠译，中央编译出版社 2015 年版，第 4 页。

② ［英］怀特海：《过程与实在》，商务印书馆 2012 年版，第 39 页。

③ 同上书，第 5 页。

④ A. N. Whitead, *Science and Modern World*, New York：Macmillan, 1925, p. 200.

⑤ ［美］赫尔曼·E. 达利、小约翰·B. 柯布：《21 世纪生态经济学》，王俊、韩冬筠译，中央编译出版社 2015 年版，第 30 页。

⑥ A. N. Whitead, *Science and Modern World*, New York：Macmillan, 1925, p. 200.

使用的数学方法，把所有不能被量化、货币化的东西都抽象掉了。当经济学专注于量的分析和数学模型，以至于忽视了事物质的区别以及数学模型或假设产生的历史条件及其发展变化时，经济学就远离了生活。作者指出，"经济计量经济学本应为解决所有重要的理论和政策争议提供经验验证，但实际上它却无能为力"[1]。

（3）GNP 标准偏离了国民整体福祉。作者认为，GNP 衡量的只是福利的某些层面，不能作为衡量一个国家总体福利的指标。首先，GNP 极大歪曲了实际的经济状况。GNP 把重点放在了市场活动上，没有进入市场范围的活动被忽视了；就市场活动而言，GNP 也没能充当一个衡量市场活动的方法，如把折旧计入 GNP 数据中，实际上就偏离了国民福祉。其次，GNP 忽略了构成生命诸多珍贵的内容和人际关系。人们背井离乡前往城市打工，经常不带家人，即使收入有所提高，但社会交往质量和个人的生存质量都急剧下降。作者反对现代经济学把社会关系破坏看作不可避免的观点，认为这些社会成本并非必付的。再次，GNP 忽视了经济发展的外部性成本，如环境代价。

（4）经济人假设歪曲了人的本性。作者认为，现代经济学的经济人假设是极端错误的。首先，人总是处于一定的社会关系中，鲁滨孙式的个人并不存在。"我们是在关系中产生并通过关系而存在，离开了这些关系我们就没有身份。"[2] 其次，人并非只追求经济利益。一些人富有但还努力工作，说明这些人不是为了满足个人消费；慈善行为不是为了经济利益，而是从受惠者的快乐中得到满足。再次，人对经济利益的追求是有限的，所谓无法满足的欲望很大程度上是商家制造出来的。总之，"经济人模型没有很好地刻画出现实的人……这一模型的使用影响了人的现实行为，使其离开关心共同体的模式而走向了自私自利"[3]。

（5）市场崇拜遮蔽了市场的局限性。作者认为过度推崇市场作用的理论至少存在如下的错误：第一，忽视市场可能导致的垄断从而阻碍

① ［美］赫尔曼・E. 达利、小约翰・B. 柯布：《21 世纪生态经济学》，王俊、韩冬筠译，中央编译出版社 2015 年版，第 31 页。

② 同上书，第 166 页。

③ 同上书，第 95 页。

了竞争；第二，漠视社会共同体道德的作用和生物圈共同体的限制；第三，忽视了公共产品的性质和追求市场主体活动的负外部性问题；第四，看不到市场效率可能导致的不公平；第五，无法解决可持续发展的经济规模问题。"市场不会站在资源使用总量相对生物圈而言最优规模（甚或仅仅是可持续的）的角度，去思考限制自身规模的增长。将其外部性内化是改善资源配置的一个好办法，但是解决不了最优规模问题。"①

（6）土地商品化偏离了土地的本性。把土地看作空间和可开发的资源，看作是一种可用价格来衡量的商品，这种高度的抽象使我们越来越偏离了土地的本性。作者认为，把注意力从土地转到租金，而放弃了对土地真实价值的兴趣，"表明了错置具体性的谬误是多么普遍"②。在作者看来，土地价值是其本身固有的而不是人类劳动赋予的；土地不是"空的"，而是"满的"或自足的；不是被动的，而是主动的。人类是自然的一部分，而不是大地的主人。把土地资本化，无止境榨取其价值，必然招致自然的报复。

可以说，对资本主义现代经济学的批判是《21 世纪生态经济学》最为精彩的部分。人不是孤立的原子而是处于特定的关系和特定的共同体中；人不是单纯和孤立的经济人，人除了利己一面还有利他一面，是处于社会关系中的多种需求的复杂综合体；人有物质需要也有精神需要；"看不见的手"并非总是有效的，资本主义社会的周期性经济危机就是明证；土地不应仅仅被看作为人所用的被动资源，而应该被看作生生不息的自我循环系统。作者对现代经济学的批判实质上是对新自由主义经济学的批判。不过，我们也要注意到，尽管马克思主义政治经济学与柯布的"共同体经济学"对新自由主义经济学的态度有相似之处，但两者的方法论基础是不同的。作者强调事物的过程性、要求在整体和关系中把握事物的性质、反对"错置具体"等有一定的合理性，但我们要充分意识到过程哲学的唯心主义和神秘性。如果所使用的方法是非科学的，在

---

① ［美］赫尔曼·E. 达利、小约翰·B. 柯布：《21 世纪生态经济学》，王俊、韩冬筠译，中央编译出版社 2015 年版，第 60 页。

② 同上书，第 121 页。

这种哲学基础上建立起来的经济理论就不是牢固的。从过程哲学出发，不仅可以否定自由主义经济学，也可导致对马克思主义的政治经济学和历史唯物主义的否定。错置具体是错误的，我们不能把抽象当具体，但在思维过程中，从感性具体到思维抽象再从思维抽象到思维具体是必要的和可能的。尽管在这过程中，可能导致以偏概全甚至犯教条主义的错误，但人类的高明之处就在于能够形成范畴，进行抽象的思维。

二　共同体经济学的目标："为了共同的福祉"

在批判现代经济学的错置具体性谬误后，作者致力于建构共同体经济学。共同体经济学基于生态圈视角，因此柯布的共同体经济学也可称为生态经济学。共同体经济学或生态经济学包含以下几个方面内容。

（1）以多学科综合的"非学科化的经济学"。作者认为共同经济学重在对现实的考察而不以抽象替代具体，重在国民真实福利提高而不是用货币衡量财富增长，重在长远的可持续发展而不是短期利益。作者指出，共同体经济学与传统经济学的对立在于不是把经济学看作一门"学科"而是"特别倡导一种非学科化的经济学"；[①] 不专注于数学模型和演绎推理而要求"回归具体"，共同体经济学就要"让已经分裂的学科重新成为一体"。[②] 作者把经济学与物理学（如熵的原理）、生态学、伦理学和宗教结合起来，把资源的绝对稀缺作为经济活动的基础，把共同体的福祉作为经济学的归宿，以过程哲学和生态学的方法作为分析手段，改变了经济学的研究范式和论域。

（2）以共同体为依归的经济学。作者认为，经济学作为一种学问，最好把其理解为"家政学"而不是理财学。这种经济学着眼于长期目标而不是短期目标；考虑共同体的利益，而不仅仅是交易双方的成本和效益；关注具体的使用价值及其有限度的积累，而不仅仅关心抽象的交换价值及其无限的积累。为了共同体的长远利益，柯布和达利希望更广泛

---

① ［美］赫尔曼·E.达利、小约翰·B.柯布：《21世纪生态经济学》，王俊、韩冬筠译，中央编译出版社2015年版，第127页。

② 同上书，第131页。

的共同体（如国际社会）承担更多的责任，因为当今的全球问题不是靠单一的民族国家可以解决的。不过，作者也意识到，除非因全球气候变化导致个别国家与全球贸易经济结构崩溃，每个国家都不会轻易地放弃自己在全球舞台上的地位和短期利益。因此，共同体经济学强调国家层面的共同体的利益。从这个意义上，作者把自己称为"民族主义者"。

（3）以"熵"原理为科学依据的经济学。作者批判了把自然当作人类可以无限使用的被动物质的观点，并提议用"自然"替代"土地"。他们提出，物质从一种形式向另一形式的转变需要大量的能量，这限制了自然满足人类需要的能力；爱因斯坦的质能转化原理也否认了自然资源能无限使用的思维习惯。作者以热力学第二定律原理作为科学根据，认为人类的生产和消费活动是一个从有序到无序的熵的不断增加过程，熵的不断增加说明今天这样的资源消耗是不可持续的。"知识无疑能够帮助我们确定界限，并以最合理的方式做出调整以适应这些界限。我们甚至能够学会从同样的资源那里挤出更多也许是无限的福利。但那并不能消除由有限性、熵和我们对生态的依赖产生的对经济的物质规模的限制。"①

（4）以生命为中心的经济学。作者认为，自然资源和熵的不断增加之所以令人不安，是因为威胁到了生命系统的健康与稳定，特别威胁到了人类的生存和发展。"因此，对于自然世界的经济思考而言，与能量放在一起的第二抽象范畴就是生物圈。"② 与人类一样，生物圈既是目的，也是手段。"当经济学家对待有生命的事物时，尤其是对待大的生物系统时，他们不能把这些只当作为人类经济提供燃料的资源。相反，人类经济的发展需要考虑生物圈的健康。"③ 基于生命中心的视角，他们反对服务于经济指标的基因工程。基因工程的短期经济效益与长期可持续性发展之间存在冲突。当基因库被当作私有财产接管时，就达到了个人主义

---

① ［美］赫尔曼·E. 达利、小约翰·B. 柯布：《21 世纪生态经济学》，王俊、韩冬筠译，中央编译出版社 2015 年版，第 206 页。

② 同上书，第 208 页。

③ 同上。

经济学的最高点。

（5）以可持续经济福利指标替代 GNP 指标。作者认为，财富的增加未必能够增进共同的福祉。工业化和市场经济在把越来越多的自然资源转化为可交换的商品和可用货币衡量的财富的同时，自然环境受到了极大破坏。就可持续经济福利指标而言，柯布把个人的消费、分配的不平等、家务劳动、公共基础设施、医疗保健、通勤支出、控制污染的个人支出、交通事故成本、各种污染成本、湿地损失成本、农田损失成本、不可再生资源耗竭成本、臭氧层耗竭的成本等都考虑进去了，这确实要比单纯 GNP 或 GDP 指标更能衡量国民的福祉。

以共同的福祉作为经济学的出发点和落脚点是很有见地的。为了创建为了共同的福祉的经济学，作者把经济学与物理学（如熵的原理）、生态学、伦理学结合起来，这就大大拓展了经济学的视野。确实，经济利益无法与生态利益分离开来，经济学无法与其他学科分离开来。从熵的原理和生态系统来看经济问题，我们对所谓财富就有了全新的认识。当我们的生存环境满目疮痍，货币化的财富又有多大的意义？不过，他们常常从伦理角度来谈经济，这可能使经济学失去相对独立性；同时，把共同的福祉与财富的增长对立起来的思维倾向，也无法解决实实在在的民生问题。对于发达国家而言，财富的积累已经达到相当高的程度，可能重在财富的公平分配和全球的可续性发展问题；而对于发展中国家，经济的增长乃是促进国民福祉的硬道理。当然经济的发展不能以牺牲生态环境为代价。还是习近平总书记说得好，"既要绿水青山，也要金山银山；绿水青山就是金山银山。绿水青山和金山银山决不是对立的，关键在人，关键在思路"[1]。

三　回归具体：对共同体经济的政策性建议

《21 世纪生态经济学》的落脚点是美国，按作者来说有两方面的理由：一是避免"错置具体性谬误"，二是维护民族国家的共同体利益。他们反对以世界越来越相互依赖为由的"国际主义"，认为今天所谓的

---

[1] 《习近平关于社会主义生态文明建设论述摘要》，中央文献出版社 2017 年版，第 23 页。

"国际主义"是强国对弱国的文化输出、制度输出和武器输出。所以，"我们反对这种后现代的国际主义，支持民族主义"①。作者煞费苦心，用了全书三分之一的篇幅来分析美国问题并为"美国共同体"提出了诸多建议。

第一，以共同福祉为旨趣的共同体经济取代全球自由贸易。作者认为，贸易自由化有诸多理论和现实问题。例如，没有把有限的资源和地球承载力考虑进去；为全球自由贸易提供理论依据的比较优势理论在劳动力不能在国家间自由流动的条件下不能成立；自由贸易受益者不是普通民众而是跨国公司的精英。他们认为，全球化世界不是一个共同体，为假想的共同体利益而牺牲真实国家的共同体利益是愚蠢的。因此，为免受个人主义为基础的自由贸易的冲击，就要加强因全球化而被削弱的国家约束力，尽可能减少对外贸易，鼓励自力更生。

第二，以计划调节代替自由放任的人口政策。为维持出生率和死亡率的平衡，他们提出一种称为"可转让的生育指标计划"。这个计划确定每对夫妇有 2.1 个孩子的生育权，以 1/10 孩子为单位授权，授权单位可以买卖，未获授权而生育者将受处罚。由于授权的可分割性和可转让，一方面更多尊重了人的生育愿望；另一方面，国家就可以更弹性地控制人口的规模、结构和增长趋势。

第三，以分享替代人类对土地的垄断使用。他们认为，不应该把地球仅仅看作物质和空间，而应该看作生物圈；不应该把土地看作一种商品，而应看作人类的家园。为了让人与其他物种分享土地，要扩展荒野保护区。一是把政府拥有的土地一部分宣布为荒野保护区；二是牲畜退出国家森林。为了使土地去商品化，使它变成一种公共托管物，作者认为有两种措施可选择：一是亨利·乔治（Henry George）提出的对所有土地征收与其租赁价值相近的赋税；二是哈维·特尔森（Harvey Bottelson）提出的政府按照当前的市场价值买下所有的土地。

第四，以相对自给自足的经济取代对世界市场的依赖。作者认为，一个健康的共同体将是一个相对自给自足的共同体，而自给自足的共同

① ［美］赫尔曼·E. 达利、小约翰·B. 柯布：《21 世纪生态经济学》，王俊、韩冬筠译，中央编译出版社 2015 年版，第 369 页。

体的大小应该基于个人或政治责任能够指望得到共同体成员关怀的层面。他们强调，"国家层面是我们可以期望实现这种相互关心的最高层面"①。作者认为，粮食安全是国家共同体的生命线，确保粮食的自给自足最为重要。为此，作者提出美国农业的三大目标：粮食自给自足、维持农业生产的可持续、保护和重建农村共同体。除了粮食，作者提出要以独立自主的民族工业取代对世界市场的依赖。要达到这个目标，他们认为最有效的工具就是设置关税。自由贸易已经使美国工人的生活水平降低，国家债务累累，提高保护性关税，恰恰是为了美国人的利益。他们也考虑到设置关税对给美国的贸易伙伴不利，但不设关税可能对第三世界的破坏更大，因为靠国际资本投资的工业化只是对精英阶层有利，大多数人的生活变得更差了。他们建议包括美国在内的世界各国放弃出口导向型的经济增长，而转向主要依靠内需的经济发展模式。

第五，以节约型经济取代浪费型的经济。作者认为，全球自由贸易是浪费资源和能源的，相对自给自足的经济将减少资源和能源消耗。柯布甚至主张用更多的人力取代化石燃料。他认为，这种变化可能使生产和消费的数量减少了，但生活质量却提高了，因为"经济生活质量并不依赖商品的数量，而是依赖他们提供的服务数量和质量。生产更少的、更精良的和更耐用的商品也能满足我们的需要"②。为了达到普遍的节约并提高生活质量，他们提出"够了就行"的生活原则，并建议城市的住所与工作地以及各种服务设施的布局要尽量紧凑，一些街道要禁止机动车通行以增加慢行的吸引力，从而减少交通的能源消耗。

此外，作者还就工人的权利保障和就业、收入政策、税收以及国家防御问题提出了种种建设性意见。本书是以美国社会为背景并以美国的共同体的利益为落脚点的，但是作者往往也超出美国的界限。他们希望把美国建成相对自给自足的、能源和资源消耗尽可能少的、人与自然保持和谐状态的国家，也希望其他国家走同样的道路。

从生态圈的整体性来看，民族国家的经济政策以生态系统的承载力

---

① ［美］赫尔曼·E. 达利、小约翰·B. 柯布：《21世纪生态经济学》，王俊、韩冬筠译，中央编译出版社2015年版，第278页。

② 同上书，第309页。

来规约人类的物质生活，用共同体福祉来衡量财富的增长，把粮食安全看作国家共同体的生命线，依生活质量来看待消费，所有这些都是很有见地的。作者对跨国公司、"石油农业"和美国霸权主义的批判也是深刻的；维护共同体的利益尤其是穷人群体的利益，体现了其人道精神。但我们必须意识到作者认识的诸多局限和许多建议的不可操作性乃至空想性。

首先，对科学技术在促进社会进步的作用方面认识不足。此书出版于20世纪80年代末，作者与20世纪的"增长极限"论学者一样，对科学技术解决能源缺乏信心。20世纪70年代《增长的极限》预示增长已经到了尽头，但接下来的历史事实却与之不符，资源的开采并未萎缩，增长也没有停下步伐。页岩油的发现和开采刷新了石油储量；可燃冰的发现也将可能减缓能源危机；可再生能源的利用也可能大大减少能源成本。此外，信息化、节能技术的新发展也在缓解能源危机并推动经济的增长。这两位高龄作者显然对日新月异的科学技术发展的积极作用缺乏足够的洞察力以及对科技发展的前景缺乏想象力。

其次，对全球化的积极作用认识不足。全球化对世界历史进程的积极作用不可低估。早在19世纪中期，马克思就对早期的全球化给予高度的评价。今天的全球化进程远超近代。信息交流更快速，交往更加便捷，各国的产业优势得以进一步发挥，人们的视野不断扩大，其积极作用显而易见。我们不能因为资本的全球流动和跨国公司可能超越主权国家的控制力、扩大贫富差距以及造成一些国家的就业问题，就排斥全球化，更不能以节省能源的理由否认全球化。闭关自守、不积极有效地利用国际分工、不利用规模效应，各国消耗的能源可能更多。为了生态文明建设和能源节约而反对全球化是开错了药方。

再次，政策建议的非现实性。柯布自称自己主张后现代主义是建设性而非破坏性。在这本书中确实有诸多建设性主张，但我们可以看到诸多非建设性的、倒退式的建议。为了保护土地和告别"石油农业"建议更多使用人力和牲畜耕作；为了解决就业问题，主张更多保留劳动密集型的传统农业；为了缩短供应链和减少贸易以节省能源，主张自给自足。作者甚至还指出："中国的生态文明必须建立在农业村庄的基础上，这将使最可持续的实践成为可能。"① 他们批评依靠化肥和农药的现代农业有其道理，但把传统农业理想化了。减轻体力劳动的强度、减少劳动时间，提高劳动生产率，是人类孜孜以求的目标，以人力和畜力替代化石能源显然过于简单和不切实际，甚至有些迂腐。把国家的安全放在民防上固然可以遏制帝国主义的扩张和霸权，但这只是一种天真想法，没有一个国家会接受。一对夫妻生育 2.1 个孩子可转让的生育权主张把政府与市场作用结合起来是一种创新，但这种看似平等的制度设计可能使富人获得更多的生育权，并因此使他们的家族占用更多的自然和社会资源。此外，这种做法给生育附加了更多的商业因素，可能淡化传统的道德情感。当然，在这些方面我们也不能太苛求作者。正如一位评论者所言，这本书是否提供了切实可行的替代性行动方案是次要的，重要的是它提醒我们现在流行的做法绝不是应对生态问题的选择。②

四　宗教情怀："我们自己的理解和努力都是宗教性的"

尽管整本书是以世俗的语言来阐述的，但作者明确指出，"变革的真正可能性取决于，在一个世俗主义非常陈腐的世界中，人们内心深层的宗教情怀之觉醒"③。通览全书，我们可以感受到宗教对两位新教徒作者的巨大影响。他们认为，社会的变革需要激发宗教的热情；对于变革的内容和方向的争论将带有宗教特征；克服以错置具体性谬误和学科崇拜为幌子的偶像崇拜是一种宗教性任务；"实现未来的目标（如果真能实现的话），将也是一个宗教事件，正像我们发展到今天是一个宗教事件一样"④。他们坦言，"我们自己的理解和努力都是宗教性的，而且我们怀疑，如果没有那样一种宗教，我们将既看不到我们现在已经看到的，也不可能在一个普遍不受欢迎的背景下，坚持清楚地表述那一远见并呼吁

---

① ［美］小约翰·B. 柯布：《论生态文明的形式》，《马克思主义与现实》2009 年第 1 期。

② Vernon M. Brigs, Jr., Book Reviews, 2018 - 1 - 8, http://www.jstor/stable/27503177.

③ ［美］赫尔曼·E. 达利、小约翰·B. 柯布：《21 世纪生态经济学》，王俊、韩冬筠译，中央编译出版社 2015 年版，第 398 页。

④ 同上书，第 399 页。

变革"①。

柯布等人所理解的宗教与上帝与传统基督教有所区别。他们认为，传统的基督教宣扬人类中心主义，与生物圈思维是对立的；一些现代基督徒担心对生物圈的关注可能忽视社会公正问题，也未摆脱人类中心主义的窠臼。他们把自己理解的宗教看成是与生态圈思维相一致的，同时关注社会公正。"生物圈观点可以以一种不会忽视公正，而且实际上是公正所要求的方式，被整合到上帝中心论中并以上帝中心论为基础。"②

这种与生态圈思维相适应的宗教观是什么？简单地说，世界是一个整体，人是生态圈的一个组成部分；人与其他生物相比有更高的价值，因为人具有更高的感受性和更丰富的经验；尽管人有更高的价值，但人类不是中心，人与自然构成一个整体；人要对其他物种进行管理，但这种管理不是支配式的，管理是为了被管理者的利益。基于这种宗教观，作者认为，"深层生态学"、生物中心论、地球中心论就远离了人类中心主义而言，有值得肯定的地方，但"深层生态学"的万物平等论忽视了人应有的价值；生物中心论把有生命的与无生命的东西过于严格区分，缺少了对整个地球的关注；地球中心说关注的化学循环，夸大了地球的自主性，专注于部分而非整体，与生物中心论一样，轻视了个体生物所受的苦难。他们认为，"我们对我们之前讨论过的生物中心论者和地球中心论者的赞赏，还有我们对他们的批评都源于《圣经》的深深的信仰。这使我们关心生物个体及其遭受的苦难，同时关心把我们最终的信仰和忠诚奉献给整体的重要性"③。

作者不仅把自己的观点与深层生态学、生物中心论、地球中心论区别开来，也与新教以及启蒙思想划清界限。他们坦言，"我们经由新教继承了先知传统和启蒙运动"④，但他们也认为新教和启蒙精神中的人类中心主义倾向可能成为毁灭的力量。新教强调每个个体与上帝直接联系，这导致人们只关注上帝和灵魂。启蒙精神的张扬，使人类与上帝的直接

---

① ［美］赫尔曼·E. 达利、小约翰·B. 柯布：《21 世纪生态经济学》，王俊、韩冬筠译，中央编译出版社 2015 年版，第 398 页。

② 同上书，第 401 页。

③ 同上书，第 407 页。

④ 同上书，第 410 页。

联系也消失了。"人类与他们自己直接联系，而且那就够了。……没有上帝，生物能够非常自主地发挥作用。那么，上帝就变成多余的并且消失了。"① 在他们看来，随着启蒙的文化日益占主导地位，共同体传统日益衰微了，因此现在需要摒弃其片面性，获得真理，"这种真理在先知传统的《圣经》起源那里得到了有力证实，既然我们是共同体的人，当共同体被毁灭时，不会有真正的人类生命存在。我们要申明所有共同体都应该受到赞美，就像我们天主教的兄弟姐妹们一直以来所了解的那样"②。他们认为，应该把对个体的同情和对生物圈健康的关注协调起来。所有的动物都与上帝直接关联，它遭受的苦难对其自身是直接的，而且也让上帝感同身受，那些爱上帝的人甚至避免给上帝最小的造物带来不必要的痛苦；所有的个体都存在于无所不包的整体，"我们确信，这个无所不包的统一体就是先知的上帝……"③。他们认为，"当人的生命来自上帝和为上帝而活时，人才活得最为丰富多彩而且最为公正恰当"④。

对于这种神学思想，我们应该慎重对待。首先，我们要充分认识到他们所理解的上帝与传统基督教的区别。在他们看来，人类生活是不能没有上帝的，但他们心目中的上帝与传统基督教的人格神的上帝有所区别。他们心目中的上帝是过程哲学所指的作为整体或有机的宇宙，柯布称之为"整体大全"。在他看来，所有事件都在这个整体大全中发生，而忽略这个整体大全就会导致困惑和矛盾。柯布认为，这种上帝中心论为生物圈视角提供了坚实的基础。第一，它抑制了偶像崇拜；第二，这个包含整体大全的上帝赋予世界所发生的事情的价值，使我们能够适当地处理人与世界的关系；第三，这种信仰引起人们的忠诚并指引承诺的方向。

其次，就基督教的发展而言，他们的神学世界观适应了生态环境保护的时代要求。正如路德和加尔文的宗教改革顺应了新兴市民阶级商品生产和交换的要求，促进了西方文化由集体本位向个人本位的转变，柯

---

① ［美］赫尔曼·E.达利、小约翰·B.柯布：《21世纪生态经济学》，王俊、韩冬筠译，中央编译出版社2015年版，第409页。

② 同上书，第410页。

③ 同上书，第412页。

④ 同上书，第420页。

布等人的宗教观则顺应了生态环境保护的要求及其相应的观念和生活方式的要求，把人类中心主义世界观改造为整体主义的世界观。如果说新教促进了资本主义的发展，而柯布的"整体大全"的宗教观无疑有助于生态环境保护。

再次，我们必须确认无论什么样的神学其方法论都是错误的。人的观念、意识是在实践中产生和发展的，不存在一种先验意识或先验的价值观。作者用"先验价值"的存在来批判无神论的生物学，是完全站不住脚的。他们把对真理和正义追求称之为宗教精神，有点类似恩格斯所批判的施达克那样，把对理想的追求看作唯心主义。作者关于上帝存在的推理是这样的：尽管人们可能抵制正义和真理的诉求，但很难否认这样一种诉求的存在，因此被当作正义和真理化身的上帝是存在的。这实际上是笛卡儿上帝存在论的翻版。

最后，建立在神学上的共同体经济学或生态经济学是不可靠的。由于过多地强调宗教的重要性，从某种意义上讲，柯布所要建立的经济学成了一种宗教经济学。一种经济学如果需要宗教来支撑也就失去了其科学性和广泛的受众基础。如果保护生态需要一种宗教的力量，那么没有宗教信仰的人又如何树立顺应自然的世界观呢？事实上，无神论的自然观更具科学性，并更有说服力。现代无神论的自然观与科学的生态学、系统论是一致的。中国的生态经济学应该建立在唯物辩证法基础上，而不应该求助于神学；中国的生态文明建设主要依靠的不是宗教的力量。

总体而言，《21世纪生态经济学》是以发达国家特别是美国为背景的，包含了非常丰富的思想，有些思路与当今中国的生态文明建设有契合之处，有些建议（如倡导有机农业、简约生活发展与自然友好的技术）有借鉴价值，但这种经济学也存在非科学性、主观性、向后看而不是向前看的诸多局限性。我们可以汲取其合理成分，但不能简单地照搬其理论，应该创立有中国特色的生态经济学。我们要相信，中国的问题可以基于中国的文化，用中国的理论、制度和道路来解决。近几年来，生态环境治理的显著成效已经显示出中国文化、思想、制度在生态文明建设中的优势。美国环保协会中国项目主任张建宇认为，一旦中国生态文明建设的"睡狮"觉醒，所爆发出的优势和能量是传统的西方环保体系无法比拟的。① 柯布的"生态文明建设的希望在中国"② 并非虚言，但中国的生态文明建设不可能按柯布的路径来进行。

（选自《国外社会科学》2018 年第 3 期）

① http：//world. people. com. cn/n/2015/0305/c1002 - 26638154. html［2018 - 1 - 8］.

② ［美］柯布、刘昀献：《中国是当今世界最有可能实现生态文明的地方——著名建设性后现代思想家柯布教授访谈录》，《中国浦东干部学院学报》2010 年第 3 期。

后　记

　　"《国外社会科学》精粹（1978—2018）"丛书为中国社会科学院信息情报研究院主办的大型学术期刊《国外社会科学》创刊40年来所发表论文的精选集。1978—2018年，《国外社会科学》共出版330期，发表文章1万多篇。编辑部力图从中精选能够反映各个学科发展的综述性文章，介绍新学科、新流派、新理论且有助于我国哲学社会科学领域学科构建和理论创新的文章，在发表当时具有创新性意义、当前仍具有重要意义的理论或方法论文章；涉及我国政治经济社会生活重点关注领域和重要问题的文章；以及能够反映刊物栏目设置特色等方面的文章，以期能够从中窥见我国哲学社会科学发展40年之路。丛书共分为八卷，分别为：社会科学总论卷（张静、赖海榕主编）、国外马克思主义卷（陈永森、张静主编）、政治与治理卷（祝伟伟、傅慧芳主编）、经济与社会卷（高媛主编）、国外中国学卷（赖海榕、高媛主编）、生态与环境卷（陈云、张静主编）、人文卷（高媛主编）、文化教育卷（祝伟伟主编）。此外，中国社会科学院冯颜利研究员、唐庆博士后，清华大学吴兴德博士，中国社会科学院大学赵斌博士、魏士国博士、李怀征博士、张丹博士、陈兴亮博士、杜利娜博士，以及福建师范大学的郑丽莹、任远、宁鑫、杨臻煌、林林、霍文娜、李震、郭斌慧、周晨露、肖巧玲、刘伟琼、钟亮才、任秋燊、马秀秀、陈倩倩、艾群、林佳慧、王莉、唐付月、凡欣、杨晶晶等人参与了丛书的编选和校对工作，特此致谢！

　　本卷（生态与环境卷）所选文章顺序的编排，以发表于《国外社会科学》时间的先后顺序为准。

　　最后需要说明的是，因篇幅所限，还有许多优秀文章未能入选。且由于收录文章时间跨度大，编辑体例和格式差别较大，有些作者信息不全或者已发生变化，本丛书所注明的作者信息（包括职务、职称、工作单位等）皆以文章发表时所注为准。另外，本丛书在编辑排版过程中如有疏漏之处，敬请学界同仁批评指正。

《国外社会科学》编辑部
2020 年 2 月